Juergen B. Donges
Wolfram Engels
Walter Hamm
Otmar Issing
Wernhard Möschel
Manfred J.M. Neumann
Olaf Sievert
Hans Willgerodt

KRONBERGER KREIS

VERTRAUEN IN DIE MARKTWIRTSCHAFT

Juergen B. Donges
Wolfram Engels
Walter Hamm
Otmar Issing
Wernhard Möschel
Manfred J.M. Neumann
Olaf Sievert
Hans Willgerodt

KRONBERGER KREIS

VERTRAUEN IN DIE MARKTWIRTSCHAFT

Eine Zusammenfassung der Studien des Kronberger Kreises aus den Jahren 1990 - 1992 zu den zukunftsweisenden Wegvorgaben

Band 5

OLZOG

Die Deutsche Bibliothek - CIP-Einheitsaufnahme

Vertrauen in die Marktwirtschaft:
eine Zusammenfassung von Studien des Kronberger Kreises aus den Jahren
1990 - 1992 zu den zukunftsweisenden Wegvorgaben/ Kronberger Kreis.
Jürgen B. Donges ... - Landsberg am Lech : Olzog, 1997
ISBN 3-7892-9369-5

Die Herausgabe dieses Bandes wurde ermöglicht durch die
informedia-Stiftung
Gemeinnützige Stiftung für Gesellschaftswissenschaften
und Publizistik, Köln

Herausgegeben vom
Frankfurter Institut - Stiftung Marktwirtschaft und Politik
Kisseleffstr. 10, D-61348 Bad Homburg v.d.H.
Vorstand: Gert Dahlmanns

ISBN 3-7892-9369-5

Internet: http://www.olzog.de

Umschlagentwurf: M. Gesierich, Augsburg
Druck- und Bindearbeiten: Himmer, Augsburg

Printed in Germany

Vorwort

In Zeiten des Umbruchs, in denen alles bisher Gewohnte und für selbstverständlich Gehaltene plötzlich in Frage steht, kommt es – beim einzelnen wie in der Gesellschaft – darauf an, zu den tieferen Ursachen der Krise vorzudringen und die dabei gewonnenen Erkenntnisse zu ihrer Überwindung nutzbar zu machen.

Vor dieser Aufgabe der Analyse und Neuorientierung stehen wir heute, inmitten grundstürzender Veränderungen. Die bisherigen Ordnungen nach innen und außen sind aus den Fugen geraten, alle Figuren des alten Schachspiels in die Luft geworfen. Jetzt gilt es, sie neu zu ordnen. Das ist das umfassende Thema der hier zusammengefaßten Studien des Kronberger Kreises aus der Zeit von 1990 bis 1992.

Ihre Klammer bilden die Umwälzungen in Deutschland und Osteuropa sowie der Entwicklungsprozeß beim Zusammenwachsen der europäischen Staaten. Die Studien zeigen die Bedingungen für eine am Ziel der Einheit in Vielfalt orientierte freiheitliche Weiterentwicklung der Europäischen Gemeinschaft nach Maastricht. Und sie machen deutlich, was getan werden muß, wenn die Reformen in Osteuropa gelingen sollen.

Im Mittelpunkt der hier wiedergegebenen Studien aber steht die Aufgabe, das politisch wiedervereinigte Deutschland auch wirtschaftlich, sozial und gesellschaftlich so zusammenzuführen, daß es in allen seinen Teilen lebensfähig und in seiner Gesamtheit stark genug wird, um sich in einer politisch wie wirtschaftlich grundlegend geänderten Welt auch künftig behaupten zu können.

In diesen Studien wird vorgedacht, was durchgeführt werden muß, wenn Krisenbewältigung und Erneuerung wirklich gewollt sind. Sie sind dementsprechend konkret und erschöpfen sich doch nicht im bloßen Detail. Hinter allen darin gemachten Vorschlägen leuchten die Umrisse des Bildes auf, das wieder in das Zentrum unserer Gesellschaft gehört: der freie, eigenverantwortliche Mensch, der um den Wert selbstbestimmter Lebensführung weiß und das, was er dazu von sich aus tun kann, auch selber in die Hand nimmt.

Der Wille und die Fähigkeit des Individuums zu Leistung und Innovation, seine Anpassungsfähigkeit an ungewohnte Verhältnisse, seine Bereitschaft zur Sorge für sich selbst und die Seinen, soweit die Kräfte dazu reichen – da liegen die eigentlichen Ressourcen, mit deren Hilfe wir die von allen Seiten andrängenden Probleme meistern und wieder zu einer Gesellschaftsordnung finden können, die auf der Grundlage wirtschaftlicher Leistungsfähigkeit dem einzelnen Freiheit ermöglicht und dem Bedürftigen Halt.

Im Verlauf der Menschheitsgeschichte waren es immer nur wenige Augenblicke, in denen beides gelang. Wir haben einige Jahrzehnte in dieser glücklichen Konstellation leben können. Jetzt sollten wir alles daran setzen, sie uns und unseren Kindern zu erhalten.

Bad Homburg, im Herbst 1997 Gert Dahlmanns

Inhalt

Soziale Marktwirtschaft in der DDR – Währungsordnung und Investitionsbedingungen

Vorbemerkung

Die Bevölkerung der DDR hat sich in einer friedlichen Revolution von den Fesseln eines alle Lebensbereiche umfassenden repressiven Systems befreit. Nach der Phase der Freude über das Erreichte geht es jetzt darum, die alten Macht- und Lenkungsstrukturen durch eine freiheitliche Ordnung von Wirtschaft und Gesellschaft abzulösen.

Die Reformbemühungen in der DDR sind zum Erfolg verurteilt. Denn gelingt es nicht, den Bürgern rasch glaubwürdige Perspektiven für eine befriedigende Entwicklung in der DDR aufzuzeigen, werden auch künftig viele eine Verbesserung ihrer Lebensbedingungen außerhalb der DDR suchen. Damit wäre die weitere Verschärfung der Krise programmiert.

Die DDR befindet sich in radikalem Umbruch, und dies in nahezu allen Bereichen des wirtschaftlichen und gesellschaftlichen Lebens. In der vorliegenden Schrift wird das Gewicht auf zwei besonders drängende Probleme einer Wirtschaftsreform gelegt, auf die Schaffung einer Geld- und Währungsordnung, die der Wirtschaft der DDR Stabilität und Orientierung gibt, und auf den Bedarf an Investitionen, der sich in der DDR – im Bereich der Unternehmungen wie der Infrastruktur – angestaut hat und der nur gedeckt werden kann, wenn sich die DDR für Kapitalimporte weit öffnet. Glaubwürdige und zukunftweisende Lösungen dieser Kernfragen würden nicht nur den Lebensstandard rasch steigern, sondern auch eine sozial verträgliche Umgestaltung der anderen Bereiche erleichtern und den Bürgern der DDR berechtigte Hoffnung für eine Verbesserung ihrer Lebensbedingungen geben.

Januar 1990

Wolfram Engels, Walter Hamm
Otmar Issing, Wernhard Möschel
Olaf Sievert, Hans Willgerodt
(KRONBERGER KREIS)

I. Die Grundentscheidungen

Reformziel Soziale Marktwirtschaft

1. Die Bevölkerung der DDR will sich einen freiheitlichen, sozialen Rechtsstaat schaffen. Was heißt das wirtschaftlich? Die Menschen wollen nach Zielen streben können, die sie sich selbst setzen. Sie wollen dies unter Rahmenbedingungen tun, die sie für fair halten und auf deren dauerhafte Geltung sie sich verlassen können. Dazu gehört, daß jedem ein fairer Teil des Ertrags, den er erwirtschaftet, zusteht und – nach Abgaben – verbleibt. Dazu gehört ebenso, daß der Staat eine Rechtsordnung schafft, die Eigentumsrechte, Vertragsfreiheit und Vertragssicherheit gewährleistet und auf diese Weise den ganzen Reichtum an Chancen der Wohlstandssteigerung auszuschöpfen erlaubt, den eine arbeitsteilige Wirtschaft eröffnet, die sich, geleitet von individuellen Antrieben und individueller Erfindungsgabe, über den Austausch am Markt spontan ordnet. Dazu gehört auch, die individuellen Handlungsräume so zu definieren, daß das vom Individualinteresse, vom legitimen Egoismus bestimmte Handeln des einzelnen die berechtigten Interessen anderer oder aller anderen nicht in unzumutbarer Weise beeinträchtigt – nicht weiter, aber auch nicht enger, vor allem jedoch klar und verläßlich. Schließlich: Die Menschen wollen soziale Sicherheit haben. Die Spannung zwischen der Selbstverantwortung, welche die andere Seite der Freiheit ist, und der Fürsorge für die Schwachen, welche Teil jeder Gerechtigkeit sein muß, ist zwar unaufhebbar. Aber für jede Ordnung gibt es ihr adäquate Formen, mit denen das Austarieren von Selbstverantwortung einerseits und sozialer Sicherung andererseits versucht werden muß. "Soziale Marktwirtschaft" ist ein Name für diesen nie endenden Versuch.

Wirtschaftliche Öffnung nach außen

2. Die Bevölkerung der DDR will die wirtschaftliche Öffnung nach außen. Sie will dabei, wie andere Staaten Mittel- und Osteuropas auch, eine mit der Europäischen Gemeinschaft kompatible Ordnung schaffen. Was heißt das? Die EG läßt ihren Mitgliedern durchaus beträchtliche Freiräume für eine Ordnungspolitik eigenstaatlicher Färbung. Aber sie ist auf den Grundsatz des freien innergemeinschaftlichen Wirtschaftsverkehrs gegründet. Daraus ergeben sich weitreichende Verbote der direkten oder indirekten Diskriminierung landesfremder gegenüber heimischen Leistungsangeboten. Ab 1993 soll deren Geltung weiter ausgedehnt werden. Hinzu kom-

men zwingende Harmonisierungspflichten in vielen Bereichen staatlicher Regulierung (einschließlich wichtiger Teile des Steuerrechts). Die Staaten Mittel- und Osteuropas, die danach streben, in nicht zu ferner Zukunft an dem freien Wirtschaftsverkehr der EG teilzunehmen, sei es vollständig, sei es teilweise, etwa beschränkt auf den freien Warenhandel, kommen nicht umhin, ihre ordnungspolitischen Entscheidungen an diesem Ziel auszurichten. Sie können, solange sie Staatshandelsländer bleiben, keinen in jeder Hinsicht freien Zugang zum EG-Markt erhalten. Sie können diesen Zugang auch für Güter, die von Unternehmen im Staatseigentum hergestellt werden, allenfalls dann erwarten, wenn diese Unternehmen strikt nach privatwirtschaftlichen Grundsätzen – also subventionsfrei und ohne Verlustabdeckung durch den Staat – geführt werden.

Neben den fundamentalen, inzwischen von Erfahrung gesättigten ordnungspolitischen Einwänden muß man auch dies bedenken, wenn man sich in der DDR fragt, ob es nicht doch einen dritten Weg gibt zwischen einer Wirtschaft, in der zentral geplant wird, und einer Wirtschaft, in der individuell geplant wird und die individuellen Wirtschaftspläne über Märkte koordiniert werden.

Reformen unter Zeitdruck

3. Die Bevölkerung der DDR will und muß den Abstand im wirtschaftlichen Wohlstand zur Bundesrepublik rasch abbauen. In der DDR beträgt das reale Durchschnittseinkommen der Erwerbstätigen weniger als ein Drittel desjenigen, das in der Bundesrepublik erzielt wird. Und dabei ist noch nicht berücksichtigt, daß es in der DDR sehr viele Güter entweder gar nicht oder nur in sehr beschränktem Umfang – und also mit langen Wartefristen – zu kaufen gibt. Zwar ist die wirtschaftliche Lage der DDR wesentlich besser als die der anderen von Umwälzungen erfaßten Volkswirtschaften Mittel- und Osteuropas. Doch der Zeitdruck, unter dem die DDR steht, ist deshalb nicht geringer. Er ist vielmehr größer – wegen der Gefahr fortdauernder Abwanderung. Es gilt einen Wettlauf zu gewinnen zwischen dem Effizienzverlust durch den Verlust unersetzlicher Arbeitskräfte und dem Effizienzgewinn durch wirtschaftspolitische Reformen. Er kann vermutlich nur gewonnen werden, wenn schon die Erwartung einer Aufwärtsentwicklung bald ausreicht, die Abwanderung zu stoppen.

4. Des Zeitdrucks wegen liegt es nahe, den Übergang zu einer freiheitlichen Wirtschaftsordnung, die erhöhte Effizienz verheißt, so schnell und so umfassend wie möglich zu vollziehen. Je schneller und umfassender er gelingt, desto schneller und höher werden auch die Erträge anfallen. Freilich, schnell heißt auch schnell bei dem, was schmerzhaft ist und schwierig.

Freiheit ist auch Freiheit zum Schlendrian. Eine Gesellschaft kann wirtschaftlich nicht erfolgreich sein, wenn sie Freiheit nicht mit Selbstverantwortung verbindet.

Freiheit zum unternehmerischen Gewinn ist auch Freiheit zum Verlust. Eine Gesellschaft kann wirtschaftlich nicht erfolgreich sein, wenn sie erfolglose Unternehmen nicht ausscheidet, wenn sie Güter herstellt, die weniger wert sind als sie kosten.

Freiheit zum wirtschaftlichen Erfolg kann auch Freiheit zur Erlangung wirtschaftlicher Macht sein. Es ist die Idee des – staatlich zu sichernden – Wettbewerbs, daß er zum wirtschaftlichen Erfolg antreibt, indem er ihn prämiert, den Mißerfolg bestraft, und zugleich wirtschaftliche Macht nicht aufkommen läßt. Die Legitimation einer freiheitlichen Ordnung wurzelt genau hier: Prämierung, Kontrolle, Sanktion des einzelnen durch den Markt im Wettbewerb.

Sie kann nicht außerdem wurzeln in einer die Freiheit des einzelnen letztlich überholenden Verantwortung des – planenden – Staates. Angesichts dieser Konsequenz zittert oft sogar der tapfre Mann, entweder aus Furcht vor zu schwachem Wettbewerb oder aus Furcht vor zu scharfem Wettbewerb. Aber es hilft nichts. Hier muß der Rubikon überschritten werden. Man kann zwar einen unterschiedlich großen Teil der Volkswirtschaft in Staatshand halten. Doch darf es letztlich gemischte Verantwortung im Prinzip so wenig geben wie gemischte Zuständigkeit für Entscheidungen. (Das schließt privatwirtschaftlich geführte staatliche Unternehmen nicht von vornherein aus.)

Die Zusammengehörigkeit von Freiheit und Verantwortung, von Kompetenz und Haftung, sowie die zugleich stimulierende wie kontrollierende Doppelfunktion des Wettbewerbs sind von so fundamentaler Bedeutung, daß schon die Schritte des Übergangs von der geplanten Ordnung einer Zentralverwaltungswirtschaft zur spontanen Ordnung eines Systems von Wettbewerbsmärkten unbedingt davon geleitet sein müssen, diese Zusammengehörigkeit herzustellen und Wettbewerb zumindest wahrscheinlich zu machen. Die Öffnung hin zum internationalen Wettbewerb ist das wichtigste Mittel dafür.

Die Reformaufgaben

5. Die Umbruchsituation mag helfen, den Zeitbedarf zu verringern für die vielen Reformaufgaben im einzelnen. Diese Aufgaben sind bekannt und im Grundsätzlichen auch nicht mehr streitig:

- die Freigabe der Preise,
- die Beseitigung des staatlichen Außenhandelsmonopols,
- die Schaffung einer neuen Eigentumsverfassung und anderer wirtschaftlich wichtiger Gesetze, die zur Gewerbefreiheit gehören,
- die Reform des Geld- und Kreditwesens,
- die Reform des Finanz- und Steuersystems,
- der Umbau des Systems der sozialen Sicherung derart, daß es dem Prinzip der Selbstverantwortung den Vortritt läßt.

Um diese Veränderungen glaubwürdig zu machen, sind die wirtschaftlich erheblichen Freiheitsrechte in der Verfassung zu verankern. Verhängnisvoll wäre es, wenn in der zu erwartenden neuen Verfassung der DDR antimarktwirtschaftliche Wege festgeschrieben würden. Offenheit in dem Sinne, daß eine freiheitliche Wirtschaftsordnung sich entwickeln kann, ist das mindeste, was gewährleistet sein sollte.

Diese Aufgaben sind von ihrem Gewicht und ihrer Dringlichkeit her fast alle von gleichem Rang. Doch nur mit zwei Themen werden wir uns eingehender befassen, mit der Reform des Geldwesens sowie mit dem, was direkt auf eine Besserung der Investitionsbedingungen zielt.

Den Nutzwert der Einkommen steigern

6. So wichtig es ist, sich vor allem dem zuzuwenden, was dauerhafte Besserung verspricht, wenngleich nicht überall sofort, so wenig darf man die Zeitnot der DDR aus dem Auge verlieren.

Von den fundamentalen Bedingungen her wäre schon eine baldige Stabilisierung der Realeinkommen ein großer Erfolg. Kräftige Produktivitätssteigerungen könnten danach dann kräftige Einkommenssteigerungen erlauben – aber doch keine schnelle Beseitigung der Einkommensunterschiede zur Bundesrepublik. Dies macht den Rang der Aufgabe aus, zumindest den Nutzwert der – vorläufig – bescheidenen Einkommen rasch zu erhöhen: Wohlstandssteigerung durch Verbreiterung der Kaufmöglichkeiten – volle Regale, Zugang zum vielfältigen Warenangebot der Welt, Beseitigung der unnötigen Engpässe bei zahllosen Kleinwaren zumal.

II. Der hohe Rang der Geld- und Währungspolitik

Die Bedeutung funktionstüchtigen Geldes

7. Zentralverwaltungswirtschaften sind, der in ihnen vorherrschenden Mengenplanung wegen, keine Geldwirtschaften im strengen Sinne. Das Geld hat dort reduzierte Funktionen. Es ist durchaus nicht falsch, wenn davon gesprochen wird, daß es eigentlich gar kein richtiges Geld ist. Nicht einmal als allgemeines Tauschmittel ist es voll in Funktion. Das Warten in Warteschlangen übernimmt einen Teil der Zuteilungsaufgabe. Als Einheit der Wirtschaftsrechnung, als Wertmaßstab zur Bestimmung von Forderungen und Verbindlichkeiten, zur Teilung von Risiken, spielt es eine untergeordnete Rolle. Ganz anders in dezentral geordneten Wirtschaften. In ihnen vollzieht sich die gesamte austauschwirtschaftliche – also über Märkte gehende – Koordination der zahllosen individuell aufgestellten Wirtschaftspläne unter Zuhilfenahme des Mediums Geld. Das gilt nicht nur für die laufenden Tausch- und Zahlungsvorgänge, sondern auch für die gesamte intertemporale Koordination von Wirtschaftsplänen. Hier ist Kredit, die Verteilung von Risiken, die Regelung von Vertragsverletzungen allgegenwärtig – alles im Medium des Geldes. Das funktionsfähige Geld mißt alle Werte, soweit sie käuflich sind. Es kann auch künftige Werte, die heute erwartet werden, schon jetzt ausdrücken und – über den Zins – mit jetzigen Werten vergleichbar machen; das erlaubt es, die Kreditbeziehungen und die Kosten der Kapitalnutzung in das marktwirtschaftliche Rechensystem rational einzubeziehen.

Zwar ist es abwegig, wenn davon gesprochen wird, in einer kapitalistischen Welt interessiere die Menschen nur das Geld. Richtig ist jedoch, daß die enorme Komplexität der Koordinationsaufgaben, die es in einer hocharbeitsteiligen Wirtschaft zu lösen gilt – und mit denen keine zentral geplante Wirtschaft bisher befriedigend fertig geworden ist –, dadurch radikal reduziert wird, daß es Geld gibt. Funktionstüchtiges Geld läßt die komplizierte Güterwelt eindimensional werden und erlaubt so einen rationalen Umgang mit ihr nach Handlungsregeln, die niemanden überfordern. Das macht den Rang des Geldwesens aus, den Rang auch der Qualität des Geldes.

Gutes Geld ist stabiles Geld. Das gilt allemal nach innen, also für den Binnenwert des Geldes. Es gilt mutatis mutandis – und oftmals konkurrierend – auch nach außen, also für den Wechselkurs. Und es gilt im besonderen Maße für eine Marktwirtschaft, die als solche erst anfängt. Die in ihr Handelnden haben ihre wirtschaftlichen Interaktionen künftig regelmäßig privatrechtlich zu fundieren und sollen für das Einhalten von Verträgen, für den Erfolg oder Mißerfolg ihrer Dispositionen selbst einstehen. Sie brauchen dazu dringend die Orientierungssicherheit, die Verläßlichkeit in die Zukunft hinein, die gutes Geld gewährt.

Konvertibilität

8. Ein eigenständiges Problem ist das der Konvertibilität der Währung. Es hat mehrere Schichten.

Unbeschränkte Konvertibilität der Währung ist nötig für die umfassende Verankerung einer Volkswirtschaft in der Weltwirtschaft – mit ihrem Zwang zur Effizienz, mit ihren Chancen der Wohlstandssteigerung durch internationalen Austausch. Dies gilt für den Handelsverkehr. Es gilt mehr noch für den Kapitalverkehr. Niemand geht in ein Haus, aus dem er möglicherweise nicht mehr heraus kann. Zumindest verlangt er hohe Risikoprämien. Schließlich, und nicht zuletzt: Es gilt für den kleinen Mann. Für ihn ist Konvertibilität der Währung das Versprechen, das seine Freiheit als Bürger der Welt erst materiell auffüllt.

Wie lange und wie stark unter den gegebenen Umständen in der DDR die Konvertibilität der Währung allgemein oder für bestimmte Personengruppen oder für bestimmte Zwecke noch beschränkt bleiben muß, ist umstritten. Darauf ist zurückzukommen.

9. Zu den Ausgangsbedingungen einer monetären Reform in der DDR gehören:

- das Problem des "Kaufkraftüberhangs";
- die Fehler in der Preisstruktur;
- die Abwesenheit eines funktionsfähigen Kreditwesens;
- die Abwesenheit eines echten Wechselkurses.

Der sogenannte Kaufkraftüberhang ist keine quantitativ zu identifizierende Größe. Was es an statistischem Nachweis für das Geldvolumen im engeren Sinne gibt (im wesentlichen den Bargeldumlauf), belegt keinen so hohen Geldüberhang, daß dieser mit den normalen Mitteln einer funktionsfähigen Geldpolitik gar nicht mehr beherrscht werden könnte. Allerdings sind hier Unsicherheiten der statistischen Angaben zu bedenken. Zu berücksichtigen ist zudem der Umlauf von D-Mark als Parallelwährung. Das Hauptproblem liegt aber wohl nicht hier, sondern in der Gefahr, daß die Spardepositen der Bevölkerung – rund 160 Mrd. Mark – großenteils unechte Ersparnisse darstellen (Mangel an Kaufmöglichkeiten, Warteschlangen) und rasch aufgelöst werden, sobald erweiterte Kaufmöglichkeiten – im Inland oder im Ausland – eröffnet werden. Die Furcht vor einer Währungsreform erhöht diese Gefahr.

Die wichtigste Voraussetzung für ein solides Geldwesen besteht darin, die Möglichkeit zu beseitigen, daß im Übermaß latente Kaufkraft virulent wird. Für die Sterilisierung latenter Kaufkraft gibt es mehrere Wege:

- die Entwertung des Geldvermögens durch offene Inflation;
- die Abwertung des Geldvermögens durch eine Währungsreform;
- die Umwandlung von Geldvermögen in Sachvermögen durch Verkauf staatlichen Sachvermögens;
- das Einfrieren von Geldvermögen.

Eine Variante zur inflatorischen Entwertung wäre die Abschöpfung von Kaufkraft durch die Befriedigung der aufgestauten Nachfrage nach Westwaren zu – temporär – stark überhöhten Preisen und durch die Zuteilung von Reisedevisen zu einem stark gedrückten Sonderkurs der Mark der DDR.

Aus Gründen der staatlichen Moral kann eine Währungsreform immer nur ultima ratio sein. Daß sie im Falle der DDR unausweichlich wäre, als Teil der Abrechnung einer verfehlten Vergangenheit, davon kann keine Rede sein. Schuldner des Geldvermögens der Bevölkerung ist fast vollständig der Staat. In der Summe stellt es eine zwar beträchtliche, aber nicht extreme Vorbelastung der künftigen Staatsfinanzen dar. Denn der Staat ist zugleich Eigentümer des weitaus größten Teils des Produktivvermögens der Volkswirtschaft (einschließlich eines großen Teils des Wohnungsvermögens).

Was für die Währungsreform gilt, gilt in gleichem Maße für eine Entwertung des Geldvermögens durch offene Inflation. Nur eine Preisniveauerhöhung, die Beiprodukt der nötigen Preisreform ist, läßt sich als in Kauf zu nehmende Geldentwertung vertreten. Für den Wegfall der hohen konsumbezogenen Subventionen können die Geldvermögensbesitzer einen Ausgleich nicht erwarten. Auch eine – eigentlich unechte – Teuerung, die sich statistisch ergeben mag, wenn früher oder später mehr Westwaren einen Teil des bisherigen Konsumgüterangebots verdrängen, dürfte große Akzeptanzprobleme nicht aufwerfen; hier geht es um das Problem, daß die Preisstatistik sich schwer tun wird, Unterschiede in der Qualität der Güter, die solche Verdrängung bewirken, vollständig zu erfassen.

Auf Dauer wird auch ein anderer Aspekt der notwendigen Preisreform Akzeptanz finden: In dem Umfang, in dem bisher Kaufkraft zurückgestaut worden ist und für den Kauf von Waren zu geltenden Preisen nicht verwendet werden konnte, weil dazu nicht genug Ware vorhanden war, bringt nun der freie Preis die Wahrheit über das tatsächlich erzielte Realeinkommen an den Tag. Dieses Realeinkommen war von jeher niedriger, als die Optik höherer Geldeinkommen angezeigt hat. Diese Optik wird nun weggenommen. An die Stelle nur eingebildeten Einkommens tritt echtes, aber entsprechend der verfügbaren Gütermenge – zunächst – nach unten korrigiertes Einkommen, das wirklich kaufkräftig ist. Der Produktivitätseffekt der Preisfreiheit wird freilich in kurzer Zeit dazu führen, daß die Betroffenen weit mehr gewinnen, als sie kurzfristig verlieren.

Den größten Teil des Problems "Kaufkraftüberhang" könnte die Privatisierung von Staatsvermögen und die Emission von Staatsanleihen aus der Welt schaffen. (Die Erlöse wären zu vernichten.) Auch wenn man sich dazu entschließen müßte, einen Teil der Sparguthaben vorläufig zu sperren, hätte dies immer noch sehr viel weniger gegen sich als eine brutale

Abwertung des Geldvermögens. Da die Privatisierung von Staatsvermögen unter Umständen mehr Zeit braucht als für die Etablierung eines soliden Geldwesens zur Verfügung steht, könnten bei späteren Privatisierungsaktionen Sparguthaben, die zunächst gesperrt wurden, für die Bezahlung des jeweiligen Kaufpreises freigegeben werden.

Im übrigen ist selbstverständlich nicht davon auszugehen, daß die Menschen der DDR drauf und dran sind, ihre gesamten Ersparnisse vollständig aufzulösen. Ein erheblicher, wenngleich schwer abschätzbarer Teil ist als echtes Zwecksparen anzusehen. Und eine vertrauenschaffende Wirtschaftspolitik hat die Chance, die Spardepots auch ohne Notstandsmaßnahmen zu befestigen und bald sogar zu mehren.

Zentrale Rolle des Preissystems

10. Die Fehler in der Preisstruktur beruhen auf den hohen Subventionen für viele Waren des Grundbedarfs, den hohen Spezialakzisen für Güter des gehobenen Verbrauchs, namentlich für eingeführte oder stark einfuhrhaltige Waren, sowie auf den Fehlern der gesamten weder knappheits- noch wirklich kostenorientierten Preisbildung. Die Subventionierung von Konsumgütern machte 1988 rd. 50 Mrd. Mark (Ost) aus, bezogen auf den Gesamtwert des Konsums sind das 25 Prozent. Die Spezialakzisen erbrachten 43 Mrd. Mark (Ost), bezogen auf den Gesamtwert des Konsums knapp 22 Prozent.

Ein funktionsfähiges System von Wettbewerbspreisen kommt nur unter Bedingungen zustande, die in der DDR erst hergestellt werden müssen. Es muß eine genügende Anzahl von selbständig am Markt auftretenden Anbietern geben, die den Preissignalen Folge leisten. Die heute bestehenden Großkombinate können Monopolstellungen ausnutzen, um sich der rationalisierenden Kraft des Marktes zu entziehen. Solange kein dezentralisiertes Privateigentum besteht und Verluste der Staatsbetriebe auf den Staat abgewälzt werden können, wirken die Marktsignale nicht stark genug. Deshalb müssen die Staatsunternehmungen zunächst selbstverantwortlich gemacht und danach so schnell wie möglich privatisiert werden. Dazu muß das Privateigentum an den Produktionsmitteln wieder allgemein und nicht nur für kleinere Unternehmungen zugelassen werden. Gewerbefreiheit muß mit einem zweckmäßigen Konkursrecht, einer neuen Unternehmensverfassung und einem neuen Wettbewerbsrecht verbunden werden, um den

Marktzugang zu öffnen, das Ausscheiden unwirtschaftlicher Unternehmungen zu erleichtern und den Leistungswettbewerb zu fördern.

Selbst wenn diese Bedingungen erfüllt werden, wäre es nicht sinnvoll, wenn die DDR ein selbständiges Preissystem entwickeln wollte, losgelöst vom Weltmarkt und vom Preissystem der Bundesrepublik Deutschland. Als ökonomisch relativ kleines Land wird die DDR nur bei starker Außenhandelsverflechtung und Eingliederung in die weltwirtschaftliche Arbeitsteilung ein hohes Pro-Kopf-Einkommen erreichen. Sie ist auf die rationale Gestaltung ihres Handels mit der Außenwelt dringend angewiesen und muß deshalb die von dort kommenden Preissignale auf ihre innere Preisstruktur wirken lassen. Nur dann kann sie die Produkte ermitteln, bei denen sie exportfähig ist und einen Leistungsvorsprung sinnvoll nutzen kann. Nur dann ist auch festzustellen, welche Produkte die DDR besser importiert, als sie selbst herzustellen oder gar auszuführen. Nur dann ist auch der Zwang groß genug, so rationell wie möglich zu wirtschaften.

Reform des Kreditwesens

11. Auch der Aufbau eines funktionsfähigen Kreditwesens ist eine unaufschiebbare Aufgabe. Von den Einzelheiten soll hier nicht gehandelt werden. Eine Reform setzt eine Reform der öffentlichen Finanzen voraus. Der Zugriff des Staates auf die Notenbank und deren Geldschaffung ist auszuschließen. Auch die unmittelbare Finanzierung staatlicher Investitionen über das staatliche Banksystem muß so bald wie möglich beseitigt werden. Solange die Unternehmungen noch dem Staat gehören, muß mindestens dafür gesorgt sein, daß die ihnen gewährten Kredite von den sonstigen Staatskrediten getrennt und nach Rentabilitäts- und Bonitätskriterien vergeben werden. Die bisherigen steuerartigen Abführungen der staatlichen Betriebe an den Staatshaushalt sind in normale und neutraler wirkende Steuern zu überführen. Ohne eine Reform dieser differenzierenden Abgaben bleibt das Preissystem verzerrt; das wäre vor allem dann nachteilig, wenn die Grenzen wirtschaftlich geöffnet werden und sich entsprechende Wettbewerbsverzerrungen bemerkbar machen.

Im Zuge der notwendigen und beabsichtigten monetären Eigenverantwortung ist den Betrieben eine selbständige Kassenführung und der Wechsel zwischen den Banken zu gestatten, mit denen sie Geschäfte abwickeln. Damit geht auch die Verantwortung für die Investitionsplanung vom Staat und seiner Bankorganisation auf die Betriebe über. Die Notenbank muß unabhängig werden und die üblichen Instrumente erhalten, um die Geldschaffung des Bankensystems lenken und begrenzen zu können. Möglichst rasch muß ein vom Wettbewerb geprägtes privates Bankwesen geschaffen werden. Bankniederlassungen aus der Bundesrepublik und umgekehrt Niederlassungen von DDR-Banken im Bundesgebiet können einen kostensparenden Wettbewerb im Kreditgeschäft fördern.

Außenwirtschaft neu ordnen

12. Einen Wechselkurs der Mark (Ost) im strengen Sinne gibt es nicht. Der Außenhandel läuft bisher fast vollständig über staatliche Stellen. Dabei dient die sogenannte Valutamark als Verrechnungseinheit. Die tatsächlich angewandten Kurse sind aber sehr unterschiedlich und strenges Geheimnis des staatlichen Außenhandelsmonopols. Hier kann nichts so bleiben, wie es ist.

Fester Wechselkurs als zentrale Orientierungshilfe

13. Nimmt man alle Reformaufgaben zusammen ins Bild, die monetär bedeutsam sind, so ist zu erkennen, daß hier so ziemlich alles in Bewegung kommt, was makroökonomisch Gewicht hat: das Preisniveau, das Niveau der Geldlöhne, das Rentenniveau, das Geldvolumen, der Wechselkurs. Und diese Bewegungen müssen zugleich wechselseitig zueinander passen. Wo aber alles von allem abhängt und alles in Bewegung ist, können nicht alle sich nach allem richten. Es kann, ja es muß ein Nagel in die Wand geschlagen werden, der dann den festen Punkt bildet, an dem alle anderen sich auszurichten haben. Freilich, wer spielt den Nagel, und wo soll er eingeschlagen werden?

Man könnte erwägen – und das entspräche verbreiteter geldtheoretischer Überzeugung –, den Freiheitsgrad des Systems mit der Vorgabe und Kontrolle der Geldversorgung zu nutzen. Preise, Löhne, Renten, Wechselkurs – sie wären in der Rolle derer, die sich anzupassen hätten. In funktionierenden Marktwirtschaften halten wir es heute im allgemeinen so. Ist das aber auch der richtige Weg für eine Volkswirtschaft im Übergang von einer Zentralverwaltungswirtschaft zu einer Marktwirtschaft? Die Bedenken sind:

- Die Geldpolitik der DDR hätte ohne rekurrenten Anschluß, was das Preisniveau und die Neigung zur Kassenhaltung angeht, zunächst wenig Orientierung bei der Frage, mit welcher Geldversorgung sie das Spiel beginnen soll und mit welcher es fortzusetzen wäre.

- Für die Unternehmen wäre der Informationsgehalt einer Vorgabe der Geldversorgung äußerst gering. Die Unternehmen sollen alle ihre Marktposition erst finden, bei Preisen und Löhnen zumal. Den gewünschten festen Punkt, an den sie sich halten könnten, bekämen sie nicht. Die Vermittlung geldpolitischer Impulse über Kreditmärkte hin zu den Unternehmen und den privaten Haushalten ist nicht entwickelt; entsprechend holprig wäre die Transmission.

- Auch vom Wechselkurs käme unter solchen Bedingungen die notwendige Orientierung für die Unternehmen nicht. Überläßt man ihn dem Markt, spricht nichts dafür, daß er alsbald ein Niveau findet, das den Unternehmen eine dauerhafte Verankerung ihrer Preisbildung, ihres Investitionskalküls, ihrer Lohnkontrakte im Weltmarkt erlaubt. Legt man ihn fest, könnte es solange keine glaubwürdige Festlegung sein, wie die Geldmengenpolitik Priorität hat.

- Was unsicher für die Unternehmen bleibt, bleibt unsicher für deren Partner in der Lohnpolitik. Deren Unterordnung unter die Vorgaben der Geldpolitik stünde nur im Konzept, würde kaum Realität.

- Unter solchen Umständen erscheinen massive Koordinationsfehler unvermeidlich. Dann aber läßt sich, dies ist vorherzusehen, die unabhängige Rolle der Geldpolitik nicht durchhalten. Sie sähe sich genötigt, die Fehler zu salvieren – im Zweifel in inflatorischer Weise. Abschreckende Beispiele gibt es genug.

Diese Bedenken entfallen, wenn man den Freiheitsgrad des Systems statt bei der Geldversorgung beim Wechselkurs nutzt, das heißt den österreichischen Weg geht. Der Wechselkurs zur D-Mark wird vorgegeben, und alles andere muß sich danach richten: Preise, Löhne, Renten, Geldversorgung. (Die Vorgabe muß keine formelle Fixierung sein.) Die Vorzüge sind:

- Die Unternehmen der DDR erhielten sofort verläßliche Informationen darüber, mit welchen Preisen (und Kosten) in heimischer Währung, in der sie zu rechnen haben, sie international wettbewerbsfähig sind. Niveau und Struktur der Weltmarktpreise würden für international handelbare Güter zwanglos maßgeblich in der DDR.

- Für die Spielräume der Lohnpolitik wären unzweideutige Daten gesetzt. Mutatis mutandis gilt das gleiche für die Rentenfestsetzung.

- Die Geldpolitik wäre auf das simple Programm der Sicherung des Wechselkurses zur D-Mark verwiesen. Für die Geldwertstabilität wäre damit genug getan.

- Investoren, die in fremder Währung rechnen, wären von DDR-spezifischen Wechselkursrisiken frei, soweit die konsequente Befolgung des Konzepts glaubwürdig wird.

Absolute Wechselkurssicherheit kann selbstverständlich vorläufig nicht gegeben werden. Aber wir raten dazu, diesen Weg einzuschlagen und ihn mit großer Beharrlichkeit zu verfolgen.

Die Wahl des Wechselkurses

14. Wenn entschieden ist, welcher Nagel eingeschlagen werden soll, bleibt zu entscheiden: wo.

Falsch ist zwar die Vorstellung, es gelte, sich an den richtigen Wechselkurs heranzutasten. Einen "richtigen" Wechselkurs gibt es nicht, wenn so wichtige Größen wie das Lohnniveau und die Geldversorgung in Bewegung sind. Trotzdem darf man sich nicht völlig frei fühlen. Man muß die Grenzen der Anpassungsspielräume an anderer Stelle bedenken. Auch sind Rückwirkungen auf Ziele zu beachten, die nicht ohne Rest in der Frage nach der bestmöglichen ökonomischen Effizienz aufgehen.

In diesem Sinne raten wir, sich bei der Wahl eines vorzugebenden Wechselkurses von folgenden Vorstellungen leiten zu lassen:

(a) Eine Währungsreform sollte vermieden werden.

(b) Ein deutlicher Anstieg des Preisniveaus ist zwar unvermeidlich (schon wegen des nötigen Abbaus von Subventionen), sollte aber so gering wie möglich gehalten werden.

(c) Der internationale Sektor der DDR-Wirtschaft muß hinreichend wettbewerbsfähig sein.

(d) Volle Konvertibilität der Währung sollte bald möglich werden.

(e) Da Irrtümer nicht auszuschließen sind: Die Wahrscheinlichkeit, die Mark nachträglich aufwerten zu müssen, sollte größer sein als das Risiko, sie nachträglich abwerten zu müssen.

Die Bandbreite vertretbarer Kurse

15. Wir haben verschiedene Möglichkeiten für den vorzugebenden Wechselkurs der DDR unter diesen Auflagen geprüft. Mangels ausreichender Informationen zu wichtigen Punkten sind wir zwar nicht zu einem sicheren Urteil über die bestmögliche Vorgabe gelangt. Immerhin, eine wichtige Eingrenzung halten wir für hinreichend begründet: Der Wechselkurs der Währung der DDR sollte zwischen 1 Mark (Ost) = 1 Mark (West) und 2 Mark (Ost) = 1 Mark (West) festgelegt werden.

Um das Pro und Contra der darin eingeschlossenen Varianten zu verdeutlichen, stellen wir die beiden Eckpunkte besonders heraus.

Wechselkurs eins zu eins: Chancen und Risiken

16. Geprüft seien zunächst Anpassungsmöglichkeiten und Folgen bei einem Wechselkurs von 1 Mark (Ost) = 1 Mark (West).

Von den unter Ziffer 14 genannten Bedingungen ist das Erfordernis hinreichender Wettbewerbsfähigkeit das unnachgiebigste. Wettbewerbsfähigkeit ist eine Frage der Art und Qualität der angebotenen Produkte sowie der Produktivität und der Preise der eingesetzten Produktionsfaktoren, vor allem der Arbeit.

Qualität läßt sich kaum messen. Herrschende Meinung ist, daß ein erheblicher Teil der Industrieproduktion der DDR aus Gründen unzureichender Qualität im freien Wettbewerb nicht marktfähig ist oder zu vergleichsweise stark gedrückten Preisen angeboten werden muß.

Für ein Urteil über die durchschnittliche Produktivität der Arbeit im warenproduzierenden Gewerbe der DDR gibt es partielle und globale Anhaltspunkte. Diese werden meist zu der Aussage zusammengefaßt, die Arbeitsproduktivität in den Sektoren der DDR, die im internationalen Wettbewerb stehen oder stehen werden, erreiche im allgemeinen etwa die

Hälfte der Arbeitsproduktivität in den entsprechenden Sektoren der Bundesrepublik Deutschland.

Die Stundenlöhne einschließlich Lohnnebenkosten betragen in der DDR etwa ein Viertel dessen, was in der Bundesrepublik aufzuwenden ist. Der erwünschte Übergang zu einer leistungsgerechten Entlohnung wird sich freilich nicht niveauneutral bewerkstelligen lassen, da den Lohnsteigerungen an der einen kaum Lohnsenkungen an einer anderen Stelle gegenüberstehen werden. Ein aus sozialen Gründen unumgänglicher (differenzierter) Teilausgleich für eine das Preisniveau erhöhende Preisreform ist ebenfalls einzukalkulieren.

Die Preisreform wird diese Wirkung auf jeden Fall haben, soweit es dabei um den Abbau konsumbezogener Subventionen geht. Auch daß der Übergang zu Preisen, die durch eine echte Kostenrechnung fundiert sind, das Niveau eher anhebt als senkt, muß man vorsichtshalber in Rechnung stellen. Die Verknüpfung inländischer Preise für international handelbare Waren mit den Weltmarktpreisen würde bei einem Wechselkurs von 1 Mark (Ost) = 1 Mark (West) keinen Inflationsschub bringen. Ein Abbau der hohen Spezialakzisen auf Waren des gehobenen Bedarfs brächte sogar Entlastung. Im ganzen müßte das Preisniveau vermutlich um kaum mehr als 20 bis 25 vH steigen, selbst wenn man berücksichtigt, daß die erwähnte (differenzierte) Erhöhung bei den Löhnen ihrerseits Anlaß zu einer Überwälzung in den Preisen gibt. Eine volle Normalisierung der extrem niedrigen Wohnungsmieten wäre darin allerdings noch nicht enthalten.

Zurückzukommen ist auf die Frage nach der Wettbewerbsfähigkeit. Angenommen sei, daß die als erwünscht oder unvermeidlich anzusehenden Lohnkorrekturen das Niveau der Lohnkosten je Stunde in der DDR im Verhältnis zu dem der Bundesrepublik von reichlich eins zu vier auf knapp drei zu zehn verändern. Bei der zuvor angezogenen Schätzung der Produktivitätsrelation von eins zu zwei ergäbe sich dann eine Relation der Lohnkosten je Produkteinheit von knapp sechs zu zehn – immer für den Fall eines Wechselkurses von eins zu eins.

So gesehen scheint noch ein beträchtlicher Abstand zugunsten der DDR zu bleiben, der den Unsicherheiten solcher quantitativer Erwägungen Rechnung trüge und auch dem Problem eines Qualitätsgefälles unbekannter Stärke. Trotzdem muß man skeptisch sein. Die DDR hat sich bei den herkömmlichen Verrechnungskursen, die vermutlich im allgemeinen oberhalb einer Relation von eins zu eins lagen, schon bisher – vor den oben angenommenen Lohnerhöhungen – meist schwer getan, ausreichend viel in Länder mit konvertierbarer Währung zu exportieren. Es wäre nicht vernünftig anzunehmen, die Mängel ihrer Kostenrechnung hätten sie davon abgehalten, billiger anzubieten. Man müßte daher bereit sein, einen alsbald mit den Reformen eintretenden deutlich positiven Effekt auf Sortiment und Qualität des Güterangebots aus DDR-Produktion vorherzusagen, wollte man dazu raten, den Weg in die Zukunft mit der Währungsrelation eins zu eins zu wagen. Eine solche Vorhersage fällt zwar nicht übermäßig schwer. Aber es würde doch gegen alle Vorsicht verstoßen, sich darauf zu verlassen. Die Fortdauer von Importkontrollen und knapper Zuteilung von Reisedevisen drohte, wenn man sich irrt.

Auch der Verzicht auf eine Währungsreform würde durch die Wahl eines für die Bevölkerung der DDR so günstigen Wechselkurses nicht erleichtert. Die Auslandskaufkraft des Geldvermögens in der DDR fiele sehr hoch aus. Hohe fiskalische Abschöpfungen beim Einkauf von Auslandswaren könnten sie eindämmen. Doch das würde das Problem nur verlagern hin zur Direkteinfuhr beim Reiseverkehr. Scharfe Devisenbewirtschaftung müßte dort die Löcher stopfen – mit der Folge, daß Schwarzmarktkurse den offiziellen Devisenkurs dementieren. Ein echter Ausweg wäre allein in der Bindung eines Teils des Geldvermögens zu sehen (Ziffer 9). Dieser Teil müßte unter den genannten Umständen allerdings wohl sehr groß sein, so daß es ohne Zwangsmaßnahmen kaum abginge.

Alle ungelösten Probleme blieben vor der Tür der Geldpolitik liegen. Abgeschirmt durch die Bindung eines Teils des Geldvermögens und durch eine Teilbeschränkung der Konvertibilität der Währung, die die (offizielle) Nachfrage nach Reisedevisen in Grenzen hält und einer möglichen Kapitalflucht vorbeugt, könnte sie ihrer Aufgabe, beim vorgegebenen Wechselkurs das Zahlungsbilanzgleichgewicht zu sichern, vielleicht gewachsen sein. Daß dies wenig sicher ist, reflektiert die Unsicherheit, die zuvor bei der Frage nach ausreichend guten Wettbewerbsbedingungen im internationalen Handel festzustellen war. Ein grundlegendes Ungleichgewicht in der Zahlungsbilanz – programmierte man es durch einen bei gegebenen Lohnstückkosten zu hohen Wechselkurs – ließe sich mit Mitteln der Geldpolitik nicht angemessen bekämpfen.

Konsequenzen eines Kurses von zwei zu eins

17. Solche Risiken werden vermieden, wenn man den – dann zu verteidigenden – Wechselkurs wesentlich niedriger festlegt. Doch verbinden sich damit nicht nur Vorteile.

Bei einem Wechselkurs von 2 Mark (Ost) = 1 Mark (West) und den oben einmal unterstellten Niveaus von Arbeitsproduktivität und Löhnen (nach Lohnkorrektur im Zusammenhang mit einer Preisreform) wäre die Stückkostenrelation DDR/Bundesrepublik 3:10 (statt wie oben 6:10). Der Abstand, der es erlaubte, Unzulänglichkeiten im Sortiment und in der Qualität des Güterangebots aus DDR-Produktion aufzufangen, wäre also beträchtlich. Rechnet man auch nur einen mäßig raschen deutlichen Erfolg des Übergangs zur Marktwirtschaft und der Öffnung der Wirtschaft nach außen ein, so könnte er sich alsbald als zu groß erweisen. Die Anpassung vollzöge sich dann über steigende Löhne und Preise.

Ohnehin ist bei einer solchen Vorgabe für den Wechselkurs selbstverständlich ein wesentlich höheres Preisniveau programmiert als im zunächst erörterten Fall. Denn die Preise für international handelbare Waren sind – von Marktunvollkommenheiten und Abgaben abgesehen – allemal die Weltmarktpreise, übersetzt durch den jeweiligen Wechselkurs.

Die in der Erhöhung des Preisniveaus liegende Abwertung des Geldvermögens wäre also beträchtlich. Entsprechend leichter fiele der Verzicht auf eine Währungsreform. Geringer wäre der Bedarf, Geldvermögen zu binden. Die Rationierung der Devisen für den Reiseverkehr (zum offiziellen Wechselkurs) könnte wegen rascherer Exporterfolge, geringerer Nachfrage nach Auslandswaren und Auslandsreisen sowie eines stärkeren Kapitalzustroms von außen möglicherweise bald aufgehoben werden. Und, wie schon gesagt: Die Gefahr, daß sich die Geldpolitik von vornherein vor das Problem eines grundlegenden Ungleichgewichts der Zahlungsbilanz gestellt sähe, wäre sehr klein.

Zu niedriger Kurs bringt vermeidbare Inflation

18. Die Liste der Vorzüge eines Wechselkurses in der Nähe der unteren Grenze des hier diskutierten Bandes erscheint lang und eindrucksvoll. Deshalb ist erneut der Pferdefuß zu bezeichnen: Bezahlt werden diese Vorzüge mit einer höheren Geldentwertung, unter Umständen mit einer

unnötig hohen Geldentwertung. Unnötig hoch ist sie, wenn man die Produktivität und die Wettbewerbsfähigkeit des Warenangebots der DDR-Wirtschaft, einschließlich der bald nutzbaren Potentiale, zu pessimistisch einschätzt.

Die je unterschiedlichen Risiken sind abzuwägen. Eine Hilfe dabei kann sein, daß man sich eine nachträgliche Aufwertung der Währung eher vorbehalten sollte als eine nachträgliche Abwertung. Eine Abwertung begründet allemal einen Vertrauensschaden, vor allem bei ausländischen Investoren; sie aber müssen bei der Modernisierung der DDR-Wirtschaft eine große Rolle spielen.

Gegen übertriebene Skepsis

19. Was hier anhand der Alternative eines Wechselkurses von eins zu eins versus zwei zu eins erörtert worden ist, gilt verstärkt, wenn man diese Bandbreite verläßt. Abzuwehren bleibt eine Vorstellung besonders übertriebener Skepsis. Viel zitiert wird das Argument, daß man in der Industrie der DDR 4,50 Mark aufwenden muß, um durch Export eine D-Mark an Devisenerlös zu erwirtschaften. Entsprechend wird gefolgert, daß der "richtige" Wechselkurs bei 4,50 Mark (Ost) = 1 Mark (West) liegen müsse. Die Basisaussage ist freilich nicht nachvollziehbar. Es gibt keine statistischen Angaben, die sie belegen würden. Man vergegenwärtige sich immerhin, was aus ihr folgt, wenn sie zutreffend wäre. Bei einer Relation der Lohnkosten je Stunde DDR/Bundesrepublik von 3:10 (in jeweiliger Währung) einen Wechselkurs von 4,5:1 postulieren heißt behaupten: Die am internationalen Markt bewertete Leistung eines Erwerbstätigen in der DDR beträgt nicht mehr als 1/15 dessen, was ein Erwerbstätiger in der Bundesrepublik zustande bringt. Damit dürften Grenzen der Plausibilität überschritten sein. Dies sehen und trotzdem einen so niedrigen Wechselkurs für die Mark der DDR wählen – verbunden mit der Erwartung, daß dann Löhne und Preise entsprechend stärker steigen – hieße den unehrlichen Weg einer verkappten Währungsreform gehen. Dazu kann man nicht raten. Trotz der Vergangenheit, die schmerzhafte Anpassungen erfordert, haben auch die Besitzer von Ersparnissen einen Anspruch auf Schutz.

Reformbedarf beim RGW-Handel

20. Einzuräumen ist ein Argument besonders berechtigter Skepsis. Der Anteil des Außenhandels der DDR, den diese mit den Ländern des Rates

für gegenseitige Wirtschaftshilfe (RGW) treibt, ist groß. Er beträgt mehr als zwei Drittel des gesamten Außenhandels. Entsprechend schmal sind die Schultern, auf denen die Last liegt, für Westexporte zu sorgen, die zu stark erhöhten Westimporten passen. Hilfe kann hier eine Reform der Preisbildung im RGW-Handel schaffen. Sie dürfte sich allerdings nicht darauf beschränken, daß die RGW-Währungen künftig untereinander konvertierbar sein sollen. Nötig wäre die Umstellung des Handelsverkehrs auf eine weltweit konvertierbare Währung. Das erscheint nicht unrealistisch, mittlerweile sogar wahrscheinlich. Das Problem entschärft sich nämlich insofern, als auch die Sowjetunion ein Interesse daran hat, zu aktuellen Weltmarktpreisen mit den anderen sozialistischen Ländern Handel zu treiben und abzurechnen. Soweit dieses Streben sich durchsetzt, sind bilaterale Absatz- und Bezugsplanungen im Rahmen des RGW überflüssig. Die DDR würde dann von den sozialistischen Ländern nicht mehr anders behandelt werden als andere Marktwirtschaften auch. Die Sowjetunion würde in der DDR zu ähnlichen Bedingungen wie in Westdeutschland kaufen und verkaufen. Das schließt langfristige Verträge mit Betrieben der DDR nicht aus und bedeutet auch keine Revolution der Lieferströme. Es wird aber richtiger, das heißt zu Marktpreisen gehandelt und gerechnet.

Volle Konvertibilität kein Fernziel

21. Die Frage nach der Notwendigkeit und dem Wert einer fortdauernden Konvertibilitätsbeschränkung ist noch einmal gesondert zu beleuchten. Konsequente Marktwirtschaftler lehnen sie meist ab. Richtig ist, daß Devisenbewirtschaftung allemal Flickschusterei darstellt, selten voll wirksam und immer mit nachteiligen Nebenwirkungen verbunden ist.

Eine konsequente Argumentation wäre diese: Nicht zu verkennen ist, daß eine große Anzahl von DDR-Bürgern bereit ist, fünf Ostmark oder sogar mehr für eine Westmark herzugeben, sei es für Reisezwecke, sei es für den Kauf von Westwaren. Darin ist nichts anderes zu sehen, als daß sie die DDR-Waren, die sie mit heimischer Währung kaufen könnten, trotz der "niedrigen" Preise weniger schätzen als die so viel "teureren" Westwaren. Sie müssen aus ihrer Wahl einen Vorteil ziehen; denn sie wählen freiwillig so. Warum sollten sie daran gehindert werden? Auch die Klage über den "Ausverkauf" der DDR überzeugt nicht. Er wird darin gesehen, daß Bundesbürger mit "billig" erworbener Ostmark, also mit anstößig geringem Westmarkopfer, DDR-Waren erlangen. Was ist daran anstößig? Die Bundesbürger erwerben in der DDR Waren, die ihnen mehr wert sind als die, auf die sie deshalb in der Bundesrepublik verzichten müssen zugunsten von DDR-Bürgern, denen diese mehr wert sind als jene, auf die sie in der DDR verzichten. Alle stehen sich besser. Wo ist ein Geschädigter?

Daraus wird folgerichtig zugleich ein Argument für einen auch kurzfristig vom Markt bestimmten Wechselkurs. Laßt den Wechselkurs sich frei bilden! Ein marktwidriger Wechselkurs verbunden mit der dann nötigen Bewirtschaftung des Mangels verhindert nur Tausch, der zu aller Besten ist. Was ist falsch daran? Freie Preisbildung, freier internationaler Handel und unbeschränkte Konvertibilität bei flexiblen Wechselkursen würden nahezu umgehend dazu führen, daß auch in der DDR die Läden voll sind, daß man alles kaufen kann. Gewiß, teilweise zu sehr hohen Preisen. Aber dies wäre ja verbunden mit erwünschten Anreizen zu mehr und besserer eigener Produktion, die dann nach und nach teure Einfuhr zurückdrängte und damit wieder verbilligte, indem sie den Wechselkurs steigen ließe. Entsprechendes liefe über die Ausfuhrseite ab. Geht es denn nicht genau darum?

In der Tat, man muß schon Fernerliegendes heranziehen, um solch schlagenden Argumenten zu begegnen. Die Ratio einer Rationierung von Devisen ist, Zeit zu gewinnen. Eine Rechtfertigung für dauerhafte Devisenbewirtschaftung gibt es nicht. Es geht um die Vorteile der Verteidigung eines Außenwerts der Währung, den man von den realwirtschaftlichen Bedingungen her erst nach einer gewissen Zeit zu einem voll marktgerechten Wert machen kann und der unter den gegebenen Umständen mit den Mitteln der Geldpolitik, also in ordnungspolitisch unbedenklicher Form, nicht ausreichend verteidigt werden kann, jedenfalls nicht bei erträglichen Zinsen. Von den einzelnen Aspekten dessen war überwiegend schon die Rede:

(a) Der Hunger nach Waren aus dem Westen und nach Reisen in den Westen (möglicherweise auch die Flucht von Sparkapital) kann kurzfristig zu einem so niedrigen Wechselkurs führen, daß die damit verbundenen Preissignale für jede nicht nur ganz kurzfristige Produktionsplanung wertlos sind.

(b) Der niedrige Wechselkurs würde nicht nur hohe Preise für eingeführte Fertigwaren mit sich bringen, sondern auch Preissteigerungen bei im Inland hergestellten Konsumgütern, die für verstärkten Export in Betracht kommen oder die mit verteuerten Vorprodukten aus dem Ausland erzeugt werden. Viele davon sind lohnsensible Waren, und man müßte mit einem – inflatorischen – Lohndruck rechnen, dem auch eine unabhängige Notenbank nicht gewachsen wäre.

(c) Allgemein: Die Koordinationskraft der Märkte, auf die alles ankommt, ist abhängig davon, daß es hinreichend stabiles Geld gibt. Ob man dabei dem Binnenwert des Geldes oder dem Außenwert des Geldes die Führungsrolle gibt, ist eine Frage der Umstände und der Zweckmäßigkeit (siehe oben). Eine Illusion wäre es allerdings zu glauben, man dürfte gegenüber der Entwicklung von einem der beiden gleichgültig sein.

All dies besagt nicht, daß in der DDR nach einer grundlegenden wirtschaftlichen Reform auch nur vorübergehend eine umfassende Devisenbewirtschaftung begründet wäre. Aber man wird die volle Konvertibilität schrittweise verwirklichen müssen. Die Zahlungsströme im Zusammenhang mit dem Außenhandel und mit Direktinvestitionen in der DDR müßten alsbald weitestgehend liberalisiert werden. Eine Devisenbewirtschaftungsbehörde zur Beurteilung der Dringlichkeit der Einfuhr bestimmter Waren ist abzulehnen. Denn von dieser Dringlichkeit verstehen Bürokraten nichts. Doch hinsichtlich der Zuteilung von Reisedevisen wird es eine Zeitlang bei Rationierung bleiben müssen, zumal wenn man, wie hier angenommen, ohne eine Abwertung des Geldvermögens durch eine Währungsreform auskommen will. Auch Inländerkonvertibilität für den internationalen Kapitalverkehr wird es nicht sofort geben können.

Zu wiederholen ist: Volle Konvertibilität der Währung darf nicht bloß ein Fernziel sein, etwa wie 1948 für die Westzonen. So viel Zeit hat die DDR nicht. So viel Zeit braucht sie auch nicht. Ob das Ziel schon sehr bald zu erreichen ist, wird allerdings nicht allein im monetären Bereich der Wirtschaftspolitik entschieden, sondern nicht zuletzt durch die realwirtschaftlichen Bedingungen für einen kräftigen Kapitalzustrom (Ziffer 25ff). Kommt dieser in Gang, so können alsbald alle Konvertibilitätsbeschränkungen fallen. Insofern möchte es sich durchaus um eine Frage bloß noch von Monaten handeln, wenn erst die fundamentalen ordnungspolitischen Reformentscheidungen in Kraft sind.

Selbst eine vorübergehende und begrenzte Konvertibilitätsbeschränkung ist freilich mehr als ein Schönheitsfehler, zumal unumgängliche Kontrollen hinzukommen, die zusätzlich freiheitsbeschränkend wirken. Auf ein

Minimum begrenzt werden sollten solche Kontrollen in jedem Fall. Wer sie ganz ablehnt und daher für „volle Konvertibilität sofort“ eintritt, muß jedoch mit größeren Problemen an anderer Stelle fertig werden. Er müßte vorsorglich einen sehr, sehr großen Teil des Geldvermögens – eine Zeitlang – der freien Verfügung entziehen. Andernfalls ist die Stabilität des einmal gewählten Wechselkurses wahrscheinlich nicht zu verteidigen und damit das ganze hier vorgeschlagene Konzept gefährdet.

Keine Interventionspflicht der Bundesbank

22. Manche denken daran, letztlich müsse die Deutsche Bundesbank bereit sein, einen wohlerwogenen Wechselkurs der Mark der DDR und ein möglichst wenig eingeschränktes Konvertibilitätsversprechen zu stützen. Davon ist nichts zu halten. In der Geldpolitik hat Solidarität zwischen den beiden deutschen Staaten nichts zu suchen. Geld muß knapp sein, und dafür sorgt jeder am besten selbst – solange jeder souverän ist.

In Betracht kommt allenfalls die Gewährung eines – am Kapitalmarkt zu refinanzierenden – zusätzlichen Zahlungsbilanzkredits des Bundeshaushalts an die Notenbank der DDR. Anders als bei einem Kredit der Bundesbank ergäbe sich daraus keine Geldschöpfung.

Zur Frage der Währungsunion

23. Der hier vorgeschlagene Weg kann durchaus der Weg sein, der eines Tages zu einer deutschen Währungsunion mit einer gemeinsamen Währung führt.

Eine Währungsunion bedeutete einen qualitativen Sprung bei den Rahmenbedingungen für die Wirtschaft der DDR und für das wirtschaftliche Zusammenwachsen der beiden deutschen Staaten. Ja, die Größe dieses Sprungs läßt sich kaum überschätzen. Auch die zuvor gekennzeichnete Strategie zielt zwar darauf ab, möglichst bald gutes Geld dadurch zu schaffen, daß ein fester Wechselkurs zwischen der Mark der DDR und der D-Mark festgelegt und energisch verteidigt wird, indem die gesamte Wirtschaftspolitik dieser Festlegung untergeordnet wird. Aber eines muß man sehen: Gutes Geld ist erst dann wirklich gut, wenn es als gut geglaubt wird. Es läßt sich nicht durch Dekrete schaffen, schnell noch nicht einmal durch eine tatsächlich auf Geldwertstabilität bedachte aktuelle Politik. Was hinzukommen muß ist das durch beständige Erfahrung gestützte Vertrauen, daß solche Politik auch in Zukunft betrieben wird, auch unter schwierigen Bedingungen. Das braucht Zeit, viel Zeit. Wenn es anders wäre, hätten wir in vielen Ländern der Welt gutes Geld. Frankreich betreibt schon seit etlichen Jahren eine strikt auf Geldwertstabilität gerichtete Politik, nicht weniger strikt als die Bundesbank. Und es bezahlt doch noch immer einen Malus im Zins für das Mißtrauen der Märkte, es möchte in Zukunft wieder anders sein.

Mit der Übernahme der D-Mark als Währung der DDR würde dieser weite Weg, der zum Vertrauen der Märkte führt, entfallen. Die DDR hätte sofort teil an dem Ansehen, das die D-Mark durch eine über Jahrzehnte betriebene stabilitätsbewußte Geldpolitik gewonnen hat wie wenige andere Währungen sonst. Es wäre die Teilhabe an einem Schatz, mit dem sich wuchern läßt, nach innen wie nach außen.

Aber all dies besagt nicht, daß die beiden deutschen Staaten um solcher Vorteile willen eine Währungsunion ohne weiteres sofort eingehen könnten. Unübersehbar ist zunächst der Souveränitätsverzicht, den eine Währungsunion erfordert. Und es müßte wohl ein einseitiger Souveränitätsverzicht der DDR sein. Die Geldpolitik für das gemeinsame Währungsgebiet müßte in der Zuständigkeit der Bundesbank liegen. Jede andere Regelung gefährdete von vornherein das Vertrauen in die Stabilität der D-Mark. Das wäre für die Bundesrepublik nicht hinnehmbar und für beide Partner nachteilig. Unterstellt man, die DDR wäre zu solchem Souveränitätsverzicht bereit, so bleibt die Frage nach den ökonomischen Voraussetzungen für eine Währungsunion.

Im Prinzip ist die Veränderung des Gebiets, in dem das Geld einer Notenbank umläuft, unproblematisch. Tatsächlich geschieht das ohnehin ständig. Die D-Mark ist in der DDR, aber ebenso in einigen anderen Ländern, de facto bereits Parallelwährung. Die Fähigkeit der Bundesbank, das Angebot an D-Mark stabilitätsgerecht zu steuern, ist dadurch bisher nicht ernsthaft in Frage gestellt worden. Im Falle einer Währungsunion, im Falle eines Verzichts der DDR auf ihre Souveränität über das Geldwesen, müßte die DDR von der Bundesbank jedoch mehr erwarten als bloß die Bereitschaft, bei der Emission von D-Mark den Notenumlauf in der DDR zu berücksichtigen.

- Die umlaufenden Banknoten, die auf Mark der DDR lauten, wären umzutauschen. Die DDR hat nicht genügend Devisenreserven, diesen

Umtausch ohne weiteres selbst vorzunehmen. Sich die zusätzlich nötigen Mittel durch Emission von DM-Schuldverschreibungen am offenen Markt zu beschaffen, dürfte schwierig sein. Die Bundesbank müßte daher bereit sein, normal verzinste Schuldverschreibungen der DDR hereinzunehmen.

- Der Bundesbank fiele die Rolle als Bank der Banken in der DDR zu. Das begründete Rechte, aber auch Pflichten.

- Die Bundesbank ist bei aller Unabhängigkeit und bei allem Vorrang ihrer Aufgabe, Hüterin der Währung zu sein, eingebunden in die Verantwortung für die Stabilitätspolitik im ganzen. Diese Mitverantwortung müßte sich in einer Währungsunion auch auf die DDR erstrecken.

- Für den Verzicht auf das Recht zur Emission von Banknoten und für die Übertragung der Funktion, Bank der Banken zu sein, könnte die DDR einen Anteil am Gewinn der Bundesbank oder eine gleichwertige feste Ertragszahlung beanspruchen.

Eine solche Kennzeichnung der funktionellen Aspekte einer Währungsunion mag dazu verleiten, die Probleme, die sie aufwirft, für eher gering zu halten, gemessen an den Chancen, die sie verheißt. Das wäre freilich zu kurz gedacht. Nur bei oberflächlicher Betrachtung wirken die Aufgaben, die auf die Bundesbank zukämen, harmlos. Wenn man näher hinsieht, wird klar, daß die fundamentalen ordnungspolitischen Probleme der DDR-Wirtschaft weitgehend gelöst sein sollten, bevor man die Bundesbank in der hier umrissenen Weise in die Pflicht nimmt.

- Wird das Problem des Kaufkraftüberhangs nicht gelöst, bevor man eine Währungsunion schafft, so wird es durch die Schaffung einer Währungsunion als solches unsichtbar (ein Zahlungsbilanzproblem der DDR gibt es dann nicht mehr) und in dieser unsichtbaren Form an die Bundesrepublik weitergegeben. Diese müßte den zu erwartenden Konsumschub, der durch das, was in der DDR erwirtschaftet wird, nicht gedeckt ist, auffangen, nötigenfalls indem die Geldpolitik restriktiv gegenhält. Kurz, die reale Kaufkraftlücke der DDR wird durch die Bundesrepublik geschlossen.

- Ähnliches gilt für das Problem, daß in der DDR derzeit nicht einmal die laufenden Einkommen, so bescheiden sie sind, voll durch das Güterangebot aus laufender Produktion gedeckt sind.

- Die Einbindung der Bundesbank in die stabilitätspolitische Verantwortung für eine Volkswirtschaft, die noch nicht in Ordnung gebracht ist, würde die Anreize, in der DDR das ordnungspolitisch Nötige zu tun, schwächen und könnte die Stabilitätspolitik der Bundesbank selbst in Gefahr bringen. Zumindest müßte man damit rechnen, daß die Stellung der D-Mark an den internationalen Finanzmärkten beeinträchtigt wird.

Aus diesen Gründen kann man nicht dazu raten, den Schritt zu einer Währungsunion schon am Anfang des Weges zu einer wirtschaftlichen Angleichung zu tun. Das soll nicht heißen, daß er erst am Ende in Betracht käme. Ein funktionsfähiges Preissystem, gute Investitionsbedingungen, solide Staatsfinanzen und volle Konvertibilität der Währung, eine Zeitlang durchgehalten bei stabilem Wechselkurs – das wären geeignete Prüfsteine. Und die Bereitschaft der DDR zum Souveränitätsverzicht müßte in jedem Falle gegeben sein. Wie lange die Bundesrepublik tatsächlich zögert, ihrerseits einer Währungsunion zuzustimmen, ist letztlich eine politische Entscheidung, bei der auch die Kosten alternativer Wege ins Gewicht fallen. Zum Zusammenwachsen der beiden Volkswirtschaften unter einem gemeinsamen staatlichen Dach gehört die Währungsunion allemal – ebenso wie die erhöhte Solidarhaftung der Bundesrepublik für die wirtschaftlichen Folgen der Teilung Deutschlands.

Kaufmöglichkeiten im Innern verbessern

24. Bei der Liberalisierung des Handels, bei der Entscheidung über den Wechselkurs, bei der Frage der Konvertibilitätsbeschränkung, bei allem ist mitzudenken, was keinen großen Aufschub mehr verträgt, so unbequem es erscheinen mag: Wohlstandssteigerung durch Verbreiterung der Kaufmöglichkeiten – und das heißt entsprechende Konsumgütereinfuhr. Sie ist nicht nur nötig, um bei gegebenen Einkommen rasch eine Wohlstandssteigerung zustande zu bringen. Sie ist auch nötig, um zu verhindern, daß die bisher unbefriedigt gebliebene Nachfrage nach Westwaren allein im Ausland befriedigt werden kann – und das heißt sehr teuer. Handelsspanne und Verbrauchsteuern sollten im Inland anfallen.

III. Kapitalbedarf und Investitionsbedingungen

Kapital und Arbeit: Harmonie und Antagonismus

25. Wirtschaftlicher Erfolg ist Erfolg unter Berücksichtigung des Faktors Zeit und der Unsicherheit der Zukunft. Den Faktor Zeit und die Unsicherheit der Zukunft berücksichtigen heißt berücksichtigen, daß die Herstellung und Verwertung von Kapitalgütern Zeit erfordert, daß Zeit kostbar ist, daß Risiken getragen werden müssen und daß die Bereitschaft, Risiken zu tragen, knapp ist. Den Faktor Zeit und die Unsicherheit der Zukunft bestmöglich zu berücksichtigen, erfordert Privateigentum an Produktionsmitteln, verbunden mit der Zuständigkeit und Haftung für unternehmerische Entscheidungen. Unternehmerisch erfolgreich sein heißt, auf dem Umweg über die Herstellung und Verwertung von Kapitalgütern einen Mehrertrag erwirtschaften, der den Nachteil der Kapitalgeber, der in der nötigen Vertagung von Konsum liegt, mindestens ausgleicht, und der eine Risikoprämie enthält als Entgelt für die Bereitschaft, die Möglichkeit des Mißerfolgs in Kauf zu nehmen. Wirtschaften in diesem Sinne nennen wir kapitalistisches Wirtschaften.

Maß des unternehmerischen Erfolgs ist der Gewinn, bezogen auf den Einsatz an haftendem Kapital, verglichen mit dem Zins als Maß für den am Markt bewerteten Nachteil dessen, der auf sicheren und sofortigen Konsum verzichtet, also spart und das Gesparte anlegt. Maß des Erfolgs der zugehörigen Arbeitnehmer ist der Lohn und dessen Sicherheit, verglichen mit dem Nutzen, den die Betreffenden aus ihrer Zeit ziehen können, wenn sie ein Arbeitsverhältnis nicht eingehen. Die Ziele von Kapitalgebern und Arbeitnehmern sind harmonisch in dem Sinne, daß nur eine Produktion, die den Einsatz von Kapital lohnt, auch den Einsatz von Arbeit lohnt, und daß nur der Einsatz von viel Kapital die Arbeit so produktiv macht, daß ein hoher Lohn geboten wird. Sie sind antagonistisch in dem Sinne, daß weniger Lohn mehr Gewinn bedeutet. In der funktionsfähigen Marktwirtschaft sorgt der Wettbewerb dafür, daß der Interessengegensatz nicht dominant wird. In der sozialen Marktwirtschaft bietet darüber hinaus eine Autonomie der Tarifvertragsparteien die Möglichkeit, durch die Festlegung marktgerechter Mindestlöhne und Mindestarbeitsbedingungen zum Ausgleich der Interessen beizutragen.

Erheblicher Kapitalbedarf in den Unternehmungen ...

26. Die Wirtschaft der DDR leidet besonders schwer an einer direkten Folge des Systems: an der unter zentraler Planung unvermeidbaren Fehllenkung der gesamtwirtschaftlichen Ersparnis. Gemessen an ihrem Anteil am Volkseinkommen sind die Investitionen in der DDR durchaus beachtlich. Die DDR investierte 1988, offiziellen Angaben zufolge, knapp 30 Prozent ihres "Produzierten Nationaleinkommens" in Bauten und Ausrüstungen. Aber die Produktivität dieser Investitionen – die mit ihrer Hilfe erreichbare Steigerung des Produktionsergebnisses – ist im Durchschnitt weit geringer als etwa in der Bundesrepublik.

Ursache dafür ist, daß in der zentral geplanten Wirtschaft nicht Preise, die die Knappheit der Produktionsmittel und der zu produzierenden Güter richtig wiedergeben, nicht die erzielbare Rendite des eingesetzten Kapitals über Art und Umfang der Investitionen entscheiden, sondern die Planungen einer Bürokratie, in deren Kalkül Kriterien wie Knappheit und Effizienz wenig Gewicht haben. Ökonomische Anreize zu rationalem Verhalten fehlen weitgehend. Den Betrieben war es lange Zeit nicht gestattet, aus Abschreibungen und Gewinnen Kapital zu akkumulieren und für eigene Investitionen zu verwenden. Und bis heute müssen selbst die auf diese Weise finanzierten Investitionen von der Behörde genehmigt werden.

Die Folgen sind schmerzlich. Die Betriebe der DDR-Wirtschaft befinden sich zu großen Teilen in desolatem Zustand; neben planbedingten Organisationsmängeln liegt hier die wesentliche Ursache der geringen Produktivität der Arbeit in der DDR. Um veraltete und unproduktive Anlagen zu sanieren und auf die Anforderungen des internationalen Wettbewerbs zu trimmen, ist es notwendig, die in der DDR verfügbaren Investitionsmittel wirtschaftlicher zu verwenden. Dies setzt, es soll nochmals gesagt sein, ein marktwirtschaftliches System mit freier Preisbildung voraus.

Aber das reicht nicht aus. Die Wirtschaft der DDR muß zusätzliche Mittel für produktive Investitionen mobilisieren. Über die Höhe des notwendigen Kapitals sind genaue Angaben nicht zu machen, zum einen aus Mangel an gesicherten Daten über den Zustand der Produktionsanlagen, zum anderen, weil über die anzustrebende bzw. sich anbahnende Struktur der DDR-Wirtschaft Klarheit fehlt. Grobe Schätzungen nennen einen Kapitalbedarf der gewerblichen Wirtschaft von mehr als 100 Mrd. DM (ohne Umweltschutz). Die Informationen über den Zustand der Betriebe und darüber, was in der Bundesrepublik ein Arbeitsplatz kostet – im Durchschnitt knapp 200.000 DM –, lassen jedoch gewiß erscheinen, daß der tatsächliche Kapitalbedarf damit stark unterschätzt wird. Dabei ist überdies der Modernisierungsbedarf in der Wohnungswirtschaft noch nicht berücksichtigt.

... und bei der öffentlichen Infrastruktur

27. Unzureichend waren und sind die Investitionen aber nicht nur in der produzierenden Wirtschaft und in der Wohnungswirtschaft. Im Gegenteil. Die staatliche Planung hat den Bereich der Infrastruktur offenbar besonders vernachlässigt. Überfällige Reparaturen an Straßen und öffentlichen Versorgungseinrichtungen wurden unterlassen. Weil es seit jeher an der Entsorgung umweltgefährdender Stoffe mangelt, droht der ökologische Kollaps. Die Energieversorgung beruht im wesentlichen auf wirkungsarmen, dafür aber besonders umweltschädlichen Braunkohlekraftwerken. Die Bahnstrecken sind seit den Reparationsleistungen der Nachkriegszeit weitgehend eingleisig, die Reichsbahn zehrt von der Substanz. Das Telefonsystem ist völlig veraltet und die Telefondichte äußerst gering. Transportmöglichkeiten, öffentliche Versorgungssysteme und Kommunikationsmöglichkeiten sind vom Standard moderner Industriegesellschaften weit entfernt.

Verläßliche Angaben über die Höhe der Investitionen, die zu einer Anpassung der Infrastruktur, der Wohnungswirtschaft und des Umweltschutzes an die Erfordernisse einer modernen arbeitsteiligen Wirtschaft nötig sind, fehlen ebenfalls. Westliche Experten halten den Bedarf an dringenden Investitionen für außerordentlich hoch. Sicher scheint zu sein, daß der Kapitalbedarf in diesen Bereichen weit über dem der Produktionsunternehmen liegt. Er dürfte das Nationaleinkommen eines Jahres wesentlich überschreiten. Es gibt Schätzungen, die – möglicherweise ebenfalls noch zu vorsichtig – beim Doppelten liegen.

Wechselwirkung von Infrastruktur und Produktivkapital

28. Zu einer funktionsfähigen Industriegesellschaft gehört beides: moderne Arbeitsplätze und ausgebaute Infrastruktur. Der Nutzen beider beruht nicht zuletzt auf einer engen Wechselwirkung. Eine Infrastruktur, die raschen Transport und leichte Telekommunikation nicht erlaubt, schmälert den Wert des produktiven Kapitals. Investitionen in die Modernisierung von Produktionsanlagen sind daher gesamtwirtschaftlich um so produktiver, je

besser die Infrastruktur ist, in die sie eingebettet sind. Umgekehrt ist die teure Infrastruktur nur kostengünstig, wenn sie ausreichend genutzt wird, und nur finanzierbar, wenn die Nutzung hohe gesamtwirtschaftliche Erträge abwirft. Für beides muß also gesorgt werden: für Investitionen in den eigentlichen Produktionsapparat und für Modernisierung und Ausbau der Infrastruktur – eine gewaltige, nur unter großen Anstrengungen lösbare Aufgabe.

DDR braucht viel Kapital von außen

29. Die DDR dürfte vorläufig nicht einmal näherungsweise in der Lage sein, die Investitionen, die zur Herstellung moderner Produktionsanlagen und einer leistungsfähigen Infrastruktur notwendig wären, aus eigener Kraft zu leisten. Gewiß, auch ohne fremde Hilfe ist es möglich, Wachstumskräfte zu wecken und wirtschaftliche Dynamik freizusetzen. Aber selbst wenn eine drastische Steigerung der Effizienz der Investitionen erreicht werden sollte, übersteigt das Volumen dessen, was zu leisten ist, das aus eigener Kraft Leistbare. Eine Kapitallücke, die dem Sozialprodukt von ein bis zwei Jahren entspricht, kann nicht ohne sehr starke Mittelzufuhr von außen, kann nicht durch einen von der Bevölkerung freiwillig geübten Konsumverzicht geschlossen werden, und wenn, dann nur bei einer kaum vertretbaren Streckung der Investitionspläne. Auf lange – zu lange – Zeit bliebe der Abstand zu den Einkommens- und Konsummöglichkeiten in der Bundesrepublik größer, als mit der Hoffnung auf ein Ende der Abwanderungsneigung zu vereinbaren wäre.

Die DDR muß sich daher für Kapital von außen nicht nur ein bißchen öffnen, sondern weit. Sie muß private Investoren für die Modernisierung der Produktionsanlagen nicht nur zulassen, sondern umwerben (wie es fast überall in der Welt üblich ist). Und sie braucht öffentliche Hilfen für die Infrastruktur. Vordringlich ist dabei die Schaffung von Marktverhältnissen, die eine Verwendung des Kapitals gemäß den Kriterien der Wirtschaftlichkeit erlauben. Um das Kapital innerhalb der gesamten Wirtschaft unabhängig von Branchen und Regionen überall dorthin fließen zu lassen, wo die Produktivität der Kapitalverwendung am höchsten ist, muß es einen freien Kapitalmarkt und ein System von Kreditinstituten geben, bei denen kein Kapitalverwender vom Wettbewerb ausgeschlossen wird, der die entsprechenden Rentabilitätskriterien erfüllt.

Wirtschaftichkeit setzt unverzerrtes Preissystem voraus

30. Vor Illusionen ist zu warnen. Es genügt nicht, wenn der DDR westliche Kapitalmärkte zu günstigen Bedingungen geöffnet und Direktinvestitionen ermöglicht werden. Der Erfolg hängt von der rationellen Verwendung zugeflossener Mittel ab. Diese Rationalität kann nur in einem marktwirtschaftlichen Preissystem mit geöffneten Grenzen erreicht werden. Die Öffnung der Grenzen ist schon deshalb erforderlich, weil die Wirtschaft der DDR von vornherein darauf vorbereitet werden muß, zur Bedienung von aufgenommenem Kapital die entsprechenden Exporterlöse in der Zukunft zu erwirtschaften und die eigene Wirtschaftsstruktur hierauf einzustellen. Auch die westlichen Kredite müssen den üblichen Anforderungen an rationale Investitionen und Kreditverwendung unterworfen werden, wenn ihre Kosten nicht größer sein sollen als ihr Nutzen. Der DDR ist nicht damit geholfen, wenn westliche Kapitalgeber im Vertrauen auf Kreditgarantien ihrer Regierungen oder hinter den protektionistischen Mauern der Devisenbewirtschaftung fragwürdige Projekte finanzieren. Investitionen, die nur auf Krücken rentabel sind, schädigen alle Beteiligten. Es ist eine bittere Erfahrung internationaler Verschuldung, daß weiche Bedingungen meist auch für das scheinbar begünstigte Land zu den härtesten gehören, weil nicht nur die aufgenommenen Mittel fehlgeleitet werden, sondern auch mit den Projekten zusammenhängende inländische Produktionsmittel. Je besser und richtiger eigene und fremde Investoren rechnen, desto größer ist der Vorteil für die DDR. Jede zusätzliche Verschuldung hat nur insoweit einen Sinn, wie dadurch die Leistungsfähigkeit des Schuldners gesteigert wird. Das geschieht, wenn mit den finanzierten Investitionen mehr erwirtschaftet wird, als für die Verzinsung und Rückzahlung des Kapitals erforderlich ist. Gläubiger und Schuldner werden hierauf um so eher achten, je weniger sie damit rechnen können, Verluste auf die Staatskasse abwälzen zu können. Jede westliche Hilfe, die dazu verführt, falsch zu rechnen, fügt der DDR überflüssige Nachteile zu.

Konsumgüterimporte und Investitionen

31. Aber auch vor falscher Ängstlichkeit ist zu warnen. Denkt man an den enormen Import von Kapital, der nötig ist, wenn Ausbau und Modernisierung der DDR-Wirtschaft in angemessener Zeit gelingen sollen, so mag es naheliegen, mit Kapitalimport allein den Import von Investitionsgütern zu assoziieren, Auslandsverschuldung für andere Zwecke allemal abzulehnen. Aber dies greift zu kurz. Was man für Investitionen braucht, sind

Ressourcen aller Art. Durch temporären Konsumverzicht zu finanzieren sind daher nicht nur die eingeführten Kapitalgüter, sondern auch die inländischen Produktionsfaktoren, die für investive Zwecke eingesetzt werden, letztlich also vor allem Arbeitskräfte. Diese wirken daran mit – wie die eingeführten Kapitalgüter –, einen höheren Konsum zu ermöglichen. Ihr Entgelt kann, wenn die heimischen Ersparnisse nicht ausreichen, mit den gleichen guten Gründen durch ausländische Ersparnisse, also ausländischen Konsumverzicht, finanziert werden wie die Einfuhr von Kapitalgütern. Vorfinanzierung von Konsum der in der DDR im investiven Bereich Tätigen heißt konkret: Import von Konsumgütern. Es wäre verfehlt, eine Verbesserung der Lebensverhältnisse im Gleichschritt mit der durch Investitionen zunächst nur in Gang gesetzten, noch nicht vollzogenen Verbesserung der Produktionsmöglichkeiten voller Argwohn zu betrachten. Die Struktur der Importe sollte beides zulassen. Investitionen sind schon Teil der Produktion. Insoweit ist auch schon Konsum gedeckt – wenn ein anderer (hier: ein Ausländer) das zeitliche Vorziehen des Konsums durch seinen Kapitaleinsatz deckt.

Ein solches Muster von Importen begleitete die bemerkenswert erfolgreiche Entwicklung der spanischen Wirtschaft seit dem Beitritt zur EG im Jahre 1986. Grundlage dieses Erfolges war die Schaffung guter Investitionsbedingungen für ausländisches Kapital. Es spräche nichts dagegen, wenn die DDR einen vergleichbaren Weg suchen würde.

Die Bedeutung dieses Aspekts verbesserter Investitionsbedingungen läßt sich kaum überschätzen. Denn hier steht wiederum das ceterum censeo: Der rasche Zugang zum westlichen Konsumgüterangebot ist Erfolgsbedingung jeder Strategie, die den Wettlauf mit der Zeit gewinnen will.

Schädliche Barrieren gegen Auslandskapital

32. Die Führung der DDR hat im Hinblick auf ausländische Direktinvestitionen ihren Standpunkt bekräftigt, daß im Fall von Großprojekten regelmäßig mindestens 51 Prozent der Anteile an gemeinsamen Unternehmungen von der DDR zu halten sind. Sie muß sich fragen, was dies für das Volumen der realisierbaren Investitionen und damit für das Tempo der Erneuerung bedeutet. Woher sollen seitens der DDR die nötigen Ersparnisse kommen, wenn es eine wirklich ausreichende Investitionsdynamik zu finanzieren gilt? Die einbringbaren Substanzwerte der vorhandenen Betriebe sind oft nur gering. Zudem werden westliche Partner in vielen Fällen

an einem lohnenden Projekt nicht teilnehmen, wenn ihnen die Führung verweigert wird. So beruht diese Haltung entweder auf einer Illusion, oder sie erfordert eine fatale Streckung der Modernisierungspläne. Im übrigen bedeutet eine solche Klausel eine wirtschaftlich nicht zu begründende Fesselung von DDR-eigenem Kapital in Gemeinschaftsunternehmungen, das an anderer Stelle nützlicher verwendet werden könnte. Die Fesselung ist also nachteilig, solange die Sparfähigkeit der DDR noch gering ist.

Die DDR könnte daran denken, die von ihr in solche Unternehmungen einzubringenden Werte ohne eigene neue Finanzmittel dadurch zu steigern, daß den Unternehmungen privilegierte Marktstellungen eingeräumt bleiben, die die Kapitalisierung einer Privilegienrente erlauben. Davon ist jedoch abzuraten. Wettbewerb ist unverzichtbar. Ohne solche Kunstgriffe käme man zu ausreichend hohen Substanzwerten nur aufgrund der künstlichen Verknappung des Rechts auf wirtschaftliche Betätigung ausländischer Investoren, die in einer restriktiven Beteiligungsregel läge. Das wäre aber nicht in der gewünschten großen Anzahl von Fällen zu erwarten, sondern nur dort, wo das Betätigungsrecht selbst unter der Auflage der restriktiven Beteiligungsregel wertvoll genug ist, etwa wegen des Zugangs zu den – vorläufig – billigen Arbeitskräften der DDR. Die Führung der DDR muß sich also klar machen, daß sie in der Form dieser restringierenden Wirkung einen hohen Preis zu zahlen hätte, und zwar für ein Ziel, dessen Gehalt seinerseits wenig klar ist.

Wettbewerb sichert Freiheit

33. Unverständlich ist es nicht, daß die Option, ausländisches Kapital in großem Umfang ins Land zu holen, in der DDR nicht nur Hoffnungen, sondern auch Ängste weckt. Nach Jahrzehnten sozialistischer Prägung des Denkens ist es kein Wunder, wenn ein Szenario, in dem sich ein großer Teil des Produktionskapitals der DDR in ausländischer Hand befindet, Assoziationen von Ausverkauf, Überfremdung oder Vereinnahmung hervorruft. Dies sind zwar Schlagworte, die mehr verhüllen als offenlegen. Aber man darf sich doch nicht wundern, daß sie Eindruck machen. Selbst in Ländern, die eine funktionierende soziale Marktwirtschaft haben, ist der Bevölkerung weithin unverständlich, warum sie funktioniert. Gute Wirtschaftspolitik ist deshalb auch dort nicht leicht durchzusetzen. Für die Akzeptanz im ganzen reicht immerhin das Erlebnis, daß sie funktioniert. Die Bevölkerung der DDR hat daran teil durch die Erfahrung einer bitteren Differenz. Aber sie steht zugleich unter dem Eindruck einer ständigen

Belehrung und Erziehung, daß von freien Marktkräften Schlimmes zu erwarten sei, und daß dabei das private Eigentum an den Produktionsmitteln die Hauptbedeutung habe. Es fehlt ihr zudem die Gegenkraft, die von der täglichen Erfahrung vermittelt wird. Ludwig Erhard hat Jahre der engagierten Aufklärung und des Erfolgs gebraucht, um seine Soziale Marktwirtschaft über eine knappe Regierungsmehrheit hinaus zur fast allgemein akzeptierten Ordnung zu machen, eine Ordnung, zu deren Wesen der freie Zugang zum Eigentum auch an Produktionsmitteln gehört.

Persönliche, wirtschaftliche und politische Freiheit sind untrennbar. Sie können gefährdet sein von der Macht, die vom Eigentum ausgehen kann. Für die persönliche und wirtschaftliche Freiheit des einzelnen kommt es darauf an, diese Macht zu begrenzen. Der Schlüssel dazu liegt aber nicht in erster Linie in der Gesellschaftsordnung oder der Eigentumsordnung, er liegt im Wettbewerb. Wo Wettbewerb herrscht, zumindest möglich ist, begrenzt er wirtschaftliche Macht, auch die Macht, Kapital ausbeuterisch einzusetzen. Umgekehrt sind Monopole, deren Macht nicht in Frage gestellt ist, auch dann ausbeuterisch und freiheitsberaubend, wenn sie zu 51 Prozent staatliche oder wenigstens heimische Eigentümer haben.

Entscheidend ist also der Wettbewerb. Zur Verheißung des Wettbewerbs gehört auch, daß durch Kapital von außen die Möglichkeiten produktiver Tätigkeit verbessert oder gar erst geschaffen, dem Faktor Arbeit also erweiterte Einkommensmöglichkeiten eröffnet werden. Daß die durch Investitionen ermöglichten zusätzlichen Früchte der Arbeit sich in erhöhten Arbeitseinkommen niederschlagen, ist unter Bedingungen des Wettbewerbs in einer marktwirtschaftlichen Ordnung weit wahrscheinlicher als in einer monopolistisch strukturierten sozialistischen Planwirtschaft. Dies sollte bedenken, wer in ausländischem Besitz von Produktionsmitteln Vereinnahmung oder Überfremdung sieht.

Auch Ausverkaufsängste können sinnvollen Maßnahmen im Wege stehen. Soweit die DDR etwas zu westlichen Wettbewerbspreisen an Ausländer verkauft, erhält sie einen Gegenwert in konvertibler Währung. Damit werden Produkte eingekauft, die der DDR offenbar mehr nützen als das, was sie verkauft hat. Von schädlichem Ausverkauf könnte nur die Rede sein, wenn subventionierte Waren der DDR zu einem Preis exportiert werden, der zum geltenden Wechselkurs eindeutig zu niedrig ist.

Die Furcht, daß westdeutsche Manager die Wirtschaft der DDR gleichsam zu einer verlängerten Werkbank ohne eigenständige unternehmerische und technische Führungsfunktionen degradieren werden, ist kaum berechtigt, wenn die hier vorgeschlagenen Maßnahmen ergriffen werden. Das wirtschaftliche Führungspersonal ist in der DDR durchaus vorhanden, es ist aber zusammen mit dem Kapital fehlgeleitet und durch politische Auflagen abgelenkt worden. Um es für eine freie Wirtschaft zu mobilisieren, ist gewiß viel nötig. Es erst einmal protektionistisch abzuschirmen, gehört nicht dazu.

Aufbau eines unternehmerischen Mittelstandes

34. Der oft anzutreffende Pessimismus über die Möglichkeiten, in der DDR ein mittelständisches Unternehmertum heranzuziehen, ist unberechtigt. Im Jahre 1988 gab es immerhin 82.000 private Betriebe des Handwerks. Im Einzelhandel ließen sich wahrscheinlich verhältnismäßig leicht neue selbständige Betriebe schaffen, zumal die ineffektive staatliche Handelsorganisation ohnehin zur Auflösung ansteht. Ob sich im übrigen unter den Führungskräften in der Industrie selbständige Unternehmer finden werden, bleibt zwar abzuwarten, ist aber nicht so ausgeschlossen, wie es meist unterstellt wird. Selbst entlassene Parteifunktionäre könnten auf diesen Beruf ausweichen, wenn sie durch ihre frühere Tätigkeit genügend betriebswirtschaftliche Kenntnisse erworben haben, weil sie mit der Überwachung der Unternehmungen beauftragt gewesen sind. Im übrigen könnte die Zuwanderung selbständiger Unternehmungen aus der Bundesrepublik zugelassen werden.

Investitionsfreundliche Rahmenbedingungen erforderlich

35. Wer als Investor Kapitalanlagen in der DDR primär als Alternative zu anderen Anlageformen zu prüfen hat, muß davon ausgehen können, daß eine angemessene Rendite zu erzielen ist, daß er über die Gewinne frei verfügen kann und daß er sein Kapital wieder aus der DDR abziehen kann, wenn ihm das geraten scheint. Investitionsschutzabkommen zwischen beiden deutschen Staaten, möglicherweise auch Bürgschaften des Bundes haben die Funktion, die Anlagerisiken und die dafür vom privaten Investor verlangte Risikoprämie zu senken, solange die allgemeine Gesetzgebung der DDR hier noch im Rückstand ist. Primär ist es selbstverständlich deren Aufgabe, für gute Investitionsbedingungen zu sorgen. Der Maßstab dafür, was gute Bedingungen sind, wird durch das gesetzt, was konkurrierende

Investitionsstandorte auszeichnet. Sie betreffen alle Aspekte des Wirtschaftens: Das Eigentumsrecht, das Unternehmensrecht, das Bildungswesen, die Besteuerung, die Stabilität des wirtschaftlichen und politischen Systems, die Infrastruktur und vieles mehr. Besonders wichtig: Es muß eine rechtsstaatlich orientierte und die privaten Investitionsplanungen nach sachlichen Gesichtspunkten beurteilende und fördernde staatliche Verwaltung geben. Eine strategische Größe ist ferner das Kreditwesen. Hier geht es wohl am wenigsten ohne eine Kooperation des bestehenden, aber neu zu organisierenden Banksystems mit westlichen Kreditinstituten ab.

Öffentliche Hilfen nur begrenzt sinnvoll

36. Ungeachtet der Güte der Investitionsbedingungen wird es der DDR schwerfallen, zur Modernisierung der Infrastruktur privates Kapital zu gewinnen. Hier gilt im Grundsatz zwar, was zuvor schon zum Verhältnis zwischen Konsumgüterimporten und Importen von Investitionsgütern gesagt wurde: Gelingt es in großem Umfang, privates Kapital für die Modernisierung der industriellen Produktion zu mobilisieren, so erleichtert dies zugleich die Aufgabe, die Infrastruktur zu verbessern.

Schon wegen der Größenordnung des Problems sind jedoch Hilfen der Bundesrepublik, die eigens auf die Infrastruktur zielen, unumgänglich. Diese Zielrichtung ist überdies im Grundsätzlichen begründet. Wenn es staatliche Hilfen der Bundesrepublik gibt, dann sollten sie in Bereiche fallen, die auch in Marktwirtschaften Domäne der öffentlichen Hand sind. Das begrenzt von vornherein die Gefahr, daß öffentliche Hilfen der Notwendigkeit optimaler Kapitalverwendung zuwiderlaufen.

Für die Investitionen der privaten und staatlichen Wirtschaftsbetriebe sollten im Prinzip keine Mittel westdeutscher staatlicher Stellen zur Verfügung gestellt werden, soweit sie über eine Erziehungs- und Starthilfe hinausgehen. Diese Investoren sind auf das reichlich verfügbare westdeutsche und weltwirtschaftliche Privatkapital verwiesen. Dadurch werden die notwendigen Wirtschaftlichkeitskontrollen gewährleistet, zu denen westdeutsche staatliche Instanzen im Regelfall nicht geeignet sind.

Auf der anderen Seite verfügt die westdeutsche Staatsverwaltung über erhebliche technische Erfahrungen im Bereich des Umweltschutzes und der öffentlichen Infrastruktur. Soviel Mangelhaftigkeit dabei in Westdeutschland auch beklagt werden mag, den internationalen Vergleich hält die westdeutsche Verwaltung auf diesem Gebiet zu ihrem Vorteil aus. Da der Nachholbedarf auf diesem Gebiet in der DDR besonders groß ist, könnten selbst erhebliche öffentliche Hilfen in diesen Bereich geleitet werden, wobei die Finanzierung von technischer Hilfestellung begleitet sein kann.

IV. Zum Erfolg verurteilt

Die Erfolgsfaktoren: Geldordnung und Investitionsbedingungen

37. Noch einmal: Die DDR steht vor der Herausforderung, das Wohlstandsgefälle zwischen den beiden deutschen Staaten, das die große Wanderungsbewegung von Ost nach West mit verursacht hat, möglichst rasch einzuebnen. Zu entscheidenden strategischen Elementen der dafür notwendigen Reform der DDR-Wirtschaft gehören die Bildung marktgerechter Preise, ein solides Geldwesen und gute Investitionsbedingungen. Und nichts davon ist unabhängig vom anderen. Die bessere Zukunft beginnt mit Investitionen. Und effizientes Investieren gibt es nicht ohne freie – knappheitsgerechte – Preise, ohne freie Preise aber auch kein gutes Geld. Gutes Geld wiederum ist selbst eine wesentliche Investitionsbedingung, zumal wenn es um die Gewinnung ausländischer Investoren geht. Erst wenn ein stabiler Geldwert und ein stabiler Wechselkurs gesichert sind, werden sich die Risikoprämien, die Investitionen in der DDR abwerfen müssen, an das international Übliche angleichen, wird der Investitionsstandort DDR attraktiv, ohne daß er dauerhaft niedrige Löhne verspricht, die er nicht versprechen kann, die er nicht versprechen soll.

Doch auch umgekehrt gilt: Gute Investitionsbedingungen erleichtern die Aufgabe, eine stabile Währung zu schaffen. Je besser es gelingt, ausländisches Kapital in den Dienst einer gesundenden DDR-Wirtschaft zu stellen, desto sicherer rechtfertigt sich die Verteidigung eines zunächst vielleicht ehrgeizig scheinenden Kurses der Mark der DDR. Und einen ehrgeizigen, wenngleich nicht zu ehrgeizigen, Kurs sollte die Notenbank der DDR zu verteidigen suchen, um den Zwang zu effizienter Produktion hochzuhalten und um unnötige Inflation zu vermeiden. Dies wiederum kommt der Währung zugute.

Leistung muß sich lohnen

38. Wir haben keine Zweifel, daß darin der erfolgversprechende Weg liegt, das Gefälle zwischen Ost und West einzuebnen. Gleichwohl bleibt das Risiko des Mißerfolgs, der sich selbst antreibt. Gelingt es nicht, rasch glaubwürdige Perspektiven für die Einebnung von Wohlstandsunterschieden zu zeichnen, dann droht mit der fortdauernden Abwanderung der Arbeitskräfte die Verschärfung der Krise. Besonders bedrohlich ist die Fortdauer der Einkommensunterschiede dort, wo sie besonders groß sind, bei den überdurchschnittlich qualifizierten Arbeitskräften. Leistungsgerechte Entlohnung schafft den Anreiz für die besonders Leistungsfähigen, zu bleiben. Doch gibt es auch hier Grenzen für das, was sozial gerade noch verträglich ist. Man kann deshalb selbst den am dringendsten gebrauchten Fachkräften nicht alsbald Westlöhne bieten. Allgemeiner: Daß auf dem Wege der Erneuerung, wie in allen Zeiten des Umbruchs, viel Geld zu verdienen ist und verdient werden wird, mag die Menschen beflügeln. Es wird aber auch Widerstände hervorrufen.

Die Chance zum Erfolg nutzen!

39. So lassen sich ohne große Anstrengungen Gründe auftürmen, warum eigentlich gar nicht gelingen kann, was man sich vornehmen muß. Aber es hilft nichts, man muß auf seine Chance setzen und sich im übrigen an die Forderungen des Tages halten. Die Chance des Erfolgs ist ja durchaus konkret. Die Verwandtschaft zwischen den Deutschen in Ost und West ist auch nach 40 Jahren des Lebens in sich widersprechenden Wirtschafts- und Gesellschaftsordnungen eng. Es ist nicht einzusehen, weshalb freiheitliches Wirtschaften, effiziente Investitionen zumal, nicht dazu führen sollten, daß sich die Produktivität der Arbeit und des Kapitals in den beiden Staaten angleicht. Von daher ist das Entwicklungspotential der DDR enorm. Gemessen an der Leistungsfähigkeit anderer Staaten Mittel- und Osteuropas befindet sich die Wirtschaft der DDR in einem vergleichsweise guten Zustand. Das erleichtert das Vorhaben, zur Leistungsfähigkeit westlicher Wirtschaften aufzuschließen.

Die Bundesrepublik kann helfen, diese Vision Realität werden zu lassen: durch die Bereitstellung öffentlichen, vor allem aber privaten Kapitals, durch den Transfer von Know how, durch die Weitergabe ihrer Erfahrung mit einer sozialen Marktwirtschaft. Eine entscheidende Verbesserung der Erfolgsbedingungen muß freilich im Augenblick noch Vision bleiben: die

Übernahme der D-Mark als Währung der DDR. Eine Währungsunion sollte nicht am Anfang eines Reformprogramms stehen. Richtig ist jedoch: Bedenkt man das Ansehen, das die D-Mark in der Welt genießt, und die Bedeutung für die Kapitalbeschaffung und für die wirtschaftlichen Anreize im Innern, die sich mit diesem Ansehen verbindet, so ist die Übernahme der D-Mark als Währung der DDR wohl das größte Geschenk, das die DDR sich und die Bundesrepublik der DDR machen können.

Soziale Marktwirtschaft in der DDR – Reform der Wohnungswirtschaft

Vorbemerkung

Wohnen zu können, menschenwürdig und gesichert, ist ein Grundbedürfnis für alle. Wie dieses Bedürfnis befriedigt, wie Wohnraum für die Bürger bereitgestellt wird, hat größte Bedeutung für den einzelnen wie für das Gemeinwesen. In Zeiten wirtschaftlichen und sozialen Umbruchs stellt sich die Frage besonders scharf.

Der deutsch-deutsche Staatsvertrag stellt die Weichen in Richtung Soziale Marktwirtschaft, doch für die Wohnungswirtschaft fehlt es darin an Richtungsweisung. Angesichts des desolaten Zustands vieler Wohnungen in der DDR spielt aber gerade die Wohnungswirtschaft eine besondere Rolle für die Verbesserung der Lebensbedingungen der Bürger.

Das Ziel einer dauerhaften Besserung der Wohnungslage in der DDR kann nur erreicht werden, wenn von Anfang an der richtige Weg eingeschlagen wird. Die Modernisierung, die Instandhaltung und der Bau von Wohnungen müssen als ökonomisches Problem erkannt werden. Die passenden Instrumente müssen gefunden werden. Nicht Schutzrechte oder Staatszielbestimmungen sind Garant für eine angemessene Wohnungsversorgung, sondern marktwirtschaftliche Rahmenbedingungen, die sicherstellen, daß genügend private Investitionen in der Wohnungswirtschaft vorgenommen werden. In einem funktionsfähigen Wohnungsmarkt lassen sich auch die sozialen Anliegen am besten befriedigen.

Juli 1990

Juergen B. Donges, Wolfram Engels
Walter Hamm, Otmar Issing
Wernhard Möschel, Olaf Sievert
(KRONBERGER KREIS)

I. Die wohnungspolitische Ausgangslage in der DDR

Staatliche Wohnungsversorgung in der DDR

1. Für kaum einen Bereich der Wirtschaft ist die Vorstellung, letztlich könne nur der Staat für ein ausreichendes und preiswertes Angebot sorgen, so stark verbreitet wie für die Wohnungsversorgung. Dies gilt – wenn auch in unterschiedlichem Maße – für fast alle Industriestaaten. In der DDR war das Wohnungswesen Teil der zentralen Planung der Wirtschaft. Jahrzehntelang war der Neubau von Mietwohnungen vollständig Sache des Staates. Die vom Staat festgesetzten niedrigen Mieten wurden vielfach als Beispiel für eine vorbildliche Sozialpolitik angesehen. Das Bewußtsein, daß staatlich gewährte Mietvorteile für die Bürger nicht kostenlos sind, sondern von ihnen durch niedrigere Nettolöhne und Renten oder durch Verzicht auf andere Staatsleistungen bezahlt werden müssen, fehlt weithin – in Ost und West. Wären Mietvorteil und Verzicht an anderer Stelle in den Augen der Bürger gleichwertig, so möchten manche den unfreiwilligen Tausch vielleicht noch hinnehmen. So verhält es sich aber nicht. Der Staat wirtschaftet schlecht – verursacht hohe Kosten, richtet sich nicht nach den Wünschen der Nachfrager; Menge zählt mehr als Qualität; denn das Urteil über Qualität ist allemal ein individuelles Urteil, hier geht es nicht ohne die freie Entscheidung der einzelnen. Entsprechend ist der Befund der Wohnungsversorgung in der DDR: Mit 426 Wohnungen je 1.000 Einwohner hat die DDR statistisch gesehen durchaus eine vergleichsweise gute Ausstattung mit Wohnungen. Diese Zahl steht aber nur auf dem Papier. Zahllose Wohnungen sind in einem desolaten Zustand. Fast eine halbe Million Wohnungen steht sogar wegen Unbewohnbarkeit leer. Selbst die neuen Wohnungen wurden weithin an den Wünschen der Menschen, die darin wohnen sollen, vorbei gebaut.

Qualität und Ausstattung als Kernprobleme

2. Die eigentliche Misere der DDR-Wohnungswirtschaft liegt also in der schlechten Qualität des Wohnungsbestandes, namentlich im Verfall eines großen Teils der älteren Mehrfamilienhäuser:

- Nach Angaben des DDR-Wohnungsbauministeriums sind nur 76% der Wohnungen mit Bad oder Dusche (Bundesrepublik 99%) ausgestattet. Nur 72% haben eine Innentoilette (Bundesrepublik 98%), 58% (Bundesrepublik 89%) der Wohnungen sind an eine Kläranlage angeschlossen und nur 37% der Wohnungen verfügen über eine moderne Heizung.

- Die Konzentration auf die Neubautätigkeit hatte eine Vernachlässigung der Sanierung, Instandhaltung und Modernisierung des Altbestandes an Wohnungen zur Folge. Gleichwohl ist in der DDR die Bausubstanz im Durchschnitt immer noch wesentlich älter als in der Bundesrepublik. Mehr als die Hälfte aller Wohnungen ist vor dem Krieg gebaut worden. Nach Schätzungen ist fast jede zweite dieser Altbauwohnungen unbewohnbar oder droht, unbewohnbar zu werden.

- Ende 1989 lagen den für die Wohnraumzuteilung zuständigen Ämtern 781.000 Anträge vor. Sie wurden zu einem großen Teil mit ungenügendem Wohnkomfort des derzeit genutzten Wohnraums begründet.

3. Hauptziel der Wohnungsbauplanung in der DDR war die Errichtung von Mehrfamilienmiethäusern. Nur reichlich ein Zehntel des Neubauvolumens (in der Bundesrepublik mehr als die Hälfte) wurde für den Bau von Eigenheimen reserviert. Die staatlich geförderten Investitionen in Mehrfamilienhäuser unterlagen strengen Planvorgaben bezüglich des Kostenaufwandes, des Wohnungsverteilungsschlüssels und der Wohnungsgröße. Um den Investitionsaufwand gering zu halten, wurde dauerhaften und energiesparenden Konstruktionen und Ausbaulösungen wenig Aufmerksamkeit geschenkt. Die Betriebskosten und die Kosten der Instandhaltung liegen im Verhältnis zu den ursprünglichen Baukosten etwa doppelt so hoch wie in der Bundesrepublik und in anderen westlichen Industrieländern. Um bei gegebenem Investitionsaufwand die Anzahl der Neubauwohnungen zu steigern, wurde überdies die Wohnfläche reduziert. Kinderzimmer mit weniger als 10 qm und Schlafzimmer mit weniger als 14 qm Fläche wurden zur Regel, obwohl dies zunehmend auf Protest der Bevölkerung stieß. Nahezu 2,7 Millionen Wohnungen – das sind rund zwei Fünftel – verfügen nur über einen oder zwei Wohnräume.

4. Die Konzentration des Wohnungsbaus auf die Randzonen der Städte sowie der damit einhergehende Verfall der Bausubstanz in den Altstädten blieben nicht ohne soziale, ökonomische und ökologische Folgen. In den Zentren wohnen heute überwiegend die älteren Menschen, während junge Familien in den sogenannten Komfortwohnungen der Neubaugebiete leben. Eine Konsequenz dieser Ghettobildung war die Verödung der Altstäd-

te. So sank etwa im Zentrum von Leipzig die Einwohnerzahl um ein Drittel. In den anderen Städten der DDR verlief die Entwicklung ähnlich. Überdies ist die Attraktivität der Wohnsilos in den Randzonen der Städte gering. Das gewünschte Wohnumfeld in Form von Park- und Spielanlagen, vielfältigen Einkaufsmöglichkeiten und ausreichendem Parkraum fehlt. Diese Wohngebiete sind nicht zusammen mit den zugehörigen Wohn-, Arbeits-, Einkaufs- und Erholungsgebieten konzipiert worden. Der dadurch ausgelöste zusätzliche Verkehr führt zu Belastungen der Umwelt.

Die Probleme sind systembedingt

5. Die Probleme in der Wohnungsversorgung der DDR sind systembedingt. Bis 1971 war der Weg der Subventionierung beim individuellen Eigenheimbau beschritten worden. Danach wurde die “Lösung der Wohnungsbaufrage zum sozialen Problem” deklariert und der Wohnungsbau in das System der zentralen Planung und Lenkung der Volkswirtschaft integriert. Eine ausgeprägte Wohnungszwangswirtschaft mit einem stark aufgegliederten Fächer von Instrumenten – staatliche Kontrolle des Bauablaufs, Kostenhöchstsätze, zentral bestimmte Bautypen, Mietbindung, Zuzugssperren, Abschaffung des Bausparens – wurde mit dem Ziel eingeführt, eine vollkommene Sozialisierung des DDR-Wohnungsbestandes zu erreichen. Dieses Ziel hat das SED-Regime zwar nicht ganz erreicht, doch ist der Anteil der im “Volkseigentum” befindlichen Wohnungen seit 1971 von 38% auf 58% gestiegen (42% in volkseigenen Betrieben und 16% in Genossenschaften). Der Anteil der in Privatbesitz befindlichen Wohnungen ist im gleichen Zeitraum von 62% auf knapp 42% geschrumpft. Die Eigentumsquote im Sinne selbstnutzender Eigentümer liegt bei etwa 25%. Der formal noch zum Privatbesitz gehörende Mietwohnungsbestand ist durch das Mietrecht und ein umfassendes staatliches Belegungsrecht faktisch vergesellschaftet worden.

Geringe Produktivität der Wohnungsbaubetriebe

6. Entsprechend der Vorstellung, daß auch in der Wohnungswirtschaft die zentrale Planung und Lenkung das beste System zur Versorgung der Bürger ist, wurden Ende der 60er und Anfang der 70er Jahre die privaten Baubetriebe oberhalb einer handwerklichen Größenordnung in volkseigene Betriebe überführt und in Kombinaten zusammengefaßt. Diese erstellen heute ausschließlich komplette Gebäude in Plattenbauweise. Trotz dieser standardisierten Bauweise ist die Produktivität im Bauwesen erheblich

geringer als in der Bundesrepublik, wo wegen der größeren Flexibilität des traditionellen Bauens die Plattenbauweise eine vergleichsweise geringe Bedeutung hat. Das gerade für die Modernisierung und Instandhaltung wichtige Bauhandwerk spielt in der DDR nur noch eine geringe Rolle. Am Bauaufwand für Wohnungen im Jahre 1989 in Höhe von etwa 35 Milliarden Mark hatten die privaten Bauhandwerker lediglich einen Anteil von knapp 8%. Insgesamt waren 1989 in der Bauwirtschaft 560.000 Personen beschäftigt; das sind 6,5% aller Beschäftigten (Bundesrepublik 1988: 6,6%). Der Anteil der Bauinvestitionen am verwendeten Nationaleinkommen lag bei 8,9% (Bundesrepublik – gemessen am Bruttosozialprodukt – 11,2%).

Subventionierte Mieten

7. Das Mietniveau in der DDR ist extrem niedrig. Da die Mieten nicht einmal die Kosten für Verwaltung, Bewirtschaftung und Instandhaltung decken, müssen sehr hohe Subventionen aufgebracht werden:

– Mit durchschnittlich 0,90 Mark je qm und Monat liegen die Kaltmieten noch unter den auf 2,- Mark je qm und Monat geschätzten Kosten für Verwaltung und Instandsetzung. Zum Ausgleich zahlt der Staat an die Verwalter der volkseigenen Wohnungen 4,5 Milliarden Mark im Jahr. Private Vermieter erhalten keine Subventionen.

– Auch die – bei der Miete bislang nicht gesondert ausgewiesenen – Kosten für die Beheizung und für Warmwasser trägt der Mieter (bei zentraler Versorgung) nur zu einem Bruchteil. So zahlt der Mieter von den tatsächlichen Kosten der Beheizung in Höhe von 2,- Mark je qm und Monat nur 0,40 Mark. Von den Kosten der Warmwasseraufbereitung in Höhe von 0,90 Mark je qm und Monat zahlt er nur 0,25 Mark. Zum Ausgleich des Energiekostendefizits sind derzeit ebenfalls 4,5 Milliarden Mark im Jahr nötig.

Außerdem weist der Staatshaushalt der DDR eine weitere Subvention in Höhe von 8 Milliarden Mark für Kapitalkosten aus. Insgesamt belaufen sich damit die Subventionen in der Wohnungswirtschaft der DDR auf 17 Milliarden Mark im Jahr. Aufgrund dieser künstlichen Verbilligung des Mietzinses geben die DDR-Haushalte im Durchschnitt nur 5% ihres Einkommens für das Wohnen aus, während in der Bundesrepublik der entsprechende Anteil (einschließlich Energiekosten) am verfügbaren Einkommen etwa 18% beträgt. Und letzterer ist ebenfalls durch vielfältige Subventionierung und Mietregulierung gedrückt. Da es überdies wegen der geringen Mieten für die Mietausgaben wenig ausmacht, ob ein DDR-Haushalt eine große oder eine kleine Wohnung hat, ist die Fehlbelegung von Wohnungen weit verbreitet. Da faktisch niemandem gekündigt werden kann, bleiben kleiner gewordene Haushalte in viel zu großen Wohnungen.

Sanierungs- und Modernisierungsbedarf gewaltig

8. Die besonders dringliche Sanierung und Modernisierung des Wohnungsbestandes in der DDR erfordert gewaltige Investitionen, wenn auch wahrscheinlich nicht so hohe, wie es gelegentlich behauptet wird. Nach Schätzungen des DDR-Wohnungsbauministeriums ergibt sich auf Basis der derzeit noch geltenden Kalkulationsgrundlagen und Kostenansätze ein Baubedarf von rund 450 Milliarden Mark, wenn das Wohnungswesen einschließlich der zugehörigen Infrastruktur auf das bundesdeutsche Niveau gehoben werden soll. Schon das erscheint hoch. Gelegentlich werden noch weit höhere Zahlen genannt. So gibt es Rechnungen, welche für die Sanierung des DDR-Wohnungsbestandes einen Aufwand von 800 Milliarden DM veranschlagen. Damit werden Plausibilitätsgrenzen überschritten. Selbst wenn unterstellt wird, in Zukunft wären die Neubaukosten in der DDR durchschnittlich ebenso hoch wie in der Bundesrepublik (ca. 2.000 DM/qm), könnten mit diesem Betrag mehr als 4 1/2 Millionen neue Wohnungen mit der durchschnittlichen bundesdeutschen Wohnungsgröße von 85 qm gebaut werden.

II. Wohnungspolitik in der Sozialen Marktwirtschaft

Die Grundentscheidung für eine Marktwirtschaft

9. Die Entscheidung für eine marktwirtschaftliche Ordnung in der DDR ist gefallen. Auch in der Wohnungswirtschaft sind die damit verbundenen Verheißungen groß, vorausgesetzt die Wohnungswirtschaft wird konsequent in die Reform einbezogen. Wie in der übrigen Volkswirtschaft darf man bei einem Übergang zu dezentralen, vor allem zu privat verantworteten Entscheidungen, hier über den Bau, die Modernisierung, die Instandhaltung und die Nutzung von Wohnungen, einen schubartigen Gewinn an

Rationalität erwarten, mehr Engagement und Ideenreichtum, weniger Verschwendung und Lethargie, also einen Gewinn an Wohlstand. Angesichts des Verfalls einer übergroßen Anzahl von Wohnungen in der DDR ist diese Chance mit Händen zu greifen. Die sozialen Aufgaben der Wohnungspolitik brauchen dabei keineswegs zu kurz zu kommen. Marktwirtschaft erfordert nur, diese Aufgaben mit Mitteln anzugehen, die die Funktionsfähigkeit des Wohnungsmarktes nicht oder doch so wenig wie möglich beeinträchtigen. Weltweit hat man gerade in der Wohnungswirtschaft immer wieder versucht, den Markt durch Dirigismus zu ersetzen. Die ganz eindeutige Erfahrung ist jedoch, daß es eine befriedigende Wohnungsversorgung ohne einen funktionsfähigen Wohnungsmarkt nicht gibt.

10. Die effiziente Lenkung wirtschaftlicher Entscheidungen durch die Marktkräfte, also durch freibestimmte tauschwirtschaftliche Beziehungen zwischen selbständigen wirtschaftlichen Einheiten, erfordert, daß die Wünsche der Menschen, die Knappheit der Ressourcen sowie die produktionstechnischen Möglichkeiten zu deren Verwertung in möglichst unverfälschter Form zum Tragen kommen. Wirksame Anreize und unbeeinträchtigte Spielräume für selbstbestimmtes und selbstverantwortetes Tun machen das Wesen einer marktwirtschaftlichen Ordnung aus. Geht es auch in der Wohnungswirtschaft nach deren Regeln, so werden Wohnungen in der Anzahl, in der Größe, in der Qualität und in der Lage gebaut, die die Wohnungssuchenden sich leisten können und leisten wollen. Entsprechendes gilt für die Modernisierung und die Instandsetzung von Wohnungen. Aber auch für die Wohnungsnutzung ist zu bedenken: Im Wettbewerb der Nachfrager um eine Wohnung setzt sich durch, wer sie am dringlichsten begehrt, gemessen daran, was er zu zahlen bereit ist. (Ist die Zahlungsfähigkeit unter den Menschen zu ungleich verteilt, so ist dies ein Problem, das im Prinzip nicht von der Wohnungspolitik, sondern von der Verteilungspolitik zu lösen ist.)

Wohnungen in besonders begehrten Orten, in besonders begehrter Lage, in besonders begehrter Größe und Qualität, werden besonders teurer sein. Preisunterschiede setzen aber zugleich Anreize zur Anpassung, und zwar sowohl auf der Seite der Nachfrager als auch auf der Seite der Anbieter. Wer eine Wohnung hat, die inzwischen mehr kostet als dem Nutzen entspricht, den er aus ihr zieht, wird sie einem anderen überlassen und sich kleiner setzen. Das wirkt zugleich der Verteuerung entgegen. Wer Wohnungen baut, wird sich ebenfalls nach der Marktlage, den Mieten und Mietunterschieden richten und durch sein Mehrangebot die Preise dort drücken, wo akute Knappheit sie hat steigen lassen. Daß er es tut, um Gewinn daraus zu ziehen, sollte nicht stören – solange der Marktzugang frei und für Wettbewerb gesorgt ist. In einer funktionierenden Marktwirtschaft kann einen guten Gewinn nur erzielen, wer möglichst gut und preiswert die Wünsche der Nachfrager erfüllt.

Die Reaktion von Anbietern und Nachfragern mag zögerlich sein, die Anpassung braucht Zeit, mehr Zeit als auf vielen anderen Märkten, auf denen sich Angebot und Nachfrage leichter variieren lassen. Doch die Anpassung kommt verläßlich. Bei zentraler Planung hingegen wäre die Anpassung kaum zu beschleunigen und würde mit Sicherheit am Bedarf vorbeigehen. Mit Wohnungsbewirtschaftung zu gestoppten Mietpreisen wird die Anpassung der Nachfrage verhindert, und das Angebot fällt zu gering aus.

Es gibt bei Wohnungen, unabhängig von deren Qualität, Preisunterschiede, namentlich räumliche, die sich als dauerhaft erweisen, also durch Reaktionen der Nachfrager und Anbieter auf diese Unterschiede zwar gemindert, aber nicht eingeebnet werden. Sie hängen mit dauerhaften (räumlichen) Unterschieden in der Nachfrage nach Grundstücken und den davon bestimmten Unterschieden in den Grundstückspreisen zusammen. Auch solche Unterschiede erfüllen eine wichtige Lenkungsfunktion.

Soweit die Ordnungsidee eines freien Marktes. Zu fragen bleibt nach Besonderheiten des Wohnungswesens, die ergänzende oder korrigierende Eingriffe erforderlich machen könnten.

Besonderheiten des Wohnungsmarktes

11. Selbst wenn man von Besonderheiten aufgrund einer akuten Lage – wie derjenigen in der DDR – absieht, ist eine marktwirtschaftliche Ordnung für das Bauen und Nutzen von Wohnungen nicht notwendigerweise eine regulierungsfreie Ordnung. Ein Bedarf an staatlichen Regelungen ist dabei weniger dem Grunde als dem Ausmaß nach umstritten. Dieser Bedarf betrifft die Frage nach der sozialpolitischen Verantwortung des Staates sowie die Frage nach der Funktionstüchtigkeit eines sich selbst überlassenen Wohnungsmarktes. Beide Fragen knüpfen an Eigentümlichkeiten des Gutes Wohnung oder des Marktes für Wohnungen an:

(1) Wohnungen befriedigen ein Grundbedürfnis des Menschen. Dies ist gewiß keine spektakuläre Besonderheit. Nach verbreiteter, freilich nicht unumstrittener Überzeugung begründet dieses Grundbedürfnis jedoch eine Mitverantwortung des Staates – mehr kann es nicht sein – für die faire Chance jedes einzelnen, in einer Wohnung angemessenen Mindeststandards zu leben. Anders als bei den meisten übrigen Gütern, die Grundbedürfnisse befriedigen, ist diese faire Chance nicht nur eine Frage des Mindesteinkommens (und damit der Sozialhilfe oder allgemeiner Einkommenstransfers). Bestimmte Gruppen haben am Wohnungsmarkt besondere Schwierigkeiten. Sie werden als Mieter oft abgelehnt. Zumindest bei angespannter Marktlage sind sie auf Beistand des Gemeinwesens angewiesen. Das gilt besonders für kinderreiche Familien.

(2) Die Wohnung ist für viele Menschen Lebensmittelpunkt. Der Nutzen, den sie den darin jeweils Lebenden stiftet, ist insoweit ortsspezifisch, als er sich nicht auf das beschränkt, was ihnen eine gleichartige Wohnung an anderem Ort ebenfalls bieten würde. Zumal für viele Langzeitmieter gilt daher: Ihre unterlegene Vertragsposition – genauer: ihr, verglichen mit dem Vermieter, erhöhtes Interesse an der Fortsetzung des Mietvertrages – macht sie anfällig gegenüber Willkür und Opportunismus des Vermieters. Auch ein unangemessener Konformitätsdruck der Nachbarn, der vom Vermieter eines Mehrfamilienhauses transportiert wird (weil zufriedene Mieter höhere Mieten zahlen), kann zum Problem werden. Nach verbreiteter, freilich nicht unumstrittener Überzeugung sollte deshalb der Schutz des Mieters vor Kündigung und Änderungskündigung nicht allein der Vertragsfreiheit der Beteiligten anvertraut werden. Auch staatliche Maßnahmen, die in Härtefällen vor einem wirtschaftlichen Zwang zum Wohnungswechsel schützen sollen, der nicht von willkürlichen, sondern von marktbestimmten (örtlichen) Mietsteigerungen ausgeht, werden mit dem Argument der subjektiven Nicht-Austauschbarkeit einer Wohnung begründet.

(3) Der Wohnungsnutzen ist in hohem Maße vom Wohnumfeld mitbestimmt. Einrichtungen der Infrastruktur und benachbarte Nutzungsformen prägen es vor allem. Die Infrastruktur muß zu einem erheblichen Teil öffentliche Infrastruktur sein. Staatliche Raumordnung mit kommunaler Bauleitplanung (Flächennutzungsplanung, Bebauungsplanung) kann dazu beitragen, ein unbefriedigendes Nebeneinander einzelwirtschaftlicher Nutzungsentscheidungen, wie zum Beispiel eine unzurei-

chende Entmischung von Wohngebieten und Gewerbegebieten, zu vermeiden.

(4) Ein Wohnumfeldproblem besonderer Art kann entstehen, wenn ein Wohnquartier im ganzen verfällt und daraus eine kollektive Investitionszurückhaltung, Neubau sowie Instandhaltung und Modernisierung betreffend, erwächst. Staatliche Sanierungsinitiative kann dann im Einzelfall nötig sein, einen solchen Teufelskreis zu durchbrechen.

12. Die Besonderheiten der wohnungswirtschaftlichen Lage der DDR sind daraufhin zu prüfen, ob sie ordnungspolitisch bedeutsam sind. Marktwirtschaftlich betrachtet, befindet sich die Wohnungswirtschaft der DDR in mehrfacher Hinsicht in einem starken Ungleichgewicht:

- Die Qualität der Wohnungen weicht großenteils auf extreme Weise von den an einem freien Markt wirksam werdenden Wünschen der Wohnungsnachfrager ab.

- Die regulierten Mieten liegen sehr weit unter freien Marktmieten. Obwohl letztere nicht bekannt sind, gibt es hier keinen Zweifel.

- Bei Mieten, wie sie zum langfristigen Marktgleichgewicht gehören würden, also solchen, die sich aus den Bodenwerten, den Reproduktionskosten der Wohnungen, dem verschleißbedingten Nutzwertabfall, einem marktbestimmten Realzins und den Bewirtschaftungskosten herleiten, würde der derzeitige Wohnungsbestand aus den in der DDR heute erzielten Einkommen vermutlich nicht vollständig nachgefragt werden. Insoweit gibt es, marktwirtschaftlich betrachtet, derzeit – das heißt unter kurzfristigen Gesichtspunkten – mengenmäßig eher ein Überangebot an Wohnungen in der DDR. Es wird freilich mit steigendem Einkommen rasch verschwinden.

- Nur wenige DDR-Haushalte könnten sich Neubauwohnungen leisten, wenn dafür Mieten zu zahlen wären, die eine private Investition in den Neubau lohnend machen.

- Die Verteilung der Haushalte (nach Größe, Einkommen und individuellen Wünschen) auf vorhandene Wohnungen (nach Größe, Lage und Qualität) weicht stark ab von dem, was ein freier Wohnungsmarkt hervorbringen würde.

Würde man von heute auf morgen zu einem liberalisierten Wohnungsmarkt übergehen, so wäre zu erwarten:

- Die Mieten würden sehr stark steigen, sich vermutlich vervielfachen. Aber sie hätten doch ihre Grenze an dem, was die Einwohner der DDR aus ihren Einkommen für die Nutzung des gesamten Wohnungsbestandes zu zahlen bereit und in der Lage wären.

- Der Wohnungsbau würde sich stark auf die Instandsetzung und Modernisierung von Wohnungen konzentrieren.

- Der Neubau von Wohnungen wäre vor allem Neubau für Wohlhabende und Wohnungssuchende mit Westeinkommen. Der private Neubau für breitere Schichten könnte nur in Gang kommen (bleiben), wenn die Investoren die Überzeugung gewinnen, daß in späterer Zeit wegen stark steigender Einkommen wesentlich höhere Mieten erzielbar werden und daß dies es rechtfertigt, schon heute zu bauen und dabei vergleichsweise niedrige Anfangsmieten in Kauf zu nehmen. Zwingend wird ein solches Kalkül aber nur, wenn der Investor davon ausgeht, daß "heute bauen" "billig bauen" heißt.

- Sehr viele Haushalte würden sich aus wirtschaftlichen Gründen zum Wohnungswechsel gezwungen sehen.

Man kann nicht sagen, daß dies Folgen wären, die wegen der gegebenen Situation zu ordnungspolitischen Abstrichen nötigen. Einzuräumen ist nur, daß die schon erwähnten wohnungspolitischen Aufgaben des Staates akzentuiert auftreten. Dies gilt um so mehr, als man realistischerweise anzunehmen hat, daß im Wohnungsbestand kein abrupter, sondern nur ein allmählicher Übergang zu marktgerechten Mieten in Betracht kommt. Aus dem gespaltenen Markt ergibt sich Immobilität. Wer eine billige Wohnung hat – marktwirtschaftlich betrachtet: eine zu billige –, gibt sie möglichst nicht auf. Wer keine Wohnung hat, ist auf teure Wohnungen ohne Bestandsschutz und also häufiger als bei nicht gespaltenem Markt auf staatlichen Beistand angewiesen.

Erfahrungen der Bundesrepublik nutzen

13. Die Bundesrepublik hat in den Jahrzehnten seit dem zweiten Weltkrieg unterschiedliche Wege der Wohnungspolitik erprobt. Ihre Erfahrungen

haben sie in den 80er Jahren dazu geführt, die marktwirtschaftliche Ausrichtung des Wohnungswesens zu verstärken. Die jüngste Anspannung des Wohnungsmarktes hat diesen Kurs zwar erneut gefährdet. Da ihm jene Anspannung jedoch in keiner Weise anzukreiden ist, hatte die Bundesregierung gute Gründe, dem Drängen, das Ruder herumzuwerfen, zu widerstehen. Von einigen fragwürdigen Zugeständnissen abgesehen, konnte ein dirigistischer Rückfall bisher vermieden werden.

Die DDR kann bei der Ausgestaltung ihrer wohnungspolitischen Konzeption die Erfahrungen der Bundesrepublik sehr weitgehend nutzen – trotz aller Unterschiede in der Ausgangslage. Sie kann insbesondere die Irrwege meiden, aus denen auch die Bundesrepublik nur mühsam wieder herausfindet – trotz der Versuchung für die DDR, unter Versorgungsbedingungen, die denen in der Bundesrepublik vor langer Zeit in mancher Hinsicht gleichen, heute dasselbe zu tun wie diese damals.

Drei Grundeinsichten sind es vor allem, die die konzeptionellen Entscheidungen der DDR-Regierung in Sachen Wohnungspolitik befruchten können.

Drei Grundeinsichten: Gegen "Kostenmiete", ...

14. Die erste Grundeinsicht sollte sein: Keine Besonderheiten des Wohnungswesens ändern etwas daran, daß marktgerechte Mieten das A und O einer effizienten und fairen Ordnung für den Wohnungsmarkt sind. Kein Kündigungsschutz, kein Schutz vor Aushöhlung des Kündigungsschutzes, keine Wohnungspolitik als Sozialpolitik darf diese Einsicht in Frage stellen. Und das ist auch nicht nötig.

Zu beachten ist gewiß, daß die niedrigen Mieten in der DDR die Wohnkosten zu einem politisch sensiblen Thema machen. Die verbreitete Vorstellung, hier gäbe es eine besondere "soziale Errungenschaft" der DDR, ist jedoch, da sie auf der Illusion beruht, diese Mietpreisvorteile seien volkswirtschaftlich kostenlos, nicht zu respektieren. Wohnungen sind ein knappes Gut. Und mit knappen Gütern geht man vernünftig nur um anhand von Preisen, die diese Knappheit anzeigen.

Nicht viel weniger gefährlich ist der Irrtum, eine staatliche Regulierung, die kostengebundene Mieten dekretiert, sei zugleich gerecht und hinreichend marktkonform. Die Idee, man sollte und könne so eine Vorstellung vom “justum pretium” mit Markterfordernissen kombinieren, fasziniert die Menschen zwar immer wieder. Man muß aber von ihr ablassen. Auch die Bundesrepublik hat hier viel Lehrgeld bezahlt, und was sie dabei gelernt hat, gehört zum Wichtigsten, was sie der DDR auf ihren neuen Weg mitgeben kann. Über Jahrzehnte hinweg hat die Bundesrepublik die Bindung von Vermietern an die sogenannte Kostenmiete zum zentralen Instrument der Marktregulierung gemacht und erfahren müssen, daß durch alle Vorschriften, so sinnfällig sie auf den ersten Blick erscheinen mochten, grober Unfug nicht hat vermieden werden können. Ein unsinniger Subventionsbedarf war die Folge. Die sozialen Ziele der Politik wurden verfehlt. Zahllose Menschen sitzen in den falschen Wohnungen. Die Lehre war: “Kostenmieten” sind weder marktkonform noch gerecht. Auf die wichtigsten, nicht immer einfachen Gründe für diese Einsicht ist an anderer Stelle ausführlich einzugehen (Ziffern 31-34).

... gegen Objektförderung, ...

15. Die zweite Grundeinsicht sollte sein: Wohnungspolitik als Sozialpolitik ist effizient und gerecht nur in der Form der Subjektförderung, nicht in der Form der Objektförderung.

Subjektförderung knüpft an den persönlichen Merkmalen desjenigen an, der eine Wohnung nutzen will. Ist er förderungswürdig, so gibt die Subjektförderung ihm die Möglichkeit, die Miete für eine angemessene Wohnung zahlen zu können, oder hilft ihm, eine Wohnung zu beschaffen. Die beiden wichtigsten Formen der Subjektförderung sind das Wohngeld für einkommensschwache Haushalte und die Vermittlung von Wohnungen an Haushalte, die am Wohnungsmarkt besondere Schwierigkeiten haben, mit Hilfe von Belegungsrechten, über die die zuständigen kommunalen Ämter für Wohnungsfürsorge verfügen.

Objektförderung dagegen knüpft an der Knappheit des Wohnungsangebots an. Sie sorgt – in der Breite oder gezielt – für die Vermehrung des Wohnungsangebots (Neubau und Modernisierung) durch Maßnahmen (Subventionen), die direkt das Kalkül desjenigen entlasten, der in den Wohnungsbau (einschließlich Modernisierung) investieren möchte. Die sozialen Ziele der Förderung werden einer Miet- und Belegungsbindung der geförderten Wohnungen anvertraut. Die wichtigste Form der Objektförderung ist der soziale Wohnungsbau.

Subjektförderung verhindert unnötige Förderung. Sie hat die Chance, gerecht zu sein, indem sie Gleiches gleich, Ungleiches ungleich behandelt. Sie greift in die den individuellen Wünschen entsprechende Wohnungswahl und Einkommensverwendung der Haushalte nicht mehr ein als nötig. Sie fördert das Wohnungsangebot zwar nur indirekt, aber dafür in marktgerechter Weise durch die sozialpolitisch legitimierte Stärkung der individuellen Nachfrage.

Objektförderung ist der Subjektförderung in jeder Hinsicht unterlegen. Begründbar in der unmittelbaren Nachkriegszeit wegen des extremen Wohnraummangels, haben alle späteren Erfahrungen in der Bundesrepublik dafür gesprochen, daß die Wohnungspolitik die Objektförderung aufgibt. Sie hat sich als unerhört teuer und zudem als ungeeignet erwiesen, ihre sozialen Ziele auch nur annähernd zu erreichen. Der schon erwähnte Unfug der Bindung an eine nicht sachgerecht definierte "Kostenmiete" spielte dabei die Hauptrolle. Für wenige Empfänger wird ein riesiger Förderaufwand getrieben, der diesen wenigen wenig bringt. Nachsubventionierung, Fehlbelegungsabgaben, das sind die Krücken, auf denen man sich bewegen muß, um noch mit den Spätfolgen dieser verfehlten Politik fertig zu werden.

Daß sich trotzdem die Wohnungspolitik der Bundesrepublik aus der Objektförderung, aus dem sozialen Wohnungsbau, nicht vollständig zurückgezogen hat, ja diesen neuerdings sogar wieder verstärkt, hat ausschließlich populistische, keine sachlichen Gründe. Die Faszination des Unmittelbaren, die bei angespanntem Wohnungsmarkt vom staatlich selbst veranlaßten Wohnungsbau ausstrahlt, ist anscheinend unwiderstehlich. Dagegen kommt Vernunft schwer an. Immerhin, es ist gelungen, einen zunehmenden Teil des sozialen Wohnungsbaus in intelligenter Weise in ein Programm zu transformieren, das eher auf einen Offenmarkt-Kauf temporärer Belegungsrechte, verbunden mit Mietverbilligungsansprüchen, hinausläuft und einige der besonders schlimmen Nachteile der traditionellen Objektförderung vermeidet. (Man spricht hier von "Vereinbarter Förderung" oder vom "Dritten Förderweg" des sozialen Wohnungsbaus.)

... für faire Möglichkeiten zum Erwerb von Wohnungseigentum

16. Die dritte Grundeinsicht sollte sein: Die Wohnungspolitik schafft sich am wirksamsten Entlastung, wenn sie möglichst vielen Menschen eine faire Möglichkeit eröffnet, Wohnungseigentum zu erwerben. Das gilt in

besonderem Maße unter Bedingungen, wie sie derzeit in der DDR herrschen.

Für die Förderung des Wohnungseigentums wird oft auch eine ergänzende vermögenspolitische Begründung geltend gemacht. Aber man braucht diese nicht. In der Wohnungswirtschaft ist die Trennung des Nutzers vom Eigentum an den Produktionsmitteln besonders wenig zwingend. Um so deutlicher ist die Verhaltensänderung, wenn die Trennung aufgehoben wird. Niemand geht so sorgsam, so "wirtschaftlich" mit seinem Produktionsmittel um wie der selbstnutzende private Wohnungseigentümer. Spar- und Investitionsanreize werden unverfälscht wirksam. Die schwierigen sozialen Probleme des Mietrechts entfallen.

Gegen gemeinnützige Wohnungswirtschaft

17. Die Entscheidung für marktgerechte Mieten (und gegen "Kostenmieten") als unentbehrliche Steuergrößen eines funktionsfähigen Wohnungsmarktes sowie die Entscheidung für Subjektförderung (und gegen Objektförderung) als zentrales Mittel der Wohnungssozialpolitik machen es zugleich unnötig und unmöglich, intermediäre Institutionen wie die gemeinnützige Wohnungswirtschaft als den freien Markt ergänzende Agenten des Gemeinwohls zu bestellen.

Mit der Schaffung einer gemeinnützigen Wohnungswirtschaft scheinbar bewährte Wege der Bundesrepublik (und des Deutschen Reichs) zu beschreiten, wird gleichwohl in der DDR teilweise als positiv zu bewertende Option angesehen. Der Bruch mit den sozialverpflichteten wohnungspolitischen Ideen der eigenen Vergangenheit scheint in diesem Falle weniger hart. Nach allen Erfahrungen in der Bundesrepublik hat sich dieser Weg jedoch als Sackgasse erwiesen. Sie waren schließlich so eindeutig, daß es kaum politischen Widerstand gab, als die Bundesregierung dem Gesetzgeber vorschlug, die Wohnungsgemeinnützigkeit aufzugeben, was inzwischen geschehen ist. Dies sollte zu denken geben, auch wenn sich manche Teilnehmer der wohnungspolitischen Diskussion in der Bundesrepublik nach der Gemeinnützigkeit als prägendem Element eines wesentlichen Teils der Wohnungswirtschaft zurücksehnen.

Die wichtigsten Kennzeichen der gemeinnützigen Unternehmen waren die Bindung an die "Kostenmiete" (für alle Wohnungen, nicht nur für die öffentlich geförderten) und das Privileg der Steuerfreiheit. Das unsinnige

Erstarrungsprinzip der "Kostenmiete" (Ziffern 31-34) hat die Unternehmen vollständig von Subventionen im Rahmen der Objektförderung abhängig gemacht und sie ihrer unternehmerischen Funktionen entleert. Die Steuerfreiheit hat sich – kaum zu glauben, aber doch wahr – immer weniger als Vorteil, in vielen Fällen sogar als Nachteil erwiesen (weil zur Steuerfreiheit auch der Ausschluß von steuerlichen Vorteilen gehörte, die nur der Steuerpflichtige genießt und die in inflatorischen Zeiten oft stärker zu Buche schlagen als das "Privileg").

Keine Subventionierung des Arbeitsangebots zu Lasten der Wohnungswirtschaft

18. Ein gesundendes Wohnungswesen wird auch die Standortqualität der DDR erhöhen, das heißt einen Beitrag leisten, die Arbeitskräfte in der DDR zu halten und unentbehrliche Fachkräfte aus der Bundesrepublik (oder aus anderen Ländern) zu gewinnen. Mieten, die allmählich marktgerecht werden und also steigen müssen, stehen dem nicht entgegen, sondern erleichtern das Erreichen dieses Ziels. Vorläufig hat freilich eine andere Vorstellung noch viele Anhänger. Ihnen geht es um die Eindämmung der Gefahr fortgesetzter Abwanderung aufgrund niedriger Löhne.

Wohnungen als immobile Güter unterliegen nicht der unmittelbaren Konkurrenz im internationalen und interregionalen Handel. Von Grenzräumen abgesehen, in denen über Möglichkeiten des Pendelns eine Annäherung der Preise von Immobilien und Mieten zu erwarten ist, gibt es keinen unmittelbaren Preisausgleich. Eine Mietenpolitik, die auf regional niedrige Mieten zielt, ist insoweit eher effektiv als eine regionale Lohnpolitik oder Güterpreisregulierung, die niedrige Preise für Arbeit oder Güter sichern sollen. Regionale Lohnpolitik kann durch die Mobilität von Arbeitskräften unwirksam werden, wenn interregionale Nominallohnunterschiede zugleich interregionale Reallohnunterschiede sind und damit Wanderungsanreize entstehen. Insoweit könnte man denken, niedrige Mieten wären eine intelligente Möglichkeit, niedrige Nominallöhne, wie sie für einen wirtschaftlichen Aufschwung in der DDR vorläufig geboten erscheinen, erträglich zu machen. Daran ist nur so viel richtig, als auch ein marktbestimmtes Mietniveau in der DDR deutlich geringer ausfallen wird und ausfallen muß als in der Bundesrepublik. Nicht aber ist geboten, die Mieten künstlich niedrig oder die Wohnungen in der Zwangsbewirtschaftung zu halten. Eine Zwangssubventionerung des Arbeitsangebots zu Lasten der Wohnungswirtschaft – um nichts anderes ginge es hier – wird im Zweifel nicht geringere, sondern höhere volkswirtschaftliche Kosten verursachen als eine Wirtschaftspolitik, die ohne solche Krücken den Weg zu verbesserten Bedingungen für die Nutzung von Arbeitskraft geht.

Wohnungspolitische Grundlinien in der DDR

19. Marktorientierte Wohnungspolitik hat es in der DDR nicht in jeder Hinsicht schwerer als in der Bundesrepublik. Sie ist frei zum Neubeginn durch die vollständige Diskreditierung der eigenen Vergangenheit. Sie ist frei von den Schlacken der wohnungspolitischen Vergangenheit der Bundesrepublik, die aus ihren Sackgassen nur mühsam herausfindet. Sie ist frei, ein fast vollständig verstaatlichtes Wohnungswesen nach schlüssiger Konzeption neu zu ordnen.

Im Lichte sowohl der Erfahrungen der Bundesrepublik als auch der besonderen Situation der DDR ist es daher angemessen und nicht unrealistisch, der DDR zu wohnungspolitischen Grundlinien zu raten, die zusammengenommen ein Konzept ergeben, das in seiner marktwirtschaftlichen Orientierung die wohnungspolitische Praxis der Bundesrepublik eher übertrifft als hinter ihr zurückbleibt:

- Die DDR sollte, allmählich zwar, doch konsequent und mutig den Weg zu knappheitsgerechten Mieten in voller Breite gehen (Abschnitt IV).

- Die DDR sollte der Versuchung widerstehen, für Wohnungen einen Kündigungsschutz einzuführen, der über die in der Bundesrepublik geltenden Regelungen hinausgeht. Diese reichen eher zu weit (Ziffer 37).

- Die DDR sollte die wohnungspolitischen Hilfen für einkommensschwache Haushalte alsbald so weit wie möglich und langfristig vollständig auf die Subjektförderung, das heißt auf die Zahlung von Wohngeld, konzentrieren (Ziffer 36).

- Die DDR sollte die Wohnungsfürsorge für Menschen, die am Wohnungsmarkt besondere Schwierigkeiten haben, den Kommunen übertragen, die diese Aufgabe mit Hilfe eines ausreichenden Bestandes an Belegungsrechten zu erfüllen haben (Abschnitt VI).

- Die DDR sollte mit Eifer und Phantasie die Privatisierung eines möglichst großen Teils der Wohnungen im öffentlichen Eigentum betreiben. Sämtliche nicht privatisierten Wohnungen sollten in Unternehmen gehalten werden, die nach privatwirtschaftlichen Grundsätzen geführt werden (Abschnitt V).

- Die DDR sollte bei den Aufgaben der Stadtsanierung die Erfahrungen der Bundesrepublik nutzen, aber hinter der Subventionshaltigkeit von deren Programmen zurückbleiben (Abschnitt VIII).

- Die DDR sollte in der allgemeinen (steuerlichen) Förderung des Wohnungsbaus (einschließlich Modernisierung) nicht über die allgemeinen Regeln für gewerbliche Investitionen hinausgehen (Ziffer 57).

Schwierig ist die Frage nach dem Ende der Objektförderung in der Wohnungspolitik der DDR. Für sie gibt es, wie dargelegt, eine konzeptionelle Rechtfertigung nicht, wohl aber möglicherweise übergangshalber eine pragmatische (Abschnitt VII).

III. Die wohnungspolitischen Reformvorstellungen der DDR

Das Programm zur Mietanhebung

20. Im Zentrum der geplanten Reformen der DDR-Wohnungswirtschaft stehen die Erhöhung des Mietniveaus zum Abbau der Subventionen sowie die Einführung eines Wohngeldes zum Ausgleich sozialer Härten. Nach den Vorstellungen des Wohnungsbauministeriums in Ostberlin bleibt es danach vorerst grundsätzlich bei den gebundenen Mieten im Wohnungsbestand. Sie sollen aber in Stufen angehoben werden:

- Ab 1991 sollen die Kaltmieten von durchschnittlich 0,90 DM auf 1,80 DM verdoppelt werden. Außerdem sollen die Mieten nach Qualität und Alter der Wohnungen differenziert und alle Betriebskosten (Straßenreinigung etc.) voll auf die Mieter umgelegt werden. Für Wohnungen mit zentraler Heizenergie- und Warmwasserversorgung soll so bald wie möglich eine verbrauchsabhängige Kostenzurechnung eingeführt werden. Allerdings sollen den Haushalten die Energiekosten nur schrittweise voll angelastet werden. Bei einer sofortigen vollen Anlastung könnte schon die erste Stufe einen Anstieg der Durchschnittsmiete auf mehr als das Dreifache bedeuten.

Schätzungen des Bauministeriums zufolge werden nach der ersten Stufe etwa 25% der Haushalte Anspruch auf Wohngeld haben.

- Mit einer – allerdings zeitlich nicht festgelegten – weiteren Mietanhebungsstufe sollen bei der Miethöhe die "Amortisationen und die Kapitalkosten" (Kapitalzinsen plus Abschreibungen minus Wertsteigerungen) mitberücksichtigt werden. Das Tempo der Mietenanpassung soll sich nach der Einkommensentwicklung richten. Das Wohngeld wird entsprechend angepaßt.

- In einer letzten Stufe, die ebenfalls nur entsprechend der Einkommensentwicklung eingeleitet werden soll und durch eine Wohngeldanpassung begleitet wird, soll auch der Bodenwert zu Marktpreisen (Grundrente) in die Mietbestimmung einbezogen werden. Zugleich soll mit dieser Stufe das Mietrecht an das der Bundesrepublik angeglichen werden.

Nach der anfänglichen Verdoppelung der Kaltmieten sollen die weiteren Mietanhebungen möglichst kontinuierlich vorgenommen werden (die Mietanhebungsstufen sind also als Phasen anzusehen). Jährlich wären die Mieten so anzuheben, daß nicht mehr als ein Fünftel des von den statistischen Ämtern ermittelten durchschnittlichen Einkommenszuwachses für erhöhte Mieten aufzuwenden ist. Für Neuvermietungen soll eine höhere Steigerungsrate vorgesehen werden als für laufende Verträge.

Mieten für modernisierte Wohnungen und Neubauten

21. Auch im Falle der Modernisierung von bewohnten Wohnungen bleibt es bei der Mietbindung. Allerdings dürfen die Vermieter in Anlehnung an die bundesdeutsche Regelung des § 3 Miethöhegesetz die jährliche Miete um 11% der Modernisierungskosten abzüglich der öffentlichen Hilfen erhöhen. Diese Regelung soll in einer Übergangszeit auch für Instandsetzungsarbeiten gelten, die über einen jährlichen Grundbetrag hinausgehen.

Für Neubauwohnungen, die ohne staatliche Förderung gebaut sind, werden die Mieten künftig frei sein. Diese Regelung gilt auch für die Wiederherstellung leerstehender Gebäude.

Für Neubauwohnungen, die mit öffentlichen Mitteln gefördert werden, soll der Grundsatz gelten, daß die Subventionen in Form niedriger Mieten den Mietern zugute kommen müssen. Allerdings sollen die Anfangsmieten deutlich über den Bestandsmieten liegen. Die Nebenkosten sollen von vornherein getrennt abgerechnet werden. Außerdem soll die Förderung degressiv gestaltet sein (degressive Aufwandszuschüsse oder steigende Darlehenszinsen), so daß die Mieter im Zeitverlauf einen zunehmenden Anteil der Kosten selbst tragen.

Förderung der Modernisierung, der Instandsetzung und des Neubaus

22. Für die Zeit ab 1991 ist ein umfangreiches Programm zur Förderung der Modernisierung und Instandsetzung von Wohnungen beabsichtigt. Damit es möglichst vielen Wohnungen zugute kommt, soll die Förderung (Zuschüsse oder Darlehen) der einzelnen Wohnung eng begrenzt sein. Weiterhin sollen auch Fördermittel für den Neubau von Wohnungen eingesetzt werden. Anders als in der Vergangenheit soll aber der größere Teil der Modernisierung und Instandsetzung zugute kommen.

Weitere Maßnahmen plant die DDR-Regierung zur Förderung des Wohnungseigentums. Dazu soll ein Teil der Fördermittel für den Wohnungsneubau zugunsten des Eigenheimbaus reserviert werden. Die Förderung soll einkommensabhängig ausgestaltet werden. Ihr Subventionswert wird gegenüber der bisherigen Eigenheimförderung, die mit extrem lang laufenden und niedrigverzinslichen Krediten sehr großzügig war, im Interesse einer deutlich auszuweitenden Anzahl von Förderfällen zurückgenommen.

Die bundesdeutsche Form des Bausparens wird übernommen. Es wird erwogen, einen höheren Prämiensatz zu gewähren als in der Bundesrepublik.

Dezentralisierung und Privatisierung der volkseigenen Wohnungen

23. Die Verfügungsrechte über die volkseigenen Wohnungen sollen auf die kommunale Ebene verlagert werden. Die Kommunen sollen dann in nennenswertem Umfang Wohnungen – auch Geschoßwohnungen – an Private verkaufen. Gegenwärtig ist nur der Erwerb von Ein- und Zweifamilienhäusern und Gebäuden zu persönlichen Erholungszwecken durch Bürger der DDR und Ausländer mit ständigem Aufenthalt in der DDR zur Selbstnutzung möglich (Gesetz über den Verkauf volkseigener Gebäude

vom 7.3.1990). Nach den Vorstellungen des DDR-Wohnungsbauministeriums soll künftig zunächst DDR-Bürgern ein auf ein Jahr befristetes Vorkaufsrecht gewährt werden. Sie sollen bevorzugt öffentliche Kredite erhalten, um Haus- und Wohnungseigentum zu erwerben. In dieser Zeit sollen auch die niedrigen Grundstückspreise weiter gelten. Nach einem Jahr soll über das Wohnungseigentum frei verfügt werden können.

Noch offen ist, inwieweit Private staatlichen Grund und Boden für Wohnzwecke erwerben können. Bisher konnte volkseigener Boden nur in Ausnahmefällen erworben werden; die Regel war die Gewährung eines Nutzungsrechts. Nach den Koalitionsvereinbarungen vom 12.4.1990 sollte in Zukunft an dessen Stelle ein Erbbaurecht/Erbpachtrecht treten. Von den Ausnahmen des Gesetzes vom 7.3.1990 zugunsten von in der DDR ansässigen Selbstnutzern abgesehen, sollten private Personen das Eigentum an staatlichen Grundstücken nicht sofort, sondern erst nach zehn Jahren erwerben können. Bei Gebäuden mit gewerblich genutzten Räumlichkeiten wäre allerdings der Erwerb des Grundstücks einschließlich aller im Gebäude befindlichen Wohnungen möglich. Was die Anwendung des Staatsvertrages an Neuregelungen bedingt, ist noch in der Diskussion.

Für Grundeigentümer, die zwangsweise enteignet wurden, ist zwischen der Regierung der DDR und der Bundesregierung eine Regelung offener Vermögensfragen vereinbart worden. Danach ist vorgesehen, daß das nach 1949 enteignete Grundvermögen grundsätzlich an die ehemaligen Eigentümer oder ihre Erben zurückgegeben wird. Wo dies unzumutbar oder unmöglich erscheint, sollen die Eigentümer nach Möglichkeit mit gleichwertigem Grund und Boden abgefunden oder entschädigt werden.

24. Bei der Verlagerung der Verfügungsrechte über die volkseigenen Wohnungsbestände auf die Kommunen wird daran gedacht, diese Bestände auf Kapitalgesellschaften (meistens GmbH) in kommunaler Regie oder in kommunalem Eigentum zu übertragen. Für einen Teil der Bestände sollen aber auch Genossenschaften als Träger geschaffen werden. Noch offen ist, ob die Kapitalgesellschaften als gemeinnützige Wohnungsunternehmen geführt werden sollen.

Die Wohnraumlenkungsverordnung wird abgeschafft. Für die Wohnungen im Privateigentum gibt es künftig keine Zwangsbelegung mehr. Die Kommunen sollen darüber entscheiden können, welche der ihnen übertragenen Wohnungen privatisiert werden. Die Frage der Zuordnung der Belegungsrechte für Wohnungen, die künftig im Eigentum kommunaler Gesellschaften geführt werden, ist noch nicht vollständig beantwortet. Das gleiche gilt für genossenschaftliche Wohnungen.

IV. Der Weg zu knappheitsgerechten Mieten

Korrekturbedarf bei den Mieten

25. Der Korrekturbedarf bei den Mieten in der DDR ist groß. Das Niveau der derzeitigen Mieten deckt noch nicht einmal die laufenden Kosten der Bewirtschaftung. Aus diesem Grunde waren Eigentümer an der Instandhaltung der von ihnen vermieteten Wohnungen nicht interessiert. Häufig wurden die Eigentümer zu Instandhaltungsmaßnahmen von den Behörden gezwungen, wobei die Grundstücke mit Zwangshypotheken belastet und im Falle der Überschuldung in Volkseigentum überführt wurden. Mit der ersten Stufe der Mietanhebung erhalten die Eigentümer nun die Hoffnung, wenigstens die laufenden Betriebskosten aus der Miete bezahlen zu können. Mit der Aussicht auf die weitere Anhebung in den nächsten Phasen besteht überdies ein Anreiz, den Wert des Hauses zu erhalten und in beschränktem Umfang Instandhaltungskosten auf sich zu nehmen. Zumindest mit defensiver Instandhaltung wie zum Beispiel der Reparatur undichter Dächer sollte nunmehr zu rechnen sein.

Keine marktwirtschaftliche Selbstregulierung ohne freie Preise

26. Mit der Verdoppelung des Niveaus der Kaltmieten in der ersten Stufe wird ein Schritt in die richtige Richtung getan. Ein Ersatz für freie Preise als Regulativ von Angebot und Nachfrage ist dies freilich nicht. Wo nicht erwartet werden kann, daß die Preise die Kosten decken, die Investoren also nicht mit auskömmlichen Einnahmen rechnen können, kommt ohne Zwang das notwendige Angebot nicht zustande. Selbst für die sinnvolle Zuteilung von Wohnungen aus dem Bestand sind frei bewegliche Preise unverzichtbar. Solange die Preise durch Subventionen auch weiterhin künstlich niedrig gehalten werden, bleibt es bei den in der DDR bekannten Verhaltensweisen der Mieter:

– Die Bürger werden mehr Wohnraum belegen oder mehr Wohnraum nachfragen als bei Marktmieten. Wer eine zu groß gewordene Wohnung hat, verteidigt sie auch gegen denjenigen, der sie dringender benötigt, zum Beispiel eine Familie mit Kindern. Auf diese Weise wird der Eindruck eines Wohnungsmangels erzeugt, der in Wirklichkeit eine falsche Verteilung des vorhandenen Bestandes ist. Kein noch so ausgeklügeltes System der Klassifizierung von Wohnraumansprüchen kann dem wirksam abhelfen.

- Es gibt einen erheblichen Anreiz zur privaten Aneignung von Mietvorteilen. Häufig wird ohne Kenntnis der Wohnungsbehörde Wohnraum zu erhöhter Miete untervermietet.

- Der Mieter, der eine günstige Wohnung innehat, neigt zur Immobilität. Ein Arbeitnehmer, der mit seiner Qualifikation an einem anderen Ort nutzbringender beschäftigt werden könnte, dort also mehr verdiente oder überhaupt erst Arbeit fände, muß, wenn ihm sein neuer Betrieb nicht eine ebenso günstige Wohnung anbietet, von seinem Mehrverdienst abziehen, was er an Mietvorteil verliert. Bleibt netto kein Vorteil, wird er die Stelle ausschlagen.

- Es kommt zu einem Gerangel um die freien Wohnungen, zu Versuchen, auf die Vergaberegeln und deren Anwendung Einfluß zu nehmen. Erscheinungen wie Bittstellerei, Bestechungen oder politischer Druck auf Bevorzugung sind die Folge.

- Wird auch weiterhin der Energieverbrauch subventioniert und überdies den Mietern nicht verursachungsgerecht angelastet, so bleibt es bei Energieverschwendung. Die Zimmertemperatur würde in der DDR dann auch künftig durch das Öffnen des Fensters reguliert.

Wohlfahrtseinbußen durch Subventionen

27. Ebensowenig Sinn macht es, das zu einer künstlich überhöhten Nachfrage passende Angebot mittels Subventionen hervorzubringen. Die Menschen müssen über Steuern das Geld für Subventionen aufbringen, mit denen nur erreicht wird, daß sie sich gemeinsam mehr Wohnraum leisten, als sie sich eigentlich leisten wollen. Man mag einwenden, Wohnen sei ein wichtiges Sozialgut, und davon könne man nicht genug haben. Wer so denkt, muß sich die Frage stellen, ob nicht viele, vor die Wahl gestellt, Wohnraum besonders reichlich und billig zu erhalten und dafür auf andere Güter zu verzichten oder aber Marktpreise zu zahlen und dafür von der Steuer zur Subventionsfinanzierung verschont zu werden, die zweite Mög-

lichkeit vorziehen würden. Massive staatliche Subventionierung des Wohnungsbaus heißt in diesem Fall, den Menschen ein anderes Güterbündel aufzuzwingen, als sie wünschen. Der zusätzliche Wohnraum wäre ihnen weniger wert als die Güter, die sie sich kaufen könnten, wenn sie die Subventionsmilliarden behalten dürften. Aber auch wenn die Alternative zur Mietverbilligung und Bausubventionierung nicht darin bestünde, daß die privaten Haushalte diese Mittel zu ihrer freien Verfügung bekämen, sollte jedermanns Phantasie ausreichen, sich dringliche Möglichkeiten der staatlichen Mittelverwendung vorzustellen, auf die man deshalb verzichten muß, weil die Wohnungssubventionierung so viele Mittel bindet – Projekte etwa des Infrastrukturausbaus und der Umweltverbesserung.

Zum Programm der Mietanhebung

28. Auch die Bestandsmieten müssen bis hin zu Marktmieten geführt werden, das heißt zu Mieten, bei denen sich Angebot und Nachfrage ausgleichen. Eine Freigabe der Mieten kann gewiß nicht sofort geschehen. Auch in der Bundesrepublik wurde seinerzeit mit dem Lücke-Plan der Abbau der Wohnungszwangswirtschaft nur stufenweise vollzogen. Das Programm zur Mietanpassung in der DDR geht richtigerweise davon aus, daß es das Dringlichste ist, die laufenden Betriebskosten rasch zu decken, damit die Wohnungsunternehmen/Vermieter nicht alsbald in Liquiditätsengpässe geraten. Aber auch die Verpflichtungen aus dem Kapitaldienst stellen eine Liquiditätsbelastung dar, die, soweit sie auf die Wohnungsunternehmen zukommt, ohne weitere Mieterhöhungen nicht lange getragen werden kann.

Nach der ersten Stufe einer starken Mietanhebung die Mieten jährlich entsprechend der Einkommensentwicklung anzuheben, ist der richtige Weg. Eine sprunghafte Mietanhebung in bloß zwei weiteren Stufen, wie es ursprünglich vorgesehen war, würde allzu leicht an politischen Widerständen scheitern. Dringend erwünscht ist freilich die verläßliche Festlegung verbindlicher Regeln für die Mietanhebung. Der Plan einer zweiten Stufe (Amortisation der Bausubstanz) sowie einer dritten Stufe (Berücksichtigung von Lagevorteilen) sollte daher endgültig aufgegeben, stattdessen die jährliche Mieterhöhung verbindlich festgelegt werden, möglichst mit dem Ziel, in etwa drei bis fünf Jahren die Mietbindung ganz aufzuheben, weil inzwischen das Niveau der Marktmieten erreicht ist.

Überdies sollte erwogen werden, die jährlichen Mieterhöhungen frühzeitig regional differenziert vorzunehmen. Vor allem im Großraum Berlin wird es zu einem Nachfrageschub kommen, etwa durch Pendler, die Westberliner Einkommen erzielen. Auf relativ hohe Marktmieten im Agglomerationsraum Berlin sollte sich die Politik daher von vornherein einstellen. Aber auch in anderen grenznahen Bereichen sowie in attraktiven Wohnorten wie Dresden, Rostock und Potsdam ist mit einer ähnlichen Entwicklung zu rechnen. Wird die Differenz zwischen gebundener und freier Miete nicht zügig beseitigt, so ist eher mit wachsenden politischen Widerständen zu rechnen, die möglicherweise eine vollständige Mietenfreigabe nachhaltig verhindern. Die Hartnäckigkeit, mit der Westberlin aus rein populistischen Gründen an einem Mietsonderrecht festgehalten hat, mag da Anschauung liefern. Eine geringe regionale Differenzierung der Mietsteigerungen würde dem besonderen Nachfrageüberhang in den bevorzugten Regionen widersprechen und zu einer Verschärfung der regionalen Ungleichgewichte beitragen.

Richtige Modernisierungsanreize setzen

29. Mit dem Mietanhebungsprogramm ist nur ein allmählicher Anstieg der ansonsten weiterhin gebundenen Mieten vorgesehen. Ein solcher Anstieg schafft keine ausreichenden Anreize, Wohnungen durchgreifend zu modernisieren. Die DDR beabsichtigt daher, die Vorschrift des bundesdeutschen Miethöhegesetzes heranzuziehen, wonach bis zu 11% der Modernisierungsaufwendungen auf die Jahresmiete aufgeschlagen werden dürfen. Dies erscheint vernünftig. (Es gibt Gründe, die, verglichen mit der Bundesrepublik, für einen höheren, es gibt aber auch Gründe, die für einen niedrigeren Prozentsatz sprechen.)

In der Bundesrepublik hat diese Regelung unter dem Reizwort Luxusmodernisierung vielfach zu Streit zwischen Vermieter und Mieter geführt. Das gleiche mag man im Prinzip in der DDR erwarten. Denn in der Modernisierungsregelung liegt eine gewisse Lockerung der Mietbindung. Freilich, Mieterhöhungen, wie sie aufgrund umfassender Modernisierung zulässig werden sollen, sind in der DDR derzeit am Markt auf breiter Front nicht durchzusetzen. Dies dämpft den Anreiz zur Erneuerung, womöglich sogar stark. Von einem übermäßigen Anreiz zur Modernisierung wird man jedenfalls noch längere Zeit kaum sprechen können. Dennoch wird wohl auch in der DDR das Reizwort von der Luxusmodernisierung bald die Runde machen.

Die volle Mietfreigabe für modernisierte Wohnungen bleibt vorläufig auf die Fälle begrenzt, in denen eine Wohnung zuvor als unbewohnbar klassifiziert wurde. Da vielerorts in der DDR der Unterschied zwischen bewohnbaren und unbewohnbaren Wohnungen nur gering sein dürfte, ist nicht auszuschließen, daß der Status der Unbewohnbarkeit leicht herbeigeführt werden kann. Die Sorge vor einer bewußten Herbeiführung des Status Unbewohnbarkeit auf breiter Front sollte sich aber in Grenzen halten, solange der Mieterhöhungsspielraum für die Modernisierung als nicht zu eng bemessen angesehen wird.

Gefährdungen

30. So plausibel das Programm der Mietanhebung ist, das sich die DDR-Regierung vorgenommen hat, so gefährdet erscheint es doch auch, wenn man an die Schwierigkeiten bei der Durchsetzung denkt. Groß ist vor allem die Gefahr, daß sich für die grundlegende Einsicht, Mieten, die marktgerecht sind, seien zugleich faire Mieten, nicht bald genügend Zustimmung finden läßt und dann der Rückfall in das hilflose Suchen nach "gerechteren" Alternativen – "kostenorientierten" Mieten zumal – einsetzt. Und die Bundesrepublik kann hier als Vorbild gewiß nur von eingeschränktem Nutzen sein, steht sie doch selbst gerade wieder in der Anfechtung, sich am marktwirtschaftlichen Ordnungsprinzip zu versündigen und durch ein restriktives Mietrecht die Investoren zu verschrecken. Schon die Diskussion darüber gefährdet das, was man am dringendsten braucht, den privat finanzierten Bau neuer Wohnungen.

Daher noch einmal: Für das Gut Wohnung gilt prinzipiell das gleiche wie für andere private Güter. Sie werden am ehesten in der gewünschten Qualität, zur gewünschten Zeit, in der gewünschten Menge, am gewünschten Standort mit den geringsten Kosten hergestellt, wenn das marktwirtschaftliche Informations- und Organisationsprinzip genutzt wird. Mieten oberhalb der Kosten signalisieren, daß zusätzlicher Wohnraum mehr wert ist, als die Herstellung kostet. Gleichzeitig veranlassen sie Investoren zur Ausweitung des Angebots. Umgekehrt signalisieren verlustträchtige Mieten, daß zu viele Wohnungen vorhanden sind. Die Aussicht auf Verluste wird Investoren davon abhalten, in zusätzliche Wohnungen zu investieren, bis der Markt wieder im Gleichgewicht ist. Unverzichtbar ist zudem die Chance auf gute Gewinne als Ausgleich für das Risiko von Verlusten. Dieser komplexe Steuerungsbedarf wird übersehen, wenn die These vertreten wird, für eine ausreichende Angebotsleistung eines Marktes genüge es, daß der Anbieter feste Mieteinnahmen habe, derart, daß er gerade auf seine Kosten kommt. Diese könne ihm der Staat garantieren. Überdies könne und solle man so die Möglichkeit ausschließen, daß ein Investor oder Vermieter in Zeiten großer Wohnungsknappheit hohe Gewinne mache. Solche Vorstellungen von einer "Kostenmiete" scheinen auch in der DDR bei öffentlich geförderten Neubauwohnungen Pate zu stehen. Für den Altbestand an volkseigenen Wohnungen kommt noch die Versuchung hinzu, eine angemessene Verzinsung des Kapitals grundsätzlich zu verweigern.

"Kostenmiete" ein Irrweg

31. Mit der Einführung der Kostenmietregelung wurde in der Bundesrepublik die Absicht verfolgt, niedrige Mieten dadurch zu erreichen, daß den Bauherren nicht mehr als eine "normale" Entlohnung ihrer Leistungen zugestanden wird. In welche Schwierigkeiten man sich damit begibt, wird schon durch einen kurzen Blick auf die Mechanik der Kostenmiete deutlich.

Bei der Ermittlung der Kostenmiete wird davon ausgegangen, der Vermieter solle (und könne) in jedem Jahr die Betriebskosten, die Instandhaltungskosten, die Zinsen auf das Fremdkapital, eine begrenzte Rendite auf das Eigenkapital sowie ein Entgelt für die Abnutzung des Gebäudes erwirtschaften. Die "Kostenmieten" sind – von den laufenden Betriebskosten abgesehen – im Prinzip als starre Beträge konzipiert. Da die Marktbedingungen sich verändern, können Marktmiete und "Kostenmiete" im Zeitverlauf erheblich voneinander abweichen. Durch das Erstarrungsprinzip der "Kostenmiete" wird veränderte Knappheit nicht in veränderten Mietpreisen reflektiert. All das Elend, das bei den jetzigen Stoppreisen in der DDR zu beklagen ist, würde, wenn auch wesentlich abgeschwächt, verewigt.

32. Aufgrund der Berechnungsvorschriften ist bei Inflation (selbst bei geringer Inflation) die "Kostenmiete" am Anfang wesentlich höher als die – maximal erzielbare – Miete, die sich an einem freien Markt ergibt, oft doppelt so hoch. (Der wichtigste Teil der Differenz wurzelt darin, daß in der "Kostenmiete" Fremdkapitalzinsen auch insoweit als Kosten angesetzt werden, als sie Realtilgung – Entgelt für ein inflationsbedingtes Sinken der realen Schuld – darstellen. Ein anderer Teil der Differenz ist steuerlichen Vorteilen zuzurechnen, deren Weitergabe der Markt erzwingt.) Sie kann

also gar nicht erzielt werden. Erst zu einem späteren Zeitpunkt kann der Investor damit rechnen, daß die Marktmiete – im Zuge der schleichenden Inflation – über das Niveau der "Kostenmiete" steigt. (Mit dem laufenden Anstieg der Marktmiete gewährt der Markt – anders als die Kostenmietregelung – einen nach und nach steigenden Ausgleich für den inflationsbedingten Anstieg der Wiederbeschaffungskosten für die vermietete Wohnung.) Um Wohnungsbau unter solchen Bedingungen überhaupt lohnend zu machen, müssen die Anbieter zunächst subventioniert werden. Denn anders als mietungebundene Investoren, die in Erwartung steigender Mieten sich mit einer relativ geringen Anfangsmiete begnügen, kann im Falle der Mietbindung der anfängliche Rückstand gegenüber der Kostenmiete später nicht durch um so höhere Mieten ausgeglichen werden; dann greift ja die "Kostenmiete" als Mietobergrenze. Die Subventionen dienen zu Anfang nur dazu, die Miete auf ein Niveau herunterzubringen, das sich auch am freien Markt ergibt oder ergäbe. Dieses divergierende Zeitprofil von "Kostenmiete" und Marktmiete macht kostenmietgebundenen Wohnungsbau so teuer für den Staat und unbrauchbar für eine sinnvolle Sozialpolitik.

33. Durch das Herunterschleusen der "Kostenmiete" auf die Marktmiete hat der Mieter noch keinen spezifischen Vorteil. Eine spürbare Entlastung der Mieten tritt erst nach einer Reihe von Jahren auf, wenn die Marktmiete über die "Kostenmiete" gestiegen ist. Diese Verzögerung der mietdämpfenden Wirkung hat beklagenswerte Folgen:

– Der Mietvorteil wird den Mieterhaushalten häufig erst dann zuteil, wenn sie wegen gestiegener Einkommen der Vergünstigung nicht mehr bedürfen. Viele Wohnungen sind von Leuten bewohnt, die die Förderung nicht mehr nötig haben. Sie sind fehlbelegt.

– Bei der allgemein erwarteten Einkommensdynamik in der DDR könnte diese zeitliche Fehlverteilung der Mietverbilligung besonders unsinnig ausfallen; die DDR-Bürger haben prinzipiell die Wohnkostenentlastung heute nötiger als in zehn Jahren.

– Da die Vermieter sich ihrer Kostenmietbindung durch Rückzahlung der öffentlichen Darlehen entledigen können, gibt es keine Gewißheit, daß die Mietvorteile in der Zukunft auch tatsächlich eintreten werden. Selbst bei einer auf Dauer angelegten Kostenmietbindung, wie sie im Falle des gemeinnützigen Wohnungsbaus in der Bundesrepublik gegeben war, besteht diese Sicherheit nicht. Wie die Erfahrung zeigt, konnten die Unternehmen in erheblichem Umfang Wohnungen an Eigentümer verkaufen, die keiner Sonderbindung unterliegen.

- Der ökonomische Wert der Mietvorteile, wenn sie denn eintreten, ist regelmäßig geringer als die Subventionskosten, weil künstlich verbilligte Mieten falsche Marktsignale setzen und damit zu dem schon erwähnten Fehlverhalten der Mieter führen.

- Die Verteilung der Mietvorteile auf die Begünstigten ist höchst willkürlich: Die "Kostenmieten" differieren nach den Baukosten des jeweiligen Baujahrgangs und nicht allein nach dem Wohnwert, wie es sachgerecht wäre.

34. Es gibt keine Möglichkeit, die Diskrepanz zwischen "Kostenmiete" und Marktmiete zu vermeiden. Zwar kann man – wie offensichtlich in der DDR geplant – die "Kostenmiete" mit der Zeit ansteigen lassen, aber es ist unmöglich, die künftige Anstiegsrate der Marktmieten von Staats wegen vorab zu ermitteln. Also bleibt es unweigerlich beim folgenden Problem: Solange die "Kostenmiete" oberhalb der Marktmiete liegt, ist sie nicht zu erzielen, und sofern sie unterhalb der Marktmiete liegt, führt die Kostenmietbindung beim Vermieter zu Verlusten, falls nicht der Staat die Verluste übernimmt. Kostenmietbindung bedeutet daher: Dem Investor preisgebundenen Wohnraums werden die Risiken einer schwachen Mietentwicklung zugemutet. Die Hoffnung auf die Chance guter Mietenentwicklung, die den freien Investor veranlassen, die Risiken zu übernehmen, wird ihm genommen. So kann nur mit Hilfe von Subventionen gebaut werden – mit Subventionen, die zunächst nicht (und häufig nie) den Mietern zugute kommen, sondern bloß dazu dienen, das fehlerhafte zeitliche Mietenprofil gegen den Markt durchzusetzen.

Einwände gegen subventionsfreien Neubau

35. Gegen einen – möglichst subventionsfreien – preisungebundenen Neubau wird in der DDR vielfach angeführt, alle Haushalte auf den Wartelisten der Wohnungsämter seien nach DDR-Verständnis gleich zu behandeln. Wer zum gegenwärtigen Zeitpunkt noch keine Wohnung bekommen habe, auf die er nach den bisherigen Versorgungsgrundsätzen einen Anspruch erheben könne, müsse auch noch zu den alten Bedingungen bedient werden. Das überzeugt nicht. Eine Benachteiligung dieser Gruppe durch

Regulierung und Subventionierung eines ganzen Wirtschaftszweiges vermeiden wollen heißt mit Kanonen auf Spatzen schießen. Ihnen kann – falls überhaupt notwendig – am billigsten und einfachsten durch Gewährung von Wohngeld geholfen werden. Bei Freigabe der Mieten für Neubauwohnungen wird zudem privates Investitionskapital mobilisiert. Das erlaubt es, die bestehenden Wartelisten viel schneller abzubauen, als es bei einer staatlichen Verwaltung des Mangels möglich wäre. Diejenigen, die es schaffen – gegebenenfalls mit Hilfe von Wohngeld –, ihre Nachfrage nach mehr oder nach anderem Wohnraum durch Einzug in eine frei finanzierte Neubauwohnung zu befriedigen, machen für diejenigen, die sich das nicht leisten können, zumeist eine preiswertere Wohnung im Bestand frei.

Soziale Sicherung durch Wohngeld

36. Die Wohnungspolitik wird ihrem Auftrag, für einen ausgeglichenen Wohnungsmarkt und eine tragbare Wohnkostenbelastung für alle Bürger zu sorgen, dann am besten gerecht, wenn sie die Kräfte des Marktes bestmöglich nutzt und die Marktergebnisse, dem Subsidiaritätsprinzip folgend, sozial flankiert. Die Erhöhung der Wohnkostenbelastung für die Bezieher geringer Einkommen durch Transferzahlungen erträglicher zu machen, ist im Falle der DDR auch in Hinblick darauf geboten, daß sich dort in Zukunft die Einkommen viel stärker als bisher differenzieren werden.

Im Prinzip ist zwar Einkommensschwachen durch eine Sozialdividende, also durch einen allgemeinen ungebundenen Einkommenstransfer, besser geholfen als durch eine gebundene Transferzahlung wie Wohngeld. Mit einem allgemeinen Einkommenstransfer sind die geringsten Verzerrungen bei der nach individuellen Wünschen gestalteten Einkommensverwendung zu erwarten. Das Wohngeld ist jedoch eine gesellschaftlich eher akzeptierte Form der Umverteilung als eine allgemeine Kaufkraftbeihilfe.

Die Sorge, das Wohngeld trage nicht dazu bei, das Wohnungsangebot zu erhöhen, sondern führe lediglich dazu, daß die Mieter höhere Mieten zahlen und die Vermieter entsprechende Mehreinnahmen erzielen, ist unbegründet. Die übliche Marktreaktion, daß eine höhere Nachfrage ein höheres Angebot hervorlockt, ist auf dem Wohnungsmarkt zwar nicht unmittelbar sichtbar. Das liegt an einer gewissen Trägheit der Reaktionen. Zusätzliches Angebot kann erst nach einer Planungs- und Bauzeit auf den Markt kommen. Diese Vorlaufzeit abzukürzen liegt aber weitgehend in der

Hand der zuständigen Behörden. Bei einer entsprechenden Planungssicherheit und bei kürzeren Genehmigungszeiten führt auch am Wohnungsmarkt eine höhere Nachfrage nach nicht allzu langer Zeit zu einem höheren Angebot.

Eigenbedarfskündigungen nicht zu stark behindern

37. Für die Wohnungen, deren Mieten freigegeben werden, plant die DDR, begleitende Rechtsvorschriften in Kraft zu setzen. Dabei geht es vor allem um den Kündigungsschutz und um Obergrenzen für die Miethöhe. Wie die Erfahrungen in der Bundesrepublik zeigen, ist beim Kündigungsschutz ein angemessener Interessenausgleich nicht leicht zu finden. Gesetzgeber und Rechtsprechung tun sich schwer, ein funktionsfähiges und allseits als fair empfundenes Regelwerk zu finden, welches einerseits den Investoren Anreize zum Mietwohnungsbau beläßt, andererseits den Mietern Schutz vor Willkür gibt.

In der DDR ist das Interesse an Kündigungsschutz angesichts der geringen Mieten besonders ausgeprägt. Es gibt daher dort Überlegungen, den Kündigungsschutz strenger zu fassen als in der Bundesrepublik. Das gilt besonders für die Kündigung wegen Eigenbedarf. Dazu kann man nicht raten. Aus mehreren wichtigen Gründen ist eine Privatisierung von möglichst vielen Wohnungen dringend erwünscht (Ziffer 41). Erhalten die Eigentümer das Recht zur Selbstnutzung erst nach etlichen Jahren, dann entfällt möglicherweise für zahlreiche Interessenten der Kaufanreiz. Gewiß darf nicht übersehen werden, daß ein starker künstlicher Anreiz für den Erwerb plus Eigenbedarfskündigung existiert, solange die Mieten künstlich niedrig gehalten werden und man zu diesen Mieten nur sehr schwer eine Wohnung bekommt. In der Abwägung zwischen den Schutzinteressen der Mieter und dem Ziel rascher Privatisierungserfolge ist der DDR in ihrer Situation aber eher zu raten, die Regelungen für die Eigenbedarfskündigung nicht zu streng zu fassen. Zudem: Obwohl Fluktuation im Wohnungsbestand kein Wert an sich ist, eröffnet sie allen die Möglichkeit, eine geeignete Wohnung zu finden, und trägt insofern zu einer besseren Abstimmung von Wohnungsangebot und individuellen Wohnwünschen bei.

Marktorientierung durch Vergleichsmieten

38. Im Mietwohnungsbau werden sehr langfristige Investitionsentscheidungen getroffen. In der Regel erzielt eine solche Investition erst auf

längere Sicht einen Überschuß. Für die langfristigen Renditeerwartungen der Investoren sind daher verläßliche Festlegungen hinsichtlich der künftigen Marktorientierung der Mieten unentbehrlich. Das betrifft nicht zuletzt die Mieten in bestehenden Mietverträgen. Hier sind Mieterhöhungen in der Bundesrepublik durch Staffelmietverträge oder im Rahmen der Vergleichsmietenregelung möglich. Zunächst wird man in der DDR wohl überwiegend mit Staffelmietverträgen operieren müssen. Die Vergleichsmietenregelung und der dazugehörende Mietspiegel erfordern größere Marktsegmente, auf denen sich Mieten frei bilden können. Diese Marktsegmente werden durch die Freigabe der Mieten für Neubauten und einem Teil der modernisierten Wohnungen sowie durch die Annäherung der Mieten an Marktmieten bei Wohnungswechsel nur allmählich entstehen, so daß erst längerfristig auch mit der Vergleichsmietenregelung gearbeitet werden kann.

Vergleichsmieten sind im Prinzip Marktmieten. Die derzeitige Vergleichsmietenregelung in der Bundesrepublik hat zwar zur Folge, daß die Mieten in laufenden Verträgen nur mit Verzögerung an die Marktmieten angepaßt werden können, aber sie führt doch nicht zu einer völligen Abkoppelung der Mieten von der Marktentwicklung, solange die Neuvertragsmieten frei sind. Der Sinn dieser Regelung liegt ja nicht darin, die Mieten unter das Marktniveau zu drücken, sondern in der Absicherung des Kündigungsschutzes in bestehenden Verträgen. Bei der Einführung einer solchen Regelung sollte die DDR daher nicht der Versuchung nachgeben, die Mieten von der Marktentwicklung stärker abzukoppeln. Kurzfristig hätten zwar die Mieter Vorteile, jedenfalls die Mieter, die eine Wohnung haben und sich nicht verändern wollen. Negative Auswirkungen gingen jedoch zu Lasten all der Haushalte, die erstmals eine Wohnung suchen oder die sich verändern wollen. Überdies: Da die Investoren auf restriktive Mietregelungen mit Investitionszurückhaltung, mit Umwidmung von Wohnraum in Gewerberaum oder mit Selbstnutzung reagieren, verknappt sich das Angebot an Mietwohnungen. Dementsprechend erhöhen sich die (freien) Neuvertragsmieten.

Das Gut Wohnung unterscheidet sich in einigen Punkten deutlich von den meisten sonstigen Gütern. Zu den wichtigsten gehören die sehr lange Lebensdauer und die Immobilität. Diese beiden Eigenschaften verleiten sehr viele Menschen, auch im Westen, zu der Meinung, am Wohnungsmarkt könne man den Marktmechanismus am ehesten schadlos außer Kraft setzen und Kapital mit einer geringeren Rendite abspeisen als in anderen

Wirtschaftsbereichen. Dieser Glaube ist ebenso verständlich wie falsch. Verständlich ist er, weil wegen der Langlebigkeit und Immobilität von Wohnraum die Folgen von marktwidrigen Eingriffen nur sehr allmählich eintreten und deshalb oft nicht mehr ihrer eigentlichen Ursache zugeordnet werden; diejenigen, die schon Wohnungen gebaut haben, werden auch dann noch vermieten, wenn die Mieten nur noch die laufenden Kosten decken, das eingesetzte Kapital aber großenteils leer ausgeht. Falsch ist er, weil die Angebotsreaktionen (bei Neubau, Modernisierung und Instandhaltung) übersehen werden. Niemand muß im Wohnungsbau investieren. Und wie man die Altinvestoren behandelt, erwarten die Neuinvestoren behandelt zu werden.

Man kann das ganze, was den wichtigsten Problempunkt angeht, auch so zuspitzen: Für den Mieter erscheint im Grunde jede Mieterhöhung als eine ungerechtfertigte Bereicherung des Vermieters; dieser hat ja schon gebaut, insoweit steigen seine Kosten nicht mehr. Für den Vermieter hingegen ist ein gewisser – ständiger – Anstieg der Mieten von vornherein einkalkuliert und insoweit unverzichtbar (jedenfalls in einer Welt schleichender Inflation und entsprechend steigenden Wiederbeschaffungskosten für die vermietete Wohnung). Ohne obigen Anstieg – das heißt zu den anfangs am Markt maximal erzielbaren Mieten – lohnt sich Wohnungsbau nicht. Niedrige Anfangsmieten sind bei Inflation, es sei wiederholt, für den Investor erträglich und marktgerecht, weil und wenn es in der Zukunft höhere Mieten gibt.

Verläßliche Vorabfestlegungen nötig

39. Aus wohnungswirtschaftlicher Sicht spricht alles für ein möglichst rasches Anpassungstempo bei den Mieten, um alle Fehlanreize, die mit marktwidrigen Preisen nun einmal verbunden sind, zu minimieren. In den Vorschlägen der DDR zur Mietentwicklung ist durchaus die Chance angelegt, im angemessenen Tempo die derzeitigen Mietenverzerrungen zu beseitigen. Allerdings gilt es, diesen Weg auch konsequent zu gehen. So sollten im Interesse einer baldigen Belebung der Wohnungsbauinvestitionen in der DDR und einer möglichst preiswerten Erstellung und Wiederherstellung von Wohnraum strittige Fragen hinsichtlich der Mietenentwicklung nicht offen gelassen und späterem politischen Streit ausgesetzt werden. Entscheidend ist die Vorankündigung und die Glaubwürdigkeit des Regelwerks, nach dem bis hin zur vollen Mietfreigabe verfahren wird.

Die Übergangsregelungen sollten daher verläßlich beschlossen werden und eindeutig sein.

Für Mieter, Vermieter und Selbstnutzer, für potentielle Investoren und Erwerber volkseigener Wohnungen, für alle am Wohnungsmarktgeschehen Beteiligten ist wichtig, daß einmal gefundene Regelungen im Kern Bestand haben und man sich für Langfristentscheidungen darauf verlassen kann. Unsicherheiten über das Mietrecht und damit über neue staatliche Eingriffe in laufende Verträge führen mit Sicherheit zur Zurückhaltung der Anbieter, zur Verknappung und Verteuerung des Wohnens. Aus gutem Grund sind die Eigentumsrechte in modernen Rechtsstaaten verfassungsrechtlich geschützt und dem kurzfristigen parlamentarischen Disponieren weitgehend entzogen. Für die allmähliche Herstellung voller Eigentumsrechte in Form der Aufhebung der Zwangsbewirtschaftung und der Mietkappung sollte im Prinzip nichts anderes gelten.

Überdies sollte die DDR die in der Bundesrepublik gemachten Fehler nicht wiederholen. Das betrifft insbesondere die kostengebundenen Mieten. Das Lehrgeld, das die Bundesrepublik in der Vergangenheit in Form von hohen und wenig zielgerechten Subventionen gezahlt hat, sollte dafür Anschauung genug sein. Auch sollte die DDR vermeiden, den in der Bundesrepublik schon sehr weitgehenden Kündigungsschutz noch weiter zu verschärfen.

V. Dezentralisierung und Privatisierung

Zur Rechtsform der Träger staatlich bleibenden Wohnungsvermögens

40. Es ist geplant, die volkseigenen Wohnungsbestände auf die kommunale Ebene zu verlagern. Dort sollen sie auf Kapitalgesellschaften übertragen werden, an denen die Kommunen zunächst beteiligt bleiben. Diese Gesellschaften sollten nach privatwirtschaftlichen Grundsätzen geführt werden. Wenig Sinn macht es, diese Kapitalgesellschaften in ein gemeinnützigkeitsrechtliches Korsett zu zwängen. Dagegen sprechen die Erfahrungen in der Bundesrepublik, in der das Wohnungsgemeinnützigkeitsgesetz sich letztlich nicht bewährt hat und jüngst abgeschafft wurde (Ziffer 17).

Vorteile selbstgenutzten Eigentums

41. Die Absicht, Wohnungsbestände zu privatisieren, ist zu unterstützen. Insbesondere kommt es auf eine Steigerung des Anteils an Selbstnutzern an:

- Auf das eigene Heim wird mehr Sorgfalt verwendet als auf eine Mietsache. Es werden höhere Eigenleistungen erbracht. Die Bereitschaft, die Lasten einer Wohnungsmodernisierung zu tragen, ist größer; dies ist gegenwärtig von überragender Bedeutung.

- Eigentum bietet die Möglichkeit individuellerer Ausgestaltung einer Wohnung. Eine Mietsache muß eher den Standardwünschen entsprechen, die am Markt vorherrschen. Individuelle Veränderungen an der Mietsache erfordern meist die Zustimmung des Vermieters oder werfen Fragen angemessener Entschädigung bei Aufhebung des Mietverhältnisses auf.

- Erfahrungsgemäß bemühen sich die Wohnungserwerber wie die "Häuslebauer" um eine rasche Entschuldung. Der Anstieg der Sparquote trägt zur dringend erwünschten Kapitalbildung in der DDR bei.

Druck zur Privatisierung ausreichend?

42. Hinsichtlich des geplanten Weges, nämlich die Privatisierung von Wohnungen in die Kompetenz der Kommunen zu geben, bleiben allerdings Fragen offen:

- Werden nicht die Mieter/Wähler eine Privatisierung erfolgreich zu verhindern trachten? Die Erfahrungen in der Bundesrepublik, wo der Verkauf größerer Wohnungsbestände politische Widerstände hervorruft, begründen solche Befürchtungen.

- Welche Anreize haben die Kommunen, Wohnungen zu privatisieren? Bleibt der auf den volkseigenen Wohnungen lastende Schuldendienst beim Zentralhaushalt, so wird der wirtschaftliche Druck auf die Kommunen zur Privatisierung nicht groß sein. Allerdings darf das Interesse der Kommunen, Verkaufserlöse zur Finanzierung der Modernisierung des verbleibenden Wohnungsbestandes zu erhalten, nicht unterschätzt werden. Überdies wird es in der DDR bald zu einer erheblichen Einkommensdifferenzierung kommen. Der Wunsch von Bürgern mit hohen Einkommen, eine Wohnung ihr eigen nennen zu können, wird entsprechend zunehmen. Ebenso werden viele Betriebe ihre Ansiedlung von der Überlassung von Wohnungen an ihre Mitarbeiter abhängig machen.

- Für einen Teil des Wohnungsbestandes, große Wohnblocks zum Beispiel, ist es ökonomisch wenig sinnvoll, wenn nur einzelne Wohnungen – zur Selbstnutzung – privatisiert werden. Es ist daher zu wünschen, daß zusätzlich private Vermietungsgesellschaften zum Zuge kommen können, die solche Anlagen oder jedenfalls geschlossene Teile davon en bloc übernehmen. In diesem Falle müßte das Interesse des kommunalen Wohnungsunternehmens an der Erhaltung seiner lokalen Monopolstellung überwunden werden, was freilich ohnehin dringend erwünscht ist.

43. Umfangreiche Sanierungsarbeiten stellen für den Erwerber und für Wohneigentümergemeinschaften eine schwierige Aufgabe dar, wenn es um Geschoßwohnungen oder gar große Wohnblocks geht. Häufig wird die Aufteilung in Einzeleigentum und die Veräußerung der Wohnungen besser erst nach der Instandsetzung ganzer Gebäude vorgenommen.

Vorrang für Mieter?

44. Nach den bisherigen Vorstellungen des DDR-Wohnungsbauministeriums soll DDR-Bürgern ein auf ein Jahr befristetes Vorkaufsrecht gewährt werden. Insbesondere Mietern soll ein Vorrang zustehen. Eine solche Regelung hat nicht nur Lichtseiten, sondern auch Schattenseiten. Von den Vorteilen einer erhöhten Selbstnutzerquote war schon die Rede (Ziffer 41). Eine Privatisierung ausschließlich für Selbstnutzer aus der DDR bedeutet, auf einige Vorteile eines freien Wohnungsmarktes zu verzichten:

- Die Veräußerung an potentielle Vermieter von auswärts würde der DDR dringend benötigtes Kapital zuführen, hier zunächst den kommunalen Wohnungswirtschaftsbetrieben, die Kapital für den Neubau und für die Modernisierung suchen.

- Kommunale Großbetriebe können leicht monopolistisches Verhalten zeigen. Die Anzahl der Vermieter erhöhen heißt die Angebotskonkurrenz kräftigen und die Stellung der Mieter verbessern. Zumindest ist also eine Aufteilung des kommunalen Wohnungsbestandes auf eine größere Anzahl von Wohnungsunternehmen mit überschaubarem Wohnungsbestand vonnöten.

- Der Markt wird unnötig eng. Die zu erzielenden Preise für Wohnungen reflektieren nicht voll den Ertragswert, also das, was an Mieteinnahmen zu erwarten ist – zu Lasten des Staatsvermögens. Besonders kraß ist dies bei der gegenwärtigen Rechtslage, wonach Verkäufe an Selbstnutzer zu extrem niedrigen Taxpreisen abgewickelt werden.

Um die Spekulation auf Wertzuwächse als Folge einer künftigen, heute noch nicht abzusehenden Liberalisierung zu minimieren, sind Wettbewerbspreise erforderlich. Die DDR sollte daher der Neigung, den Erwerb von Wohnungen auf die Mieter zu beschränken, nicht allzu stark nachgeben. Überdies sollte bei Verkäufen an Mieter ein Preisabschlag nur zur Pauschalberücksichtigung von besonderen Aufwendungen, die die Mieter im Vertrauen auf ihren eigentümerähnlichen Status getätigt haben, vorgesehen werden.

Erbbaurecht statt Bodeneigentum?

45. Fragwürdig ist die Absicht der Regierung der DDR, den Verkauf von Boden restriktiv zu handhaben und Interessenten auf ein Erbbaurecht beziehungsweise ein Erbpachtrecht und auf die Möglichkeit eines Erwerbs nach einer "Übergangszeit" von zehn Jahren zu verweisen, wobei die dann üblichen Preise zum Zuge kommen sollen. Der vermutliche Zweck: Allfällige Wertsteigerungen sollen dem Staat bzw. dem gesellschaftlichen Eigentümer der Wohnungsbestände zugute kommen. Dies ergibt aber nur insoweit Sinn, als

- mit einem Anstieg der Grundstückswerte zu rechnen ist, der über die marktübliche Verzinsung des für den heutigen Kauf einzusetzenden Kapitals und über eine für einen "normalen" Wohnungsmarkt übliche Risikoprämie hinausgeht,

- eine massenhafte Sofortprivatisierung einen "Käufermarkt" entstehen lassen könnte, also die Grundstücke zu "Ausverkaufspreisen" hergegeben werden müßten.

Beides, die Kalkulationsgrundlage für die Erwartung der Mietenentwicklung und die Schaffung ausreichender Nachfrage nach den Grundstücken, hat die Regierung der DDR weitgehend in der Hand. Durch verläßliche Vorabfestlegung der Schritte zur Heranführung der Mieten an ein knappheitsgerechtes Niveau wird die Bewertung der Grundstücke sicherer und dadurch auch der Kreis der potentiellen Interessenten für eine Privatisierung erweitert. Die beim Verkauf von Boden sofort erzielbaren Erlöse werden höher, die spekulativ erzielbaren Wertsteigerungen geringer. Voraussetzung für einen hinreichend effizienten Markt sind freilich Finanzierungsinstitutionen, die den Realkredit betreiben (gegebenenfalls unterstützt von staatlichen Hilfen in Form von Bürgschaften). Solche Finanzierungsinstitutionen werden sich aber schnell einschalten, wenn sie ihr Risiko einigermaßen abschätzbar finden, und das heißt wiederum, wenn sie von verläßlich voraussehbaren Rahmenbedingungen für eine Veräußerung (Zwangsverwertung) ausgehen können.

Der Bedarf an geeigneten Finanzierungsinstrumenten

46. Eine weitreichende Privatisierung wie auch die Belebung der Neubau- und Modernisierungstätigkeit setzt geeignete Finanzierungsinstrumente voraus. Dies erfordert nicht nur den Aufbau und die Zulassung von Kreditinstituten, die Realkredite gewähren. Es müssen auch geeignete Rahmenbedingungen für die Kreditvergabe gewährleistet werden. In diesem Zusammenhang wird argumentiert, nur das Bodeneigentum stelle eine akzeptable Beleihungsgrundlage für den Wohnungsbaukredit dar. Das Institut des Erbbaurechts sei unzulänglich, weil es zum Beispiel im Falle der Zahlungsunfähigkeit eines Schuldners nicht in gleicher Weise zu verwerten ist wie das Eigentumsrecht am Grundstück. Gegen die Neigung der DDR, das Eigentum an den volkseigenen Grundstücken nicht oder nur in Sonderfällen zu privatisieren (also bei Mietwohngrundstücken äußerstenfalls zu kommunalisieren), ist viel einzuwenden (Ziffer 45). Allerdings sollten die Einwände gegen das Erbbaurecht auch nicht überbewertet werden; denn im Kern ist das Erbbaurecht eine Finanzierungseinrichtung, ähnlich dem Leasing. Der Bauherr oder Vermieter kauft den Boden zwar nicht, wozu er ihn, wenn dies auf Kredit geschieht, beleihen lassen müßte. Doch er kann den Boden zur ökonomischen Nutzung in Besitz nehmen und erhält gleichzeitig den "Erwerb" gleichsam kreditiert; das fest vereinbarte Nutzungsentgelt stellt insoweit Finanzierungskosten dar. Damit ist zwar nur die Beleihbarkeit des Erbbaurechts gegeben, nicht die des Bodens selbst, aber der Kreditbedarf fällt auch entsprechend geringer aus. Abwe-

gig wären allerdings Vorstellungen, das Erbbaurecht auf zehn Jahre zu befristen. Üblicherweise reichen Erbbaurechte über viele Jahrzehnte.

Zur Finanzierung des Baus, des Gebäudeerwerbs und der Sanierung oder Modernisierung von Wohnungen wird das vorhandene Eigenkapital der DDR-Bürger zuzüglich normaler Beleihungsmöglichkeiten meist zu knapp ausfallen. Um den Beleihungsspielraum der DDR-Bürger zu erweitern, könnte der Staat in gewissem Umfang Bürgschaften für nachrangige Hypotheken übernehmen. Auch in der Bundesrepublik hat es in den Aufbaujahren ein solches Bürgschaftsprogramm gegeben.

47. Ein Problem der privaten Finanzierung von Wohnungseigentum ist sehr oft – und nicht nur in der DDR – die hohe Anfangsbelastung der Haushalte aus dem Kapitaldienst, also für Zinsen und Tilgung. Erst mit steigendem Einkommen wird sie allmählich erträglich. Der Grund liegt darin, daß die geforderte Realtilgung der Fremdfinanzierung die Sparfähigkeit einkommensschwacher Haushalte zunächst überfordert. Dabei muß man sehen, daß die Realtilgung zwei Komponenten hat. Sie besteht aus der expliziten Tilgung der Darlehen und aus der Inflationskomponente im Zins, d.h. dem Entgelt für die inflationsbedingte Senkung der realen Schuld. Die zweite Komponente beträgt zumeist ein Mehrfaches der ersten. In der DDR ist das Problem der hohen Anfangsbelastung zugleich besonders verbreitet und besonders leicht zu lösen. Der Anteil der Haushalte mit heute noch sehr niedrigen Einkommen ist besonders groß, und die Erwartung allgemein kräftig steigender Einkommen ist besonders unzweifelhaft. Finanzierungsmodelle, die die reale Tilgungslast (nicht nur die ausdrückliche Tilgung) in die Zeit künftig höherer Einkommen verlagern, sind in der DDR daher noch dringlicher als in der Bundesrepublik. Sie sind aber zugleich für die Darlehensgeber mit (im Durchschnitt) sehr niedrigen Risiken verbunden. Kurz: Gesucht sind Finanzierungsformen, die die Belastung aus dem gesamten Kapitaldienst (Zinsen plus Tilgung) mit der erwarteten Entwicklung der Einkommen synchronisieren, also dem Betrage nach niedrig einsetzen und dann mit der Rate der erwarteten Einkommenssteigerung zunehmen lassen. Hier geeignete Wege zu finden, kann zu einer außerordentlich wichtigen Hilfe für private Wohnungsinvestitionen werden.

Bauspargelder prämienunschädlich verwenden

48. Der Gesetzgeber der DDR hat auch ein Bauspargesetz beschlossen und damit dem Wunsch vieler Bürger Rechnung getragen, die bausparen wollen. Im Interesse eines besseren Kapitalflusses in die DDR sollten bundesdeutsche Bauspargelder prämienunschädlich in der DDR verwendet werden können. Da das dann wohl auch umgekehrt gelten müßte, dürften die Prämiensätze nicht unterschiedlich sein. Andernfalls gibt es Wettbewerbsverzerrungen zwischen den Bausparkassen.

VI. Sozialpolitische Verfügungsreserve bewahren

Bedarf an staatlichen Belegungsrechten

49. Menschen, die sich eine Wohnung, die in Größe und Ausstattung gewissen Mindeststandards genügt, nicht leisten können, kann gezielt mit Wohngeld geholfen werden. Alle anderen Maßnahmen erfordern einen viel umfassenderen Verzicht auf die Steuerungsfunktion des Marktes, sind also teurer, ganz abgesehen davon, daß sie in der Mehrzahl auch weniger geeignet sind, gezielt den einkommensschwachen Haushalten zu helfen.

Für Menschen, die aus anderen Gründen Schwierigkeiten haben, eine angemessene Wohnung zu finden, hat der Staat kein Instrument in der Hand, das zugleich marktgerecht und problemgerecht ist. Zu diesen Menschen zählen Angehörige von Bevölkerungsgruppen, denen Vermieter typischerweise mit Vorurteilen begegnen wie Ausländer, Sozialhilfeempfänger, Arbeitslose, Haftentlassene, Obdachlose. Nicht zu den Problemgruppen sollte man die Rentner zählen. Die Rentenreform in der DDR muß so geregelt werden, daß sich ein Rentner im allgemeinen eine angemessene Wohnung leisten kann. Rentnern mit niedrigem Einkommen kann mit Wohngeld geholfen werden.

Zwar kann man im Prinzip jedes Mieterproblem ausräumen, indem man die Betroffenen mit Kaufkraft ausstattet. Diese Strategie kann jedoch unverhältnismäßig teuer sein. Das hat zunächst mit der Dauerhaftigkeit des Gutes Wohnung zu tun. Da in einer Wohnung sehr viel Kapital gebunden ist, kann der Mieter seinem Vermieter großen finanziellen Schaden zufügen, indem er die Mietsache mißhandelt. Direkt wird der Vermieter auch geschädigt, wenn der Mieter sich als unfähig oder unwillig erweist, die geschuldete Miete zu zahlen. Der starke Kündigungsschutz hat zur Folge, daß der Schaden groß werden kann, bevor der Vermieter von solchen Mietern wieder frei ist. Indirekt erleidet der Vermieter Schaden, wenn er einen Mieter akzeptiert, den die Nachbarn, sei es aus guten, sei es aus schlechten Gründen, als Nachbarn ablehnen und deshalb den Wohnwert der eigenen Wohnung geringer ansetzen, mit entsprechenden Folgen für die Miete, die sie zu zahlen bereit sind. Von Mietern, die einer Bevölkerungsgruppe angehören, die im Ruf steht, häufiger als andere solche "Schäden" zu verursachen, werden Vermieter deshalb einen erheblichen Risikozuschlag verlangen. Bei Menschen, die mehrere als nachteilig angesehene Merkmale auf sich vereinigen, kann dieser Zuschlag sehr hoch werden. Viele Vermieter scheuen sich aus verständlichen Gründen, einen solchen Zuschlag zu fordern, und verzichten lieber ganz darauf, die Wohnung solchen Mietern anzubieten. Bei knappem Wohnraumangebot fällt es den Angehörigen dieser Bevölkerungsgruppen deshalb außerordentlich schwer, sich Wohnraum zu beschaffen. Hier muß der Staat auf andere Weise helfen als durch finanzielle Transfers. Er muß die Möglichkeit haben, für eine ausreichend große Anzahl von Wohnungen die Belegung zu bestimmen.

Gute Ausgangslage in der DDR

50. In der Bundesrepublik ist der Staat darauf angewiesen, Belegungsrechte entweder im Wohnungsbestand zu kaufen oder sie mit einer Förderung des Wohnungsneubaus zu erwerben. Er entschied sich immer wieder vor allem für den zweiten Weg, der wegen der geschilderten Unzulänglichkeiten der Objektförderung sehr teuer kam (Ziffer 15). Selbst die neuere Form der Objektförderung – die sogenannte vereinbarte Förderung (Ziffer 56) – ist nicht billig.

In der DDR ist die Ausgangslage für eine angemessene Versorgung von Problemgruppen besonders gut. Bisher hatte der Staat ein umfassendes Belegungsrecht für alle Mietwohnungen. Selbst wenn die Belegungsrechte an Wohnungen, die in Privateigentum stehen, an die Eigentümer zurückgegeben sind, steht dem Staat noch das Recht zur Mieterauswahl für mehr als die Hälfte des gesamten Wohnungsbestandes zu. Sogar bei mutiger Privatisierungspolitik sollte es nicht allzu schwer fallen, der öffentlichen Hand ein Volumen an Belegungsrechten zu bewahren, das es erlaubt, alle die zu versorgen, die selbst mit Hilfe von Wohngeld am Markt keine angemessene Wohnung finden.

Geförderter Neubau für Haushalte, die am Wohnungsmarkt besondere Schwierigkeiten haben, kann in der DDR also gering bleiben. Man kann zwar nicht verläßlich abschätzen, wie groß die Problemgruppen in der DDR heute sind und in einigen Jahren sein werden. Es darf jedoch als sicher gelten, daß diejenigen, denen mit Wohngeld allein nicht zu helfen ist, nur einen Bruchteil der heute noch in öffentlichem Eigentum befindlichen Wohnungen benötigen. Diese Wohnungen sollten deshalb in der Mehrheit durchaus ohne besondere Auflagen veräußert werden. Würden zu viele Wohnungen mit Belegungsbindungen verkauft, so käme dies den Staat unnötig teuer. Jeder Käufer einer solchen Wohnung muß ja damit rechnen, besonders problematische Mieter zugewiesen zu bekommen, was ihren Marktwert und damit den Privatisierungserlös stark herabsetzt. Hält der Staat reichlich viele Belegungsrechte, so ist jenes Risiko zwar verhältnismäßig klein, weil die Anzahl der wirklichen Problemfälle begrenzt ist. Aber der Preisabschlag würde solcher Abnahme des Risikos wohl nur unvollkommen folgen. Der Staat tut also gut daran, nicht mehr Belegungsrechte zu behalten, als er tatsächlich benötigt.

Im Großraum Berlin ist, über eine rasche Einkommensangleichung und über die Inanspruchnahme des östlichen Wohnungsmarktes durch Menschen, die bislang in Westberlin wohnen, ein rascher Anstieg der Mieten, auch der gebundenen, unumgänglich und wünschenswert. Dieser Anstieg wird stärker als anderswo Haushalte in Bedrängnis bringen, die in angespannten Wohnungsmärkten nur schwer eine Mietwohnung finden. Deshalb ist für den Großraum Berlin auf einen vergleichsweise hohen Prozentsatz an Belegungsrechten zu achten.

Chancen für eine sachgerechte Handhabung von Belegungsrechten

51. Die geplante Kommunalisierung der in öffentlichem Eigentum verbleibenden Wohnungen bietet besondere Chancen für eine sachgerechte Handhabung von Belegungsbindungen. Die Verwertung der Wohnungen durch kommunale Wohnungsunternehmen in einer Rechtsform, die nach privatwirtschaftlichen Grundsätzen zu arbeiten zwingt, wäre diesem Ziel nicht abträglich, sondern sogar förderlich. Dadurch wird eine rationelle Bewirtschaftung wenn nicht sicher, so doch wahrscheinlich. Für eine ausreichende Teilmenge aller Neuvermietungsfälle ginge zugleich das Recht der Mieterauswahl an die kommunale Stelle, die für die Wohnungsfürsorge zuständig ist. Die kommunalen Unternehmen behielten aber genügend Spielraum, die problematischen Mietparteien so auf ihre Bestände zu ver-

teilen, daß sich nicht – wie in manchen Wohnanlagen des sozialen Wohnungsbaus der Bundesrepublik – Ghettos von Ausgegrenzten bilden, in denen Kriminalität und soziale Probleme in schlimmer Weise konzentriert sind.

Dieser Weg ist eindeutig der konkurrierenden Möglichkeit vorzuziehen, die kommunalen Wohnungsunternehmen als gemeinnützige Unternehmen zu führen und ihnen zugleich ganz oder teilweise die Aufgaben der kommunalen Wohnungsfürsorge zu übertragen. Die Erfahrung der Bundesrepublik mit der gemeinnützigen Wohnungswirtschaft lehrt, es sei wiederholt, daß eine vermischte Zuständigkeit weder den unternehmerischen noch den sozialpolitischen Aufgaben bekommt.

VII. Förderung des Wohnungsbaus

52. Die DDR-Regierung hat die Absicht, den Wohnungsneubau, die Wohnungsmodernisierung und Instandhaltung weiterhin öffentlich zu fördern. Bei der Mittelvergabe sollen künftig Modernisierung und Instandsetzung das Übergewicht halten. Dies ist in zwiespältiger Weise zu kommentieren.

Objektförderung konzeptionell nicht gerechtfertigt

53. Für eine dauerhafte Fortsetzung der Wohnungsbauförderung (Objektförderung) zur Verfolgung sozialpolitischer Ziele gibt es keine konzeptionelle Rechtfertigung. Die öffentliche Hand ist in der DDR nicht darauf angewiesen, sich Belegungsrechte durch Neubauförderung zu erwerben, sie ist bereits überreichlich damit ausgestattet. Soll es nur darum gehen, für einkommensschwache Mieter die Wohnkosten zu senken, so ist ein Wohngeld das mit weitem Abstand bessere Instrument. Es trägt, anders als die Förderung des Wohnungsbaus, den sehr unterschiedlichen wirtschaftlichen und sozialen Bedingungen der einzelnen Haushalte Rechnung. Wer schlecht, aber nicht allzu schlecht dasteht, muß nur wenig Hilfe erhalten. Wer besonders wenig verdient, kann einen besonders hohen Zuschuß erwarten. Den Mietern bleibt die Freiheit, sich eine Wohnung nach ihrem Geschmack zu suchen. Sie müssen nicht aus dem engen Markt der Sozialwohnungen auswählen. Ganz allgemein gesprochen bleibt die Steuerungsfunktion des Marktes in viel stärkerem Maße erhalten.

54. Für eine Übergangszeit mag man das aus pragmatischen Gründen anders sehen. Die Investitionen in den Wohnungsbau könnten, das ist jedenfalls nicht auszuschließen, weit hinter dem zurückbleiben, was erwünscht ist, wenn der Staat sich alsbald voll auf die Subjektförderung konzentriert.

Es ist zwar vorgesehen, für Wohnungen, die renoviert oder restauriert wurden, Mietanhebungen zu erlauben, mit denen sich die Kosten in angemessener Zeit amortisieren lassen. Das soll und wird private Modernisierungsinvestitionen lohnend machen. Fraglich ist jedoch, in welcher Breite. Die für eine rentable Modernisierung erforderlichen Mieten sind wahrscheinlich nur in einem mäßig großen Marktsegment erzielbar, solange die Einkommen der meisten Haushalte noch niedrig sind. Auch braucht die Gewöhnung an marktgerechte Mieten Zeit (zumal wenn die Mieten im Altbestand noch längere Zeit künstlich niedrig gehalten werden).

Nun könnte man sagen – und marktwirtschaftlich betrachtet müßte man es eigentlich –: Was sich niemand leisten kann und will, das soll auch nicht gebaut werden. Auch Wohnungen müssen kosten, was sie kosten. Was der Staat an der einen Stelle gibt, muß er an der anderen nehmen. Wenn die Menschen anderes noch dringender begehren als bessere Wohnungen, so möge der Markt ihnen zunächst dies andere liefern. Freilich, die kaufkräftige Nachfrage nach besseren Wohnungen kann rasch zunehmen, wenn der dringendste Bedarf an anderen Gütern erst einmal gedeckt ist und wenn die Gewöhnung an marktgerechte Mieten vorankommt. Dann aber kann schon von den Baukapazitäten her das Angebot an modernisierten Wohnungen nicht von heute auf morgen einer gestiegenen Nachfrage folgen. Es ist daher dringend erwünscht, daß eine kräftige Modernisierungsaktivität rasch in Gang kommt.

Tun aber die privaten Investoren das, was sich zwar noch nicht heute, aber schon bald als sehr lohnend erweisen wird, nicht alsbald von selbst, so sollte der Staat fördernd eingreifen. (Im allgemeinen wissen die privaten Investoren zwar besser und früher, was sich lohnt, als der Staat, aber in der komplizierten Umbruchsituation des – vorläufig – nur partiell liberalisierten Wohnungsmarktes der DDR wird man darauf nicht allein setzen können.) Es bleibt die Frage, ob nicht auch hier das Wohngeld die adäquate Antwort auf das Problem bietet. Wohngeld könnte die kaufkräftige Nachfrage ausreichend vieler Mieter soweit aufstocken, daß sie für privat modernisierte Wohnungen lohnende Mieten bieten können. Doch hier wären die Grenzen angemessener Subjektförderung wohl überschritten. Das Wohngeld darf nicht dem einen eine durchgreifend modernisierte Wohnung zu mieten erlauben, dem anderen gerade die einfachste Behausung. Kurz, die staatliche Breitenförderung der Wohnungsmodernisierung (teilweise auch der Instandhaltung) erscheint gerechtfertigt, jedenfalls temporär.

Eigenheimförderung eher gerechtfertigt als Förderung des Mietwohnungsbaus

55. Nur mit Einschränkung gelten diese Argumente auch für die Neubauförderung. Hier geht es darum, den Wohnungsbau für breite Schichten, der sich nach privatwirtschaftlichem Kalkül vorläufig kaum lohnt, nicht abreißen zu lassen. Während jedoch die Befriedigung der Wünsche nach besseren Wohnungen über die Modernisierung der in der DDR vorhandenen großen Bestände an unzureichend genutzten und heruntergekommenen Wohnungen schnell und bei bescheidener staatlicher Förderung möglich ist, nimmt diese Aufgabe im Falle des Neubaus viel Zeit in Anspruch und erfordert große Fördermittel für jede Wohnung. Insofern ist die geplante Konzentration der Mittel auf die Förderung von Modernisierung und Renovierung sehr zu begrüßen.

Konzeptionell besser gerechtfertigt ist die Neubauförderung in der Form der Förderung des Eigenheimbaus (Zuschüsse oder Darlehen). Einkommensschwache Haushalte können die steuerliche Begünstigung des selbstgenutzten Wohnungseigentums nicht oder nicht voll nutzen. Diese Lücke schließt das Förderangebot im Rahmen der Eigenheimprogramme. Es schließt sie freilich mehr schlecht als recht. Bei weitem nicht alle, die zu den Berechtigten zählen, haben Aussicht auf Förderung. Und wer zum Zuge kommt, erhält dann einen Vermögensvorteil, der alles schlägt, was es sonst an Förderung gibt.

Das bundesdeutsche Steuerrecht, das künftig auch in der DDR gelten soll, sieht für das in selbstgenutzten Wohnungen gebundene Eigenkapital Steuerfreiheit der Erträge vor. Angesichts der geringen Ersparnisse in der DDR werden die Wohnungserwerber trotz eines relativ niedrigen Wohnungspreisniveaus nur geringe Eigenkapitalquoten aufweisen. In dieser Situation ist selbstgenutztes Wohnungseigentum dem vermieteten Wohnungseigentum, bei dem der Eigentümer die – erheblichen – Schuldzinsen einkommensmindernd berücksichtigen darf, steuerlich unterlegen. Insoweit ist das bundesdeutsche Steuerrecht der Selbstnutzung von Wohnungen in der DDR nicht förderlich. Immerhin: Dem beschriebenen Nachteil stünden die Begünstigung des Sonderausgabenabzuges nach § 10e EStG und das sogenannte Baukindergeld gegenüber. Diese wären in der DDR bei dem dort zu erwartenden geringeren Wohnungspreisniveau relativ bedeutsamer. Vor allem der Sonderausgabenabzug setzt aber für eine wirksame Vergünstigung eine entsprechende Höhe des steuerpflichtigen Einkommens voraus, die in der DDR noch häufiger als in der Bundesrepublik nicht erreicht wird.

Sozialer Wohnungsbau: Erfahrungen der Bundesrepublik berücksichtigen

56. Besonders wichtig ist es, daß man bei der staatlichen Wohnungsbauförderung schlechte Erfahrungen, die in der Bundesrepublik mit dem sozialen Wohnungsbau gemacht wurden, sorgfältig berücksichtigt. Das soll wohl auch geschehen. Für das, was weiterhin an staatlicher Förderung des Neubaus von Mietwohnungen stattfinden wird, soll der in jüngster Zeit in der Bundesrepublik eingeschlagene “dritte Förderungsweg”, die “vereinbarte Förderung”, als Vorbild dienen. Bei der vereinbarten Förderung wird ein Vertrag zwischen der fördernden Stelle und dem Anbieter von Wohnraum geschlossen, in dem die Gegenleistung des Vermieters für die Subvention festgelegt wird. Zweckmäßig wäre es, für eine festgelegte Anzahl von Jahren die Belegung der Wohnung mit Bedürftigen und die Höhe der Miete (nicht notwendigerweise eine konstante) festzulegen.

Problematisch ist, daß es möglicherweise eine Zeitlang in der DDR noch keine aussagefähige Marktmiete für Neubauwohnungen geben wird, anhand deren man die Gegenleistung des Vermieters kalkulieren könnte. Die Gefahr, daß man schließlich doch der Versuchung erliegt, eine “Kostenmiete” zu berechnen und vorzuschreiben, ist groß. Die Förderung von Modernisierung und Renovierung ist in dieser Hinsicht weniger orientierungslos. Die bei ungeförderter Modernisierung zulässige Mietanhebung gibt einen brauchbaren Anhaltspunkt für den Mietnachlaß, den man von den Subventionsempfängern fordern kann. Es ist auch vorgesehen, entsprechend zu verfahren.

Wird konsequent das Konzept der "vereinbarten Förderung" befolgt, so lassen sich die ärgsten Mängel des aus der Bundesrepublik bekannten sozialen Wohnungsbaus vermeiden:

- Der teure und unsoziale Unfug, der mit der nominal konstanten "Kostenmiete" veranstaltet wurde, entfiele. Dabei kamen die Mieter einer Wohnung erst nach vielen Jahren allmählich in den vollen Genuß der förderungsbedingten Mietvergünstigungen und damit oft erst dann, wenn sie der Hilfe schon gar nicht mehr bedurften. Ein großer Teil der Subventionen verpuffte sogar ganz (Ziffern 31-34).

- Das Problem der Fehlbelegung mit nicht (mehr) anspruchsberechtigten Personen wäre viel geringer, da jede Wohnung nach der vereinbarten Anzahl von Jahren aus der Bindung herausglitte. Dies ist wegen der in der DDR zu erwartenden starken Dynamik der Einkommen von besonderer Bedeutung.

57. Nicht zur Objektförderung zählt man die Vorteile, die das Steuerrecht dem Wohnungsbau gewährt. Hier geht es vor allem um die Abschreibungsvorteile, die den Bau und die Modernisierung von Mietwohnungen erleichtern, sowie um die Steuerfreiheit des Nutzungswerts (des Mietwerts der selbstgenutzten Wohnung) und den schon erwähnten Sonderausgabenabzug nach § 10e EStG, die dem selbstgenutzten Wohnungseigentum zugute kommen (auch im Falle des Erwerbs aus dem Wohnungsbestand). Durch diese Regelungen ist der Wohnungsbau nicht durchgängig besser gestellt als Investitionen in Ausrüstungen und Bauten der gewerblichen Wirtschaft. Die DDR sollte auch keinen Anlaß sehen, davon zugunsten des Wohnungsbaus abzuweichen. Ja, wenn man für begründet hält, daß zur Stützung der Wettbewerbsfähigkeit der gewerblichen Wirtschaft deren Investitionen temporär zusätzlich gefördert werden müssen, so ist das noch kein Argument, auch dem Wohnungsbau in der DDR weitere steuerliche Erleichterungen zu verschaffen. Im Prinzip muß gelten: Wohnungsbau ist volkswirtschaftlich lohnend, wenn er eine kaufkräftige Nachfrage bedient, die aus Einkommen erwächst, die wirklich erwirtschaftet werden.

VIII. Städtebauförderung

Großer Handlungsbedarf in der DDR

58. In ungleich stärkerem Maße als in der Bundesrepublik ist es in der DDR notwendig, für eine Revitalisierung der Innenstädte zu sorgen, die Erhaltung und Restaurierung von historischen Wohn- und Wirtschaftsgebäuden, von Baudenkmälern und kulturgeschichtlich bedeutsamen Ensembles zu sichern. Wo nicht die Substanz schon unrettbar verloren ist, nötigt der zum Teil besorgniserregende Verfall zu schnellem Handeln. Ohne ergänzende finanzielle und organisatorische Hilfen durch den Staat wird hier eine nach rein marktwirtschaftlichen Prinzipien organisierte Wirtschaft nur Unzulängliches leisten.

Im Falle der Baudenkmäler, aufwendiger und das Stadtbild entscheidend prägender Fassaden zum Beispiel, ist das sofort einsichtig: Die Kosten der Erhaltung und Restaurierung hätte der Hauseigentümer zu tragen, den Nutzen davon hätten alle für die Schönheit des Bauwerks empfänglichen Passanten oder Nachbarn, die dafür aber nichts zu bezahlen brauchten. Aus dem einzelwirtschaftlichen Ertragskalkül rechnet sich eine aufwendige Instandhaltung in solchem Falle nicht, und häufig wird sie deshalb ganz unterbleiben.

Staatliche Anstoßwirkungen

59. Doch auch im Falle des Verfalls ganzer Straßenzüge oder gar großer Teile eines Stadtviertels gibt es Grenzen für das Vertrauen darauf, daß marktwirtschaftliche Selbstorganisation spontan und ausreichend die Verbesserung der Wohnqualität hervorbringt. In einem Wohnungsmarkt mit freier Konkurrenz zwischen den Wohnstandorten werden die erzielbaren Mieten nicht unwesentlich davon bestimmt, ob der potentielle Mieter sich in der Nachbarschaft wohlfühlt. Solange diese ärmlich erscheint, wird die Mietzahlungsbereitschaft für eine verbesserte Qualität der eigenen Wohnung nicht hoch genug sein, um den Vermieter zu entsprechenden Sanierungsmaßnahmen zu bewegen. Genauso verhält es sich auch beim Nachbargebäude. Alle Vermieter lauern gegenseitig darauf, daß sich Zeichen der Revitalisierung des Quartiers zeigen und unterlassen gemeinsam das Notwendige, weil sich diese Zeichen eben nie zeigen. Staatliche Sanierungsinitiative kann dann nötig sein, diese kollektive Investitionszurückhaltung zu durchbrechen.

Anstoßwirkungen solcher Art sollen die städtebaulichen Sanierungsvorhaben mit sich bringen, die mit massiver Unterstützung der Bundesregierung in den Städten Brandenburg, Meißen, Weimar, Stralsund und Halberstadt auf den Weg gebracht wurden. Die Rolle dieser Pilotprojekte ist in der Signalwirkung für die Bevölkerung zu sehen. Den Bedarf an öffentlichem Geld für normale Sanierungsfälle sollte man daher an diesen Pilotprojekten nicht ablesen.

Aufgaben der Kommunen

60. Bei der Aufgabe der Stadterneuerung kommt den Kommunen eine zentrale Rolle zu. Im Mittelpunkt müssen Maßnahmen zur Verbesserung des Wohnumfeldes stehen. Der wesentliche Beitrag der Kommunen liegt in der Bereitstellung von Infrastruktureinrichtungen, die für das Wohnen und Arbeiten komplementär sind. Hierfür bedarf es vor allem in den nächsten Jahren erheblicher finanzieller Zuwendungen von seiten des Zentralstaats.

Aber auch die staatliche Raumordnung ist wichtig. Ohne kommunale Bauleitplanung (Flächennutzungsplanung, Bebauungsplanung) muß erwartet werden, daß es zu einem suboptimalen Zusammenspiel einzelwirtschaftlicher Nutzungsentscheidungen kommt, zum Beispiel zu einer unzulänglichen Entmischung von Wohnen und Gewerbetätigkeit. Die Erfahrung der Bundesrepublik ist es jedoch, daß solche Planaufstellung viele Jahre dauern kann. Um nicht einen Investitionsstau zu erzeugen, sondern die erwünschte wirtschaftliche Belebung alsbald zur Entfaltung kommen zu lassen, ist der DDR ein pragmatisches Vorgehen anzuraten. So sollte temporär ein vereinfachtes Baurecht gelten, das weder den Bürger noch die Behörde überfordert. Und die räumliche Nutzung sollte nach Möglichkeit in Anlehnung an die Generalbebauungspläne geregelt werden, soweit solche vorhanden sind. Auch auf diesem Wege sollte es möglich sein, schlimme städtebauliche und ökologische Fehlentwicklungen zu vermeiden.

Subventionsgehalt in Grenzen halten

61. Im Prinzip kann sich die DDR die Regelungen der Bundesrepublik in Sachen Stadtsanierung – aber auch der Dorfsanierung – durchaus zum Vorbild nehmen. Aus sachlichen und fiskalischen Gründen sollte sie aber ehrgeiziger sein, den Subventionsgehalt der Sanierungsprogramme in engen Grenzen zu halten. Die Ratio der meisten Sanierungsmaßnahmen ist in

erster Linie eine wirtschaftliche Ratio. Dann aber können und müssen sie sich auch weitgehend selbst tragen.

Die gesamten Investitionen in Wirtschafts- und Wohngebäuden, also die Instandsetzungs-, Modernisierungs- und Neubautätigkeit, sollten auch in gebäudeübergreifenden Sanierungsprojekten in erster Linie von privaten Eigentümern geleistet und von den Nutzern finanziert werden. Die öffentliche Hand ist für die städtebauliche Planung und die Verbesserung der gesamten Infrastruktur verantwortlich. Vor Ort liegt der öffentliche Beitrag vor allem in der Erarbeitung von Nutzungskonzepten, in der Schaffung von Planungssicherheit durch rasche planerische Festlegungen und, wo nötig, in der Durchführung bodenordnerischer Maßnahmen.

Die Anliegen des Denkmalschutzes im privaten Gebäudebestand müssen hauptsächlich durch Auflagen gesichert werden. Gegebenenfalls ist durch Zuschüsse oder verbilligte Darlehen zu helfen. Zur Erlangung und Erneuerung kulturhistorisch wertvoller Gebäude und Anlagen kann überdies versucht werden, Mittel über Stiftungen und Sponsoren zu mobilisieren.

Wirtschaftspolitik für das geeinte Deutschland

Vorbemerkung

Die vor uns liegende letzte Dekade dieses Jahrhunderts ist für das nunmehr geeinte Deutschland eine Zeit unerhörter wirtschaftlicher Herausforderungen. Die wichtigste besteht darin, die Bedingungen dafür zu schaffen, daß die Chancen der Sozialen Marktwirtschaft in den neuen Bundesländern in ähnlicher Weise genutzt werden können wie bisher nur im westlichen Teil Deutschlands. Vor allem die Geschwindigkeit, in der sich der Aufholprozeß vollziehen muß, stellt die Wirtschaftspolitik vor Aufgaben, für die es kein historisches Beispiel gibt. Zudem macht der in den östlichen Regionen betriebene Raubbau an der Natur es erforderlich, dem Umweltschutz einen hohen Stellenwert einzuräumen.

In der Europäischen Gemeinschaft soll der Binnenmarkt verwirklicht werden, wobei es darauf ankommt, Europa nicht zu einer Festung mit hohen Handelsschranken nach außen werden zu lassen. Überdies geht es weltweit darum, dem freien Wirtschaftsverkehr auf allen Feldern, auch im Agrarbereich und im Dienstleistungssektor, freie Bahn zu schaffen. Für die zweite Stufe der Währungsunion müssen die Bedingungen ohne Zeitdruck so festgezurrt werden, daß Europa nicht zur Inflationsgemeinschaft wird.

Die größere Bundesrepublik darf sich nicht so sehr mit sich selbst beschäftigen, daß sie es darüber versäumte, ihr volles Gewicht für Stabilität und für Liberalität in Europa und weltweit einzusetzen.

Dezember 1990

Juergen B. Donges, Wolfram Engels
Walter Hamm, Wernhard Möschel
Olaf Sievert
(KRONBERGER KREIS)

I. Das Leitbild

Wirtschaftspolitische Herausforderung ohne Beispiel

1. Die Vereinigung Deutschlands unter dem Dach der freiheitlichen Verfassung des Grundgesetzes wie auch die Aufhebung der Teilung Europas

ist der Tatsache zu verdanken, daß sich "das Prinzip der Freiheit" wirklich "zugleich (als) ein solches des Wohlstands, der Ordnung und des Rechts" (so Wilhelm Röpke 1947) erwiesen hat.

Die Schäden, die das sozialistische Unrechts- und Mangelsystem in der früheren DDR an den Menschen, an der Umwelt, am Produktionsapparat im weitesten Sinne hinterlassen hat und die nun – so weit es geht – wiedergutgemacht oder beseitigt werden müssen, sind gewaltig. Für die darin liegende Herausforderung ist nicht einmal der Wiederaufbau in der Bundesrepublik nach 1948 ein Beispiel. In Westdeutschland war damals über das totalitäre nationalsozialistische Regime hinweg vieles erhalten geblieben. Das Privateigentum an den Produktionsmitteln – eine für die Marktwirtschaft und insbesondere für deren Dynamik lebenswichtige Institution – bestand fort. Die Privatrechtsordnung – von gleichem Rang – war, wenn auch an manchen Stellen verbogen, im Prinzip lebendig geblieben. Ganz anders ist die Ausgangslage in den neuen Bundesländern. Dort muß das Privateigentum an den Produktionsmitteln als Institution neu begründet, das Denken in Privatrechtskategorien großenteils neu eingeübt werden. Gleichwohl sollten die wirtschaftlichen und wirtschaftspolitischen Aufgaben, die die Vereinigung Deutschlands stellt, zu meistern sein, zumal die Hilfe, die dem Ostteil Deutschlands vom Westteil zuteil werden kann und zuteil wird, weit über das hinausgeht, was die Bundesrepublik in ihren Anfängen an ausländischer Hilfe erfahren hat.

2. Die 80er Jahre waren die Endzeit der sozialistischen Utopie, welche die Kämpfe des Jahrhunderts um Herrschaft, Freiheit und Fortschritt so stark geprägt hat. Zu Bruch ging während dieser Phase – diesmal für fast alle offenkundig – die Illusion, der Gesellschaft sei vom Reißbrett eines Gesamtplaners aus Glück und Reichtum zu bescheren. Der Wettbewerb zwischen Marktwirtschaft und zentral geplanter Wirtschaft, zwischen Kapitalismus und Sozialismus ist zugunsten der freiheitlichen Ordnung und der Entfaltungsmöglichkeiten des einzelnen entschieden.

Die Politik für mehr Markt hat sich bewährt

3. Aber nicht nur das. In den vergangenen zehn Jahren wurden auch in der alten Bundesrepublik und den anderen westlichen Ländern Visionen – wenngleich solche kleineren Zuschnitts – zu Grabe getragen. In den 60er und 70er Jahren haussierte im Zeichen wohlfahrtsstaatlicher Ziele und unter dem Schlagwort "öffentliche Armut" die Idee, ein breiterer öffentli-

cher Korridor sei allemal ein Gewinn. Die Folge war eine starke Ausweitung der Staatsanteile in allen westlichen Industriestaaten. Namentlich die enorme Steigerung der sozialen Transfers trug dazu bei. Zusammen mit der Eindämmung der Selbstverantwortlichkeit des Individuums ließ die zunehmende staatswirtschaftliche Überlagerung der Marktwirtschaft eine Verkrustung wachsen, die in einer anhaltenden Investitions- und Wachstumsschwäche manifest wurde. Sie machte die westlichen Volkswirtschaften unfähig, mit den Herausforderungen der Zeit, insbesondere den beiden Ölpreisschocks der 70er Jahre, befriedigend fertig zu werden.

In den 80er Jahren ist diese Entwicklung zumindest teilweise korrigiert worden. Dies vor allem hat es ermöglicht, daß die westliche Welt den bislang längsten wirtschaftlichen Aufschwung erleben konnte. In der Bundesrepublik und den anderen Industrieländern ist der Staatseinfluß zurückgenommen worden (ablesbar an sinkenden Staatsanteilen am Bruttosozialprodukt, an der Stärkung der Eigenverantwortung, an der Deregulierung, der Privatisierung, der konsequenteren Inflationsbekämpfung). Die Politik für mehr Markt hat sich außerordentlich bewährt. Sie hat gezeigt, daß nicht Wohlstand geopfert werden muß, um mehr Freiheit zu gewinnen. Vielmehr steigt der Wohlstand, wenn den Bürgern mehr Freiheit gelassen wird.

Verbreiterung der Freiheitsrechte ...

4. Hieran sollte die Politik für die 90er Jahre anknüpfen. Ihr Leitbild sollte heißen: Verbreiterung der Entscheidungs- und Handlungsspielräume für den einzelnen. Es geht um die weitere Emanzipation des Bürgers, und zwar des einzelnen Bürgers, des Individuums – Emanzipation nicht nur vom hüterischen Staat, sondern auch davon, immer nur als Gruppenmitglied wahrgenommen zu werden. Der erfolgversprechende Weg in die Zukunft liegt nicht irgendwo zwischen Kapitalismus und Sozialismus, sondern in der Erhöhung des Gewichts selbstbestimmter und selbstverantworteter individueller Entscheidungen, die über Märkte koordiniert werden, in stärkerer Dezentralisierung, in größeren Entfaltungsmöglichkeiten für den einzelnen, größeren Chancen der Mitgestaltung und Mitwirkung, in weniger Verantwortung des Staats, welche die individuelle Verantwortung aushöhlt und damit aufhebt, in weniger Staatswirtschaft, die privates Wirtschaften unfair verdrängt und doch selbst ineffizient ist.

...und mehr Teilhaberschaft in der Wirtschaft

5. Staatliches Handeln und gesellschaftliche Institutionen sind zu einem erheblichen Teil von der Vorstellung geprägt, daß die Bürgerschaft in Kapitalisten und Arbeitnehmer zerfalle, daß die Arbeitnehmer von Ausbeutung bedroht seien und der Staat seine Macht nutzen müsse, um sie davor zu schützen. Diese Sicht ist überholt. Kapitaleigentümer und Arbeitende eines Unternehmens sitzen vielmehr in einem Boot. Zudem gehört ein immer größerer Teil des Kapitals heute den Arbeitnehmern und ein ständig wachsender Teil ihrer Haushaltseinkommen entfällt auf Kapitaleinkünfte – allerdings zumeist auf kontraktbestimmte Kapitaleinkünfte. Wir müssen Rahmenbedingungen schaffen, die es für die Arbeitnehmer attraktiv machen, sich an den Unternehmen – seien es diejenigen, in denen sie arbeiten, seien es andere – nicht nur als Gläubiger, sondern als Miteigentümer zu beteiligen. Und für die Unternehmen muß es selbstverständlich werden, sich bei den Arbeitnehmern um die Zeichnung von Eigenkapital zu bemühen. Damit werden Konflikte zwischen Arbeitnehmern und Arbeitgebern nicht beseitigt, aber doch gemildert, und die wirtschaftlichen Konflikte werden dorthin verlagert, wo sie gesellschaftlich fruchtbar werden, nämlich in den Wettbewerb auf Märkten.

6. Die wichtigste Möglichkeit, an Produktions- und Investitionsentscheidungen in der Wirtschaft direkt teilzuhaben, bleibt die Selbständigkeit. Ohnehin braucht die Volkswirtschaft mehr Unternehmer, die den Aufbau im östlichen Teil des Landes als große Chance und die dabei bestehenden Risiken als Herausforderung ansehen. Das derzeitige System der Besteuerung, insbesondere der Unternehmensbesteuerung, welches die Risikoübernahme diskriminiert, behindert das unternehmerische Tätigwerden. Zu bedenken ist außerdem: Je stärker ein Arbeitnehmerstatus staatlich protektioniert wird, um so weniger reizvoll ist für die Bürger der naturgemäß mit höheren Risiken gepflasterte Weg in die Selbständigkeit. Zu mehr Wohlstand insgesamt führt dies nicht.

Freiheit und Unsicherheit

7. Freiheit im Alltag – und Marktwirtschaft bedeutet genau das – bringt immer auch Mißhelligkeiten mit sich. Dies ist eine Erfahrung, welche jetzt die Mitbürger in der ehemaligen DDR schmerzhaft trifft. Sie müssen nun unter derzeit besonders großer Unsicherheit eigene Entscheidungen treffen. Dabei sollte der Versuchung widerstanden werden, ihnen über die

Zeit der Eingewöhnung in die Freiheit hinwegzuhelfen, indem ihnen Entscheidungen abgenommen oder Anreize zur Selbsthilfe (die gelebte Freiheit ist) durch zu viel Schutz und zu viele Sozialleistungen beseitigt werden.

8. Mit Unsicherheit ist um so eher fertig zu werden, je mehr Auswahlmöglichkeiten bestehen. Der beste Weg, die Zahl der Optionen zu vergrößern, ist, mehr Vertragsfreiheit zuzulassen und so der Phantasie und den Aktionsmöglichkeiten der Bürger größeren Raum zu geben. Der Staat hat diese Freiheit, zumeist mit sozialen Begründungen, in unnötiger und wohlstandsschädlicher Weise eingeengt. Was von der ehemaligen Bundesrepublik in das gesamte Deutschland an Regulierungen, gruppenspezifischen Vergünstigungen und gesamtwirtschaftlich nachteiligen Besteuerungsregelungen eingebracht wurde, ist teilweise verfehlt. Die Schäden mögen im reichen Westen nicht (oder noch nicht) so deutlich fühlbar geworden sein, daß der Druck zur Reform gereicht hätte. Im Osten werden sie den Start erheblich erschweren. Sie sollten freilich möglichst in ganz Deutschland abgeschafft oder geändert und nicht nur für das dortige Gebiet zeitweilig ausgesetzt werden.

9. Zu einem wohlgeordneten Gemeinwesen, in dem die Bürger sich zu Hause und ein wenig geborgen fühlen können, gehört auch, was mit "sozialer Sicherheit" umschrieben wird. Was dies konkret heißen kann und heißen soll, wird immer umstritten bleiben. Worauf es ankommt ist, daß die Bürger die Gewißheit haben, sie oder ihre Kinder können im Eventualfall des größtmöglichen Unglücks nie ganz zu Boden fallen. Dabei geht es nicht nur um "auf die Politik angewandtes Christentum" (Tocqueville). Es geht auch darum, die Risiken des Lebens so weit einzuengen, daß sie die Risikobereitschaft der Bürger nicht schmälern.

Verbesserung der Umwelt

10. Zum Wohlstand eines Landes und seiner Bürger zählt auch die Qualität der Umwelt. Im Gebiet der neuen Bundesländer ist schon wegen der Altlasten, die das sozialistische System hinterließ, ein groß angelegtes Umweltsanierungsprogramm vonnöten. Bei einem Einsatz öffentlicher Mittel gehören diese vor allem dorthin. Denn in den neuen Bundesländern sind teilweise schon mit einem geringen Aufwand große Erträge zu erzielen. Oftmals kommen sie zugleich allen, auch den Menschen im Westen, zugute.

Die Ressourcen, die zur Sanierung und zur weiteren Verbesserung der Umwelt eingesetzt werden, verengen die Verteilungsspielräume. Der Strukturwandel in Richtung umweltschonender Produktionsverfahren und umweltfreundlicher Produkte verursacht Kosten, welche die am Markt erzielbaren Einkommen vermindern. Daraus erwachsen dem Umweltschutz Widerstände. Sie werden um so geringer sein, je kräftiger das wirtschaftliche Wachstum ist.

Mehr Wohlstand behält einen hohen Stellenwert

11. Kräftige wirtschaftliche Dynamik ist zugleich die beste Voraussetzung, die Aufgaben des sektoralen und regionalen Strukturwandels zu bewältigen, die Politik der sozialen Sicherung zu finanzieren und Armut zu überwinden. Maximales Wachstum des Sozialprodukts oder auch nur eine im vorhinein festgelegte Wachstumsrate kann und darf aber nicht das Ziel staatlicher Politik in einem freiheitlich und marktwirtschaftlich verfaßten Gemeinwesen sein. Aufgabe des Staates ist es, den Bürgern die Möglichkeit offenzuhalten, nach materiellem Wohlstand (quantitativem Wachstum) zu streben sowie auch Güter anderer Art als bisher zu begehren und dieses qualitative Wachstum am Markt durchzusetzen. Denn der Staat soll für Rahmenbedingungen sorgen, unter denen der einzelne eine faire Chance hat, seine selbstbestimmten Lebensziele zu erreichen. Man muß angesichts der Lage im östlichen Teil unseres Vaterlandes, aber auch weil die Bürger im Westen durchaus noch Wünsche offen haben, annehmen, daß mehr materieller Wohlstand seinen hohen Stellenwert behält. Die tariflichen Forderungen der Gewerkschaften zeigen, daß auch sie dieser Ansicht sind.

Die Marktwirtschaft kommt diesen Zielen am nächsten

12. Unter allen gesellschaftlichen Systemen ist die Marktwirtschaft dasjenige, das diesen Zielen am nächsten kommt. Zwischen Ökologie und Marktwirtschaft besteht kein Gegensatz. Kein anderes ökonomisches System ermöglicht einen so schonenden Umgang mit knappen Umweltgütern. Die Marktwirtschaft erlaubt eine hohe soziale Mobilität, ja sie erzwingt sie geradezu. Die heute Wohlhabenden sind in Marktwirtschaften sehr häufig die Söhne und Töchter der Armen von gestern. Die Marktwirtschaft sorgt für so viel Effizienz, daß das Ziel "Wohlstand für alle" kein Schlagwort geblieben ist. Schließlich: Die Tatsache, daß in der Marktwirtschaft im Prinzip derjenige besonderen Erfolg hat, der besonders erfolg-

reich etwas für andere tut – austauschwirtschaftlich nämlich –, verschafft der Marktwirtschaft in der Basis eine Legitimation, die bisher von keiner schon erprobten Wirtschaftsordnung erreicht wurde. Daran ändert nichts, daß im einzelnen das Ergebnis marktwirtschaftlicher Einkommensverteilung immer auch für anstößig gehalten wird. Die Marktwirtschaft ermöglicht freilich wegen ihrer hohen Ergiebigkeit großzügige Umverteilungsmaßnahmen.

Mehr Staatsziele in die Verfassung?

13. Zu warnen ist vor dem Begehren, ökonomisch besonders bedeutsame Ziele als Staatszielbestimmungen in die Verfassung aufzunehmen. Staatsziele werden durch Entscheidungen des vom Volk gewählten Parlaments über einfache Gesetze konkret und wirklich. Vage Staatszielbestimmungen in der Verfassung begründen unmittelbar weder Ansprüche des Bürgers noch Pflichten des Gesetzgebers, die hinreichend klar sind. Sie können jedoch nicht anders als allgemein gehalten sein, weil sich das konkret Gewollte ändert und nach Maßgabe des einfachen Willens des Souveräns auch ändern können muß. Es geht hier immer um Abwägung. Staatsziele, die durch Auslegung konkret und damit wirklich werden, in die Verfassung aufzunehmen, bedeutet nicht in erster Linie, ihnen einen besonderen Rang zu geben. Es heißt, sie statt dem Parlament teilweise den Gerichten anzuvertrauen. Insoweit geht es letztlich um eine Kompetenzverlagerung, aber um eine bedenkliche. Denn eine Legitimation von Richtern für diese Aufgabe ist nicht zu erkennen. Allgemein gehaltene Staatszielbestimmungen können zudem Erwartungen begründen, die kein Staat erfüllen kann oder nur zu unvertretbar hohen Kosten. Dann sind sie schädlich. Sie werden zu einem Element ständigen Unfriedens. Solche Anspruchshaltung des Bürgers gegenüber dem Staat mit Verfassungsrang auszustatten besteht kein Anlaß.

II. Sonderprobleme in den neuen Bundesländern

Arbeitsmarkt: Bedrückende Arbeitslosigkeit

14. Das Problem, das zunächst am meisten bedrückt, ist die hohe und noch weiter steigende Arbeitslosigkeit. Daß eine ökonomische Umstrukturierung im Gebiet der ehemaligen DDR ohne die Freisetzung einer sehr

großen Zahl an Arbeitskräften vor sich gehen könnte, war allerdings von vornherein ausgeschlossen. Denn Voraussetzung für die Gesundung der Wirtschaft war und ist, daß viele Betriebe geschlossen werden und in den überlebenden Betrieben die Überausstattung mit Personal abgebaut und die Fertigungstiefe verringert wird. Hinzu kommt der nötige Abbau der aufgeblähten staatlichen Bürokratie.

15. Dieser Prozeß ist durch die Währungsunion, die der Vereinigung voranging, schockartig beschleunigt worden; denn die Unternehmen in den neuen Bundesländern wurden abrupt der wesentlich effizienteren Westkonkurrenz ausgesetzt, ohne daß entsprechend niedrige Lohnkosten ihre Wettbewerbsnachteile ausglichen. Zur Währungsunion gab es freilich keine Alternative. Selbst wenn sich dies im Februar 1990, als die Währungsunion angeboten wurde, für viele noch anders dargestellt haben mag, ist doch heute klar, daß der Verzicht auf eine vorgezogene Währungsunion den Beitritt der DDR zum Grundgesetz nicht verzögert, möglicherweise sogar beschleunigt hätte. Ein Beitritt ohne Währungsunion aber wäre ein bloßes Denkspiel, keine reale Möglichkeit gewesen.

Wer für einen allmählichen Übergang zu einer deutsch/deutschen Wirtschaftsunion eingetreten war und deshalb auch eine Währungsunion erst für später in Betracht ziehen wollte, setzte auf die Möglichkeit, daß noch für längere Zeit vor allem die Menschen der ehemaligen DDR für die Folgen der Produktivitätsschwäche ihrer Wirtschaft sowie für die Kosten der Umstrukturierung und Modernisierung in Anspruch genommen werden könnten. Dies hätte sehr niedrige Reallöhne erfordert, nötigenfalls gesichert durch die Entwertung zu hoher oder zu stark steigender Geldlöhne mittels Abwertung der Währung (wie dies auch in den anderen ehemaligen Staatshandelsländern Mittel- und Ost-Europas geschehen ist). Diese Vorstellung aber war angesichts der Öffnung der Grenzen mit einer unbeschränkten deutsch/deutschen Binnenwanderung wirklichkeitsfremd. (Und keinesfalls wäre es ein besonders solidarischer Weg gewesen. Baldige Angleichung der Lebensverhältnisse hätte nicht dazu gehört.)

Richtig ist zwar, daß die Umstellung der Ostmark auf Westmark zum Kurs von eins zu eins für alle laufenden Zahlungen, namentlich die Löhne (zusammen mit der Öffnung der Grenzen für die begehrten Westwaren), den größten Teil der Industrie der ehemaligen DDR vor unlösbare Wettbewerbsprobleme stellte. Aber die Umstellung der Löhne zu einen anderen Kurs, etwa zwei zu eins, hätte nicht in jedem Falle etwas Besseres erwarten lassen. Die Löhne waren ja nicht festgeschrieben. Tatsächlich begnügten sich die Menschen der DDR auch nicht einmal mit der Umstellung eins zu eins, sondern setzten umgehend eine kräftige Erhöhung der Löhne durch. Diese wäre gewiß bei einer Umstellung zwei zu eins entsprechend größer ausgefallen. Verständlicherweise, denn schon bei der Umstellung eins zu eins betrug der durchschnittliche Ostverdienst nicht mehr als ein Drittel des Westverdienstes. Bei einer Umstellung zwei zu eins wäre es ein Sechstel gewesen. Bei für die Wanderung offenen Grenzen hätte dies niemals Bestand haben können. Der Umstellungskurs war also nur vordergründig das Hauptproblem. Der harte Kern liegt darin, daß man in einer für Wanderungen offenen Volkswirtschaft beide Seiten des Arbeitsmarktes, Angebot wie Nachfrage, ernst nehmen muß, wenn man über marktgerechte Reallöhne redet.

Angleichungsdruck bei den Löhnen

16. In den neuen Bundesländern passen die Löhne nicht zur Produktivität der Arbeit und damit nicht zur Wettbewerbssituation der Wirtschaft. Produktivitätsgerechte Löhne hingegen würden nicht zu den Bedingungen für die Ost-West-Wanderung passen. Dies ist ein Dilemma, für das es eine einfache Lösung schlechthin nicht gibt. Das kann freilich nicht heißen, daß es gar keine Lösung gibt.

Ein ausländischer Analytiker der deutschen Chancen und Probleme hat es auf den Punkt gebracht: Nun haben auch die Deutschen ihr Mezzogiorno-Problem. Aber es ist ein Mezzogiorno mit lauter Menschen aus Turin.

Mit "Mezzogiorno-Problem" – Süditalien-Problem – bezeichnet man in der Lehre von der Wirtschaftspolitik das Endlos-Problem einer Regionalpolitik, die erfolglos auf die aktive Sanierung einer Region zielt. Endlos – weil die Faktoren, die die Angebotsseite des Arbeitsmarktes, und die Faktoren, die die Nachfrageseite des Arbeitsmarktes bestimmen, nicht nur vorübergehend, sondern dauerhaft etwas Gegensätzliches von den regionalen Löhnen verlangen – für die Wirtschaft sind sie zu hoch, für die mobilen Arbeitskräfte zu niedrig –, so daß marktwirtschaftlich eigentlich nur eine passive Sanierung – Auswanderung eines Teils der Bevölkerung – in Betracht kommt. Die italienische Regierung hat schon seit der frühen Nachkriegszeit – eben: endlos – versucht, zeitweise mit riesigen Mitteln, aber letztlich ohne Erfolg, gegen den bedrückenden Entwicklungsrückstand des italienischen Südens – des Mezzogiorno – anzukämpfen.

In der zitierten Diagnose ist schon bezeichnet, warum die Analogie zwischen der ehemaligen DDR und dem Mezzogiorno nicht stimmt. Wir wissen, daß heutzutage die Qualität des Arbeitspotentials eines Landes, einer Region, langfristig der Standortfaktor ist, der sich durchsetzt. Wer gute Arbeitskräfte hat, der hat am Ende auch Erfolg. Überdies: Nicht nur von der Qualität des Arbeitskräftepotentials, auch von der Standortlage der neuen Bundesländer her darf man bestreiten, daß die Standortnachteile der Wirtschaft der ehemaligen DDR mehr als vorübergehend sein werden. Auf der anderen Seite muß man einräumen: Unter dem Gesichtspunkt der Wanderungsanreize und unter dem Gesichtspunkt der sozialen Verträglichkeit regionaler Lohnunterschiede stellt sich das Problem eher besonders scharf. Für viele qualifizierte Kräfte in der ehemaligen DDR ist es nicht schwer, im Westen Lohn und Brot zu finden. Die Engpässe am Arbeitsmarkt im Westen Deutschlands führen sogar dazu, daß mehr und mehr Fachkräfte, die Spezialkenntnisse haben (oder diese sehr schnell erwerben könnten), aus dem Osten abgeworben werden. Will man sie halten, muß man Bleibelöhne bieten, die nicht allzu stark hinter denen in der alten Bundesrepublik zurückstehen. Und auch überall dort, wo es nach allen Regeln nicht allein der Markt ist, der die Lohnrelationen bestimmt, sondern etwa – wie vor allem im öffentlichen Dienst – auch der Grundsatz "gleicher Lohn für gleiche Arbeit" zählt, wird man nicht mehr für lange Zeit sehr große Entlohnungsunterschiede beibehalten können. In Gebieten wie Berlin und den Regionen beiderseits der ehemaligen deutsch/deutschen Grenze wird beides schon heute deutlich, von den Unzuträglichkeiten der Vergütungsunterschiede zwischen Beamten, die von West nach Ost abgeordnet sind und dort mit heimischen Kollegen zusammenarbeiten, ganz zu schweigen. Seiner nur begrenzt ökonomischen Bindungen wegen wird der öffentliche Dienst vermutlich sogar eine Führungsrolle im Angleichungsdruck haben.

Trotz dieses Angleichungsdrucks müssen und werden die Löhne in den neuen Bundesländern noch für lange Zeit nicht dieselben sein wie in den alten. Leistungsvermögen und Leistungsanforderungen sind hier und dort noch nicht dieselben. Die meisten Arbeitskräfte sind überdies nicht völlig mobil, und die genannten außermarktlichen Faktoren, die den Angleichungsdruck bestimmen, sind nur mitwirkende Faktoren, nicht notwendigerweise entscheidende. Außerdem sind Nominallohnunterschiede nicht immer auch Reallohnunterschiede. Auch das mildert den Angleichungsdruck. In den neuen Bundesländern werden noch für längere Zeit Teile der Lebenshaltung nennenswert billiger sein als in den alten, das Wohnen zumal, aber auch viele Dienstleistungen (letzteres wiederum bestimmt von den Lohnunterschieden). Dauerhafte regionale Lohnunterschiede entsprechen im übrigen auch der Erfahrung in der Bundesrepublik wie anderwärts. Im Westen der Bundesrepublik sind sie zwar nicht mehr sehr groß. Aber in anderen ebenfalls räumlich hochintegrierten Volkswirtschaften wie Frankreich, Großbritannien und den Vereinigten Staaten können wir sehen, daß regionale Lohnunterschiede, die sich nicht auf wenige Prozentpunkte beschränken, durchaus "normal" sind.

Insoweit ist es also nicht nur dringlich, sondern auch realistisch, daß die Verantwortlichen, namentlich die Gewerkschaften, von allen Seiten gedrängt werden, den Angleichungsdruck nicht zu übertreiben, damit möglichst viele Arbeitsplätze in den neuen Bundesländern rentabel bleiben oder es werden.

Doch wäre es realitätsfern, in die Lohndiskussion für die ehemalige DDR allein mit dem Grundsatz zu gehen, daß die Lohnentwicklung sich nach der Produktivitätsentwicklung, gar der vorangegangenen Produktivitätsentwicklung, richten müsse. Das hieße nur eine Seite des Arbeitsmarktes ernst nehmen, nämlich die Nachfrageseite. Respekt vor dem Ergebnis des Einsatzes von Arbeitskraft – der Produktivität und der Bewertung des Produktionsergebnisses am Markt – als fundamentalem Lohnkriterium ist zwar unverzichtbar. Aber dieses Kriterium gibt gegenwärtig wenig Führung, wenn man der Lohnpolitik in den neuen Bundesländern Ratschläge geben will. Ebenso unverzichtbar ist, daß sich die Produktivität der Arbeit nach den anderweitig vorbestimmten Reallohnansprüchen richtet. Die brutale und natürlich unerwünschte Form ist die, daß in der ehemaligen DDR nur die wenigen Arbeitsplätze erhalten bleiben, auf denen die (bewertete) Produktivität näherungsweise die westdeutsche Norm erfüllt. Das ist das, was sich derzeit vollzieht und alle bedrückt. Was kommen muß, und rasch, ist die Neuausstattung von Arbeitsplätzen derart, daß diese von der insoweit erzielbaren Produktivität her mit dem Besten, was es im Westen gibt, vergleichbar werden. Die Unternehmen, die in der ehemaligen DDR neu investieren wollen, sehen das auch so: Sie setzen nicht auf dauerhafte Lohnvorteile beträchtlichen Umfangs. Von einem "Niedriglohnland ehemalige DDR" träumt niemand. Freilich, die Produktivität der Arbeit auf den einzelnen Arbeitsplätzen ist nur ein Faktor, der die Kostensituation der Unternehmen bestimmt, wenn auch ein besonders wichtiger Faktor. Der Rückstand in der materiellen und institutionellen Infrastruktur der neuen Bundesländer wird sich möglicherweise noch länger kostensteigernd (und erlösmindernd) auswirken als die veraltete technische Ausstattung der Arbeitsplätze. Für die von den Unternehmen gebotenen Löhne schlägt das eine leider genauso zu Buche wie das andere.

Neue Wege in der Tarifpolitik gehen

17. Für die von den Arbeitnehmern verlangten Löhne hätte man sich eigentlich ein Szenario zu wünschen, in dem die Tariflöhne möglichst niedrig belassen – nur moderat erhöht – werden und sich oberhalb solcher Mindestlöhne eine marktgerechte Differenzierung der Effektivlöhne herausbilden kann. Dauerhafte Faktoren – die vor allem eine qualifikationsgerechte Differenzierung verlangen – ebensowohl wie temporäre Besonderheiten – die sich aus der spezifischen Knappheit bestimmter Kräfte, nicht zuletzt aus den unterschiedlich starken Wanderungsanreizen, ergeben – würden diese Differenzierung bestimmen.

Wirklichkeitsnah ist eine solche Strategie in reiner Form wohl nicht, und zwar aus doppeltem Grunde. Nicht jede Lohndifferenzierung, die marktgerecht wäre, ist sozial konsensfähig. Extreme Unterschiede im Ausmaß der raschen Ost/West-Angleichung würden die Benachteiligten veranlassen – wenn sie zahlreich sind –, über die Gewerkschaften den Angleichungsdruck kollektiv zu verstärken. Außerdem steht das organisationspolitische Interesse der Gewerkschaften im Widerspruch zu einer Strategie, die für einen sehr großen Teil der Arbeitnehmer zunächst einmal eine sehr deutliche Abweichung der Effektivlöhne von den Tariflöhnen zulassen soll. Dunkel bliebe den Mitgliedern, wozu man Gewerkschaften – die Beiträge kosten – braucht.

Trotzdem muß man sich von einem Konzept des “Vorrangs für den Markt” wenigstens so weit als möglich leiten lassen. Andernfalls wird sich der durchschnittliche Niveaufehler bei den Löhnen, vergleicht man diese mit dem Produktionsergebnis, nicht verringern, jedenfalls nicht schnell genug. Daß Tariflöhne vereinbart werden, die für einen Teil der betroffenen Unternehmen passen, für die übrigen aber nicht, ist allerdings unvermeidlich. Deshalb ist dringend erwünscht, daß die Tarifpartner – zumindest für eine Reihe von Jahren – auch neue Wege der Tarifpolitik suchen und beschreiten. Öffnungsklauseln können es dem einzelnen Unternehmen erlauben, aufgrund einer Betriebsvereinbarung mit der Belegschaft vorläufig einen niedrigeren Lohn als den Tariflohn zu zahlen. Aus dem Günstigkeitsprinzip des Tarifrechts darf kein Fetisch werden. Wenn eine Belegschaft die

Einsicht gewinnt, daß es für sie vorteilhafter ist, durch zurückhaltende Lohnforderungen die Überlebenschancen ihres Betriebes zu verbessern, sollte nicht die Starrheit von Tarifverträgen verhindern, daß das Vorteilhafte auch geschieht. Auch der Verzicht auf einen Teil des Festlohns zugunsten eines erfolgsabhängigen Nachschlags gehört zu den bedenkenswerten Varianten größerer Lohnflexibilität. Solche Betriebsvereinbarungen in jedem Einzelfall an die Zustimmung der Gewerkschaften zu binden, verspricht hingegen wenig, wie die Erfahrung der alten Bundesrepublik mit solchen Formen der Öffnung von Tarifverträgen zeigt.

Das Tarifvertragsgesetz erlaubt es dem Arbeitsminister (eines Bundeslandes oder des Bundes), bei Vorliegen eines öffentlichen Interesses einen Tarifvertrag für allgemeinverbindlich zu erklären. Hier ist allergrößte Zurückhaltung geboten. Aus den schon genannten Gründen gilt für die neuen Bundesländer derzeit noch mehr als für die alten, daß dem Markt Vorrang gebührt.

Grundsätze für die nötige Wirtschaftsförderung

18. Angesichts der vorläufig großen Ungleichheit in den wirtschaftlichen Lebensbedingungen und der durch einen realistischen Lohnabstand nicht voll auszugleichenden temporären Standortnachteile ist in den neuen Bundesländern eine massive Wirtschaftsförderung nötig und gerechtfertigt.

Bei aller grundsätzlichen Reserve gegenüber Subventionen – selbst gegen solche, die partikular wohlbegründet erscheinen – ist einzuräumen, daß es in diesem Falle einen anderen Ausweg nicht gibt, wenn nicht eine neue, sehr große Ost-West-Wanderung in Deutschland in Kauf genommen werden soll – der später möglicherweise eine entsprechende Rückwanderung folgen würde. In erheblichem Umfange ist dies ohnehin unabwendbar.

Um so wichtiger ist es, sich bei der Wirtschaftsförderung von wohlbedachten und strengen Prinzipien leiten zu lassen. Wichtigster Grundsatz sollte sein, daß die Förderung Investitionsförderung sein muß. Standortentscheidungen zugunsten der Gebiete der ehemaligen DDR, also Entscheidungen für private Investitionen sind es, auf die alles ankommt. Daß Grenzen für realistische Lohnunterschiede zwischen den neuen und den alten Bundesländern zu den wichtigen Gründen zählen, warum man ohne Wirtschaftsförderung nicht auskommt, warum der Staat sich also nicht auf die Bereitstellung der nötigen Infrastruktur beschränken, im übrigen aber die Aufgabe der wirtschaftlichen Erneuerung ganz den Privaten überlassen kann, dieser Umstand darf nicht eine Erfahrung verdunkeln, die zum Wichtigsten gehört, was in der Wirtschaftspolitik zu beherzigen ist: Die Verantwortung für die Entwicklung der Lohnkosten muß ungeteilt bei der Lohnpolitik bleiben. Zu den schlimmsten Fehlern, die man in der Wirtschaftspolitik begehen kann, gehört die Vermischung der privaten Verantwortung für die Lohnkosten und der staatlichen Verantwortung für die Rahmenbedingungen. Wirtschaftsförderung darf daher nicht so ansetzen, daß sie direkt oder indirekt auf Lohnsubventionierung hinausläuft. Denn das wäre die beste Einladung für zu hohe Löhne. Dies verstärkt das Argument, bei den Investitionen anzusetzen, und es verstärkt das Argument zugunsten einer möglichst allgemeinen Investitionsförderung. Gezielte Förderung von Wirtschaftszweigen, die unter zu hohen Löhnen besonders leiden, ist nicht gerechtfertigt. Und am schlimmsten wäre eine Strategie, mit der der Staat es übernähme, dem einzelnen Unternehmen, das mit der Kostenbelastung aus einer allgemeinen Lohnbewegung nicht zurechtkommt, individuell zu helfen. Gelegentlich erhobene Forderungen, die Treuhandanstalt möge einen solchen Auftrag erhalten und das Treuhandvermögen dafür einsetzen, sind ganz und gar verfehlt (vgl. Ziffer 24). Damit wäre die marktwirtschaftlich unverzichtbare unternehmerische Verantwortung für Kosten und Ertrag aufgehoben.

Die einzige Differenzierung in der Investitionsförderung, die von der Sache her gerechtfertigt erscheint, ist eine Differenzierung nach Regionen innerhalb des Gebiets der früheren DDR. Etliche Regionen sind von den Aufgaben der Umstrukturierung so stark betroffen, daß eine selbsttragende Entwicklung zum Besseren ohne staatliche Sonderhilfe nicht zu erwarten ist. Hier müssen die Grundsätze der regionalen Wirtschaftsförderung im Rahmen der Gemeinschaftsaufgabe "Verbesserung der regionalen Wirtschaftsstruktur" Führung geben, wenngleich deren Regeln nicht von Anfang an voll anwendbar sein mögen.

19. Der Weg, der bisher gewählt wurde, erfüllt im Prinzip diese Kriterien. Es gibt eine allgemeine Investitionsförderung in der Form einer (steuerfreien) Zulage von derzeit 12 Prozent (ab 1.7.1991: 8 Prozent) zu allen Investitionen in (neue) bewegliche Wirtschaftsgüter auf dem Gebiet der früheren DDR. Hierauf haben die Investoren einen Anspruch. Hinzu tritt im Rahmen der Regionalförderung das Angebot eines (nicht steuerfreien) Investitionszuschusses von maximal 23 Prozent (kumuliert mit der Zulage maximal 33 Prozent). Die dafür bereitstehenden Mittel sind begrenzt (derzeit

sind drei Milliarden DM jährlich vorgesehen), und es gibt keinen Anspruch des einzelnen Investors auf den Zuschuß.

Was vor allem fehlt, ist der rasche Abbau der illegitim gewordenen Sonderförderung von Westberlin und des sogenannten Zonenrandgebiets. Diese Sonderförderung verschafft den räumlich nächsten Wettbewerbern der Unternehmen im Gebiet der früheren DDR einen Vorteil, den diese verständlicherweise als pervers bezeichnen.

Senkung des Einkommensteuertarifs ist keine Investitionsförderung

20. Das allgemeine Förderangebot – die Investitionszulage – könnte sich als unzureichend erweisen, zumal wenn es, wie vorgesehen, schon bald auf 8 Prozent der Investitionsausgaben zurückgeht. Mit einer Aufstockung der Investitionszulagen konkurrieren andere Möglichkeiten der Förderung, darunter auch solche eines – auf die neuen Bundesländer begrenzten – Vorgriffs auf die für die gesamte Bundesrepublik nötige und versprochene Reform der Unternehmensbesteuerung.

Abschreibungserleichterungen – bis hin zum Recht auf Sofortabschreibung – wären für Investoren von außen sehr attraktiv. Gebietsfremde Muttergesellschaften hätten zumeist ausreichend hohe Gewinne, die eine volle Verrechnung selbst hoher Abschreibungen in Betrieben bzw. Tochtergesellschaften auf dem Gebiet der früheren DDR erlaubten. In Unternehmen hingegen, die solche Mütter nicht haben, werden die Grenzen der Aufwandsverrechnung unter Umständen rasch erreicht, wenn die steuerlich zulässige Abschreibung der betriebswirtschaftlich gebotenen stark voraneilt. Das wird sehr oft der Fall sein. Denn die Unternehmen in den neuen Bundesländern beginnen regelmäßig mit niedrigen Erträgen und hohen Investitionen.

Eine Senkung des Tarifs der Einkommensteuer wäre keine Maßnahme speziell der Investitionsförderung. Der größte Teil des fiskalischen Aufwands bestünde im Verzicht auf Lohnsteuer und Steuer auf entnommene Gewinne und insoweit überwiegend in Konsumförderung. Dazu kann man nicht raten. Der Engpaß, um den es geht, ist der Mangel an Investitionsneigung. Und eine Lohnsubventionierung – hier in der Form einer Lohnsteuerpräferenz gegenüber dem alten Bundesgebiet – ist nicht angezeigt. Sie würde eine nennenswerte Entlastung bei den Lohnkosten vermutlich nicht bringen, also die Anzahl der rentablen Arbeitsplätze nicht wesentlich vermehren. Außerdem käme eine Tarifsenkung nicht jenen neugegründeten Unternehmen zugute, die zunächst mit Anlaufverlusten arbeiten. Schließlich entstehen Anreize zur Standortverlagerung in das Niedrigsteuergebiet.

Eine Senkung bloß der Steuerlast auf einbehaltene Gewinne (nicht nur der thesaurierten Gewinne von Kapitalgesellschaften) vermiede diese Nachteile. Der Konnex mit den Investitionen wäre ausreichend eng (wenn auch nicht formal streng). Die fiskalische Anfangsbelastung wäre wesentlich geringer als im Falle der Investitionsprämie und der Abschreibungserleichterungen, da die Verbesserung der Investitionsbedingungen nicht zuletzt darin bestünde, daß auch die künftigen Erträge aus einer Investition eine geringere Steuerpflicht auslösen, wenn sie reinvestiert werden. Deshalb eignet sich die Regelung freilich nicht als vorübergehende Vergünstigung. Zudem wäre sie administrativ nicht einfach. Aus beiden Gründen kommt eine solche Regelung wohl überhaupt nur in Betracht, wenn der Gesetzgeber sie sich als Vorgriff auf eine Unternehmensteuerreform für die gesamte Bundesrepublik vorstellt.

Treuhandanstalt: Aufgabe der strukturellen Erneuerung

21. Zu den Hinterlassenschaften der sozialistischen Wirtschaftsordnung in der früheren DDR gehört ein hypertrophes Staatsvermögen. Es umfaßt im industriellen Bereich 8000 Unternehmen mit mehreren Millionen Beschäftigten. Diese Unternehmen werden mittlerweile als Kapitalgesellschaften geführt. Sie umfassen rund 40.000 Betriebsstätten. Hinzu tritt ein land- und forstwirtschaftliches Vermögen mit einer Fläche von vier Millionen Hektar. Das sind rund zwei Fünftel des gesamten Staatsgebietes der ehemaligen DDR. Dieses Vermögen ist aus den genau gleichen Gründen vom öffentlichen Sektor in den privaten Sektor zu überführen, aus denen heraus es zur friedlichen Revolution im östlichen Deutschland gekommen ist: Eine derart ausgedehnte Wirtschaftstätigkeit eines Staates bedroht den Freiheitsgehalt einer Gesellschaftsordnung, und sie führt zu wirtschaftlicher Ineffizienz.

Die gigantische Aufgabe der strukturellen Erneuerung einer ganzen Region ist der Treuhandanstalt übertragen. Die Tätigkeitsziele der Treuhandanstalt sind im 1. und 2. Staatsvertrag sowie im sogenannten Treuhandgesetz im einzelnen umrissen. Die geschmeidigen legislativen Formulierungen lassen einerseits den gebotenen Handlungsspielraum. Sie schließen andererseits die Möglichkeit von Fehlentwicklungen nicht aus.

Privatisierung...

22. Absoluten Vorrang sollte die Privatisierung des ehemaligen volkseigenen Industrievermögens haben, nicht eine Sanierung von Unternehmen oder von Unternehmensteilen.

Privatisierung ist regelmäßig die aussichtsreichste Art der Sanierung: Investoren verknüpfen ihr Interesse, ihr Kapital und ihr Wissen mit dem Schicksal eines Unternehmens. Sanierung läßt sich ohne Rücksicht auf Eigentumsstrukturen – sozusagen abstrakt – nur selten sinnvoll durchführen. So macht es einen großen Unterschied, ob ein Unternehmen wirtschaftlich selbständig fortgeführt, ob es als abhängiges Unternehmen in einen Konzernverbund eingefügt werden oder ob es als Partner einer Unternehmenskooperation weiterleben soll.

Privatisierung stellt zugleich einen Erfolgstest für Sanierungsfähigkeit dar. Sie ist Entscheidungen am grünen Tisch allemal vorzuziehen. Umfassende Sanierung einer ganzen Volkswirtschaft kann demgegenüber nicht wirklich Aufgabe der Treuhandanstalt sein. Sie wäre damit überfordert. Dies schließt Unternehmenssanierung im Einzelfall nicht aus. Unrichtig wäre allerdings die Vorstellung, Sanierung sei Voraussetzung einer späteren Privatisierung zu einem "angemessenen Preis". Denn der Sanierungsaufwand müßte Bestandteil der Preisforderung seitens der Treuhand werden. Auf seiten eines Erwerbers pflegt solcher Aufwand geringer zu sein. Der wichtigste Sachverhalt ist die Überbrückung der Zeitspanne, bis ein privater Investor gefunden ist. Die Bemessung einer solchen Zeitspanne – und der damit in Kauf zu nehmenden Kosten – ist außerordentlich schwierig. Die Treuhandanstalt mag hier die Kosten bei sofortiger Stillegung in Rechnung stellen (z.B. Sozialplankosten). Zu warnen ist aber vor allzu statischem Kalkül (Einbeziehung ansonsten anfallenden Arbeitslosengeldes, entgangener Sozialbeiträge und Steuern). Nicht nur fehlen die für eine Sanierung eingesetzten Ressourcen ihrerseits an anderer Stelle. In dynamischer Perspektive verhindert staatliche Sanierung vielfach die strukturell notwendigen Anpassungsprozesse. Namentlich längerdauernde Subventionen konservieren meist nur einen verlustbringenden Zustand. Der Umstand, daß sich trotz möglicher allgemeiner Investitionshilfen kein privater Investor finden läßt, begründet eine Vermutung fehlender Sanierungsfähigkeit. Was nicht auf Dauer aus eigener Kraft überlebensfähig ist, muß im wohlverstandenen Allgemeininteresse stillgelegt werden.

...und Entflechtung

23. Die Treuhandanstalt hat des weiteren die Aufgabe, die zu privatisierenden Betriebe "wettbewerblich zu strukturieren". Dies schließt eine Entflechtung der früheren Kombinate mit ein. Diese hatten ganze Wirtschaftszweige in Form von Holdings umfaßt. Unerläßlich erscheinen solche Entflechtungen, wenn andernfalls nach der Privatisierung regionale (Privat-)Monopole oder jedenfalls marktbeherrschende Stellungen fortdauern. In anderen Fällen mögen Entflechtungen nützlich sein. Die im Rahmen der sozialistischen Planwirtschaft geschaffenen Unternehmensstrukturen waren aus wettbewerblicher Sicht künstlich und willkürlich. Die Treuhandanstalt hat den Wettbewerbsgesichtspunkt auch bei ihren Privatisierungsentscheidungen zu berücksichtigen. Bei überregional handelbaren Gütern ist er regelmäßig von nachrangiger Bedeutung. Hier bestehen nur geringe Marktzutrittsschranken. Der internationale Wettbewerb und der Wettbewerb aus dem alten Bundesgebiet schlagen sofort durch. Allerdings sollte die Treuhandanstalt bei einem Zielkonflikt zwischen maximal erreichbarem Preis und Gewährleistung von Wettbewerb letzterem den Vorrang einräumen. Gleiches sollte bei einem nicht zu scharfen Konflikt zwischen erzielbarem Erlös und rascher Privatisierungsentscheidung gelten. Die Treuhandanstalt darf zwar Vermögenswerte nicht verschleudern. Schon die gesetzliche Regelung, wonach das "Restvermögen" zur Haushaltssanierung in der früheren DDR und zur Entschädigung von Sparern verwandt werden soll, deren Guthaben nicht zur Gänze 1:1 umgestellt wurden, steht dem entgegen. Doch liegt eine schnelle strukturelle Erneuerung im überragenden Gemeinschaftsinteresse.

Kein politisches Mandat für die Treuhandanstalt

24. Die Treuhandanstalt agiert nicht in einem luftleeren Raum. Insofern kann sie bei ihren Entscheidungen strukturpolitische, regionalpolitische und sozialpolitische Aspekte nicht völlig ausklammern. Doch ist nicht zu verkennen, daß sie insgesamt kein politisches Mandat hat. Ihr Auftrag ist managementorientiert. Dabei sollte es auch unbedingt bleiben. Politischen Bestrebungen, die Treuhandanstalt in einzelne Länderanstalten aufzulösen und diese der jeweiligen Landeshoheit zu unterstellen, ist zu widerstehen. Abhängigkeit von regionalen und lokalen Interessen sowie politischer Druck schlügen dann unausweichlich durch. Das sichere Ergebnis wäre nach leidvollen Erfahrungen aus der alten Bundesrepublik die Dauersubventionierung zahlreicher Betriebe – langfristig zum Scha-

den aller, auch derer, die kurzfristig davon profitieren. Wir halten dies für das gravierendste Risiko. Ohnehin hat die Treuhandanstalt, wenn sie erst mit den geballten Forderungen privater und politischer Interessenten nach Erhaltungssubventionen konfrontiert sein wird, ihre Bewährungsprobe noch vor sich. Auch in dieser Perspektive bestätigt sich, daß eine zügige Privatisierung äußerst wünschenswert wäre.

25. Die Treuhandanstalt hat bislang Kaufinteressenten eher auf sich zukommen lassen und Privatisierungen auf der Basis individueller Verhandlungslösungen zu einem Abschluß gebracht. Dies hängt unter anderem damit zusammen, daß es sich dabei um die "Filetstücke" aus ihrem Angebot handelt. Anfang November 1990 waren 30 Betriebe mit etwa 200 Betriebsstätten privatisiert. Bis Ende 1990 sollen 200 weitere Verkäufe getätigt sein. Bei dieser Praxis kann es nicht bleiben. Die Treuhandanstalt wird zu offensiven Verkaufsanstrengungen übergehen müssen. Ihr Marketing, namentlich auf internationaler Ebene, ist entschlossen zu verbessern. Dabei bietet sich eine stärkere Einschaltung von Investmentbanken an. Eine attraktive Provisionsabrede kann als Anreiz wirken. Bei Kleinobjekten, deren Verwertung den 15 Außenstellen der Treuhandanstalt obliegt, empfiehlt sich vielfach eine freihändige Veräußerung. Auch hier gilt, daß rasche Lösungen häufig die besten Lösungen sind.

Vielfach wird der Treuhandanstalt angeraten, sich durch rigorose Versteigerung von ihrem industriellen Besitz zu trennen. Das Drängen auf mehr Ausschreibungen ist zu unterstützen. Doch warnen wir vor einer Verabsolutierung. Eine Versteigerung setzt ein genau umrissenes Angebotspaket voraus. Als variabler Aktionsparameter bleibt dann im wesentlichen der Preis. Die Untergrenze wird der Liquidationswert des Unternehmens sein. Bei solchen Verfahren begibt sich die Treuhandanstalt jeder Möglichkeit, durch eine Veränderung ihres Angebotspaketes auf unterschiedliche Nachfragerbedürfnisse zu reagieren. Das gelegentlich zum Ausdruck gebrachte Vertrauen in die Funktionsfähigkeit des Marktes für Unternehmen erscheint angesichts seiner Enge und der ganz und gar atypischen Umbruchsituation in der früheren DDR etwas kühn. Im Einzelfall mag es nicht einmal auszuschließen sein, daß die Treuhandanstalt als Insiderin bessere Kenntnisse hinsichtlich der Sanierungsmöglichkeiten hat als die potentiellen Käufer, die zu einem raschen Gebot aufgefordert sind. Vielfach müßte es eine Auktion sein, auf der die Gebote unter extremer Unsicherheit abzugeben sind, dem Geschäft einer Wette manchmal ähnlicher als einem Kauf.

Sinnvoll wäre es, das Eigeninteresse bei den betroffenen Unternehmen in der früheren DDR stärker zu aktivieren. Sie kennen Märkte und potentielle Investoren oder Kooperationspartner häufig besser als die Bediensteten der Treuhandanstalt. Sie mögen einen Entflechtungs- und Geschäftsplan mit Testat eines Wirtschaftsprüfers einreichen, eine Ausschreibung könnte folgen, um eventuell bessere Konkurrenzangebote zu erhalten. Wir zögern freilich, hier einen Rechtsanspruch auf Genehmigung mit begrenzten Versagungsmöglichkeiten seitens der Treuhandanstalt oder eine automatischen Genehmigung nach Ablauf einer bestimmten Frist zu befürworten. Das Problem des "moralischen Risikos" erscheint uns zu groß. In jedem Falle angezeigt erscheint eine größere Flexibilität auf Seiten der Treuhandanstalt: Die Vereinbarung von Besserungsscheinen im Hinblick auf den Erlös; bei Dissens über den angemessenen Preis die Vereinbarung einer Leistungsbestimmung durch einen Dritten "nach billigem Ermessen" (§ 317 BGB); dies sind Beispiele. Ein Gang an die Börse dürfte demgegenüber für die absehbare Zukunft im allgemeinen ausscheiden. Die Erfahrung zeigt, daß dieser Weg florierende Unternehmen voraussetzt. Die meisten Unternehmen der früheren DDR würden noch nicht einmal den Anforderungen des Börsengesetzes entsprechen können. Am schwersten wiegt, daß bei einem Verkauf an das breite Publikum allenfalls das Kapital beschafft werden kann. Die Sanierungskonzepte und damit das Entscheidende würden fehlen.

26. Viele Schwierigkeiten rühren aus Umständen, für welche die Treuhandanstalt nicht verantwortlich ist:

- Die vielfach ungeklärte Eigentumslage ist ein Investitionshemmnis erster Ordnung. Mittlerweile liegen mehr als eine Million Ansprüche auf die Rückerstattung von Grundstücken vor. Auch die Treuhandanstalt und ihre Unternehmen sind davon betroffen. Von den Handlungsmöglichkeiten des Artikel 41 Absatz 2 Einigungsvertrag (keine Rückübertragung von Grundstücken im Falle dringender Investitionszwecke) sollte entschlossen Gebrauch gemacht werden. Die Ausdehnung dieser Regelung auf Gesellschaftsanteile und bewegliches Unternehmensvermögen wäre hilfreich. Gleiches gilt für eine Verfahrensvereinfachung und zugleich Präzisierung innerhalb des Ausführungsgesetzes über besondere Investitionen.

- Erschwernisse erwachsen weiter aus Unsicherheiten, die sich aus dem Kommunalvermögensgesetz der früheren DDR ergeben. Danach haben

Kommunen Ansprüche auf kostenlose Übertragung von volkseigenem Vermögen, das kommunalen Aufgaben dient. Durch Richtlinien sollte hier die gewünschte Präzisierung erreicht werden. Umgekehrt sollte die Treuhandanstalt möglichst rasch Gewerbeflächen zur Verfügung stellen.

- Die Bewältigung der sogenannten 1972er-Fälle (Enteignung namentlich von kleinen Gewerbebetrieben) ist nicht Aufgabe der Treuhandanstalt. Doch ist sie häufig mittelbar involviert, mit kaum tragbarer Arbeitsbelastung. Inzwischen sind etwa 11.000 Anträge nach dem einschlägigen Gesetz zur Regelung offener Vermögensfragen gestellt. Die Treuhandanstalt ist immer dann berührt, wenn zum Ausgleich wesentlicher Werterhöhungen Anteile bei der Treuhandanstalt verbleiben, welche ein Rückerstattungsberechtigter zwar erwerben kann, aber doch bezahlen muß. Eine Eliminierung allfälligen Streits über den Kaufpreis durch Anwendung einer Schiedsklausel (Preisfestsetzung durch einen neutralen Dritten) wäre hilfreich.

- Altlasten im Hinblick auf den Umweltschutz bilden ein gravierendes Investitionshindernis vor allem im Chemiebereich. Der Einigungsvertrag sieht lediglich eine Freistellungsmöglichkeit für die öffentlich-rechtlichen Verpflichtungen vor. Eine Freistellung von privatrechtlichen Verpflichtungen ist nicht geregelt. Auch insoweit empfiehlt sich eine Haftungsübernahme seitens der Treuhandanstalt jedenfalls dort, wo zwischen Altlasten und neuen Umweltbelastungen klar getrennt werden kann. Ist anzunehmen, daß ein Erwerber Altlasten kostengünstiger beseitigen kann, ist die Vereinbarung eines Selbstbehalts anzuraten. Dann bleiben entsprechende Anreize bestehen. Dafür müssen Preiszugeständnisse gemacht werden.

- Ist die Privatisierung eines Unternehmens erst nach Entschuldung möglich – dies trifft dann zu, wenn die Schulden den vom Erwerber angenommenen Zukunftserfolgswert des Unternehmens übersteigen –, sollte dies kein Hinderungsgrund sein. Die Gesamtbelastung der öffentlichen Hand wäre geringer als im Konkursfall. Denn auch dann sind die Forderungsausfälle der Gläubigerbanken de facto regelmäßig zu kompensieren.

- Die Übernahme von Unternehmen durch das Management oder durch die Belegschaft sollte erleichtert werden. Dies betrifft namentlich die

Bereiche Handel, Dienstleistungen, Zulieferer. Da potentielle Erwerber unter den gegenwärtigen Umständen nicht kreditfähig sind, jedenfalls nicht, solange Unklarheiten bei der Eigentumslage bestehen und die wirtschaftlichen Verhältnisse nicht durch Jahresabschlüsse offengelegt werden können (§ 18 KWG), erscheint insoweit ein spezifisches Bürgschaftsprogramm erwägenswert.

- Arbeitsrechtliche Rahmenbedingungen erschweren vielfach die Privatisierung (Übernahme des Personals nach § 613 a BGB, Sozialplanpflichten beim Abbau von Personal). Auch hier handelt es sich im Grunde um Altlasten (wie bei den Altschulden und den Umweltaltlasten), und die Treuhandanstalt sollte gegebenfalls für eine Bereinigung sorgen.

- Die Treuhandanstalt unterliegt der Rechts- und Fachaufsicht des Bundesministers für Finanzen. Die Fachaufsicht ist im Einvernehmen mit dem Bundesminister für Wirtschaft und dem jeweils zuständigen Bundesminister wahrzunehmen. Hier empfiehlt sich eine deutliche Zurückhaltung. Der Treuhandanstalt ist möglichst großer Entscheidungsspielraum zu belassen. Dies wird nicht nur die Effizienz ihres Handelns stärken. Es erlaubt auch, Bemühungen der Länder um größere politische Einflußnahmen auf die Tätigkeit der Treuhandanstalt glaubwürdig abzuwehren.

So wichtig ordnungspolitisch durchdachte Regelungen für die Arbeit der Treuhandanstalt sind, so einzigartig ist doch auch deren Aufgabe im Ganzen. Deshalb gibt es enge Grenzen für fertige Rezepte. Für ein Gutteil der Aufgabe muß der Grundsatz helfen: Die besten Leute in die Treuhandanstalt. Deren Vernunft sei dann in Gottes Namen auch die unsere.

Materielle, institutionelle und personelle Infrastruktur

27. Eine zügige Modernisierung und Erweiterung der Infrastruktur ist Voraussetzung, aber auch Motor des wirtschaftlichen Wachstums in den neuen Bundesländern. Noch beeinträchtigen große Engpässe und Übergangsprobleme die wirtschaftliche Dynamik. Der Rückstand in der materiellen, institutionellen und personellen Infrastruktur bremst den Impetus der Investoren, die Kapital aus dem westlichen Teil Deutschlands und aus dem Ausland hereinbringen würden. Die Standortnachteile fallen vorläufig mehr ins Auge als die durch sie verstellten Vorteile. Die Bestandsaufnahme über

die Energieversorgung, die Umwelt, das Verkehrssystem und die Telekommunikation ergibt eine bedrückende Erblast des realen Sozialismus. In vielen Fällen sind Eigentumsverhältnisse an Grund und Boden nicht geklärt, ebenso mögliche Altrechte an Betrieben. Noch allgemeiner ist die Behinderung durch die Zerstörung der Privatrechtsordnung, durch den Ruin des Geld- und Kreditwesens, durch die Ideologisierung des Bildungssystems und nicht zuletzt dadurch, daß die Tradition einer funktionsfähigen staatlichen Verwaltung vierzig Jahre lang verbannt war und nun nicht von heute auf morgen zurückgerufen werden kann. All dies sind Investitionshemmnisse ersten Ranges. Eine hocharbeitsteilige Wirtschaft auf einem Produktivitätsniveau, wie es unter den gegebenen Wettbewerbsbedingungen gefordert werden muß, ist unter solchen Umständen nicht sofort möglich.

28. Von noch höherem Rang als die materielle Infrastruktur ist der Standortfaktor Humankapital, also das Leistungsvermögen der Menschen. Mit der Einführung der Währungsunion und damit der Marktwirtschaft konnte nicht erwartet werden, daß die Bürger in der ehemaligen DDR über Nacht Eigeninitiative entfalten, Risiken eingehen oder Verantwortung übernehmen. Nach vierzig Jahren Sozialismus muß solches Verhalten erst wieder eingeübt werden. Dennoch liegt im Arbeitspotential für die neuen Bundesländer der wichtigste positive Standortfaktor. Voraussetzung ist, daß die vorhandene Qualifikation durch die nötige zusätzliche Schulung und Umschulung zur vollen Entfaltung gebracht und die Leistungsmotivation gestärkt wird. Dazu gehören auch eine Führungs- und Lohnstruktur, bei der es attraktiv ist, mehr und Besseres zu leisten.

Die Qualifikation der Arbeitskräfte in der ehemaligen DDR ist relativ hoch. Reichlich 55 Prozent der Erwerbstätigen haben eine abgeschlossene Lehre, damit kaum weniger als in Westdeutschland (58 Prozent). Auch sonst ist die formale Qualifikation ähnlich gut, teils sogar besser. Gewiß besteht bei Technikern, Facharbeitern und bei naturwissenschaftlich Ausgebildeten ein Kenntnisrückstand hinsichtlich modernster Produktionsverfahren. Aber er dürfte relativ schnell aufholbar sein. Das sollte auch für Defizite bei der Arbeitsmoral und beim Leistungswillen gelten, die 40 Jahre Sozialismus erzeugt haben. Jedenfalls sind die meisten Übersiedler, die nach dem Oktober 1989 aus der DDR in die Bundesrepublik kamen, vom westlichen Arbeitsmarkt schnell aufgenommen worden.

Eine rein quantitativ freilich immens große Aufgabe ist die berufliche Umorientierung oder Umschulung von Millionen Menschen, die ihren alten Arbeitsplatz verloren haben oder noch verlieren werden und künftig eine andere Tätigkeit als bisher ausüben müssen. Hier ist der Vollzug weit hinter den Ankündigungen der frühen Monate dieses Jahres zurückgeblieben. Die Öffentlichkeit hatte erwartet, daß die riesige und auch sofort erkannte Aufgabe mit einer generalstabsmäßig geplanten Qualifizierungsoffensive angegangen würde. Davon kann offensichtlich keine Rede sein.

29. Aus der Bestandsaufnahme der materiellen Infrastruktur leitet sich für die nächsten zehn Jahre ein hoher Investitionsbedarf in sicherlich dreistelliger Milliardenhöhe ab. Wenn von den "Kosten" der Vereinigung der beiden deutschen Staaten gesprochen wird, werden darunter meist auch diese Ausgaben subsumiert. Daran ist gleich zweierlei falsch: Aufwendungen zur Beseitigung von Infrastrukturdefiziten, die sich als Hemmnis für private Investitionen und eine Verbesserung der Arbeitsteilung erweisen, sind keine Kosten, sondern selber Investitionen, sogar sehr rentierliche. Außerdem ist die Finanzierung der Infrastrukturprojekte nicht allein eine spezifisch öffentliche Aufgabe, und zwar selbst dann nicht, wenn die Bereitstellung der Infrastruktur als öffentliche Aufgabe nicht in Frage steht. Auch privates Kapital wird zu mobilisieren sein. Der Rückgriff auf unkonventionelle Finanzierungsformen, wie z.B. das Immobilienleasing auch für öffentliche Infrastrukturprojekte, vor allem auf der kommunalen Ebene, sollte nicht gescheut werden. Da besonders im Verkehrsbereich schnelle Hilfe den Vorrang haben muß vor Prinzipientreue und dem Schutz öffentlicher Monopole, sollten auch private Unternehmen, die ihre Anlagen schneller fertigstellen als die staatlichen Baubehörden, mit dem Autobahnbau beauftragt werden. Diese Strecken könnten dann gegen ein Nutzungsentgelt der öffentlichen Hand zur Verfügung gestellt werden und später in öffentliches Eigentum übergehen. Innerhalb der Telekommunikation müssen private Betreiber zugelassen werden. Die halbherzige Postreform des Jahres 1989, die das Monopol der Bundespost im wesentlichen unangetastet ließ, erweist sich jetzt als zu wenig hilfreich.

30. Eine wichtige Voraussetzung dafür, daß Märkte funktionieren können, ist Rechtssicherheit. Dazu gehören nicht nur Gesetze, die Privateigentum, Vertrags- und Gewerbefreiheit garantieren, sondern auch eine leistungsfähige staatliche und kommunale Verwaltung, die diese Gesetze anwendet, und Gerichte, die im privaten Rechtsstreit entscheiden und die ordnungsgemäße Anwendung der Gesetze überwachen. Nach 40 Jahren Sozialismus

ist die Privatrechtsordnung ausgehöhlt, und eine Verwaltungsgerichtsbarkeit als Schutz gegen Behördenwillkür fehlt ganz. Bei privaten Verträgen mag es für eine gewisse Zeit möglich sein, daß die jeweiligen Partner, um dem Mangel auszuweichen, jeweils einen Gerichtsstand im Westen vereinbaren oder eine Schiedsabrede treffen. Schwieriger ist es in jenen Rechtsbereichen, in denen die Verwaltungsgerichte zuständig sind, in Fällen beispielsweise, in denen Ortvorsteher Gewerbescheine nicht erteilen, weil sie glauben, sie müßten erst Bedürfnisprüfungen veranstalten. Zum Schutz der Bürger und zur Wahrung der wirtschaftlichen Chancen in den östlichen Bundesländern sollten westliche Verwaltungsgerichte jeweils für eine gewisse Übergangszeit einen dortigen Zuständigkeitsbereich mit übernehmen.

Der Reform bedarf auch die Verwaltungsstruktur. Im Gebiet der ehemaligen DDR gibt es eine große Zahl von Kleinstgemeinden; sie sind schon ihrer Größe wegen nicht dazu in der Lage, eine moderne Verwaltung vorzuhalten. Eine baldige Gebietsreform in den einzelnen Ländern ist deshalb vonnöten. Ein Vorteil der Spätkommenden: Die Übertreibungen, die dabei in der alten Bundesrepublik begangen wurden, lassen sich nun vermeiden.

31. Die Bedeutung des Bodens als Produktionsfaktor ist in einer modernen Industriegesellschaft zwar von relativ geringem Gewicht. Aber ohne Boden geht nun einmal nichts. Und wenn Kauf oder Miete von Grundstücken und Gebäuden wegen ungeklärter oder strittiger Eigentumsverhältnisse mit hohen Prozeßrisiken belastet sind, kann dies als scharfe Investitionsbremse wirken. In Tausenden von Fällen gibt es inzwischen dieses Problem. Und das war auch vorherzusehen. Man hat nicht den Eindruck, daß es die Weisheit erfahrener Juristen war, die dem Gesetzgeber die Hand geführt hat, als dieser den Restitutionsanspruch auf Grundvermögen – in Konkurrenz zum Entschädigungsanspruch – ausgestaltete, um den geschädigten Grundeigentümern eine Gerechtigkeit widerfahren zu lassen, die Millionen anderen Geschädigten des Unrechtsstaates vorenthalten bleiben muß, ja die zur Folge hat, daß diese anderen nun noch länger als eigentlich nötig auf eine Verbesserung ihrer Lebensbedingungen warten müssen. Es müssen Wege gefunden werden, die es erlauben, dem überragenden öffentlichen Interesse am Ingangkommen eines breiten Investitionsprozesses schneller zu entsprechen. Am dringlichsten sind Entscheidungen in Verfahren, die zur Klärung der Grundsatzfragen in dieser Sache anhängig sind. Von dem Handlungsbedarf des Artikel 41 Einigungsvertrag (keine Rück-

übertragung von Eigentum, sondern Entschädigung, wenn das Grundstück für dringende Investitionszwecke benötigt wird) sowie von der Notwendigkeit, das Investitionshindernis Umweltaltlasten zu verkleinern, war schon die Rede (Ziffer 26).

III. Die Staatsfinanzen

"Kosten" der Vereinigung

32. Die Diskussion um die ökonomischen Folgen der deutschen Vereinigung war von Beginn an und ist noch immer beherrscht von der Frage nach den Kosten, die dadurch entstehen. In dieser Debatte wurden und werden die Begriffe nicht säuberlich geschieden und vorübergehende nicht von dauerhaften Effekten getrennt.

So sind, wie schon erwähnt, große Posten, die gemeinhin unter der Überschrift "Kosten der Vereinigung" rubriziert werden und als Begründung für die Forderung nach Erhöhung der Staatseinnahmen vorgetragen werden, gar keine "Kosten" und gehören teilweise auch nicht zum öffentlichen Bereich. Gewiß werden erhebliche Mittel nötig sein, um etwa das Telekommunikations-System innerhalb der ehemaligen DDR zu modernisieren (was besonders dringlich ist als Voraussetzung für einen Schub an privaten Investitionen). Aber das ist dem Typus nach eine private (und rentierliche) Investition, auch wenn sie von der Bundespost, also einer (überflüssigerweise) hoheitlichen Institution, getätigt werden muß. Gewiß müssen die Städte in Ostdeutschland saniert werden. Doch das sollte weitgehend privaten Investoren überlassen bleiben.

Beim Ausbau des öffentlichen Straßennetzes und ähnlichen Bereichen der Infrastruktur kann sich die öffentliche Hand zwar nicht beschränken, aber doch zunächst auf jene Projekte konzentrieren, die eindeutig investiv sind, also als Vorleistung für die Wirtschaft die Einkommen der Bürger und dadurch auch die späteren Steuereinnahmen (bei gleichen Steuersätzen) wachsen lassen. Solche zusätzlichen Staatsausgaben können als "werbende Ausgaben" ohne große Bedenken auf Kredit finanziert werden.

33. Durch die deutsche Vereinigung entstehen dem Fiskus allerdings auch hohe echte Kosten, staatliche Aufwendungen also, die dem Typus nach nicht oder nur mit einiger Mühe als "werbend" angesehen werden können: durch die hohe Arbeitslosigkeit, durch die Anschubfinanzierung für die

Rentenversicherung, durch die nötige massive Wirtschaftsförderung, durch das Zurückbleiben der Steuerkraft in den neuen Bundesländern hinter den normalen Ausgaben der Staatstätigkeit. Fiskalisch stark zu Buche schlagen zudem die hohen Altlasten aus der Zerstörung der Umwelt. Sie wurzeln zwar nicht in der deutschen Vereinigung, kommen aber nun auf den deutschen Gesamtstaat zu.

All dem stehen jedoch Erträge gegenüber: Die Kosten der Teilung fallen weg (Berlinförderung, Zonenrandförderung und vieles andere). Die Vereinigung der zuvor einander feindlich gegenüberstehenden Teile verringert im Gesamtstaat das Gewicht der Staatsaufgabe "äußere Sicherheit" und den hierfür nötigen Ausgabenbedarf. Synergie-Effekte durch die staatliche Vereinigung wird es auch in Gestalt verringerter Pro-Kopf-Aufwendungen für die staatliche Administration geben. Vor allem aber: Sobald sich die Erfolge aus der Umstellung des Wirtschaftssystems einstellen, wird die Steuerkraft in den neuen Bundesländern steil ansteigen.

34. Bei der Frage, wie die zweifellos hohen fiskalischen Lasten, die der deutschen Vereinigung folgen (auch wenn sie in ihr nicht eigentlich ihre Ursache haben), zu verkraften sind, helfen zwei grundlegende Befunde:

– Erstens: Die Kosten sind entweder Erblasten oder Kosten der Systemumstellung im weitesten Sinne. Insoweit sind es Einmalkosten – vorübergehend sehr hoch, aber eben nicht dauerhaft. Demgegenüber sind die Erträge aus der deutschen Vereinigung dauerhafte Erträge – je Jahr gerechnet zwar weniger hoch als die Kosten, auch nicht sämtlich sofort mobilisierbar, aber eben dann ständig fließend. Ratio: Ständig fließende Erträge ermöglichen den Kapitaldienst für ein großes Vielfaches an Einmalkosten.

– Zweitens: Die ehemalige DDR hat ein erhebliches Staatsvermögen in die Bundesrepublik eingebracht. Zugleich ist die eingebrachte Erblast der DDR aus der Staatsverschuldung im engeren Sinne (ohne Verschuldung der volkseigenen Wirtschaft) nicht besonders hoch, gemessen an der in einigen Jahren zu erwartenden Wirtschaftskraft sogar sehr niedrig. Hier gibt es zwar im einzelnen große Unsicherheitsfaktoren, vor allem was einen fiskalischen Nettoertrag aus der Verwertung des Treuhandvermögens – der sehr gering ausfallen mag – und die Abschlußrechnung des Kreditabwicklungsfonds angeht. Aber an der Grundaussage ändert dies nichts, zumal vernünftigerweise wichtige

Kosten des Systemwechsels und der Erblasten (vorläufige Überlebenshilfen für die volkseigenen Betriebe, Umweltaltlasten, Forderungsverzicht gegenüber sanierungsfähigen Betrieben, sonstige Sanierungskosten, ein Teil des Schlußdefizits des Kreditabwicklungsfonds) von vornherein der Treuhandanstalt zugewiesen wurden und damit dort als Gegenposten zu den Erlösen aus der Verwertung des Vermögens – sprich zu Lasten der vielfältigen Ansprüche an das "Restvermögen" – wirksam werden. Ratio: Die ehemalige DDR hat in die Bundesrepublik nicht nur (hohe) fiskalische Lasten, sondern auch (gewisse) Reserven an fiskalischer Belastungsfähigkeit eingebracht – jedenfalls wenn man als Maßstab nimmt, mit welchen Schulden – reichlich eine Billion DM nämlich – die alte Bundesrepublik ihrerseits in die Ehe gegangen ist (an denen die Neubürger nun ebenso teilhaben wie die Altbürger an den neuen Lasten.)

Fiskalische Herausforderung außerordentlich

35. Damit soll nicht verdunkelt werden, daß die fiskalische Belastung, welche die deutsche Vereinigung darstellt, eine außerordentliche Herausforderung ist. Das gilt selbst dann, wenn man einen Weg geht, auf dem die wirtschaftliche Dynamik – und damit die Steuerkraft – im Westen Deutschlands ungebrochen bleibt und im Osten schnell an Kraft gewinnt.

Um den Schub an neuen Ausgaben zu finanzieren, sind deshalb Umschichtungen und Einsparungen in den öffentlichen Haushalten das Gebot der Stunde. Die seit langem auf der Tagesordnung stehende Durchforstung des Subventionsgestrüpps mit dem Ziel eines allgemeinen Subventionsabbaus sollte man sich jetzt wirklich vornehmen. Im Rahmen einer veränderten Lastenteilung müssen auch die Länder und die Gemeinden stärker herangezogen werden. In den Ländern und Kommunen des Westens können und müssen viele Projekte vertagt oder gestreckt werden, da nun die Wahrnehmung und Finanzierung öffentlicher Aufgaben in den östlichen Regionen für eine Weile Vorrang genießt. Hinzu kommt, daß der Niedergang der Produktion in der früheren DDR und der beginnende Neuaufbau dort die Absatz- und Produktionsmöglichkeiten – und damit das Steueraufkommen – in den alten Bundesländern stark belebt hat.

Steuererhöhungen vermeiden

36. Steuererhöhungen zur Reduzierung des öffentlichen Defizits wären eine Notlösung. Brächten sie eine Anhebung der ohnehin zu hohen Grenzbelastung der Einkommen, würden sie die wirtschaftliche Dynamik dämpfen und dann kaum eine nachhaltig positive Aufkommenswirkung haben. Zudem würden Steuererhöhungen den Zwang, in den Staatsbudgets zu jäten, mildern und damit die Gesellschaft darum bringen, die dauerhaften Erträge der staatlichen Einheit voll wahrzunehmen.

Übertreibungen sind fehl am Platze: Es wäre keine Katastrophe, wenn die Verbrauchsteuern erhöht oder wohlbegründete neue Abgaben – etwa umweltpolitisch gebotene – eingeführt würden. Aber wenn man es vermeiden kann, sollte man es vermeiden, die Abgabenlast im ganzen zu vergrößern, zumal der Ausgang der Dinge, wenn man sich auf diesen Weg begibt, kaum übersehbar ist. Ein inflationsträchtiges Gerangel um die Traglast – insbesondere in der Lohnpolitik –, dem die Bundesbank nicht tatenlos zuschauen würde, müßte in jedem Falle vermieden werden. Denn die Folge wären noch höhere Zinsen – die man ja mit Steuererhöhungen gerade vermeiden wollte – und also die Gefahr eines konjunkturellen Rückschlags. Schließlich stünden alle schlechter da.

37. Was die Menschen an der Situation der Staatsfinanzen am meisten beunruhigt, ist der Umstand, daß selbst bei energischen Einsparanstrengungen der Kreditbedarf der öffentlichen Hand alle gewohnten Grenzen zu sprengen droht. Ganz trifft das zwar nicht zu. Im Verhältnis zum Sozialprodukt war der Finanzierungssaldo des staatlichen Sektors der Wirtschaft schon einmal ähnlich hoch, im Jahre 1975 nämlich. Aber damals befand sich die Volkswirtschaft in einer Rezession, heute herrscht Hochkonjunktur.

Fiskalisch kann man eine gewisse Beruhigung aus den beiden grundlegenden Befunden ziehen, die zuvor hervorgehoben wurden (Ziffer 34). Doch die Deckung der dauerhaften zusätzlichen Zinslasten, die sich selbst aus vorübergehend erhöhten Defiziten ergeben, durch dauerhafte Einsparungen ist eine Verheißung nur dann, wenn die hohen Defizite wirklich nur vorübergehend hoch bleiben. Eine dauerhafte Erhöhung der Zinslastquote der öffentlichen Haushalte ließe sich sogar nur dann vermeiden, wenn die jetzt zusätzlich aufgenommenen Kredite in nicht zu ferner Zukunft definitiv getilgt werden, die Einsparungen also ausreichen, den vollen Kapitaldienst – nicht nur den Zinsendienst – zu decken. Erleichtert wird dies freilich dadurch, daß bei Wegfall von Staatsaufgaben die Einsparung schon inflationsbedingt mit der Zeit zunimmt.

Stabilitätspolitische Risiken

38. Stabilitätspolitisch fällt die Selbstberuhigung schwerer. Die Erhaltung des Kapitalmarktvertrauens angesichts so hoher Staatsdefizite bleibt eine Gratwanderung. Es ist so lange keine Gefahr im Verzuge, wie die Anleger an den Kapitalmärkten (der Welt) bereit sind, ihr Geld der öffentlichen Hand der Bundesrepublik zu Zinssätzen zu leihen, die der ökonomischen Entwicklung hierzulande nicht abträglich sind. Die Tatsache, daß die deutsche Volkswirtschaft – anders als etwa die amerikanische – ein durch und durch gesundes Fundament hat (nämlich jahrelang extrem hohe außenwirtschaftliche Überschüsse erwirtschaftet hat), berechtigt durchaus zu der Zuversicht, daß die Mittelaufbringung zu erträglichen Zinsen weiterhin gelingt. Glaubwürdige Festlegungen, die ein rasches Sinken der öffentlichen Defizite erwarten lassen, sind aber auch in dieser Hinsicht unumgänglich.

Da im übrigen Lamentieren wenig nützt, mag eine vergleichende Überlegung weiterhelfen:

- Eine Erhöhung von öffentlichen Abgaben mit Breitenwirkung – nur sie ist diskutabel – würde den privaten Verbrauch eindämmen. Das wäre konjunkturell erwünscht. Das Risiko läge, wie schon erwähnt, in der Möglichkeit eines inflatorischen Gerangels um die Traglast, verbunden mit einer zinssteigernden Antwort der Geldpolitik, die die zinsabhängigen Investitionen in die Restriktion hineinzieht.

- Verglichen hiermit wird bei einem Verzicht auf erhöhte Abgaben und bei einer insoweit erhöhten öffentlichen Kreditnachfrage zur realwirtschaftlichen Alimentierung des stark expansiven konjunkturellen Impulses, der in den hohen öffentlichen Ausgaben liegt, verstärkt das Ausland herangezogen. Der Weg ist die Kapitaleinfuhr (genauer: die Verminderung der Nettokapitalausfuhr), zu der ein entsprechender Realtransfer in der Form erhöhter Importe und verminderter Exporte gehört, vom Markt nötigenfalls hervorgebracht (wenn es sich nicht von selbst ergibt) durch eine Aufwertung der D-Mark und erhöhte Zinsen (verbunden mit den entsprechenden Rückwirkungen auf von Wechselkurs und von Zins mitbestimmte Investitionen). Im günstigen Fall – wenn das Vertrauen der Märkte in die Stabilität und Wachstumskraft der deutschen Wirtschaft groß bleibt – ist die Aufwertung der D-Mark deutlich und die Zinssteigerung gering. Die Volkswirtschaft hätte einen Nettogewinn in Form verbesserter Terms of Trade, dem Verhältnis der Ausfuhrpreise zu den Einfuhrpreisen. Die Gefährdung der Preisstabilität im Innern bliebe beherrschbar. Die Investitionsaufgaben könnten erfüllt werden. Im ungünstigen Fall trifft das Gegenteil zu. Alarmzeichen wäre die Kombination schwache D-Mark und deutliche Erhöhung der Kapitalmarktzinsen – der Fall also, bei dem sich das Ausland dem realwirtschaftlichen Ansinnen, das wir ihm stellen, gleichsam verweigerte, zum Beispiel aus Inflationsfurcht, die Volkswirtschaft also stärker auf die begrenzten binnenwirtschaftlichen Kapazitäten verwiesen wäre; die Hauptanpassungslast fiele dann auf die zinsabhängigen Ausgaben, die Investitionen.

Bisher erlauben es die Marktsignale, auf einen guten Ausgang der Dinge zu setzen. Dabei ist die Abschwächung der Konjunktur in Nordamerika und – noch nicht allgemein – in Westeuropa eher hilfreich. Wahrscheinlich wird wieder einmal der Lohnpolitik, die dafür gar nicht besonders gut geeignet ist, die Rolle zufallen, die Weichen für die weitere Erwartungsbildung, auf die es für das Geschehen an den Kapitalmärkten und Devisenmärkten so stark ankommt, zu stellen. Lohnsteigerungen, die nicht stabilitätsgerecht sind, können alles verderben. Da die Widerstandskraft der Unternehmen, welche eine hohe Kapazitätsauslastung haben, gering sein dürfte und auf dem Arbeitsmarkt für Fachkräfte inzwischen Knappheit herrscht, ist die gesamtwirtschaftliche Verantwortung der westdeutschen Gewerkschaften, die über ihren kurzfristigen Vorteilen die langfristigen Risiken nicht übersehen dürfen, besonders ausgeprägt. Wenn die Gewerkschaften versuchen, aus dem massiven expansiven Impuls, den die öffentliche Hand aus den besonderen Gründen ihrer Verantwortung für die Wirtschaft der früheren DDR gesetzt hat und weiter setzt, einen – kurzfristig möglichen – Marktlagenvorteil zu ziehen (den vorübergehenden Marktlagenvorteil der Unternehmen teilweise an sich zu ziehen und damit in einen dauerhaften Kosteneffekt umzuwandeln), so ist ein scharfer Konflikt mit der auf Stabilität bedachten Geldpolitik der Bundesbank unausweichlich. An dem unerbittlichen Stabilitätswillen der Bundesbank sollte gerade angesichts ihrer schwierigen Stellung in der Diskussion um eine Europäische Währungsunion nicht der geringste Zweifel bestehen.

39. Es scheint nahezu Konsens darüber zu bestehen, daß in Anbetracht der Haushaltslasten im Zusammenhang mit der deutschen Einigung die geplante Reform der Unternehmensbesteuerung verschoben werden müsse. Bei der Reform geht es freilich nicht um Geschenke für Unternehmer, sondern um die Förderung von produktiven und riskanten Investitionen. Der Mangel des deutschen Steuersystems liegt nicht so sehr darin, daß die Steuern insgesamt zu hoch wären, als darin, daß die Besteuerung unzweckmäßig, vor allem zu ungleichmäßig ist. Gewerbliche Einkünfte und produktive Investitionen werden höher als andere Einkünfte und als Konsum belastet, riskante Aktivitäten höher als sichere, die Eigenkapitalfinanzierung höher als die Fremdfinanzierung, bestimmte Rechts- und Unternehmensformen höher als andere. Diese Ungleichmäßigkeit führt zu Ausweichreaktionen der Steuerpflichtigen. Viele produktive und riskante Investitionen unterbleiben; denn verwirklicht werden nur die Projekte, die einen so hohen Ertrag vor Steuern abzuwerfen versprechen, daß sie auch nach Steuern mit anderen Kapitalanlagen konkurrieren können. Diese Ausweichreaktionen bedeuten nicht nur eine Aushöhlung der Steuerbemessungsbasen, sondern auch eine Vergeudung volkswirtschaftlicher Ressourcen. Wer also behauptet, die Unternehmensteuerreform müsse wegen der deutschen Einigung aufgeschoben werden, der behauptet gleichzeitig, daß wir uns wegen der Lasten der Einigung ein vermeidbares Maß an volkswirtschaftlicher Verschwendung leisten sollten.

40. Der internationale Wettbewerb der Investitionsstandorte wird nicht zuletzt mit den Mitteln der Steuerpolitik ausgetragen. Im internationalen Vergleich ist die Grenzsteuerbelastung der Unternehmensgewinne (aus Einkommensteuer, Körperschaftsteuer und Gewerbesteuer) in der Bundesrepublik hoch. Diese steuerlichen Nachteile fallen mit fortschreitender Liberalisierung des europäischen Binnenmarktes stärker ins Gewicht. Bei offenen Grenzen werden die Investoren die steuerlichen Standortbedingungen noch strenger überprüfen als heute. Zu dieser Prognose zwingt eine einfache Einsicht: Einen international mobilen Investor kann kein nationaler Fiskus zwingen, sich mit einer geringeren Rendite nach Steuern zufrieden zu geben, als sie an anderen Standorten zu erzielen ist. Die Steuerlast wirkt sich über hohe Kapitalkosten auf das Investitionsvolumen aus. Mit hohen Steuern auf Investitionen kann der Fiskus nur bewirken, daß sich die Investoren auf diejenigen Anlagen in der heimischen Volkswirtschaft be-

schränken, die vor Steuern eine so hohe Rendite versprechen, daß sie nach (inländischen) Steuern auch international wettbewerbsfähig sind.

41. Im Rahmen der Unternehmensbesteuerung ist wegen der deutschen Einigung eine Aufgabe noch dringlicher geworden, nämlich die Reform der Gewerbesteuer und – im Zusammenhang damit – die Reform des Gemeindesteuersystems. Wir haben an anderer Stelle ("Reform der Unternehmensbesteuerung", Band 18/1989) vorgeschlagen, die Gewerbesteuer in Form einer Netto-Umsatzsteuer (Steuer auf den Umsatz einschließlich Ausfuhr, abzüglich Vorumsatz einschließlich Einfuhr) zu erheben, eine Gemeinde-Einkommensteuer neu einzuführen und den Tarif der allgemeinen Einkommensteuer entsprechend abzusenken. Dieser Reformvorschlag ist nicht nur aufkommensneutral, er gehört unter den diskutierten Reformvarianten zu denen, die unter dem Gesichtspunkt, die Investitionstätigkeit der Unternehmen dauerhaft zu stärken, besonders günstig sind. Eine Nettoumsatzsteuer ginge – wie die Mehrwertsteuer – nicht in die Kapitalkosten ein. Der Beitrag einer solchen Reform zur Senkung der hohen Grenzbelastung gewerblicher Einkommen und damit zur Anregung der Investitionstätigkeit wäre beträchtlich.

Die Bedeutung des Vorschlags geht aber weit über den Bereich der Unternehmen hinaus. Das derzeitige Gemeinde-steuersystem führt zu einer überaus ungleichmäßigen Finanzausstattung der Gemeinden. Diese Ungleichmäßigkeit wird in den neuen Bundesländern noch erheblich ausgeprägter sein als in der alten Bundesrepublik, weil einerseits die Gemeinden kleiner sind (so daß ein Ausgleich zwischen viel und wenig verdienenden Gewerbebetrieben schlechter zustande kommt), und weil andererseits das Gewerbe ungleichmäßiger über die Fläche verteilt ist als im westlichen Teil Deutschlands. Die Übertragung unseres Gemeindefinanzsystems auf die neuen Bundesländer wird also dort zu noch stärkeren finanziellen Verwerfungen führen, als das in den alten Bundesländern schon der Fall ist. Es kommt hinzu, daß Ungleichmäßigkeit der Finanzausstattung gleichzeitig auch zu Verschwendung führt. Diejenigen Gemeinden, die besonders hohe Einnahmen haben, finanzieren damit alle möglichen Projekte, die bei vernünftiger Kosten/Nutzenabwägung nicht finanziert würden. Umgekehrt drängen die Gemeinden, die im derzeitigen System Mühe haben, die unabweisbaren Aufgaben zu finanzieren, auf eine bessere Finanzausstattung über Zuweisungen der Länder. Diese kommt dann aber entweder auch den Gemeinden zugute, die ohnehin schon mehr einnehmen, als sie vernünftig ausgeben können, oder sie ergibt sich aus gleichmacherischen Regeln des kommunalen Finanzausgleichs, die jeden Anreiz töten, sich stärker um die Pflege der eigenen Bemessungsgrundlagen zu kümmern.

IV. Die Sozialordnung

Reform der Sozialversicherung bleibt auf der Tagesordnung

42. Die Reform der Alterssicherung und die Reform des Gesundheitswesens bleiben auch in einem größeren Deutschland auf der Tagesordnung. Die Probleme der Alterssicherung werden durch die Wiedervereinigung geringfügig erleichtert, weil die Altersstruktur in den neuen Bundesländern etwas günstiger ist als in den alten. Dagegen werden die Probleme des Gesundheitswesens vergrößert. Da die Ansprüche der Versicherten sich schnell westlichen Standards angleichen werden, was steigende Ausgaben zu Folge hat, die Beitragseinnahmen aber allenfalls allmählich (der Lohnrückstand dauert fort, die Beschäftigung sinkt, die Beitragssätze sind auf 12,8 Prozent des Bruttolohns eingefroren), werden die Krankenkassen auf dem Gebiet der ehemaligen DDR in der finanziellen Klemme bleiben.

So bleiben wir auch nach den Reformentscheidungen der vergangenen Jahre dabei: Die beste Reform wäre eine Entpolitisierung beider Systeme der Sozialversicherung gewesen und bleibt es auch für die weitere Zukunft. Die Sozialversicherung sollte vom Arbeitsvertrag gelöst und das Prinzip der Zwangsversicherung durch den Versicherungszwang ersetzt werden. Das bedeutet einmal, daß innerhalb der Sozialversicherung nicht mehr umverteilt werden kann. Das ist angemessen; Umverteilungsabsichten gehören ins Steuersystem. Zum zweiten sinkt die Grenzbelastung der Einkünfte mit Abgaben drastisch, weil dann zusätzliche Arbeitsleistung nicht mehr zu höheren Sozialabgaben führt. Leistung lohnt sich dann wieder, und ein Teil dessen, was heute als Schwarzarbeit kriminalisiert ist, wird wieder legal.

43. Im Bereich des Gesundheitswesens würde durch die Trennung von Versicherung und Arbeitsvertrag die Frage der Selbstbeteiligung an den Krankheitskosten dem politischen und ideologischen Streit entzogen. Jeder kann selbst entscheiden, ob und wie hoch er sich an seinen Krankheitskosten beteiligen oder aber ob er das Krankheitsrisiko vollständig, dann aber auch teurer abdecken will. Anstatt sich verstärkt darum zu bemühen, das Eigeninteresse aller Betroffenen, insbesondere der Versicherten, der Ärzte und der Krankenhäuser, im Sinne eines sparsamen Umgangs mit den

finanziellen Mitteln der Krankenkassen zu mobilisieren, setzen die Gesundheitspolitiker vorzugsweise fragwürdige Methoden der behördlichen Ausgabenbegrenzung ein.

Für die neuen Bundesländer hat das Bundesarbeitsministerium verlangt, daß die Ausgaben der Krankenkassen – entsprechend dem im Vergleich zu Westdeutschland niedrigeren Lohnniveau – auf etwa 45 Prozent der Ausgaben in der alten Bundesrepublik beschränkt werden. Die bereits beschlossene gesetzliche Vorschrift, die Arzneimittelpreise in der ehemaligen DDR durch staatlichen Befehl auf 45 Prozent der Preise im Westen zu drücken, liefe auf einen marktwirtschaftlich unvertretbaren Eingriff in die Preisbildung hinaus. Der Preisunterschied zwischen Westdeutschland und den neuen Bundesländern ließe sich zudem wegen der dann einsetzenden Arbitrage nicht halten.

Vermutlich wird der jetzt gewählte Bundestag eine neue Lösung beschließen, wonach es einen rückwirkend ab 1. Januar 1991 gültigen Preisabschlag von 19 Prozent auf die Apothekenabgabepreise in Westdeutschland geben wird. Dieser Preisabschlag soll gemeinsam von der Pharmaindustrie, von den Apothekern und vom Pharmagroßhandel finanziert werden. Für die ambulante Versorgung sind in Vereinbarungen der Selbstverwaltung Leistungsvergütungen gefunden worden, die ebenfalls wesentlich über dem Abschlag von 55 Prozent gegenüber der alten Bundesrepublik liegen werden. Zwar ist es gerade bei lohnkostenintensiven Leistungen vertretbar und richtig, die in den neuen Bundesländern geltenden Preise nicht sofort auf das westdeutsche Niveau zu heben. Unflexible, diktatorische Preisvorgaben, Vorgaben des Gesetzgebers, sind jedoch der falsche Weg.

Umorganisation des Gesundheitswesens in den neuen Bundesländern

44. In den neuen Bundesländern befinden sich große Bereiche des Gesundheitswesens in einem bedenklichen Zustand. In nahezu allen Krankenhäusern müssen dringend umfassende Instandsetzungsarbeiten und Modernisierungsinvestitionen eingeleitet werden. Moderne diagnostische und therapeutische Hilfsmittel und Geräte fehlen weitgehend. In Pflegeheimen und psychiatrischen Anstalten herrschen zum Teil menschenunwürdige Verhältnisse.

Inwieweit und in welcher Weise das nahezu vollständig verstaatlichte Gesundheitswesen in der ehemaligen DDR umorganisiert und entstaatlicht werden sollte, ist umstritten. Das gilt insbesondere für die ambulante Versorgung, die bisher nahezu ausschließlich staatlichen Polikliniken und Ambulatorien übertragen war (bis vor kurzem gab es nur noch rund 400 frei praktizierende Ärzte in allen neuen Bundesländern zusammen). Eine leistungsfähige ambulante Versorgung der Patienten ist schon deswegen dringlich, weil auf diese Weise in vielen Fällen die sonst entstehenden wesentlich höheren Ausgaben bei stationärer Versorgung eingespart werden können. Zunächst werden die Polikliniken und Ambulatorien weiterbestehen müssen, weil die Zahl der frei praktizierenden Ärzte erst allmählich steigen wird. Viele Polikliniken haben allerdings wenig effizient gearbeitet. Sie sind oft mit zuviel nichtärztlichem Personal ausgestattet, was die Ausgaben für das Gesundheitswesen in vermeidbarer Weise nach oben treibt. Die Privatisierung von Polikliniken – etwa durch Verkauf an eine Praxisgemeinschaft freiberuflich arbeitender Ärzte – könnte Abhilfe bringen. In der vorgesehenen Übergangszeit müßten die Polikliniken durch den allmählichen Abbau der Subventionen veranlaßt werden, den Personalüberhang zu beseitigen. Zu einem fairen Wettbewerb zwischen den zunächst noch staatlichen (oder kommunalen) Polikliniken und den frei praktizierenden Ärzten kann es nur dann kommen, wenn die Krankenkassen beide Gruppen von Leistungsanbietern nach denselben Regeln für ihre Leistungen bezahlen und wenn sichergestellt wird, daß Zuschüsse aus öffentlichen Kassen für die Polikliniken zügig abgebaut werden.

V. Die Wohnungspolitik

Große Versuchung, administrativ einzugreifen

45. Besondere Beunruhigung löst die Lage am Wohnungsmarkt aus, nicht nur die im Osten, sondern auch die im Westen. Angesichts der Engpässe in den Ballungszentren der alten Bundesländer ist die Versuchung groß, in den Wohnungsmarkt wieder stärker administrativ einzugreifen. Gedrängt wird vor allem auf eine weitere Erschwerung von Mieterhöhungen und auf eine Verschärfung von Kündigungsschutzregeln. Von alledem ist nichts zu halten. Jeder weitere Eingriff in die Vertragsfreiheit wird das Knappheitsproblem verschärfen statt mildern. Investoren, die es zu gewinnen gilt, werden abgeschreckt. Die kontraproduktiven Wirkungen beginnen schon mit dem Versuch, solche Pläne in die Tat umzusetzen.

Die jüngsten Initiativen, das Vergleichsmietenkonzept, was Mieterhöhungen angeht, restriktiver auszugestalten, werden auch nicht dadurch harmlos, daß man mit Sorgfalt darauf achtet, neue Investoren nicht direkt zu treffen und selbst die Investoren der jüngeren Wohnungsbaujahrgänge zu schonen. Das sind alles Tricks. Wer in den Wohnungsbau investiert, investiert für 50 bis 70 Jahre. Und wie man die Altinvestoren behandelt, erwarten – befürchten – die Neuinvestoren eines Tages behandelt zu werden.

46. Das Gut Wohnung unterscheidet sich in einigen Punkten deutlich von den meisten sonstigen Gütern. Zu den wichtigsten gehören die sehr lange Lebensdauer und die Immobilität. Diese beiden Eigenschaften verleiten sehr viele Menschen zu der Meinung, am Wohnungsmarkt könne man den Marktmechanismus am ehesten schadlos außer Kraft setzen und dem Kapital einen Teil der Rendite vorenthalten, die der Marktlage enspricht. Dieser Glaube ist ebenso verständlich wie falsch. Verständlich ist er, weil wegen der Langlebigkeit und Immobilität von Wohnraum die Folgen von marktwidrigen Eingriffen nur sehr allmählich eintreten und deshalb oft nicht mehr ihrer eigentlichen Ursache zugeordnet werden; diejenigen, die schon Wohnungen gebaut haben, werden auch dann noch vermieten, wenn die Mieten nur noch die laufenden Kosten decken, das eingesetzte Kapital aber großenteils leer ausgeht. Falsch ist er, weil die Angebotsreaktionen und auch die Nachfragereaktionen übersehen werden. Niemand muß im Wohnungsbau investieren. Das betrifft Neubau, Modernisierung und Instandhaltung. Und niemand wird als Nachfrager die richtige Reaktion auf eine Verknappung zeigen, wenn man ihn vor einem knappheitsgerechten Preis bewahrt.

Es trifft ja zu, daß viele Menschen, die meisten sogar, kurzfristig einer knappheitsbedingten Verteuerung von Wohnraum nicht durch eine Einschränkung ihrer Wohnungsnachfrage – Wechsel in eine kleinere Wohnung, Untervermietung von Räumen und ähnliches – begegnen können, eine Mieterhöhung also schlicht ertragen müssen. Es trifft aber auch zu, daß es in der Summe sehr viel mehr sind, als man denkt, die sich in der einen oder anderen Form anpassen könnten. Verzichtet man aber auf dieses Anpassungspotential – indem man knappheitsgerechte Mieten verhindert – so kommt das Problem der Verknappung geballt auf die wenigen zu, die gerade keine Wohnung haben oder aus anderweitigen Gründen eine Wohnung suchen. In einem künstlich klein gehaltenen Marktsegment muß dann der Marktausgleich gesucht werden. Kein Wunder, daß dort die Mieten explodieren. Kein Wunder, daß die Warteschlangen in den staatlichen Ämtern, die über Belegungsrechte im Rahmen der Wohnungssozialpolitik zu verfügen haben, lang werden.

Es trifft ja zu, daß es schwerfällt, den Menschen zu erklären, sie sollten Mietsteigerungen gerecht, jedenfalls zumutbar, finden, die in erkennbaren zusätzlichen Aufwendungen ihrer Vermieter keine Erklärung haben, ja die nicht einmal mit einer fairen Teilhabe der Vermieter an einer allgemeinen Teuerung zu begründen sind. Es trifft aber auch zu, daß es, die Betroffenen ausgenommen, niemanden schert, wenn die Vermieter nicht auf ihre Kosten kommen, weil der Markt Mieten, die die früher getätigten Investitionen lohnend machen, nicht hergibt. Jeder Investor in den Wohnungsbau muß mit Anfangsmieten zufrieden sein, die weit unter seinem laufenden Aufwand – der vor allem Zinsaufwand ist – liegen (die "Kosten"-Mieten liegen weit über den Markt-Mieten). Er braucht schon beträchtliche Mietsteigerungen, um allmählich erst einmal aus dieser Situation herauszukommen, und weitere, um eine gute Rendite für das eingesetzte Eigenkapital zu erzielen. Daß sich diese Mietsteigerung meist nicht kontinuierlich vollzieht, in Zeiten enspannter Marktlage – wie im größten Teil des abgelaufenen Jahrzehnts – sich verzögert, in Zeiten der Verknappung sich beschleunigt, ist Chance und Risiko des Mieters, Risiko und Chance des Vermieters.

Es trifft ja zu, daß am Wohnungsmarkt das Angebot einer veränderten Nachfrage nicht befriedigend rasch folgt, daß deshalb Perioden anhaltender Verknappung (Verkäufermarkt) immer wieder vorkommen. Es trifft aber auch zu, daß daran nichts zu ändern ist und daß man die beste Anpassung, die man sich realistischerweise wünschen kann, dann bekommt, wenn der Staat möglichst wenig interveniert, vor allem die Herausbildung knappheitsgerechter Mieten nicht behindert. Hier wie sonst gilt, daß der Staat regelmäßig nicht besser weiß als der Markt – sondern schlechter –, welches Angebot gebraucht wird. Die Verzögerung des Marktausgleichs hat, so beklagenswert sie ist, meist gute Gründe: Einer erhöhten Nachfrage nach Wohnraum wird erst dann durch eine Bestandserweiterung entsprochen, wenn mehr Wohnungen nicht nur temporär, sondern dauerhaft für lohnend vermietbar gehalten werden. Und das ist im Prinzip ja auch gut so. Eine rasche Bestandserweiterung stößt zudem oft an objektive Grenzen, sei es von den Baukapazitäten her, sei es – dies leider meist unnötigerweise – vom Angebot an baureifem Land her. Hier schlägt eine Besonderheit durch von Märkten, an denen es um Bestandsnutzung geht und neue Bestände nur einen kleinen Teil des Gesamtangebots stellen. Konkret: Wenn Bestandserneuerung und Bestandserweiterung, also die Wohnungsbauinvestitionen, je Jahr normalerweise 1,5 Prozent des Wohnungsbestandes ausmachen, so bedeutet eine Zusatzausweitung der Wohnungsnachfrage um bloß weitere 1,5 Prozent – zum Beispiel aufgrund einer ungewöhnlichen Steigerung der Einkommen, zum Beispiel aufgrund ungewöhnlich starker Einwanderungen –, daß die Wohnungsbauinvestitionen um 100 Prozent erhöht werden müßten, wenn der Marktausgleich umgehend wieder hergestellt werden soll. Das ist weder möglich, noch erwünscht. Die Anpassung des Angebots kann nur allmählich geschehen. Um so mehr ist noch einmal zu unterstreichen, daß der Wohnungsmarkt – der zu 98,5 Prozent mit schon gebauten Wohnungen zu tun hat – überhaupt nur dann befriedigend funktionieren kann, wenn jede nur mögliche Flexibilität in der Bestandsnutzung mobilisiert wird – durch die Lenkungsfunktion der Preise, hier der Mieten.

Es trifft ja zu, daß die Probleme der Wohnungsverknappung bestimmte Ballungszentren besonders hart treffen. Es trifft aber auch zu, daß sie insoweit Folge des spezifischen Wohnwerts oder der spezifischen Erwerbschancen einer Stadt sind. Beides gehört zusammen. Und deshalb ist auch die Stadt selbst für die Lösung zuständig. Sie ist zuständig für die Ausweisung von Bauland. Sie muß sich um die Mitbürger kümmern, die durch hohe Mieten unter Verdrängungsdruck geraten, wo dies sozial unerwünscht ist. Zu hohem Wohnwert und hoher Wirtschaftskraft passen hohe Grundsteuern und hohe Gewerbesteuern. Daraus läßt sich kommunale Wohnungs-Sozialpolitik, daraus lassen sich kommunale Zuschläge zum Wohngeld finanzieren. Daß die Münchner die Vorteile aus ihrer schönen Stadt und deren starker Wirtschaftskraft haben und der Rest der Republik die Kosten trägt, das geht nicht an.

Kein sozialer Wohnungsbau alter Art

47. Das gegenwärtige Marktungleichgewicht im alten Bundesgebiet ist gewiß besonders groß. Aber die Wohnungsbauinvestitionen sind auch voll in Gang gekommen. Die Baukapazitäten sind mehr als normal ausgelastet. Der Staat hat seine Möglichkeiten vertretbarer allgemeiner Angebotsförderung weitgehend ausgereizt. Die steuerlichen Bedingungen für den Wohnungsbau sind günstig. Die soziale Flankierung durch das Wohngeldangebot wurde verbessert.

Dem verbreiteten Drängen auf Rückkehr zu mehr sozialem Wohnungsbau alter Art muß widerstanden werden. Nächst der europäischen Agrarpolitik ist er das bedrückendste Beispiel für eine ineffiziente Verwendung von öffentlichem Geld in großem Stil: Riesiger Förderaufwand zugunsten weniger Empfänger; nicht sachgerecht definierte "Kosten"-Mieten; "Fehlbelegungen" und, um dieses Ärgernis abzumildern, dann "Fehlbelegungsabgaben". Daß sich trotzdem die Wohnungspolitik aus dem sozialen Wohnungsbau alter Art nicht vollständig zurückgezogen hat, einige Bundesländer ihn sogar wieder verstärkt betreiben, hat ausschließlich populistische, keine sachlichen Gründe. Die Faszination des Unmittelbaren, die bei angespanntem Wohnungsmarkt vom staatlich selbst veranlaßten Wohnungsbau ausstrahlt, ist anscheinend unwiderstehlich. Dagegen kommt Vernunft schwer an.

Weniger problematisch als der soziale Wohnungsbau alter Art ist die Objektförderung nach dem sogenannten "Dritten Förderungsweg". Hier kauft der Staat durch Subventionen an private Bauherren ein temporäres Belegungsrecht, verbunden mit einem Anspruch auf Mietverbilligung, zugunsten Bedürftiger ein. Dieser Weg hat den Vorzug, daß mit den zur Verfügung gestellten Mitteln der Bau von wesentlich mehr Wohnungen angeregt werden kann als mit der Objektförderung alter Art. Zudem werden deren gröbste Ungereimtheiten vermieden.

Neuordnung des Wohnungswesens auf dem Gebiet der ehemaligen DDR

48. In den neuen Bundesländern muß das fast vollständig verstaatlichte Wohnungswesen mit seinen auf extrem niedrigem Niveau festgezurrten Mieten, die keine Substanzerhaltung ermöglichen, völlig neu geordnet werden. Wie eine Überführung in die Marktwirtschaft, zu der eine allmähliche, aber doch konsequente Erhöhung der Mieten gehört, gestaltet sein könnte, haben wir jüngst zum Gegenstand einer eigenen Studie gemacht ("Soziale Marktwirtschaft in der DDR – Reform der Wohnungswirtschaft", Band 21/1990).

49. Die letzte Regierung der DDR hatte die Absicht bekundet, die umfassende Subventionierung der DDR-Wohnungswirtschaft durch eine stufenweise Anhebung des Mietniveaus ab Anfang 1991 abzubauen. Mit dem Beitritt zur Bundesrepublik hat die nunmehr gesamtdeutsche Regierung dieses Vorhaben erst einmal ausgesetzt. Von sozialen Rücksichten abgesehen, geht es ihr anscheinend um die Eindämmung der Gefahr fortgesetzter

Abwanderung aufgrund niedriger Reallöhne. An solcher Begründung ist nur so viel richtig, als auch ein marktbestimmtes Mietniveau in den neuen Bundesländern deutlich geringer ausfallen muß als in den alten. Nicht aber ist geboten, die Mieten künstlich niedrig oder die Wohnungen in der Zwangsbewirtschaftung zu halten. Eine Zwangssubventionierung des Arbeitsangebotes zu Lasten der Wohnungswirtschaft – um nichts anderes geht es hier – verursacht im Zweifel nicht geringere, sondern höhere Kosten als eine Wirtschaftspolitik, die ohne solche Krücken den Weg zu verbesserten Bedingungen für die Nutzung von Arbeitskraft geht. Ein gesundendes Wohnungswesen wird auch die Standortqualität der DDR erhöhen, das heißt, einen Beitrag leisten, die Arbeitskräfte in der DDR zu halten und unentbehrliche Fachkräfte aus der Bundesrepublik (oder aus anderen Ländern) zu gewinnen. Mieten, die allmählich marktgerecht werden und also steigen müssen, stehen dem nicht entgegen, sondern erleichtern das Erreichen dieses Ziels.

VI. Deregulierung

Verstärkte Deregulierungsbemühungen notwendig

50. In der ehemaligen DDR ist durch die Übernahme der Rechtsordnung der alten Bundesrepublik eine gewaltige Deregulierung in Gang gesetzt worden. Wichtige Bereiche der westdeutschen Wirtschaft sind freilich ebenfalls von einem dichten Netz spezieller, häufig marktwidriger Regulierungen überzogen. Gerechtfertigt werden diese Regulierungen als Korrektur von Marktversagen oder als Schutz der Bürger. In vielen Fällen werden jedoch vor allem Partikularinteressen befriedigt und einzelne Gruppen vor unbequemem Wettbewerb geschützt. Jede unzureichend gerechtfertigte Regulierung verdient Kritik. Inzwischen ist es aber auch die schiere Fülle der marktwidrigen Regulierungen, die beunruhigt: Sie beschränken die wirtschaftlichen Freiheitsrechte des einzelnen, sie verzerren die Angebotsbedingungen der Wirtschaft, sie treiben Kosten und Preise hoch, sie verschlechtern die Wahlmöglichkeiten der Verbraucher, sie errichten Einstellungsbarrieren für Arbeitsuchende.

Chance des Neubeginns in den neuen Bundesländern nutzen

51. Die Bundesregierung hat in den letzten Jahren, meist durch EG-Recht genötigt, einige Deregulierungsmaßnahmen auf den Weg gebracht. Sie ist aber mit diesen Maßnahmen hinter dem Liberalisierungstempo in anderen

Industrieländern zurückgeblieben, so z.B. im Fernmeldewesen. Gerade diesen kommt im Zusammenhang mit den modernen Informations- und Kommunikationstechniken eine Schlüsselrolle für die Sicherung der internationalen Wettbewerbsfähigkeit der Unternehmen und Arbeitsplätze zu. Daß ein Rückstand bei der Erledigung von Deregulierungsaufgaben besteht, hat die Bundesregierung in ihrem Jahreswirtschaftsbericht 1990 selbst eingeräumt. Die Herausforderungen des internationalen Standortwettbewerbs und der schwierige wirtschaftliche Wiederaufbau in Ostdeutschland müssen Anlaß sein, sofort nach Beginn der neuen Legislaturperiode ein Deregulierungsprogramm vorzulegen, das in sich schlüssig und glaubwürdig ist und dessen zügige Umsetzung verbindlich angekündigt wird, damit sich alle Marktteilnehmer bei ihren Planungen auf die neuen Wettbewerbsbedingungen einstellen können. In den neuen Bundesländern muß die Chance des Neubeginns genutzt werden. Der Einigungsvertrag bietet dafür Spielraum. Die Politik der Deregulierung muß kartellrechtlich abgesichert bleiben, damit es nach einer Deregulierung nicht zu wettbewerbsbeschränkenden Absprachen kommt oder zu einem Mißbrauch von Anbietermacht zu Lasten der Nachfrager.

Zu deregulieren ist vor allem im großen Bereich der Dienstleistungen und hier ganz besonders in der Verkehrswirtschaft mit ihren vielfältigen Beschränkungen des Marktzugangs, der Investitionen und der Preisgestaltung. Wir halten mehr Wettbewerb auch in der Stromwirtschaft für notwendig. Überfällig ist der Abbau der teuren Kohleprotektion. Eine Flexibilisierung der Handwerksordnung ist zumindest zweckmäßig. Mehr Markt im Arbeitsrecht unter Wahrung der Tarifautonomie lohnt große Anstrengungen. Für einen Teil dessen haben wir bereits konkrete Deregulierungsvorschläge vorgelegt ("Mehr Markt im Verkehr", Band 4/1984; "Mehr Markt im Arbeitsrecht", Band 10/1986; "Mehr Markt in der Telekommunikation", Band 15/1987; "Mehr Markt in der Energiewirtschaft" Band 17/1988).

VII. Europa

Europäische Währungsunion darf keine Inflationsgemeinschaft werden

52. Im Verlauf der nun beginnenden Legislaturperiode des Deutschen Bundestages soll Europa weiter zusammenwachsen. Neben der Verwirklichung des Europäischen Binnenmarktes gilt die "zweite Stufe" auf dem Wege zu einer Europäischen Währungsunion als wichtigstes Etappenziel

dieser Integration. Es soll zum Beginn des Jahres 1994 erreicht sein. Die zweite Stufe soll auch "point of no return" sein. Dazu gehört: Jede weitere Wechselkursänderung im EWS soll von da an erheblich erschwert sein.

Worin sich im einzelnen die zweite von der ersten Stufe unterscheiden und welche Regeln und Institutionen diesen Unterschied ausmachen sollen, ist noch wenig klar und auch deshalb umstritten. Gute Gründe sprechen dafür, daß man eine zweite Stufe überhaupt nicht benötigt, daß der Prozeß, bis die Europäische Gemeinschaft für eine Währungsunion reif ist, ein kontinuierlicher Prozeß – und also stufenlos – sein sollte. Um so irritierender war die zeitliche Selbstbindung der Gemeinschaft an einen bestimmten Termin. Es ist der Eindruck entstanden, daß an dem Ziel, der Währungsunion bald durch eine zweite Stufe näher zu kommen, allein um seiner Symbolträchtigkeit willen festgehalten wird, die Frage nach der Erfüllung der unerläßlichen Voraussetzungen hierfür aber unbeantwortet bleibt, obwohl es auf sie letztlich allein ankommt.

Zeitliche Zwänge können in der Politik hilfreich sein, wenn es gilt, annehmbare Kompromisse zu finden und zu schliessen. Sie sind gefährlich, wenn es nicht um einen Kompromiß geht. Und das ist hier der Fall. Eine Geldverfassung – die Frage, welche Geldverfassung gutes Geld erwarten läßt – ist in ihren wesentlichen Teilen keine Frage des Kompromisses. Es ist eine Frage der Grundsatztreue. Damit eine hinreichend große Chance dafür besteht, daß die Europäische Währungsunion keine Inflationsgemeinschaft, sondern eine Stabilitätsgemeinschaft wird, sind essentielle Bedingungen zu erfüllen.

Die institutionellen Vorkehrungen, auf die es vor allem ankommt,

- Unabhängigkeit der Notenbank,
- uneingeschränkte Festlegung auf das Ziel der Geldwertstabilität,
- strikte Trennung von Notenbank und Staatshaushalt,

sind weitgehend ausdiskutiert. Aber gute Institutionen allein reichen, so wichtig sie sind, nicht aus, gutes Geld hervorzubringen. Das Ergebnis bleibt Menschenwerk. Auch eine "unabhängige" Notenbank ist frei, schlechtes Geld zu schaffen.

53. Gutes Geld ist ein Produkt großer Staatskunst und entsprechend selten. Im Lehrbuch der Nationalökonomie kann man nachlesen, wie einfach es

ist, gutes Geld zu schaffen. In der Realität kann man lernen, wie schwer es ist und wie selten es gelingt. Gutes Geld ist Ausweis dessen, daß ein Staat mit seinen wirtschaftlichen und sozialen Problemen zurechtgekommen ist, und zwar über lange Zeit. Denn gutes Geld ist erst wirklich gut, wenn es als gut geglaubt wird. Das hierfür nötige, durch lange Erfahrung gestützte Vertrauen gibt es nur für wenige Währungen in der Welt. Es läßt sich nicht durch Dekrete schaffen. Daher wird sich die Bundesrepublik zu Recht schwer tun, die D-Mark als Währung aufzugeben für einen ECU, der als stabile Währung zunächst nicht mehr als ein Versprechen wäre.

Beim Übergang zu einer mehr und mehr gemeinschaftlichen Geldpolitik und spätestens bei Beginn einer Währungsunion wird die Bundesrepublik das Zinsvoraus verlieren, das D-Mark-Schuldner genießen, weil die D-Mark die stabilste Währung des Europäischen Währungssystems ist. Selbst wenn man etwa für eine künftige europäische Einheitswährung alle stabilitätspolitisch wünschbaren Vorkehrungen träfe, hätte man doch für sie höhere Zinsen zu erwarten, weil diese sich für viele Jahre nur danach richten können, welche Stabilität man der europäischen Währung – unter Unsicherheit – zutraut, nicht danach, welche Stabilität sie tatsächlich haben wird.

Unverzichtbare Voraussetzungen für eine Währungsunion

54. Garantien für einen Erfolg kann niemand verlangen. Aber daß der Erfolg hochwahrscheinlich wird, das kann man verlangen – jedenfalls wenn man etwas hergeben soll, das schon einen seltenen Erfolg verkörpert. Hier – nicht in der "Krönungstheorie" – liegt die Bedeutung der Einübung in stabilitätspolitischer Disziplin im Vorlauf zu irreversiblen Entscheidungen. Länder, die sich für eine gemeinschaftliche Geldpolitik und danach für eine Währungsunion aufeinander einlassen sollen, müssen sich gegenseitig zeigen, daß sie bereit und in der Lage sind, eine längere Zeit lang freiwillig zu tun, wozu sie später verpflichtet sein wollen – oder was sie eines Tages von einer unabhängigen Europäischen Zentralbank ohne unziemlichen Widerstand ertragen sollen.

Viele europäische Geldpolitiker, darunter auch viele maßgebliche Befürworter einer Währungsunion, können sich nach wie vor selbst im Falle einer "unabhängigen" Notenbank Geldmenge und Notenbankzinsen gar nicht anders vorstellen denn als eine letztlich politisch zu verantwortende Veranstaltung. Das ist weit ab von der Vorstellung, daß Geldpolitik keine "politischen" Maßstäbe braucht, daß sie allein den unwandelbaren Maßstäben für das verpflichtet sein sollte, was gutes Geld ist. Dazu gehört Objektivierung der Geldversorgung ohne jede Einschränkung: Wer nach dem Gelde strebt, und das ist auch der Staat, darf nicht mitbestimmen, wieviel Geld es gibt.

Unverzichtbare Voraussetzungen für das Überschreiten des "Punkts ohne Umkehr", für ein nur noch wenig eingeschränktes Festkursversprechen der EWS-Länder im Vorlauf zur Währungsunion sind:

– Die Partnerländer müssen glaubwürdig machen, daß das geplante Europäische Zentralbanksystem wirklich unabhängig sein wird. Glaubhaft machen können sie das nur, wenn sie ihren eigenen Notenbanken Autonomie einräumen und wenn diese Autonomie gelebte Autonomie wird. Die Verabredung der Autonomie eines künftigen Europäischen Zentralbanksystems ist wenig vertrauenerweckend, solange Partnerländer darauf beharren, daß das eigene zentrale Institut zur Steuerung der Geldpolitik praktisch eine Unterabteilung des Finanzministeriums bleibt.

– Die Differenzen zwischen den Inflationsraten der beteiligten Länder müssen wesentlich kleiner als heute sein, und dies auf einem allgemein niedrigen Niveau. Ohne dies wäre die Hypothek auf die nur noch wenig eingeschränkten Festkursversprechen der zweiten Stufe zu groß. Sie müßten entweder gebrochen werden, oder die Dynamik der geldpolitischen Harmonisierungszwänge führte zu einer gemeinsamen Geldwertverschlechterung. Man könnte bei noch deutlich unterschiedlichen Inflationsraten leichter zu einer europäischen Einheitswährung – mit einer zentralen Geldpolitik – übergehen als zu einem ernst gemeinten Festkursversprechen mit je nationaler Geldpolitik. In einem Währungssystem können sich alle außer einem am Ziel der Wechselkursstabilität ausrichten, wenn nur dieser eine konsequent auf Geldwertstabilität bedacht und hinsichtlich der Wechselkursstabilität gleichmütig ist. Die Verpflichtung aller – auch des einen – auf mehr Wechselkursstabilität, wie sie die zweite Stufe auf dem Wege zur Währungsunion vorsieht, ist systemtheoretisch unlogisch, ist ein Verstoß gegen das Erfolgsgeheimnis des EWS. Denn auf der zweiten Stufe wird die D-Mark als Ankerwährung noch gebraucht. Dies ist das wichtigste Argument gegen die "zweite Stufe": Es möchte ohne zureichenden Grund der Stabilitätsanker des Systems durch das Vertrauen auf den spontanen Stabilitätswillen der Partner ersetzt werden. Auf solchen spontanen Stabilitätswillen der Partner kann man, wenn überhaupt, nur setzen, wenn alle Länder vor Beginn der zweiten Stufe auf einen konsequenten Stabilitätskurs eingeschwenkt sind. Haben sie sich erst einmal an niedrige Inflationsraten gewöhnt, dann bleiben sie hoffentlich auch dabei. Ein Wagnis bleibt es allemal.

- Es muß Einvernehmen herrschen, daß nicht riesige Regionalfonds die Probleme einer inkohärenten Geldpolitik lösen oder die Folgen einer falschen Lohnpolitik in einzelnen Ländern mildern sollen.

Eine ständige Harmonisierung der Finanzpolitik gehört nicht zu den zwingenden Elementen einer Währungsunion – wenn klar ist, daß die nationale Verantwortung für die Zinslastfolgen einer unsoliden Finanzpolitik völlig ungeteilt erhalten bleibt, durch keinerlei Solidarpflichten der Gemeinschaft (Finanzausgleich) ausgehöhlt wird. Zu verlangen ist aber zweierlei:

- Vor irreversiblen Entscheidungen in Richtung Währungsunion müssen alle beteiligten Länder solide Staatsfinanzen aufweisen. Das gilt für die zweite Stufe eher noch mehr als für die dritte. Ungelöste Konsolidierungsprobleme bei den öffentlichen Haushalten stellen eine stabilitätspolitische Hypothek dar, die den Partnern nicht zuzumuten ist. Zu vertraut ist die Gewohnheit, die Last hoher Staatsverschuldung durch Inflation abzuwerfen und entsprechenden Druck auf die Geldpolitik auszuüben.

- Soweit die Finanzpolitik als Konjunkturpolitik gefordert ist, braucht es in einer Währungsunion Regeln, die ein abgestimmtes Verhalten bei den nationalen Haushaltsentscheidungen sichern. Da die Finanzpolitik jedoch keine Aufgaben der konjunkturellen Feinsteuerung hat, ist eine ständige Harmonisierung der Finanzpolitik auch aus solchen Gründen nicht nötig.

55. Stabilität des Binnenwertes und Stabilität des Außenwertes der Währung können einander im Wege stehen. Die Unabhängigkeit einer europäischen Zentralbank wäre wenig wert, wenn deren Geldpolitik unter das Kuratel wechselkurspolitischer Entscheidungen anderer Instanzen, etwa des Europäischen Rates der Finanzminister, gestellt ist. Dieses Problem wird, obwohl als eminent wichtig erkannt, meist nur am Rande diskutiert. Das hat wohl damit zu tun, daß es eine einfache Lösung dafür nicht gibt.

Denn die äußeren Währungsbeziehungen der Europäischen Gemeinschaft können sicherlich nicht ohne Einschränkungen in die Zuständigkeit der Europäischen Zentralbank gegeben werden. Eine annehmbare Regelung wäre diese: Zur Geldverfassung der Gemeinschaft gehören bewegliche Wechselkurse gegenüber Drittwährungen. Eine autonome Wechselkurspolitik der Gemeinschaft findet nicht statt. Interventionen an den Devisenmärkten ohne Obligo gehören zur Geldpolitik, liegen also im Ermessen der Zentralbank. Änderungen dieser Grundregeln kann der Ministerrat nur einstimmig beschließen. Internationale währungspolitische Abreden geringeren Ranges (im Rahmen der internationalen währungspolitischen Zusammenarbeit) bedürfen des Einvernehmens mit der europäischen Zentralbank.

Mahntafel

56. Bei allen Entscheidungen über Schritte zur Europäischen Währungsunion steht eine Mahntafel vor den Politikern. Es darf nicht dahin kommen, daß es eines fernen Tages rückblickend für alle heißt: Die achtziger Jahre des 20. Jahrhunderts, in denen die europäischen Währungen unter einem informellen Stabilitätszwang der D-Mark standen, waren in der europäischen Währungsgeschichte eine glückliche Zeit, leider nur eine Episode.

Reform der öffentlichen Verwaltung – Mehr Wirtschaftlichkeit beim Management staatlicher Einrichtungen

Vorbemerkung

Die schmerzhaften Erfahrungen bei der Integration des geteilten Deutschlands haben den Blick für die hohe Bedeutung geschärft, die einer gut funktionierenden öffentlichen Verwaltung zukommt. Vielen mag erst bei dieser Gelegenheit bewußt geworden sein, mit welcher Selbstverständlichkeit man erwartet, daß die Verwaltung reibungslos funktioniert. Vor diesem Hintergrund schneidet die öffentliche Verwaltung in den alten Bundesländern noch relativ gut ab. Sie ist aber unangemessen teuer. Bedenkt man den hohen Finanzbedarf für den Wiederaufbau Ostdeutschlands, so können sich weder die neuen noch die alten Bundesländer ein derart kostspieliges Verwaltungssystem leisten.

Vorschläge, das Management und die Organisation des Staatsapparates zu reformieren, sind früher zumeist als Beamtenschelte verstanden und von den Bediensteten des Staates deshalb mit Reserve oder Ablehnung aufgenommen worden. Die jetzt offenbar gewordene Bewährung der Verwaltung hat eine Atmosphäre geschaffen, die einer sachlichen Diskussion dienlich ist. Man muß verstehen, daß es nicht um Einsatzbereitschaft oder Tüchtigkeit öffentlicher Bediensteter geht, sondern um Organisationsformen und Managementregeln, die Ineffizienz und Verschwendung begünstigen und dies ganz unabhängig von den handelnden Personen. Außerdem ist gerade wegen der deutschen Wiedervereinigung die Chance für einen Neuanfang größer geworden: Im Osten muß die Verwaltung ohnehin neu aufgebaut werden, und der Zwang zur Wirtschaftlichkeit ist größer als je zuvor.

Wir sind der Meinung, daß eine Reform des Dienstrechts eine Neugestaltung des Rechnungswesens voraussetzt, wie umgekehrt ein anderes Rechnungswesen weitgehend folgenlos bliebe, falls man nicht die Organisationsregeln der Verwaltung neu faßt. Wenn bisher manche Vorstöße und Anläufe auf diesem Gebiet gescheitert sind, so deshalb, weil man das Rechnungswesen und das Dienst- und Besoldungsrecht als verschiedene Probleme gesehen hat.

Die vorliegende Schrift setzt sich in den Kapiteln I bis IV zunächst mit der Organisation und Wirtschaftskontrolle der öffentlichen Verwaltungen und Haushalte in den alten Bundesländern auseinander und geht in einem besonderen Kapitel (V) auf die Übergangsprobleme in den neuen Bundesländern ein. Gegenstand unserer Überlegungen ist die engere Hoheitsverwaltung; wir behandeln also weder die vielen öffentlichen Regiebetriebe, die auch privatwirtschaftlich betrieben werden könnten, noch das Bildungswesen, Bahn und Post, oder gar öffentliche Unternehmen. Die Schrift stützt sich auf eine umfassendere Untersuchung von Joachim Mitschke, die als Band 3 unserer Schriften zur Ordnungspolitik veröffentlicht wurde ("Wirtschaftliches Staatsmanagement – Anmerkungen zur Organisation, Rechnungslegung und Wirtschaftskontrolle staatlicher Einrichtungen", Hrsg.: FRANKFURTER INSTITUT für wirtschaftspolitische Forschung e.V. und KRONBERGER KREIS, Baden-Baden 1990).

August 1991

Juergen B. Donges, Wolfram Engels
Walter Hamm, Wernhard Möschel
Olaf Sievert
(KRONBERGER KREIS)

I. Zur Wirtschaftlichkeit der öffentlichen Verwaltung: Der Befund

1. Defekte des Systems

Expansion des öffentlichen Personalbedarfs ...

1. Die Anzahl der öffentlichen Bediensteten erhöhte sich in den alten Bundesländern von 1950 bis heute auf mehr als das Doppelte, von 2,26 auf 4,67 Millionen, während die Wohnbevölkerung und die Gesamtzahl der Erwerbstätigen in dieser Zeit nur um etwa ein Fünftel zunahmen. Die Anzahl der Staatsdiener wuchs also fünfmal so schnell wie die Bevölkerung. Kamen 1950 auf einen Staatsdiener neun privatwirtschaftliche Arbeitnehmer, so sind es heute nur noch gut vier.

Es fällt schwer zu glauben, daß die Aufgaben der öffentlichen Verwaltung in gleichem Maße wie die Anzahl der Bediensteten zugenommen haben sollten. Im Jahre 1950 lag die Währungsreform erst eineinhalb Jahre zurück. Vorher war die gesamte Wirtschaft in ein enges Netz staatlicher

Lenkung eingebunden, mit der Bewirtschaftung aller Produkte vom Rohstoff bis zur Verteilung der Waren an die Bevölkerung. Mögen auch viele Staatsaufgaben neu hinzugekommen sein, so darf man doch nicht übersehen, daß zugleich viele weggefallen sind.

... bei empfindlichen Produktivitätsdefiziten

2. Die Prüfungsberichte der Rechnungshöfe und Rechnungsprüfungsämter und eine Fülle empirischer Untersuchungen belegen, daß die öffentliche Verwaltung unwirtschaftlich arbeitet. In einer dieser Untersuchungen sind die Ergebnisse von 42 Studien aus den USA, Australien, Kanada, der Schweiz und der Bundesrepublik aus den Jahren 1970 bis 1981 zusammengefaßt. Kosten und Produktivität öffentlicher und privater Anbieter wurden für 19 verschiedene Aufgabenbereiche verglichen. In 6 Fällen zeigten sich keine signifikanten Unterschiede. Gerade 3 Untersuchungen kamen auf eine höhere Wirtschaftlichkeit öffentlicher Leistung, während 33 Untersuchungen öffentliche Produktivitätsdefizite feststellten. Die Mehrkosten reichten von 5 bis 5100 Prozent. Dabei ist allerdings zu bedenken, daß sich die Vergleiche notwendigerweise auf Leistungen beschränkten, bei denen das öffentliche Angebot mit vergleichbaren privaten Anbietern konkurriert. Erfaßt wurden Flug-, Bus- und Eisenbahnlinien, Banken, Reinigungsdienste, Elektrizitäts- und Wasserversorgung, Feuerwehr, Krankenhäuser, Forstwirtschaft, Hochbau, Versicherungswesen und Wettervorhersage.In diesen Bereichen sind zudem die Organisationsaufgaben und Managementaufgaben gleich oder ähnlich denen in der privaten Wirtschaft. Die Lufthansa oder die Sparkassen sind zwar staatlich; sie arbeiten aber nach denselben Prinzipien wie private Fluglinien oder Banken. Solche Unternehmen unterliegen deshalb einem weit höheren Druck zur Wirtschaftlichkeit als der Bereich der Hoheitsverwaltung.

Was eine sparsame Organisation voraussetzt

3. Organisation ist das Zusammenwirken von Menschen zu einem bestimmten Zweck, dem Organisationsziel. Die einzelnen Mitglieder der Organisation haben in der Regel ganz andere persönliche Ziele. Ein Kohlebergwerk will Kohle fördern und mit Gewinn verkaufen; die Polizei soll die Bürger vor Verbrechern schützen. Der einzelne Bergmann oder Polizist dagegen will sich selbst und seine Familie anständig ernähren, will Sicherheit und Anerkennung. Man muß das einzelne Mitglied

also dazu bringen, zum Organisationsziel beizutragen. Das erreicht die Organisation dadurch, daß sie die Erfüllung der persönlichen Ziele fördert, falls und insoweit das Mitglied das Ziel der Organisation verfolgt. Diese Gleichrichtung von Individualinteresse und Organisationsinteresse wird nie vollständig gelingen. Es ist möglich, daß das Mitglied nicht oder zu schwach motiviert wird. Dann wird es weniger zum Organisationsziel beitragen, als es eigentlich vermöchte. Schlimmer ist die Fehlmotivation: Das Mitglied handelt dann gegen statt für die Organisationszwecke. In beiden Fällen werden Organisationen ineffizient, und zwar im Sinne des Ziels, dem sie dienen sollen, gleichviel ob das die Gewinnerzielung durch Brückenbau, die Bekehrung von Heiden, die Verhütung von Verbrechen oder der Entwurf von Gesetzen ist. In dieser allgemeinen Form gilt das für jede Organisation – Unternehmen, Finanzamt, Armee.

Fehlender Druck zur Leistungssteigerung

4. In der Wirtschaft wird die Effizienz von Organisationen durch den Wettbewerb erzwungen. Sind sie nicht genügend leistungsfähig, so scheiden sie aus. Wir haben uns längst daran gewöhnt, daß jedes Jahr Produktivitätszuwächse von zwei, drei oder mehr Prozent eintreten, und wir erklären sie häufig mit dem technischen Fortschritt. Damit greift man zu kurz. Technischer Fortschritt entsteht seinerseits dadurch, daß es ein Interesse an besserer Leistung gibt. Die öffentliche Verwaltung steht nicht im Wettbewerb und deshalb nicht unter Existenzdruck zur Leistungssteigerung. Trotzdem kann man das Interesse daran schaffen. Umgekehrt gilt aber auch, daß der Einsatz von neuester Technik in Verwaltungen nichts bringt, wenn dieses Interesse fehlt. Es gibt vermutlich nicht wenige Bereiche des öffentlichen Dienstes, in denen in den vergangenen Jahrzehnten Produktivitätssteigerungen erzielt wurden. Denen stehen viele andere gegenüber, in denen die Produktivität verfallen ist. Mehr als Vermutungen lassen sich darüber freilich nicht anstellen, weil es kein Rechnungswesen gibt, das die Wirtschaftlichkeit mißt.

5. Private Unternehmen motivieren ihre Angestellten, sich zum Wohl der Gesamtorganisation einzusetzen, durch leistungsabhängige Gehälter, durch Beförderung, durch Statussymbole u.a.. Dazu müssen sie zunächst einmal feststellen, ob und inwieweit der einzelne zum Gesamtziel beiträgt. Dafür braucht man ein geeignetes Rechnungswesen. In den vergangenen Jahrzehnten wurden Unternehmen immer weiter dezentralisiert. An die Stelle des Prinzips von Befehl und Gehorsam ist das Prinzip der Erfolgs-

verantwortung getreten mit der Folge, daß die Entscheidungsspielräume des einzelnen immer weiter ausgedehnt werden konnten.

Die öffentliche Verwaltung zeigt teilweise das Gegenteil. Die Beförderung nach Leistung ist selten geworden; sie wird von der Regelbeförderung verdrängt. Nicht Verdienste, sondern Dienstjahre entscheiden über die Beförderung. Wenn der Ehrgeizige und Fleißige feststellt, daß seine Leistung dem Fortkommen nicht nutzt, dann wird er sie nicht mehr erbringen.

Kein Eigeninteresse zur Wirtschaftlichkeit

6. Noch schlimmer ist im öffentlichen Dienst die Fehlmotivation: Der einzelne wird belohnt, wenn er gegen die Interessen der Organisation handelt. Die zentrale Haushaltsplanung der Gebietskörperschaften und die dezentrale der nachgeordneten Behörden beruhen mit Ausnahme von Kosten-Nutzen-Untersuchungen nach § 6 Abs. 2 BHO auf mehr oder minder plausibler Fortschreibung der Haushaltsansätze des Vorjahres. Wirtschaftet eine Behörde sparsam, so droht ihr die Mittelkürzung im nächsten Jahr. Deshalb werden zum Ende des Jahres die Mittelzuweisungen verschwenderisch ausgeschöpft ("Dezemberfieber").

Da die Bedeutung einer Position zumindest teilweise nach der Größe des verwalteten Etats und nach der Anzahl der Untergebenen eingeschätzt wird, hat jeder Vorgesetzte im staatlichen Verwaltungsapparat ein Eigeninteresse daran, möglichst hohe Etatmittel zu akquirieren und möglichst viele Stellen (in möglichst hohen Einstufungen) anzufordern. Den Behördenleiter, der eine Verminderung seines Etats oder eine Reduzierung des Stellenplans beantragt hätte, gibt es nicht. Er könnte sich auch nicht behaupten, weil er von Kollegen und Vorgesetzten bestenfalls als Narr angesehen würde: Es wird von jedem leitenden Beamten erwartet, daß er für seine Behörde kämpft, also mehr Geld und Stellen anfordert.

7. Der Behördenapparat entwickelt deshalb aus dem Eigeninteresse der Beteiligten keine Tendenz zur Wirtschaftlichkeit, sondern zur Verschwendung. Das Gegengewicht dazu bildet die Begrenztheit der insgesamt verfügbaren Mittel. Nur die Finanznot bringt den Staat zur Sparsamkeit. Da aber die Wirtschaftlichkeit der Leistungserstellung heute überhaupt nicht beurteilt werden kann, ist solche Sparsamkeit oft unwirtschaftlich. Sie bedeutet häufig Leistungsverminderung durch schlechte Ausstattung. Wer durch Zauberschlag in einen Büroraum versetzt würde, in dem die Roll-

schränke klemmen, die Stühle spartanisch sind, die Schreibmaschinen Antiquitäten darstellen, der wüßte sogleich, daß er sich in einer Amtsstube befindet.

Das organisatorisch erzeugte Mißtrauen oben in die Angemessenheit der Mittelanforderung von unten drängt zur Zentralisierung. An sich wäre es vernünftig, einem Finanzamt, einer Schule oder Universität die Mittel global zuzuweisen. Die Zuständigen vor Ort wissen allemal besser als die Ministerien, wie sie ihre Ziele wirtschaftlich erreichen könnten. Da man aber nicht davon ausgehen kann, daß sie die Ziele wirtschaftlich erreichen wollen, schreiben die übergeordneten Behörden bis ins einzelne vor, für welche Zwecke wieviel Geld ausgegeben werden darf. Während der normale Angestellte in der Wirtschaft immer mehr Gestaltungsspielraum gewinnt, hat der normale Beamte immer mehr Gestaltungsspielraum verloren.

System- statt Personalmißstände

8. Theorie und Beobachtung sprechen dafür, daß die öffentliche Verwaltung weniger wirtschaftlich ist, als sie es sein könnte. Nichts spricht jedoch dafür, daß daran die öffentlichen Bediensteten schuld sind. Im Gegenteil: In vielen Bereichen kann der Staat unter den besten Bewerbern eines Jahrganges auswählen. Der Bedienstete arbeitet in einem System, das ihn teils demotiviert, teils fehlmotiviert, das seine Fähigkeiten nicht ausschöpft, seine Gestaltungsspielräume beschneidet, seinen Arbeitsplatz kümmerlich ausstattet. Dafür kann er nichts, darunter leidet er vielmehr. Wenn er seine Diensträume verlassen hat, muß er sich überdies noch Witze über faule Beamte anhören. Es ist deshalb nicht im Interesse des Steuerzahlers, sondern auch des öffentlichen Dienstes selbst, ein System zu reformieren, das dessen Ansehen untergräbt.

2. Woran Reformvorhaben scheitern mußten

Überständige Reformvorhaben der Bundesregierung

9. Im Jahre 1970 berief die Bundesregierung auf Beschluß des Bundestages eine Studienkommission beim Bundesminister des Innern mit dem Auftrag, "Vorschläge für eine zeitgemäße Weiterentwicklung eines modernen öffentlichen Dienstes" zu unterbreiten. Die Kommission legte 1973

ihren Bericht vor. Die Bundesregierung griff 1976 zahlreiche Vorschläge der Kommission in einem Aktionsprogramm zur Dienstrechtsreform auf.

Obwohl auch spätere Regierungen eine Neuordnung des öffentlichen Dienstrechts für notwendig hielten, dämmert das Reformvorhaben seit nunmehr anderthalb Jahrzehnten vor sich hin. Es teilt damit das Schicksal einer Vielzahl politischer und literarischer Versuche, die bürokratische Organisation der Hoheitsverwaltung stärker auf Leistung und Wirtschaftlichkeit auszurichten. Bevor ein neuer Anlauf genommen wird, ist deshalb danach zu fragen, warum sich so wenig bewegt.

Organisatorische Vorbedingungen des öffentlichen Haushalts- und Rechnungswesens

10. Der entscheidende Mangel bisheriger Reformentwürfe liegt darin, daß die Reform des Dienstrechts und der Besoldung und die Neugestaltung des öffentlichen Rechnungswesen als verschiedene Probleme gesehen wurden. Das Rechnungswesen ist aber das zentrale Organisationsinstrument, das eine Reform des Dienstrechts und der Besoldung erst möglich macht. Würde man unter heutigen Bedingungen die Beförderung nach Leistung zur Regel und die Regelbeförderung zur Ausnahme machen, so würde man nicht Leistung, sondern Liebedienerei hervorrufen und der politischen Protektion Tür und Tor öffnen – einfach deshalb, weil Leistung nicht gemessen wird, das Urteil also völlig vom Wohlwollen des Vorgesetzten abhängt. Wenn es dem Leiter des Paßamtes in Oldenburg gelingt, mehr Mittel und Personal zu beschaffen als seinem Kollegen in Delmenhorst, dann verbessert er seine Beförderungschancen. Gäbe es dagegen eine Kostenrechnung, aus der sich entnehmen läßt, daß die Ausstellung eines Passes in Delmenhorst um ein Viertel billiger ist als in Oldenburg, dann wäre damit die Leistungsfähigkeit des Delmenhorster Amtes dokumentiert, und man könnte auch die Beförderungschancen seines Leiters daran knüpfen. Wenn es also Systeme von Kosten- und Leistungskennzahlen gäbe, dann würde es zur Regel, daß Behördenleiter Mittel- und Stellenkürzungen beantragen. Sobald man Leistung mißt und belohnt, kann man den Behördenleitern auch viel mehr Gestaltungsmöglichkeiten bei der Mittelverwendung einräumen. Selbst dort, wo man Leistung nicht unmittelbar messen und dem einzelnen zurechnen kann, würde das Urteil des Vorgesetzten objektiviert: Er wäre auf die Leistungsfähigkeit und Einsatzbereitschaft seiner Mitarbeiter angewiesen, weil das Urteil über ihn selbst von der Leistung seiner Behörde abhinge.

11. Haushaltspläne sind selbstverständlich unverzichtbar; sie geben aber dem Bürger auf viele Fragen keine Antwort und bieten den Parlamenten oft keine sachgerechte Entscheidungsbasis. So mag etwa ein Gemeindehaushalt ein hohes Defizit ausweisen. Mit diesem Defizit wird dann ein Bedarf an Zuschuß aus dem Landeshaushalt oder eine Erhöhung der Gewerbesteuer begründet. Nun ist es gleichwohl möglich, bei Gemeinden sogar häufig, daß ein Defizit als Finanzierungssaldo mit einer Vermögensmehrung ("Gewinn") einhergeht. Müßte die Gemeinde eine Vermögensrechnung ("Bilanz") veröffentlichen, so fielen manche politischen Entscheidungen anders aus. Entsprechendes gilt für Kostenrechnungen. Wüßten die Gemeinderäte, was ein Paß, eine Automobilzulassung, eine Baugenehmigung kostet und hätten sie Vergleichsdaten aus anderen Gemeinden, dann entstünde politischer Druck zur Wirtschaftlichkeit, der sich heute, mangels Information, nicht entwickeln kann. Solche Vergleichsdaten erhalten die Parlamentarier heute nicht einmal für die "Kostenrechnenden Stellen": Die Kosten der Müllabfuhr pro 120-Liter-Tonne werden zwar ermittelt, aber nicht veröffentlicht. Obgleich diese Kosten (nicht die Gebühren!) in den teuersten Gemeinden beim Doppelten der billigen Gemeinden liegen, ergeben sich keine parlamentarischen Initiativen, weil die Zahlen nicht bekannt werden. Auch für die Entscheidung, ob eine Gemeinde eine bestimmte Tätigkeit selbst übernehmen oder ob sie ein Unternehmen damit beauftragen sollte, fehlen den Gemeindevertretern sachgerechte Entscheidungsdaten.

II. Zur Organisation der öffentlichen Verwaltung

1. Verfassungsrechtlicher Rahmen

Das Wirtschaftlichkeitsgebot der Verfassung ...

12. Verfassung und Haushaltsrecht schreiben den Parlamenten, Behörden und öffentlichen Unternehmen Wirtschaftlichkeit als Nebenbedingung ihrer spezifischen Auftragserfüllung vor. Nach Art. 114 Abs. 2 GG hat der Bundesrechnungshof in richterlicher Unabhängigkeit "die Rechnung sowie die Wirtschaftlichkeit und Ordnungsmäßigkeit der Haushalts- und Wirtschaftsführung" zu prüfen. Vergleichbare Aufgaben finden sich für die Landesrechnungshöfe in den Länderverfassungen. Die Bundeshaushaltsordnung präzisiert den Verfassungsauftrag zur Wirtschaftsführung da-

hingehend, daß sich die Prüfung des Rechnungshofs insbesondere darauf erstreckt, ob

- "die Einnahmen und Ausgaben begründet ... sind" (§ 90 Nr. 2 Bundeshaushaltsordnung),
- "wirtschaftlich und sparsam verfahren wird" (§ 90 Nr. 3) und
- "die Aufgabe mit geringerem Personal- oder Sachaufwand oder auf andere Weise wirksamer erfüllt werden kann" (§ 90 Nr. 4).

Entsprechend solchem Kontrollprinzip von Verfassungsrang ordnen § 7 Abs. 1 Bundeshaushaltsordnung für den Bundeshaushalt und § 6 Abs. 1 Haushaltsgrundsätzegesetz gleichlautend für die Länder- und Gemeindehaushalte an, daß "bei Aufstellung und Ausführung des Haushaltsplans ... die Grundsätze der Wirtschaftlichkeit und Sparsamkeit zu beachten (sind)." Neben solcher ausdrücklichen, aber allgemein gehaltenen Aufforderung zu einer sparsamen Bewirtschaftung öffentlicher Mittel finden sich in den Haushaltsordnungen von Bund, Ländern und Gemeinden eine ganze Reihe spezieller Anweisungen zur Sparsamkeit.

... für Haushaltsplanung und Haushaltsvollzug

13. Abgesehen von allen besonderen Ausprägungen und unterschiedlichen Sprachregelungen ist unter Wirtschaftlichkeit oder Sparsamkeit ganz allgemein das Gebot zu verstehen, entweder ein bestimmtes Handlungsergebnis mit möglichst geringem Einsatz von Mitteln oder mit einem bestimmten Einsatz von Mitteln das bestmögliche Ergebnis zu erzielen.

Dies ist sowohl als Auftrag an Regierungen und Parlamente bei der Planung der Haushalte als auch als Auftrag an Behörden und Ämter beim Vollzug der Haushalte zu verstehen. Das Wirtschaftlichkeitsgebot der Haushaltsplanung verlangt insbesondere zu prüfen, ob die Erfüllung eines in Menge und Qualität bestimmbaren Leistungsziels einer Behörde im Vergleich zu anderen Alternativen ein mittelsparender Beitrag zur übergeordneten politischen Zielsetzung ist. Die Kontrolle des wirtschaftlichen Haushaltsvollzugs konzentriert sich hingegen auf die Untersuchung, ob die Behörde ihrerseits das vorgegebene Leistungsziel mit dem geringsten Verbrauch an wirtschaftlichen Einsatzgütern, also unter größtmöglicher Kostenwirtschaftlichkeit, erreicht hat.

14. Kann sich eine auf Kostenwirtschaftlichkeit bedachte Führung staatlicher Einrichtungen auf die verfassungsrechtlichen Regelungen zum "Finanzwesen" berufen, so ist gleichwohl zu bedenken, inwieweit die Haushaltsbestimmungen der Verfassung mit den von der Verfassung garantierten "staatsbürgerlichen Rechten" in Konkurrenz stehen und durch sie möglicherweise eingeschränkt werden. Nach Artikel 33 GG ist nämlich "die Ausübung hoheitsrechtlicher Befugnisse ... als ständige Aufgabe in der Regel Angehörigen des öffentlichen Dienstes zu übertragen" (Abs. 4) und "das Recht des öffentlichen Dienstes ... unter Berücksichtigung der hergebrachten Grundsätze des Berufsbeamtentums zu regeln" (Abs. 5).

Da Personalaufwendungen in der öffentlichen Verwaltung den größten Teil der Kosten ausmachen und die Produktivität der eingesetzten Arbeit Niveau und Qualität des Leistungsergebnisses entscheidend bestimmt, ist ohne die Möglichkeit, Leistungswillen und Leistungsvermögen der Bediensteten zu fördern und zu nutzen, Kostenwirtschaftlichkeit nicht zu erreichen. Immerhin zählt das Alimentationsprinzip, also eine weitgehend leistungsunabhängige Versorgungszusage des öffentlichen Dienstherrn, nach der Auffassung des Bundesverfassungsgerichts zu den hergebrachten Grundsätzen des Berufsbeamtentums.

Keine Reformhindernisse durch beamtenrechtliche Verfassungsgarantien

15. Indes ist unstreitig, daß auch das Leistungsprinzip zu den hergebrachten Grundsätzen des Berufsbeamtentums zählt. Das Spannungsverhältnis beider Leitsätze regelt sich nach herrschender Rechtsauffassung durch die Beschränkung der staatlichen Unterhaltsgarantie auf jene Versorgung, die eine dem gesellschaftlichen Versorgungsniveau und der Berufsausbildung angemessene Lebensführung und damit die zur Amtsausübung notwendige Unabhängigkeit und Unparteilichkeit des Bediensteten gewährleistet. Von Regelbeförderung, Anciennitätsprinzip und kollektiver Anhebung des Stellenkegels ist nicht die Rede. Demnach bleibt genügend verfassungsrechtlicher Gestaltungsspielraum, auch die öffentliche Personalwirtschaft auf Sparsamkeit auszurichten.

2. Die Abstimmung von bürokratischen und unternehmerischen Organisationselementen

Die Organisationsziele der Gesetzmäßigkeit, Bürgerfreundlichkeit und Kostenwirtschaftlichkeit.

16. Die Erfüllung öffentlicher Verwaltungsaufgaben erfordert die planende Vorbereitung, die Ausführung und die Kontrolle der Behördenleistung. Oberste Richtlinie der Aufgabenerfüllung ist die Gesetzmäßigkeit der Verwaltung, wie sie die Verfassung in Art. 20 und 28 des Grundgesetzes für Bund, Länder, Gemeinden und Gemeindeverbände fordert. Die rechtliche Bindung umfaßt insbesondere generelle Verfassungsgebote wie Gleichbehandlung, Verhältnismäßigkeit und Vertrauensschutz. Aus dem demokratischen und sozialstaatlichen Verfassungsverständnis (Art. 20 Abs. 1 GG) leitet sich als zweites Organisationsziel die Bürgerfreundlichkeit der Verwaltung ab. Sie gebietet partnerschaftliche Umgangsformen zwischen Verwaltung und Bürgern, ausreichende Beratung und Information, Verständlichkeit der Verwaltungshandlungen und Verwaltungsbescheide sowie angemessene Bearbeitungszeiten. Ungebührliche Verzögerungen können faktisch auf Rechtsverweigerung hinauslaufen. Bürgerfreundlichkeit der Verwaltung ist nicht nur eine Frage des Demokratieverständnisses, sie kann sich auch schlicht aus Effizienzgesichtspunkten empfehlen. Häufig genug ist nämlich die Verwaltung, wie etwa bei der Steuererhebung oder Volkszählung, jenseits von Sanktionsdrohungen auf die sich auf Einsicht gründende Mitwirkungsbereitschaft der Bürger angewiesen.

Sowohl Verfassungsnormen als auch ökonomische Vernunft fordern schließlich als drittes allgemeines Organisationsziel die Kostenwirtschaftlichkeit der Verwaltung. Während das Legalitätsgebot als vorrangiges und unabdingbares Organisationsprinzip des Verwaltungsauftrags keine Abstriche zuläßt, besteht in Grenzen die Möglichkeit, zwischen bürgerfreundlicheren oder kostenwirtschaftlicheren Organisationslösungen zu wählen, wenn es keine Maßnahmen gibt, die gleichzeitig die Annäherung an beide Zielsetzungen erlauben. Es kann also neben Komplementarität auch ein Zielkonflikt zwischen der Qualität und der Kostenwirtschaftlichkeit der Verwaltungsleistung bestehen: Die schnellere und deshalb bürgerfreundlichere Bearbeitung saisonaler Massenanträge auf Arbeitslosengeld oder Lohnsteuerjahresausgleich ist nur mit kostspieligen Vorhaltekapazitäten an Personal und EDV-Geräten zu erreichen. Bei Dominanz der Bürgerfreundlichkeit muß hier gegen kostenwirtschaftliche Nachteile und Budgetrestriktionen einer Organisationslösung abgewogen werden.

Verwaltungsorganisation und Unternehmensorganisation: Verwandtschaft und Unterschiede

17. Es ist bemerkenswert, daß in Wirtschaftsordnungen, die die Koordination und Kontrolle von Produktionsentscheidungen Märkten überantworten, beobachtet werden kann, daß die Basiseinheiten des Marktsystems überwiegend streng hierarchisch gegliedert sind und sie die Produktionsbeiträge ihrer einzelnen Organisationsmitglieder im allgemeinen erfolgreich über eine zentrale Planung abstimmen. Die Vorteilhaftigkeit dezentraler gegenüber zentraler Lenkung ist eine Funktion des erforderlichen Informations- und Abstimmungsbedarfs.

In der Tat begegnet man mit zunehmender Unternehmensgröße den bürokratietypischen Problemen zentraler Lenkung mit der Folge, daß die Produktivitätsgewinne einer tiefgestaffelten Arbeitsteilung ganz oder teilweise über die Kosten der Informationsverarbeitung und Koordination der hierarchischen Instanzen verlorenzugehen drohen. Im Unterschied zu Behörden reagieren freilich Großunternehmen auf diese Gefahr, indem sie die Abstimmung zwischen den einzelnen verrichtungsorientierten Betriebsabteilungen durch produktbezogene Verantwortungsbereiche institutionell sichern und sich auf die Vorzüge dezentraler Marktorganisation zurückbesinnen: Weitgehend eigenständige "Profit-Centers" stehen für die rentable Erzeugung bestimmter innerbetrieblicher Leistungen, Vor-, Zwischen- oder auch Endprodukte.

18. Die Kybernetik kennt zwei grundlegende Funktionsprinzipien zur Ausrichtung eines biologischen, technischen oder sozialen Organisationssystems auf die ihm gesetzten Ziele: das Prinzip der "Steuerung" und das Prinzip der "Regelung". Die Steuerung versucht die für die Zielerfüllung notwendigen Operationen so einzurichten, daß Störeinflüssen, die im voraus vermutet werden können, durch geeignete Maßnahmen entgegengewirkt wird. Ein Vergleich zwischen dem angestrebten und dem tatsächlich erzielten Prozeßergebnis (Soll-Ist-Vergleich) findet nicht statt, so daß unerwartete Änderungen der Prozeßbedingungen durch Einflüsse von außen keine Korrektur des Prozeßablaufs auslösen.

Das Prinzip der Regelung unterscheidet sich von der Steuerung dadurch, daß das Prozeßziel Bestandteil des Regelungsablaufs wird und das tatsächlich erreichte Prozeßergebnis laufend mit dem angestrebten Prozeßergebnis verglichen wird. In Abhängigkeit von der Zielabweichung werden selbsttätig kompensatorische Maßnahmen ausgelöst ("Rückkopplung", "Feed-back"), so daß auch unerwartete Änderungen der Prozeßbedingungen einbezogen werden.

19. Während die bürokratische Organisation mit ihren fest geregelten und standardisierten Verfahrensweisen zur Bewältigung von Arbeitssituationen vorwiegend nach dem Prinzip der Steuerung funktioniert, folgt die unternehmerische Organisation idealtypisch dem Regelungsprinzip. Dies setzt einerseits voraus, daß den Mitarbeitern auf den verschiedenen Ebenen der Hierarchie Ziele und Subziele der Unternehmensführung bekanntgegeben werden (management by objectives). Andererseits macht es das rückkoppelnde Regelungsprinzip erforderlich, den Mitarbeitern oder Mitarbeitergruppen Wahlfreiheit bei der Gestaltung ihrer Tätigkeiten einzuräumen, damit sie auf unvorhergesehene Arbeitsereignisse schnell und flexibel reagieren können. Die Unternehmensorganisation steuert ihre Ziele also nicht wie die Bürokratie über die expliziten Arbeits- und Entscheidungsnormen einer Dienstvorschrift, sondern vorwiegend über implizite Verhaltensregeln an, die sich aus dem vorgegebenen Ziel oder Subziel ableiten.

Für welche Ziele sind welche Organisationsformen tauglich?

20. Der erweiterte Handlungsspielraum eines aufgaben- und ergebnisorientierten Führungsstils bringt notwendigerweise erhöhte Eigenverantwortlichkeit für den einzelnen mit sich, da Entscheidungen nicht generell auf Dienstvorschriften und Arbeitsanweisungen beruhen.

Solche Erweiterung der Verantwortlichkeit wird in einer demokratischen Gesellschaft eher als Arbeitsanreiz denn als abzuwehrendes Arbeitsrisiko verstanden, wie der hartnäckige Kampf um betriebliche Mitbestimmungsrechte und die von den Unternehmen aufgegriffenen Bestrebungen nach kooperativen Führungsmethoden belegen. Die Einbeziehung der Eigeninteressen der Mitarbeiter und die Belohnungen in Form freizügiger sachlicher und zeitlicher Arbeitsgestaltung sind dabei weniger als uneigennützige Zugeständnisse an die Humanisierung der Arbeitswelt zu sehen, sondern entspringen zielsicher kalkulierter Förderung der Arbeitsproduktivität.

21. Die bürokratische Führung über explizite, ins einzelne gehende Dienstvorschriften hat ihre Vorzüge, wenn wenig komplexe und abstimmungsbedürftige, gleich oder ähnlich wiederkehrende Aufgaben mit standardisierten Informations- und Entscheidungserfordernissen zu bewältigen sind, etwa die Ausfertigung von Steuer- und Wohngeldbescheiden, die Zulassung von Kraftfahrzeugen oder die Registrierung von Einwohnern. Sie gewährleistet hier ohne kostenwirtschaftliche Nachteile die Rechtmäßigkeit und Willkürfreiheit des Verwaltungsvollzugs.

Die Führung über Dienstvorschriften versagt, wenn die zu erfüllenden Aufgaben komplex und wie etwa bei der Stadtplanung oder der Ausarbeitung von Gesetzesentwürfen nicht programmierbar sind, die wirtschaftlichen und sozialen Merkmale des Verwaltungsumfeldes sich rasch und unvorhersehbar ändern oder der Informations- und Koordinationsbedarf sehr hoch ist.

Von der weisungsabhängigen zur erfolgsabhängigen Amtsführung

22. Man wird grob sagen können, daß das der Hoheitsverwaltung gesetzte vorrangige Ziel der Rechtmäßigkeit sich für Behörden der unteren und mittleren Verwaltungsebene im allgemeinen besser über bürokratische Elemente der Organisationslenkung erreichen läßt, während die Ziele der Bürgerfreundlichkeit und Kostenwirtschaftlichkeit der Verwaltung nach unternehmensspezifischen Führungsmethoden verlangen. Die Unabdingbarkeit des Rechtmäßigkeitsgebots macht für Aufbau und Ablauf der Hoheitsverwaltung eine bürokratische Rahmenorganisation notwendig, die sich auf Entscheidungshierarchien und Dienstvorschriften als explizite Verhaltensregeln bei der Verrichtung von Amtsgeschäften stützt. Das Korsett einer bürokratischen Rahmenorganisation ist im Hinblick auf die anderen Verwaltungsziele durch ein ergebnisbezogenes Führungsprinzip mit impliziten Verrichtungsregeln zu lockern, soweit sich die Aufgaben hinreichend konkret bestimmen lassen.

Die Personalorganisation ist unabhängig von der Art der Aufgabenstellung auf den produktiven Leistungsbeitrag auszurichten, wobei lediglich die zur Unabhängigkeit hoheitlicher Verwaltung erforderliche Alimentation und Unkündbarkeit der Bediensteten Grenzen ziehen. Neben den ideellen Arbeitsanreizen durch Übertragung von Anordnungsbefugnissen und Verleihung von Amtstiteln sind über die Beförderungs- und Besoldungsordnung insbesondere auch materielle Leistungsmotive zu fördern. Um die Leistungsbeiträge von Mitarbeitern und die Kostenwirtschaftlichkeit von Referaten, Abteilungen und Behörden beurteilen und kontrollieren zu können, muß man nach privatwirtschaftlichem Vorbild geeignete Rechnungsinstrumente bereitstellen.

3. Stärkung dezentraler Entscheidungs- und Wirtschaftsautonomie

Ausräumbare Effizienzhindernisse des Haushaltsrechts

23. Die vielfach belegte Erkenntnis, daß Freude an der Arbeit, Selbständigkeit, Verantwortlichkeit und Abwechslungsreichtum in der Rangskala von Arbeitsmotiven sehr weit oben stehen, hat auch in der Verwaltung zur Entwicklung und Erprobung von Lenkungsmodellen geführt, die sich ausdrücklich oder unausgesprochen auf die Grundgedanken der aufgaben- und delegationsorientierten Personalführung stützen (management by objectives, management by delegation).

Indes stößt die Verwirklichung solcher Lenkungsmodelle sehr schnell an die Grenzen des geltenden Haushaltsrechts. Entsprechend unbestrittenen Budgetanforderungen beherrschen die Grundsätze der Einzelveranschlagung und der sachlichen und zeitlichen Spezifizierung von Einnahmen, Ausgaben und Verpflichtungsermächtigungen die Haushaltsplanung der Gebietskörperschaften. Überzeugt es aus Gründen der Transparenz und Nachprüfbarkeit der Planung durchaus, daß die Haushaltsansätze nach einem "Gruppierungsplan" und regelmäßig nur für einen einjährigen Planungszeitraum veranschlagt werden, so leuchtet es keineswegs ein, daß die Grundsätze der sachlichen und der zeitlichen Bindung auch für die Ausführung des Haushaltsplans generell verpflichtend sind. Die Notwendigkeit, das zur Erfüllung eines Auftrags erforderliche Budget detailliert zu planen, begründet keine Notwendigkeit, den so festgelegten Budgetrahmen wider spätere, bessere Einsicht genau nach den im voraus veranschlagten Detailzwecken auszufüllen.

24. Der Haushaltsplan ist nicht zuletzt ein auf die Gewährleistung der Liquidität ausgerichteter Finanzierungsplan der öffentlichen Hand. Der Finanzierungssaldo einer organisatorischen Untereinheit wie einer Behörde errechnet sich als Differenz ihrer Einnahmen und Ausgaben. Die Liquiditätszielsetzung der Haushaltsplanung erfordert nun allein, daß ein im Haushaltsplan veranschlagter Finanzbedarf der Behörde in der Rech-

nungsperiode tatsächlich nicht überschritten bzw. ein geplanter Finanzüberschuß nicht unterschritten wird. Sie verlangt hingegen nicht, daß die tatsächliche Struktur der Einzelgründe von Einnahmen und Ausgaben mit der geplanten übereinstimmt. Selbstverständlich kann auch so der Vollzug des Haushaltsplans buchhalterisch überprüft werden, da die strukturellen Planabweichungen ja keine Rechenschafts- und Belegpflichten aufheben.

Der Haushaltsgesetzgeber hat derartige Überlegungen zu einem flexiblen Vollzug des Haushaltsplans zwar nicht übersehen, wenn er bundes- und landesrechtlich die Möglichkeit der einseitigen und gegenseitigen Deckungsfähigkeit sowie der bedingten zeitlichen Übertragbarkeit von Mittelbewilligungen einräumt. Nach herrschender Rechtsauffassung stellen die Bestimmungen zur Deckungsfähigkeit und Übertragbarkeit jedoch als "gezielte Durchbrechungen" die Ausnahmen von der Regel der sachlichen und zeitlichen Mittelbindung dar, so daß die Haushaltsgesetze etwa vom Deckungsvermerk nach § 20 Abs. 2 Bundeshaushaltsordnung keinen allgemeinen Gebrauch machen.

Behördenportefeuille statt Titelbewirtschaftung

25. Mit einer breiten Ausschöpfung der bereits angelegten parlamentarischen Haushaltsbefugnisse, also einer Erweiterung der haushaltsrechtlichen Deckungs- und Übertragbarkeitsbestimmungen, können die Voraussetzungen für eine ergebnisorientierte Behörden- und Mitarbeiterführung geschaffen werden. Der für den Zentralhaushalt geltende Grundsatz der Gesamtdeckung ("Nonaffektation") wird etwas abgewandelt auf die Haushaltsführung der dezentralen Behörden und Ämter übertragen, wo immer die Zweck- und Periodenbindung der Haushaltstitel nicht eine besondere und ausdrückliche Zielsetzung des Haushaltsgesetzgebers verfolgt. Die Erweiterung von Deckungs- und Übertragungsbefugnissen eröffnet Möglichkeiten zu einer wesentlich sparsameren, weil flexibleren Mittelbewirtschaftung. Der Behördenleiter wird im Rahmen des vorgegebenen Behördenbudgets ("Portefeuille") ähnlich einem Unternehmensleiter in die Lage versetzt, die Kosten für die von seiner Behörde zu erbringenden Verwaltungsleistungen durch bedarfsgerechten Einsatz der personellen und sachlichen Organisationsmittel zu senken. Deckungsfähigkeit und Übertragbarkeit der zugewiesenen Mittel verhindern, daß Geld für unnötige Einsatzgüter aus reichlich ausgestatteten Titeln verschwendet wird, notwendige Organisationsmittel wegen knapper Ansätze fehlen und man be-

willigte Mittel nur deshalb ausschöpft, weil sonst die Kürzung der künftigen Haushaltsansätze zu befürchten ist.

In Abhängigkeit von der Größe und organisatorischen Tiefengliederung der Behörde ist das Behördenbudget auf Abteilungen, Referate und gegebenenfalls Arbeitsplätze als bindende finanzwirtschaftliche Zielvorgabe zu verteilen. An die Stelle einer an abstrakten Haushaltstiteln ausgerichteten Finanzwirtschaft tritt so – wie im Privatunternehmen – eine Finanz- und Kostenwirtschaft, die auf personelle Verantwortungs- und Erfolgsbereiche abstellt.

4. Zurück zur leistungsbezogenen Besoldung und Beförderung

Arbeitsgestaltung und Entlohnung als Leistungsmotive

26. Die Stärkung dezentraler Entscheidungs- und Wirtschaftsautonomie zielt durch Delegation sachlicher und finanzieller Verantwortung in erster Linie auf die Förderung von Anreizen der Arbeitsgestaltung. Politisch gewendet bedeutet dies, daß die Mitwirkungskompetenzen in den Grenzen einer nicht disponiblen bürokratischen Grundstruktur der Hoheitsverwaltung erweitert werden. Wie anders als durch die Erfahrung sachlicher Begrenzung autoritärer Vollmacht in der eigenen Arbeitsorganisation sollte auch die Verwaltung zu einem bürgerfreundlichen, der Demokratie angemessenen Vollzug ihrer Aufgaben finden?

Nun reicht freilich der Arbeitsansporn durch Arbeitsinhalt und Selbstbestimmungsfreiheit keinesfalls so weit, daß auf eine die Leistung betonende Gestaltung der Besoldungs- und Beförderungsordnung des öffentlichen Dienstes verzichtet werden könnte. Es liegt auf der Hand – und wird auch so durch einschlägige Untersuchungen bestätigt-, daß Arbeitsgestaltungsmotive trotz ihres generell hohen Stellenwerts nur dann Vorrang vor anderen Leistungsmotiven haben, wenn die Entlohnung – wie etwa in den Laufbahnen des höheren Dienstes – die materiellen Lebensbedürfnisse schon absichert. Hingegen dominieren bei den übrigen Beamten, Angestellten und Arbeitern des öffentlichen Dienstes besoldungsbezogene Leistungsmotive.

27. Mit Ausnahme punktueller Verbesserungserfordernisse geht es nun gar nicht darum, die in der Bundesrepublik aus den Vorläufermodellen entwikkelte Besoldungs- und Beförderungsordnung des öffentlichen Dienstes aus den Angeln zu heben. Es ist umgekehrt vonnöten, sie entsprechend ihren ursprünglichen Zielsetzungen wieder in Funktion zu setzen.

Wiederholt scheuten sich die Politiker, die von ihnen gewollte Erhöhung öffentlicher Dienstbezüge vor den Wählern zu vertreten. Dann wurde statt der Besoldung der Stellenkegel angehoben. Er ist mittlerweile zur Stellenzwiebel mutiert. Die ehemals Qualifikation und Leistung auszeichnende Individualbeförderung hat sich zur Regelbeförderung entwickelt. Umgekehrt wurden unter dem Druck öffentlicher Kassenknappheit nicht die in Besoldungsordnungen und Tarifverträgen ausgewiesenen Gehälter und Vergütungen revidiert, sondern besoldungsrechtliche oder tarifliche Eingangsstufen umdefiniert.

28. Besoldungspolitik über den Stellenkegel führt nicht nur den Steuerzahler hinters Licht, sie hat auch zur Folge, daß die Leistungswirkungen von Beförderung oder Nichtbeförderung hinfällig werden. Die enorme Vermehrung höherrangiger Stellen mußte bei nur begrenzt aus dem Haushalt finanzierbarer Steigerung des öffentlichen Personalaufwands zwangsläufig dazu führen, daß die mit einer Beförderung verbundene Gehaltserhöhung bescheiden ausfällt. Bei der Beförderung eines Regierungssekretärs zum Regierungsobersekretär beträgt sie zur Zeit in Dienstaltersstufe 3 monatlich brutto 112,91 DM. Dies sind für eine Regelbeförderung ohne Leistungsanstieg genau 112,91 DM zu viel und als Anerkennung für anhaltenden Einsatz zu wenig.

Die Titelinflation über die Verleihung von "Oberrängen" und "Direktorenrängen" hat der ideellen Belohnung durch Amtstitel viel an Attraktivität genommen. Das schlimmste Ergebnis solcher Besoldungs- und Beförderungspolitik ist aber sicherlich darin zu sehen, daß die Laufbahnkarrieren von Beamten und öffentlichen Angestellten häufig in einem Lebensalter ausgeschöpft sind, in dem privatwirtschaftlichen Arbeitnehmern noch alle Aufstiegswege offenstehen.

29. Die weitreichenden Schäden einer Besoldungspolitik über den Stellenkegel lassen sich nur mit einer sukzessiven Überprüfung aller öffentlichen Personalstellen auf ihre Notwendigkeit und Funktionsbedeutung für die den Behörden gestellten Aufgaben beheben. Das Instrument hierzu ist eine flexibel gehandhabte, analytische Dienstpostenbewertung. Sie darf nicht, wie das teilweise bisher verstanden wurde, an das bestehende Ämtersystem anknüpfen. Es geht nicht darum, Bestehendes nur mit anderen Namen und Verfahren zu belegen und erneut zu legitimieren. Vielmehr ist der produktive Beitrag der einzelnen Dienstposten oder der einzelnen Funktionsgruppen für die Erfüllung der gesetzten Sach- und Formalziele neu abzuschätzen und das Anforderungsprofil für die verschiedenen Beanspruchungsfelder vorurteilslos festzulegen. Die kaum strittige Übereinkunft des "Genfer Schemas" der Arbeitsplatzbewertung unterscheidet dabei die vier Beanspruchungsfelder "Fachkönnen" (skill; aptitudes professionelles), "Arbeitsbelastung" (strain, tension; effort), "Verantwortung" (moral requirements, qualities of character; qualités morales) und "Arbeitsbedingungen" (surroundings; milieu).

So sehr sich die analytische Dienstpostenbewertung an meß- und nachprüfbare Anforderungsmerkmale halten sollte, so sehr steht außer Frage, daß für die notwendige Zusammenfassung der verschiedenen Merkmalsausprägungen eine wertende Gewichtung gefunden werden muß. Die Konvention über die Gewichtung sollte transparent und einheitlich sein. Der wiederholt vorgetragene Einwand, daß die Aufgaben von Behörden nicht hinreichend präzis festgelegt und damit auch die Zielbeiträge der einzelnen Dienstposten oder Funktionsgruppen nicht bestimmbar sind, kann allenfalls für die von politischen Führungsgremien abhängige Ministerialbürokratie, für oberste Gerichte oder die mit Planungen betrauten Ämter gelten. Für die Masse vorwiegend vollziehender Behörden wie etwa Paßämter, Sozialämter, Finanzämter oder Grundbuchämter läßt sich der Aufgabenbereich ziemlich genau qualitativ und quantitativ beschreiben.

Notwendige Besoldungsbefugnisse des Behördenleiters

30. Nach den Ergebnissen der Dienstpostenbewertung sind im zweiten Schritt Ämter und Vergütungsgruppen der besoldungs- und tarifrechtlichen Laufbahnen oder Quasi-Laufbahnen den Dienstposten zuzuordnen und so der Stellenkegel für den Behördenapparat neu zu bestimmen. Für

diese Zuordnung kann der privatwirtschaftliche Arbeitsmarkt Hinweise liefern, wenn dort Stellen mit vergleichbaren Funktionsmerkmalen ausgestattet und dotiert werden. Bei der Übertragung privatwirtschaftlicher Erfahrungswerte müssen die versorgungs-, versicherungs- und steuerrechtlichen Sonderregelungen des öffentlichen Dienstes berücksichtigt werden.

Der Stellenkegel oder Stellenplan einer Behörde gibt lediglich einen personellen Funktionsrahmen, ein anzustrebendes Soll-Profil der personellen Organisation vor. Ob und inwieweit die Stelleninhaber dem Anforderungsprofil der Stelle gerecht werden und nach dem Stellenprofil zu besolden sind, hat die regelmäßige Dienstbeurteilung als eine umfassende Würdigung der tatsächlichen Leistung zu beantworten. Sie bedarf freilich der Unterstützung eines Leistungen objektivierenden Rechnungswesens. Über geeignete Rechnungslegung können auch verstärkt Gesichtspunkte der sparsamen Mittelbewirtschaftung in die dienstliche Beurteilung Eingang finden. Abweichend von der gängigen Beurteilungspraxis darf die Zahl der zu führenden Mitarbeiter und die Höhe des verwalteten Budgets keine dominante Rolle für Leistungsurteil und Beförderungseignung spielen. Möglicherweise sind große Mitarbeiterstäbe und hohe Budgetansätze nur Ausdruck einer sorglosen Kostenwirtschaft.

Die analytische Dienstpostenbewertung und die personelle Einweisung in Ränge und Bezüge sind streng auseinanderzuhalten. Im Rahmen der einer Behörde durch Haushaltsplan insgesamt zugewiesenen Stellen muß es dem Behördenleiter offenstehen, entsprechend der persönlichen oder gruppenspezifischen Leistung Besoldungs- und Vergütungsstufen festzusetzen, die über oder unter denen der Dienstpostenbewertung liegen (vgl. § 11 Bundeslaufbahnverordnung).

Leistungs- statt Dienstaltersstufen der Besoldung

31. Mit der Abschaffung der Regelbeförderung und des gewohnheitsmäßigen Bewährungsaufstiegs werden die Leistungsanreize der bestehenden Besoldungs- und Tarifordnung wiederbelebt und Aufstiegschancen für ältere Bedienstete neu eröffnet. Gegen das bestehende System der Funktionszulagen ist lediglich eine mitunter zu pauschale Qualifikationsvermutung einzuwenden. Es spricht einiges dafür, in der Vergangenheit abgeschaffte oder durch Pauschalen ersetzte individuelle Leistungsbestandteile der Besoldung mit strukturellen Verbesserungen wieder einzuführen.

Die allein dienstaltersabhängige Abstufung von Gehältern und Vergütungen (§ 27 Abs. 1 Bundesbesoldungsgesetz und entsprechende Regelungen des Bundesangestelltentarifs) läßt sich keinesfalls mit Leistungsgesichtspunkten vereinbaren. Es steht außer Frage, daß zunehmende Berufserfahrung die Qualität und Quantität von Leistungen zu steigern vermag. Weil aber auch die gegenläufigen Entwicklungen der Berufsenttäuschung und Berufsmüdigkeit zu beobachten sind, ist Leistungsanstieg keine verläßliche Folge fortschreitenden Dienstalters. Seiner Fürsorgepflicht kommt der staatliche Arbeitgeber durch die Garantie der Grundversorgung nach. Ohne die gesamte Struktur der Besoldungs- und Vergütungsordnung zu ändern, könnte deshalb eine leistungsorientierte Erneuerung darin bestehen, die bisherigen Dienstaltersstufen als Leistungsstufen zu definieren. Der Honorierung einer durch Berufserfahrung gediegenen Amtsführung stünde nichts im Wege.

Ökonomische Grundausbildung der Bediensteten

32. Vorkehrungen zu einer stärker aufgaben- und leistungsbezogenen Beförderung und Besoldung verheißen nur dann Erfolg, wenn man die Bediensteten mit den Techniken zur Steigerung von Arbeitseffizienz und Kostenwirtschaftlichkeit ausreichend vertraut macht und ihnen so die Mittel an die Hand gibt, Besoldungs- und Beförderungschancen zu nutzen. Die bislang vorwiegend juristisch ausgerichteten Ausbildungspläne, Vorbereitungsdienste und Verwaltungsprüfungen müssen deshalb für alle Laufbahnen eine angemessene ökonomische Grundausbildung vorsehen. Dabei sind Schwerpunkte im betriebswirtschaftlichen Rechnungswesen zu setzen.

5. Mehr Flexibilität bei Laufbahnen und Teilzeitarbeit

33. Das System der vier beamtenrechtlichen Laufbahngruppen des einfachen, mittleren, gehobenen und höheren Dienstes und der ihnen entsprechenden Vergütungsgruppen des Bundesangestelltentarifs liefert, als grobe Unterscheidung von Funktionstypen verstanden, eine durchaus taugliche personelle Organisationsstruktur. Die Festlegung von ausbildungs- und prüfungsbezogenen Formalkriterien für die Einweisung in die Eingangsstufen der verschiedenen Laufbahnen gewährleistet eine einheitliche Anwendung der Besoldungs- und Vergütungsvorschriften und setzt dem Ermessensspielraum dienstlicher Leistungsbeurteilung Grenzen. Vor allem

werden so auch gewisse Schranken gegen den Mißbrauch öffentlicher Ämter als politische Versorgungsposten errichtet.

Nun lehrt freilich der Berufsalltag, daß die Bewährung im Arbeitsleben nicht durchweg der nachgewiesenen Formalqualifikation folgt. Private Unternehmen berücksichtigen solche Einsicht, indem sie Stellenbesetzung und Stellenaufstieg in erster Linie nach den durch die Berufspraxis erworbenen Fähigkeiten und Fertigkeiten des Bewerbers entscheiden. Traineeprogramme und Fortbildungslehrgänge schließen für Berufserfahrene überwiegend ohne formelle Prüfungen ab, denen sich erprobte Praktiker aus verständlichen Gründen nicht mehr unterziehen wollen.

Erleichterter Wechsel von Laufbahnen, Fachressorts und Dienstherren

34. Das öffentliche Dienstrecht hat die arbeitsmotivierende Möglichkeit, sich durch berufspraktische Bewährung für eine höhere Laufbahn zu qualifizieren, nicht übersehen. Die "Aufstiegs"-Regelungen stellen jedoch wiederum in einem so starken Maße auf formale Prüfungen ab, daß die Mehrzahl der für eine höhere Laufbahn geeigneten Bediensteten abgeschreckt wird und die Aufstiegsbeamten und -angestellten in allen Laufbahnen oder Vergütungsgruppen nur eine kleine Minderheit stellen. Während Amtsräte im Rahmen vorhandener Stellen relativ mühelos den Oberamtsrat erreichen können, passieren nur wenige Oberamtsräte das Nadelöhr des Aufstiegs zum Regierungsrat. Größere Durchlässigkeit zwischen den Laufbahnen etwa über eine Gremienbeurteilung des Bewerbers ohne Prüfungsauflagen würde erheblich anspornen und gewonnene berufspraktische Erfahrungen für höherrangige und leitende Positionen nutzbar machen. Der Wechsel des Fachressorts und des öffentlichen Dienstherrn sollte insbesondere durch ein koordiniertes überbehördliches und überregionales Verfahren der Stellenausschreibung erleichtert werden.

Mehr Teilzeit-Arbeitsplätze

35. Mehr Flexibilität empfiehlt sich schließlich auch bei der Einrichtung von Teilzeit-Arbeitsplätzen im öffentlichen Dienst. Die beamtenrechtlichen Rahmenvorschriften beschränken Teilzeitbeschäftigungen auf Anträge des Beamten und auf "Bereiche", "in denen in einer Ausnahmesituation ein dringendes öffentliches Interesse daran besteht, Bewerber im öffentlichen Dienst zu beschäftigen". Die Möglichkeiten der Teilzeitbeschäftigung werden hier vorwiegend aus dem Blickwinkel der Beschäftigungspolitik gese-

hen, bei der sich der Staat besonders dann in die Pflicht genommen meint, wenn er einziger oder dominanter Nachfrager auf dem Arbeitsmarkt ist und ein überhöhtes Arbeitsangebot möglicherweise durch die eigene Bildungspolitik provoziert hat. Entsprechend werden Teilzeit-Arbeitsplätze bevorzugt für akademische Ausbildungsgänge und dort wiederum in erster Linie für Lehramtsberufe bereitgestellt.

Teilzeitbeschäftigung ist indes auch aus dem Blickwinkel behördlicher Sparsamkeit zu sehen. Dem Volumen zu erfüllender Aufgaben ist bei vielen kleineren Ortsbehörden und kleineren Behördenreferaten eine Halbtagsstelle angemessen. Anstatt Halbtagsstellen durch Vollzeitbeschäftigte überzubesetzen, sind hier Teilzeit-Arbeitsplätze einzurichten. Soweit verfassungs- und beamtenrechtliche Bedenken bestehen, können die Teilzeitstellen regelmäßig als Planstellen für Angestellte ausgewiesen werden. An Bewerbern, die sich eine Halbtagsbeschäftigung im öffentlichen Dienst wünschen, besteht kein Mangel. Bekanntlich stellen insbesondere kindererziehende Frauen mit zeitlichen Berufseinschränkungen einen bedeutsamen Anteil der Arbeitssuchenden.

6. Grenzen öffentlicher Personalvertretung

Unterschiede von privatwirtschaftlicher und öffentlicher Personalvertretung

36. Personalvertretung hat in erster Linie die Aufgabe, durch institutionalisierte Verfahren ein Gegengewicht zur personellen Verfügungsgewalt des Arbeitgebers zu setzen und dort einen Interessenausgleich herbeizuführen, wo sich die Interessen der Arbeitnehmer und die von den Interessen des Arbeitgebers getragenen Zielsetzungen der Organisation nicht oder nicht hinreichend über Arbeitsanreize gleichrichten lassen. Die Aufgabe der Personalvertretung verliert in dem Maße an Bedeutung, wie durch anderweitige Rechtsinstitute die Berücksichtigung der Arbeitnehmerinteressen gewährleistet ist und den Arbeitgeberbefugnissen Grenzen gezogen sind. Dies gilt gerade für den öffentlichen Dienst, wo jenseits der Personalvertretung ein umfassendes Dienstrecht jedem Beschäftigten Mitwirkungs-, Anhörungs-, Einsichts- und/oder Beschwerderechte in allen dienstlichen Angelegenheiten einräumt und ihn insbesondere (mit der Ausnahme schwerer Strafdelikte) vor der Entlassung oder Kündigung durch den Dienstherrn schützt. Es ist hier also ein Bedingungsumfeld der Personalvertretung

gegeben, das sich von dem der privatwirtschaftlichen Arbeitnehmervertretung wesentlich unterscheidet.

Mitwirkungs- statt Vetorechte in der Kostenwirtschaft

37. Trotz des weit geringeren Erfordernisses, die Wahrnehmung von Arbeitnehmerinteressen über die besonderen Verfahren und Rechte der Personalvertretung sicherzustellen, gehen die Personalvertretungsgesetze von Bund und Ländern über den Regelungsgehalt des Betriebsverfassungsgesetzes hinaus. So zählen die §§ 75 und 76 des Bundespersonalvertretungsgesetzes rund 50 einzelne Entscheidungssachverhalte der personellen Organisation auf, in denen der Personalrat Mitbestimmungsrechte hat, also eine Maßnahme nur mit seiner Zustimmung getroffen werden kann. Es gibt damit ungeachtet der vielfältigen personellen Schutzbestimmungen des Dienstrechts praktisch keine einzige Personal- und Arbeitsgestaltungsentscheidung, die der für die Aufgabenerfüllung letztlich verantwortliche Dienststellenleiter, auch er übrigens Arbeitnehmer und nicht Unternehmer, allein treffen kann.

Zieht man in Betracht, daß sich der Dienststellenleiter nicht wiederholt Konflikte mit dem Personalrat leisten kann und Schlichtungsverfahren über mehrere Instanzen und Monate gehen können, so liegt auf der Hand, daß kaum noch Personalentscheidungen zustande kommen – mögen sie auch noch so sachlich gerechtfertigt sein –, die, wie die Umsetzung auf einen anderen Arbeitsplatz, die Rückgruppierung oder die Versetzung an eine andere Dienststelle, für den Betroffenen unangenehm sind. Um die Aufgaben von Behörden nicht zuletzt aufgrund des Verfassungsgebots mittelsparend erfüllen zu können, empfiehlt es sich deshalb, die heutigen Vetorechte des Personalrats in Angelegenheiten, die den kostenwirtschaftlichen Vollzug des Behördenauftrags betreffen, in Mitwirkungsrechte (Informations- und Anhörungsrechte) umzuwandeln.

III. Das Rechnungswesen der öffentlichen Verwaltung

1. Das Gesamtkonzept behördlicher Plan- und Kontrollrechnungen

Die Rechenwerke im Überblick

38. Das Rechnungswesen von Bund, Ländern und Gemeinden sollte auf allen behördlichen Hierarchieebenen, also Orts-, Mittel- und Oberbehörden oder – ämtern, regelmäßig vorsehen

als reine *Planungsrechnung*:

- eine mindestens zwei Jahre umfassende, halbjährlich fortzuschreibende und verbundene Finanz- (Haushalts-) und Investitionsplanung auf der Basis von Arbeitsprogrammen, Personalplanung, Kostenplanung sowie projektbezogenen Nutzen-Kosten-Analysen;

als mit Planvorgaben verbundene *Kontroll- und Dokumentationsrechnungen*:

- laufende Buchführung nach den Grundsätzen der Doppik, die jährlich durch eine veröffentlichungspflichtige Bilanz und eine Erfolgsrechnung abzuschließen ist und in die die Überwachung des ordnungsgemäßen Haushaltsplanvollzugs (laufende und jährliche Haushaltsplan- und Kassenkontrolle) integriert ist;

- eine soweit wie möglich auf Plankosten basierende Kostenstellen- und Kostenträgerrechnung mit halbjährlicher Kontrolle der Kostenabweichungen sowie Bereitstellung von Leistungs- und Kostenkennzahlen. Die Leistungs- und Kostenkennzahlen und ihre Entwicklung in den letzten drei Jahren sind mit dem Jahresabschluß der Organisationseinheit (Bilanz und Erfolgsrechnung) zu veröffentlichen. Behörden und Ämter, die für ihre Leistungen Gebühren nach dem Kostendeckungsprinzip erheben, sollten die Kostenrechnung mit einer Erlösrechnung verbinden und in Halbjahresabständen eine Verwaltungsergebnisrechnung aufstellen.

Diese Rechenwerke bilden die Grundlage der zentralen Haushaltsplanung und Haushaltskontrolle.

39. Rechnungslehre und -praxis haben zur Aufzeichnung, Bündelung und Dokumentation geldwirtschaftlicher Vorgänge folgende Techniken entwickelt:

- die doppelte kaufmännische Buchführung mit Bilanz und Erfolgsrechnung;

- die auf die Erfassung von Zahlungen, Zahlungsermächtigungen und Zahlungsverpflichtungen ausgerichtete Kameralistik mit ihren auf die Finanz- und Liquiditätskontrolle abhebenden Haushalts- und Kassenabschlüssen.

Die "Erweiterte Kameralistik" versucht die Zeit- und Sachbuchführung der "Verwaltungskameralistik" durch zusätzliche Sortierung der Buchungen so zu ergänzen, daß sie als Grundlage einer komplementären Kostenrechnung tauglich wird. Sie hat dort Verbreitung gefunden, wo insbesondere kommunale Einrichtungen nicht als eigen- und haushaltsrechtliche "Nettobetriebe" mit kaufmännischem Rechnungswesen, sondern als in die haushaltsrechtlichen Gruppierungspläne einzugliedernde "Bruttobetriebe" geführt werden.

Finanz- und kostenwirtschaftliche Rechnungsziele

40. Die Gestaltung des Rechnungswesens richtet sich nach den mit dem Rechnungswesen zu verfolgenden oder zu kontrollierenden Zielsetzungen. Die herkömmliche Verwaltungskameralistik beschränkt ihre Aufgabe auf die ohne Zweifel notwendige, weitgehend gesetzlich geregelte finanzwirtschaftliche Kontrolle: Überwachung des ordnungsgemäßen Vollzugs des Haushaltsplans (-gesetzes) und der kassenmäßigen Liquidität. Sie ist, obwohl so verwendet, als Grundlage einer aufgabengerechten, periodenübergreifenden Planung der behördlichen Finanzwirtschaft und der zentralen Haushaltsplanung der übergeordneten Gebietskörperschaft untauglich. Hier bedarf es einer eigenständigen Planungsrechnung.

Neben der finanzwirtschaftlichen Planung, Dokumentation und Kontrolle hat das Rechnungswesen der Verwaltung jedoch auch die Planung, Dokumentation und Kontrolle der Kostenwirtschaft zu gewährleisten (Ziffern

12-15, 22-25, 30). Für eine derartige Zielsetzung empfehlen Betriebswirtschaftslehre und -praxis Plankostenrechnungen auf der Basis von Voll- oder Teilkosten.

Antiquierte Kameralistik und überlegene kaufmännische Buchhaltung

41. Die Kosten- und Leistungsrechnung der privaten Unternehmung kann in der kaufmännischen Doppik auf ein Buchungssystem zurückgreifen, das die kostenrechnerisch notwendige Erfassung und Aufbereitung der Buchungen gewährleistet. Bis auf besondere Unterlagen für das Kalkül von Opportunitätskosten sind die Buchungen vollständig und zweckgerecht sortiert. Die Verwaltungskameralistik erfaßt hingegen im wesentlichen nur Zahlungsvorgänge, die sie zudem nicht periodengerecht abgrenzt und regelmäßig nicht in erfolgswirksame und erfolgsneutrale Komponenten zerlegt. Die "Erweiterte Kameralistik" muß deshalb die Verwaltungskameralistik durch Buchungsergänzungen zur "Neutralen Rechnung" und zur "Vermögensänderungsrechnung" (Anlagerechnung, Lagerrechnung, Rechnungsabgrenzung) sowie durch andere Zusatzkalküle (für Abschreibungen, Rückstellungen usw.) mühsam kostenrechnungstauglich gestalten. Allein der Kostenrechnungsaspekt wirft deshalb schon die grundsätzliche Frage auf, ob es vorteilhafter ist,

- ein partielles, wenig geschlossenes Rechnungssystem wie die Verwaltungskameralistik so zu modifizieren und auszubauen, daß es sich als Datenbasis einer Kosten- und Leistungsrechnung eignet, oder

- ein umfassendes, geschlossenes und als Basis der Kosten- und Leistungsrechnung taugliches Rechnungssystem wie die kaufmännische Doppik so zu ergänzen, daß es auch die finanzwirtschaftliche Kontrolle (Haushaltsplan- und Kassenkontrolle) sicherstellt.

42. Der zweite Lösungsweg liefert als integriertes Nebenergebnis eine umfassende Vermögensrechnung (Beständebilanz) oder zumindest eine umfassende Vermögensänderungsrechnung (Bewegungsbilanz). Eine solche Bilanz der vorhandenen Bestände an aktiven und passiven Vermögensgütern oder ihrer Veränderung ist aber ohnehin eine unerläßliche Grundlage der Investitions- und Finanzplanung. Erst mit ihrer Hilfe lassen sich etwa prospektive Kapitalflußrechnungen aufstellen, eine Reihe dispositiver Finanzierungskennzahlen gewinnen, aber auch die haushaltsrechtlichen Regeln der Kreditfinanzierung nach Art. 115 GG und § 18 Bundeshaus-

haltsordnung anwenden. Deshalb fordern Verfassung (Art. 114 Abs. 1) und Haushaltsrecht mit guten Gründen eine Vermögensbuchführung, deren Verbindung mit der "Buchführung über die Einnahmen und Ausgaben" vorgeschrieben (Bund) oder zugelassen ist (Länder und Gemeinden). Zur Zeit wird die Vermögensrechnung der Hoheitsverwaltung regelmäßig nur für bestimmte Vermögensgegenstände und Schulden und ohne Verknüpfung mit der Buchführung über die Einnahmen und Ausgaben durchgeführt.

Eine für die Hoheitsverwaltung einzuführende kaufmännische Buchführung bedarf für Zwecke der Haushaltsplankontrolle der Ergänzung einer nach Haushaltstiteln gegliederten Saldenfortschreibung. Solche Ergänzung ist nichts Neues, da auch die Kameralistik neben den Zeit- und Sachbüchern der Amtskasse gesonderte Haushaltsüberwachungslisten führt. Völlig problemlos wird die Saldenfortschreibung bei rechnergestützter Buchführung, wie sie auch in der Hoheitsverwaltung heute schon verbreitet ist. Die Überwachung des Forderungseingangs (angeordnete "Soll-Einnahmen") und die Kassen("Betriebsmittel")kontrolle bedürfen in der Doppik keiner besonderen Vorkehrungen.

2. Der öffentliche Jahresabschluß der Behörde

Die Bestandteile des Jahresabschlusses

43. Der mindestens in einschlägigen Amtsblättern zu veröffentlichende dreigliedrige Jahresabschluß einer Behörde hätte zu bestehen aus

- der Bilanz,
- der Erfolgsrechnung einschließlich der Kassen- und Haushaltsabschlüsse nach den §§ 39, 40 Haushaltsgrundsätzegesetz, den §§ 82, 83 Bundeshaushaltsordnung und
- dem kostenwirtschaftlichen Anhang mit den behördenspezifischen Kosten- und Leistungskennzahlen der letzten drei Jahre.

Eine Behördenbilanz analog den kaufmännischen Grundsätzen ordnungsmäßiger Buchführung und Bilanzierung, wie sie sich heute zum überwiegenden Teil in den handelsrechtlichen Rechnungslegungsvorschriften finden, erfordert Vollständigkeit und lückenlose Geldbewertung. Solche Anforderungen leiten sich gleichermaßen aus den Zielsetzungen behördlicher Kosten-, Finanzierungs- und Investitionsrechnungen ab.

Einer auf Vollständigkeit und Geldbewertung ausgerichteten Bilanzierung des Hoheitsvermögens werden regelmäßig Praktikabilitätsbedenken entgegengehalten, weil Erfassung und Bewertung des bisher angesammelten Hoheitsvermögens auf sachinhaltliche, zeitliche und finanzielle Probleme stoßen. Die Einwände lassen sich ausräumen, wenn der Übergang zur Bilanzierung im ersten Schritt nur die Einführung von Vermögensänderungsbilanzen (Bewegungsbilanzen) ohne die Aufnahme noch nicht erfaßter oder bewerteter Altbestände vorsieht. Die zunächst ausgeklammerten Altbestände können dann langfristig erfaßt, bewertet und sukzessive als Kapitaleinlagen erfolgsneutral eingebucht werden.

Gliederung und Bewertung des Vermögens

44. Die Bilanz einer Behörde kann sich ähnlich der einer großen Kapitalgesellschaft nach den einschlägigen Positionen des § 266 Handelsgesetzbuch gliedern. Liegenschaften sind – im Fall gleichzeitiger Nutzung durch mehrere Behörden oder Ämter: anteilig – bei der nutzenden Behörde anzusetzen. Die vorwiegend auf eine sachgerechte Periodenabgrenzung ausgerichteten Ziele der Finanz- und Kostenplanung legen eine an den Anschaffungszahlungen (Anschaffungs- oder Herstellungskosten) ausgerichtete Bewertung des abnutzbaren und nichtabnutzbaren Anlagevermögens nahe. Für das abnutzbare Anlagevermögen sind wie beim kaufmännischen Jahresabschluß schematische Abschreibungsverfahren anwendbar, zumal dem in der Erfolgsrechnung ausgewiesenen positiven oder negativen Jahreserfolg eine andere Bedeutung als bei der privaten Unternehmung zukommt (siehe unten Ziffer 45). Außerplanmäßige Abschreibungen auf zerschlagungs- oder fortführungsorientierte Marktwerte sind von der Zielsetzung her unnötig und im übrigen auch unpraktikabel.

Den Hauptanteil der Geldvermögensaktiva der Hoheitsverwaltung bilden neben Beteiligungstiteln Steuer- und Gebührenforderungen. Sie sind ähnlich dem Realisationsprinzip der kaufmännischen Bilanzierung und den Buchungsgepflogenheiten der Verwaltungskameralistik bei Erlaß der Steuer- und Gebührenbescheide (Rechnungserteilung) auszuweisen. Rückstellungen, insbesondere auch Pensionsrückstellungen, und Rechnungsabgrenzungen sind nach den Grundsätzen des Handelsrechts zu bilden.

Was die behördliche Erfolgsrechnung besagt

45. Der in der Erfolgsrechnung (Gewinn- und Verlustrechnung) einer Behörde ausgewiesene positive oder negative Jahreserfolg, beim Privatunternehmen Indikator von Rentabilität und leistungswirtschaftlichem Gesamterfolg, besagt bei der Hoheitsverwaltung nur etwas über die positive oder negative Abweichung zwischen kostenwirtschaftlichem Finanzierungsbedarf und kassenwirtschaftlichen Zuweisungen der Periode: Den Verwaltungsaufwendungen und Ablieferungen an die übergeordnete Gebietskörperschaft stehen die "Verwaltungserträge" durch Steuer- und Gebühreneinzug und die Mittelzuweisungen der übergeordneten Gebietskörperschaft gegenüber. Der Saldo entspricht der Änderung des Behördenvermögens während des Jahres. Die Konstellation entspricht formal der privatwirtschaftlichen Erfolgsrechnung einer Konzerntochter mit Gewinnabführungspflichten oder Verlustübernahmegarantien. Da Steuern und Gebühren nicht nach Maßgabe des hoheitlichen Dienstleistungswerts, sondern nach der Leistungsfähigkeit der Steuerzahler oder nach Kostendeckungsgesichtspunkten erhoben werden, läßt insbesondere der von einer Behörde ausgewiesene Jahreserfolg keine positiven oder negativen Effizienzurteile zu.

Im Gegensatz zur Verwaltungskameralistik erweckt jedoch bei der kaufmännischen Buchführungs- und Abschlußtechnik das Finanzierungsdefizit einer Verwaltungsmaßnahme, etwa bei der Errichtung eines Gerichtsgebäudes, nicht den falschen Eindruck eines wirtschaftlichen "Verlusts". Vermögensumschichtungen werden von Vermögensverlusten und -gewinnen gesondert, der politischen und öffentlichen Verwechslung von Finanzierungs- und Vermögensänderungssalden wird vorgebeugt. Die Gliederung der Erfolgsrechnung nach Aufwandsarten (Aufwendungen für die einzelnen Produktionsmittel) und gegebenenfalls nach fiskalischen Ertragsquellen läßt intertemporale und in Grenzen zwischenbehördliche Vergleiche zu.

3. Wie eine Behörde ihre Kostenwirtschaft überwacht

Widerlegbare Praktikabilitätsbedenken

46. Während sich Kosten- und Leistungsrechnungen auch bei solchen öffentlichen Unternehmen mehr und mehr durchsetzen, die als "Bruttobe-

triebe" in die öffentliche Haushaltswirtschaft der sie tragenden Gebietskörperschaft einzupassen sind, wird mit der praktischen Anwendung von Kosten- und Leistungsrechnungen – wie der doppelten Buchführung – auf dem Gebiet der Hoheitsverwaltung weitgehend Neuland betreten. Es gibt zwei Standardeinwände gegen die Praktikabilität einer Kosten- und Leistungsrechnung für hoheitliche Güter und Dienste, die beide gleichermaßen nicht stichhaltig sind, weil sie die Kostenrechnungspraxis bei öffentlichen und privaten Unternehmen widerlegt.

Der erste Einwand betrifft die Möglichkeit, bei der mehr auf Dienste als auf Waren ausgerichteten hoheitlichen Leistungserstellung einzelne Kostenträger und Kostenstellen bestimmen und separieren zu können, wenn insbesondere Dienstleistungen im Verbund hervorgebracht werden. Unbestritten wirft dies Zurechnungsprobleme auf, aber ohne eine hinreichend befriedigende Lösung dürfte es keine Kosten- und Leistungsrechnungen bei öffentlichen und privaten Banken, Versicherungen, Transport- oder Datenverarbeitungsbetrieben geben. Im Zweifel wird bei der Kuppelproduktion nicht jedes einzelne Erzeugnis, sondern wegen der Zurechnungswillkür der angebotenen Kostenverteilungsverfahren das Erzeugnisbündel kalkuliert. Dieser Ausweg ist bei Verwaltungsdiensten besonders unproblematisch, weil ohnehin kein Erfordernis besteht, die Kosten jeder separaten Dienstleistung eines Bündels zu bestimmen, wie das die Angebotspreiskalkulation für Marktprodukte häufig verlangt.

Mengen- und Qualitätskennzahlen statt Geldbewertung der Verwaltungsleistung

47. Das zweite Argument geht auf den Umstand ein, daß hoheitliche Güter und Dienste nicht über nutzenorientierte Entgelte der Adressaten bewertet werden, so daß die zur Herstellung und zum Absatz aufgewendeten Produktkosten nicht am Maßstab des für das Produkt erzielten Gelderlöses beurteilt werden können. An diesem Einwand ist zunächst richtig, daß es in der Tat für hoheitliche Leistungen keine Betriebsergebnisrechnung in dem Sinne geben kann, daß leistungsbezogene Gewinne oder Deckungsbeiträge Hinweise auf die Sortimentsgestaltung und die Rentabilität einzelner Leistungssparten liefern. Auch wenn nach Gesichtspunkten der Kostendeckung Gebühren für öffentliche Leistungen erhoben werden, besagt die Differenz zwischen Gebührenentgelt und entsprechenden "Stück"- oder Einzelkosten nichts über die hoheitliche Wertschöpfung, sondern allenfalls

etwas darüber, ob die Gebühr auch die beabsichtigte Kostendeckung erreicht.

Außerdem ist es richtig, daß dort, wo die nutzenorientierte Geldbewertung einer Produktionsleistung durch die Abnehmer fehlt, ein System von Mengen- und Qualitätsindikatoren der Produktionsleistung die fehlende Geldbewertung ersetzen muß, wenn man die Kostenwirtschaftlichkeit der Produktion beurteilen will. Schließlich ist es recht einfach, die Produktionskosten dadurch zu senken, daß man die Quantität oder Qualität der Leistung einschränkt. Das Erfordernis eines Bewertungssurrogats ist jedoch keine Eigenheit hoheitlicher Leistungserstellung, da auch beim Privatunternehmen nicht auf jeder Produktionsstufe den Kosten eines Zwischenprodukts oder einer sonstigen innerbetrieblichen Leistung entsprechende Erlöse gegenübergestellt werden können. Vielmehr war dieser Umstand gerade der Anlaß, Plankostenrechnungen zu entwickeln, um die Kostenwirtschaftlichkeit einer Vielzahl betrieblicher Kostenträger und -stellen durch Vergleich differenzierter Plan- und Istkosten überprüfen zu können.

Systematisierung vorhandener Leistungskennzahlen

48. Die Leistungskennzahlen haben entsprechend den behördlichen Organisationszielen (Ziffer 16) für die Rechenperiode zu belegen

- die Quantität der Leistungen,
- ihre physische und/oder rechtliche Qualität,
- ihre Produktionsgeschwindigkeit sowie
- ihre Bürgerakzeptanz.

Da die Behörde zwischen und in den verschiedenen Anforderungskategorien der Leistung substituieren kann – also ein Sozialamt den Sozialhilfeanspruch nach dem Bundessozialhilfegesetz zuverlässiger berechnen kann, wenn es insgesamt weniger Bürger betreut, weniger allgemeine Sozialberatungen durchführt oder sich mit der Sozialhilfefestsetzung Zeit läßt -, ist es notwendig, daß das Kennzahlensystem immer alle Leistungskomponenten umfaßt. Da die meisten Behörden und Ämter Arbeits- und Ergebnisstatistiken bereits heute führen, geht es bei den Kennzahlensystemen behördlicher Leistung nicht um die Einrichtung völlig neuer Rechenwerke, sondern lediglich um eine systematische, behördeneinheitliche Auswertung bereits vorhandener Leistungsaufzeichnungen.

49. Ein solches Kennzahlensystem könnte sich exemplarisch für die Leistungskategorie "Vorbereitung von Steuerbescheiden" der Veranlagungssachgebiete und -referate eines Finanzamtes über folgende Kennziffern erstrecken:

- *Quantität*: Anzahl der in einer Berichtsperiode zur maschinellen Weiterbearbeitung ausgefertigten Eingabewertbogen je Steuerart und je organisatorischer Bearbeitungsgruppe, bezogen auf Sachgebiete, Referate, Arbeitsstunden;

- *Rechtsqualität*: Anteil der beanstandeten an den in der Berichtsperiode bearbeiteten Steuererklärungen sowie Anteil der verschiedenen Arten der Rechtsbehelfserledigungen an der Zahl der beanstandeten Steuererklärungen, aufgeteilt nach Sachgebieten und Referaten;

- *Leistungsgeschwindigkeit*: durchschnittliche Zeitspanne zwischen Eingang der Steuererklärung und Anfertigung des Eingabewertbogens, aufgeteilt nach Sachgebieten und Referaten;

- *Bürgerakzeptanz*: Anteil der Dienstaufsichtsbeschwerden und sonstigen, nicht förmlichen Beschwerden, Petitionen und Anmahnungen an der Zahl der bearbeiteten Steuererklärungen, wiederum aufgeteilt nach Sachgebieten und Referaten.

Kostenwirtschaftlichkeit durch Plankostenrechnung

50. Unter den verschiedenen praktisch erprobten Kostenrechnungssystemen ist einer flexiblen, d.h. in bezug auf den Beschäftigungsgrad anpassungsfähigen Plankostenrechnung der Vorzug zu geben. Für die Kalkulation kostendeckender Gebühren kommt trotz aller Vorbehalte zur Gemeinkostenverteilung allein ein Vollkostenkalkül in Betracht. Entsprechend wird man auch bei der "Stück"kostenkalkulation für Zwecke des intertemporalen und interbehördlichen Vergleichs verfahren müssen. Für sonstige Wirtschaftlichkeitskalküle (Wirtschaftlichkeit der Kostenstellen, Fremdbezug oder Eigenerstellung von Vorprodukten oder Vorleistungen usw.) ist hingegen häufig ein entscheidungsbezogenes Teilkostenkalkül angebracht.

Die halbjährlich vorzuschlagende Überprüfung der Kostenwirtschaftlichkeit stützt sich auf die in der Plankostenrechnung übliche und relativ probate Abweichungsanalyse (Beschäftigungs-, Faktorpreis-, Verbrauchsabweichungen usw.). Bei Gebührenhaushalten sind in einer Verwaltungsergebnisrechnung nach dem Muster der privatwirtschaftlichen Betriebsergebnisrechnung den einzelnen Gebührenerlösen ihre Vollkosten gegenüberzustellen.

Wie der Prozeß der Leistungserstellung unterliegt auch das ihn abbildende Rechnungswesen selbst dem Wirtschaftlichkeitsgebot. Während sich eine Kostenstellenrechnung ab einer organisatorischen Mindestgröße generell empfiehlt, ist die Einrichtung einer Kostenträgerrechnung auf der Basis von Plankosten nur dort sinnvoll, wo sich qualitativ gleichartige Dienstleistungen oder Dienstleistungsbündel hinreichend oft wiederholen (Serienfertigung). Kalkulationsobjekt ist danach etwa die Anfertigung eines Passes, nicht aber die eines Stadtentwicklungsplans.

Wie ein Behördenvergleich funktionieren kann

51. Leistungen und Kosten einer Behörde lassen sich in einer Rechnungsperiode an Vergangenheitswerten, an Planvorgaben, an den Leistungen und Kosten einer gleichartigen anderen Behörde oder an den durchschnittlichen Leistungen und Kosten aller gleichartigen Behörden messen. Während der intertemporale Vergleich nicht allzuviel besagt, weil möglicherweise nur Unwirtschaftliches mit Unwirtschaftlichem verglichen wird, ist die Plankostenrechnung gerade darauf ausgelegt, durch Abweichungsanalyse, also Untersuchung von Soll-Ist-Differenzen, die spezifischen Mängel der Kostenwirtschaft einer Institution und deren organisatorischer Gliederungen aufzudecken. Bekanntlich können sich aber auch Planer irren. Darum ist es nicht nur für die Öffentlichkeit, sondern auch für die Behörde selbst wichtig, ihre Leistungen und Kosten mit einer anderen Behörde gleichgelagerter Aufgabenstellung oder – zur Ausschaltung besonderer Bedingungsumstände – mit dem “Branchen”durchschnitt zu vergleichen.

Rückkopplung von Rechnungs- und Besoldungswesen

52. Die Aussagekraft zwischenbehördlicher Vergleiche hängt von einer Reihe von Vergleichbarkeitsvoraussetzungen ab. Sind sie nicht erfüllt, so geben solche Vergleiche nichts her. Da systematische Leistungs- und Kostenkennzahlen für die öffentliche Verwaltung aber ein Novum wären, beständen gute Chancen, bei ihrer Einführung die Vergleichbarkeitsbedingungen herzustellen.

Die mehr formale Seite der Vergleichbarkeit besteht in einem einheitlichen Aufbau des für Behörden und Ämter der gleichen Aufgabenstruktur verbindlichen Kennzahlensystems. Bedeutsamer ist, daß insbesondere den aus Kostenstellen- und Kostenträgerrechnung gewonnenen Kennzahlen brancheneinheitliche Verrechnungs- und Kostenverteilungsprinzipien zugrundeliegen. Eine erste Voraussetzung hierfür schafft die empfohlene, Kostenvollständigkeit gewährleistende Bilanzierung des Behördenvermögens. Sie liefert einheitliche Bemessungsbasen für Abschreibungen und kalkulatorische Eigenkapitalverzinsung.

Die Veröffentlichung aggregierter, den persönlichen Datenschutz gewährleistender Kennzahlen erlaubt nicht nur wie bisher dem Behördenleiter und der Aufsichtsbehörde, sondern auch der Öffentlichkeit, Vergleiche zwischen Behörden und Ämtern mit übereinstimmenden oder ähnlichen Aufgaben zu ziehen. Schließlich muß sich auch jedes größere publizitätspflichtige Privatunternehmen dem Leistungsurteil der Öffentlichkeit und der Kapitalgeber stellen. Der institutionalisierte inter- und innerbehördliche Vergleich von Leistungs- und Kostenkennzahlen bildet ferner die Grundlage einer objektivierten, Willkür begrenzenden Leistungseinschätzung von organisatorischen Untereinheiten und deren Mitarbeitern. Auf ihn greift die regelmäßige Dienstbeurteilung von Behörden- und Abteilungsleitern, Referenten und Sachbearbeitern zurück: Das Besoldungs- und Beförderungswesen wird mit dem Rechnungswesen rückgekoppelt.

4. Behördliche Finanz- und Investitionsplanung

Grundlagen der Finanzplanung

53. Auf der Grundlage von Arbeitsprogrammen und Personalplanungen, wie sie für die meisten Behörden schon heute vorliegen, und der empfohlenen Jahresabschluß- und Kostenrechnung läßt sich eine mittelfristige behördliche Finanzplanung entwickeln, mit der der Finanzbedarf der Behörde innerhalb der nächsten zwei Jahre abzuschätzen ist und die Ansätze für die zentrale Haushaltsplanung des nächsten Jahres zu ermitteln sind. Die Finanzplanung ersetzt als eine auf das konkrete Mengengerüst des Arbeitsprogramms gestützte Prognose künftiger Einnahmen und Ausgaben bisher verbreitete Pauschalfortschreibungen der Haushaltsansätze: Ist-Ergebnisse der Vergangenheit werden nicht mehr nur über den erwarteten Anstieg von Preis- oder Kostenindizes hochgerechnet.

Hervorgehobene Bedeutung kommt den künftigen Investitionsausgaben in der Finanzplanung zu. Ihre quantitative und zeitliche Struktur sollte sich bei größeren Investitionsvorhaben aus einer gesonderten Investitionsplanung ergeben, der es auch obliegt, Daten für die Gesamtbeurteilung des Vorhabens bereitzustellen und Finanzierungswege vorzuschlagen. Die finanzielle Planungsrechnung über den Investitionshaushalt ist von der Fundierung der Investitionsvorhaben durch Investitionsrechnungen und Nutzen-Kosten-Untersuchungen zu unterscheiden. Die halbjährlich fortzuschreibende Planungsrechnung umfaßt die voraussichtlichen Ein- und Auszahlungen für alle Investitionsvorhaben einer Behörde innerhalb der (mindestens) zweijährigen Planungsperiode, weist also nur monetäre Größen eines hinreichend überschaubaren Zeitraums aus. Die meist einmalige Begründung der Planungsvorhaben bezieht sich hingegen jeweils nur auf ein einzelnes Projekt oder Programm der Behörde, erstreckt sich dafür aber auf dessen gesamte voraussichtliche Nutzungsdauer und berücksichtigt regelmäßig auch nicht in Geld bewertbare Vorzüge und Lasten (Kosten-Nutzen-Untersuchungen).

In die Investitionsplanung sind nicht nur größere Sachinvestitionen, sondern immer auch die in der Personalplanung vorgesehenen Investitionen in das personelle Produktivvermögen der Behörde, also die Einrichtung und Anhebung von Planstellen, einzubeziehen. Sie erweisen sich bei der generellen Unkündbarkeit im öffentlichen Dienst als besonders kostspielig.

Investitionsrechnung auch für die Planstellenbewirtschaftung

54. Zur Fundierung von Investitionsvorhaben sind vorrangig projekt- oder maßnahmebezogene Investitionsrechnungen wünschenswert. Sie erfassen generell die Gesamtkosten und Gesamterträge eines Vorhabens, insbesondere also auch dessen Folgekosten. Stellen sich allerdings schon der privatwirtschaftlichen Anwendung der Investitionsrechnung eine Reihe von Hindernissen entgegen, so erschwert die fehlende Marktbewertung öffentlicher Verwaltungsleistungen – als Folge ihrer typischen Finanzierung aus allgemeinen Steuern und Kostengebühren – die Nutzbarkeit von Investitionskalkülen zusätzlich. Investitionen der Hoheitsverwaltung kennzeichnen darüber hinaus regelmäßig schwer quantifizierbare externe Effekte. Der Gesetzgeber hat aus diesen Erwägungen Nutzen-Kosten-Untersuchungen nur "für geeignete Maßnahmen von erheblicher finanzieller Bedeutung" vorgeschrieben (§§ 6 Abs. 2 Haushaltsgrundsätzegesetz, 7 Abs. 2 Bundeshaushaltsordnung).

Die faktischen Beschränkungen der monetären Investitionsrechnung sollten kein Hinderungsgrund sein, sie soweit anzuwenden, wie zumindest Auszahlungsströme abgreifbar sind, und deren Kapitalwerte mit den auch im privatwirtschaftlichen Investitions- und Unternehmenswertkalkül akzeptierten Vereinfachungen abzuschätzen. Man rechnet leicht nach, daß bei einem Kalkulationszinsfuß von 5% p.a. die Einrichtung der Planstelle eines Regierungsamtmanns mit altersdurchschnittlich 50.000 DM Jahresbruttogehalt einschließlich sozialer Nebenleistungen einem Investitionsvolumen von einer Million DM entspricht (= 50.000 DM: 0,05).

5. Zur Verbesserung der zentralen Haushaltsplanung

Programm- statt Ressortbudget?

55. Der Konzeption des regulär einjährigen, vorwiegend ressortorientierten Budgets, dessen Vollzug das Parlament nach der Verabschiedung der Verwaltung überantwortet, werden im wesentlichen drei grundlegende Einwände entgegengehalten und durch Vorschläge für abweichende oder ergänzende Ordnungsmuster öffentlicher Finanzplanung fundiert.

Der erste Einwand zielt auf die Ressortorientierung des Budgets und fordert stattdessen ein auf politische Aufgaben- und Aktionsfelder ausgerichtetes Programmbudget. Das Programmbudget erweist sich in der Grundanlage als gesamtwirtschaftliche Version des management by objectives. Präsident Johnson führte es in den USA ein, nach kurzer Erprobung hat es die Nixon-Administration 1971 wieder abgeschafft.

So bestechend zunächst die Idee des Programmbudgets ist, so ist ihr praktisches Scheitern doch kein Zufall. Man kann bei einer notwendigerweise institutionell gegliederten politischen Führung und Administration nicht quer durch die Ressorts regieren und verwalten. Die Führungs- und Planungsumstände sind auf Regierungs- und Ministerialebene nicht mit denen dezentraler Behörden oder privater Unternehmen vergleichbar, wo management by objectives und Matrixorganisation die aufgaben- und projektbezogene Koordination der nach Verrichtungsarten gegliederten Abteilungen übernehmen. Abgesehen davon, daß auch bei einer Matrixorganisation die Ressortgliederung selbstverständlich bestehen bleibt, kann bei Behörden und Privatbetrieben als Funktionsbedingung geschaffen werden, was auf Regierungsebene nicht möglich ist: eine vollständig oder annähernd gleichberechtigte Verantwortung der Programmleiter und Ressortleiter. Die Verfassungen von Bund und Ländern gehen offenkundig von der Ressortgliederung der Regierungen aus, so daß es dahingestellt bleiben kann, ob bei wechselnden politischen Aufgabenfeldern und Aktionsprogrammen die Bestellung eigener Programm-Minister oder Programm-Staatssekretäre überhaupt zweckmäßig und kostenwirtschaftlich vertretbar wäre.

Abstimmungsbedürfnisse des Ressortbudgets

56. Solche Folgerungen sind keine Absage an das Erfordernis einer projekt- oder programmbezogenen Abstimmung prinzipiell ressortorientierter Haushaltsplanungen. Nur sollte man nicht das Kind mit dem Bade ausschütten und die Budgetplanung in der Hauptsache auf Programme ausrichten. Für abgrenzbare Programme und Projekte sind hochrangige Programmleiter aus der Administration einzusetzen. Die den Haushaltsplänen beizufügenden "Funktionsübersichten" sowie die vorgeschriebenen Nutzen-Kosten-Untersuchungen leisten bei der finanziellen Programmplanung Hilfe. Zudem besteht auch heute schon die Möglichkeit, Einzelpläne und Kapitel des Haushaltsplans ausnahmsweise programmorientiert zu gliedern. Nicht zuletzt würde aber die für alle Behörden und alle abgrenzbaren Leistungen oder Leistungsbündel empfohlene Kostenträgerrechnung die Planung und Kontrolle von abgegrenzten Programmbudgets erleichtern.

Gegen eine Verlängerung der Haushaltsperiode

57. Der zweite Einwand gegen die traditionelle Haushaltsplanung betrifft den zu kurz gegriffenen Planungshorizont eines regulär einjährigen Budgets, der insbesondere die Gefahr beschwört, die mittelfristigen Erfordernisse von Konjunktur- und Wachstumspolitik sowie die Folgekosten politischer Aktionsprogramme und Gesetzesinitiativen zu übersehen.

Gegen die Ersetzung der überkommenen ein- oder zweijährigen Haushaltsplanung durch ein mehrjähriges, permanent fortzuschreibendes Budget sprechen gravierende Bedenken zur Planungstransparenz und parlamentarischen Arbeitsbelastung. Ist es schon bei festen und kurzen Planungs- und Rechnungsperioden nur noch den Experten ministerieller Haushaltsabteilungen und parlamentarischer Haushaltsausschüsse möglich, den Gesamtüberblick über öffentliche Einnahmen, Ausgaben und Finanzierungsbedürfnisse zu behalten, so wäre solche Übersicht durch kein wie auch immer gestaltetes Informationssystem bei einer Vielzahl programmabhängiger Planungs- und Vollzugsperioden sicherzustellen.

Privatwirtschaftliche Kosten von Gesetzesvorhaben

58. Erfüllt die fünfjährige Finanzplanung nach dem Stabilitäts- und Wachstumsgesetz kaum zufriedenstellend ihre Aufgabe, die Haushaltsplanung auf die mittelfristigen Konjunktur- und Wachstumserfordernisse auszurichten, so trifft das Haushaltsrecht immerhin Vorkehrungen, die über das Haushaltsjahr hinausreichenden Folgekosten von Gesetzesvorhaben Regierung und Parlament zur Kenntnis zu bringen (§ 10 Abs. 1 Bundeshaushaltsordnung). Indes wird der Begriff der Folgekosten als Veränderung von künftigen Einnahmen und Ausgaben öffentlicher Haushalte irreführend konkretisiert (§ 40 Abs. 2 der Gemeinsamen Geschäftsordnung der Bundesministerien, Teil II). Die Kosten (wie auch die wirtschaftlichen Erträge) der meisten Gesetze äußern sich nur zu einem geringen Teil in der Veränderung gegenwärtiger und künftiger Einnahmen und Ausgaben öffentlicher Haushalte, sondern vor allem in der Veränderung von Kosten und Erträgen der privaten Wirtschaft.

Nun kann man gewiß schon aus Praktikabilitäts- und Kostengründen nicht für alle geplanten Gesetze und Gesetzesänderungen Nutzen-Kosten-Untersuchungen anstellen, die bis zur Endwirkung auf Produktion und Beschäftigung vordringen. Solches Vorgehen wäre auch nicht mit der Prärogative parlamentarischer Verantwortung und Wertung in Einklang zu bringen. Aber auch hier würde man dem Ziel einer sachgerechten Unterrichtung von Regierung und Parlament ein gutes Stück näher kommen, wenn man dem Gesetzgeber neben der Belastung der öffentlichen Haushalte durch Gesetzesvorhaben den Gegenwartswert zumindest der unmittelbaren und greifbaren privatwirtschaftlichen Mehrausgaben und Mindereinnahmen zur Kenntnis brächte.

Parlamentarische Eingriffsrechte aufgrund von Vorbehaltsvermerken im Haushalt

59. Schließlich wird zum dritten eingewendet, daß sich das Parlament, ohnehin schon bei der Erstellung des Haushaltsplanentwurfs von der Exekutive abhängig, nach der Haushaltsverabschiedung aller Interventions- und Vorbehaltsrechte zum Haushaltsvollzug begibt. Fehlentwicklungen,

die der Haushaltsvollzug durch die allein zuständige Verwaltung aufzeigt, könnten nicht frühzeitig parlamentarisch korrigiert werden.

Den durchaus überzeugenden Gedanken, dem Parlament Vorbehalts- und Interventionsrechte auch nach der Haushaltsverabschiedung zu sichern, kann man ohne Umbau des ganzen Budgetsystems durch gezielte Vorbehaltsvermerke praktisch umsetzen, die den heutigen Sperrvermerken ähneln: Die Mittelbewilligung steht unter dem Vorbehalt, daß sie das Parlament nicht während des Haushaltsvollzugs in voller oder begrenzter Höhe des Restvolumens widerruft.

Vom behördlichen zum zentralen Rechnungswesen

60. Zentrale Haushaltsplanung und Haushaltsführung können nicht besser sein als ihre dezentralen Grundlagen. Deshalb nähern sie sich Wirtschaftlichkeitszielen in dem Maße, in dem nach den hier gegebenen Empfehlungen die behördliche Finanz- und Investitionsplanung dezentrale Haushaltsvoranschläge verbessert und erweiterte Möglichkeiten der sachlichen Mitteldeckung und zeitlichen Mittelübertragung eine kostensenkende behördliche Portefeuillewirtschaft erlauben.

Läßt man die öffentlichen Unternehmen außer Betracht, so entsteht ähnlich wie in der Konzernrechnungslegung durch Konsolidierung behördlicher Bilanzen und Erfolgsrechnungen die zentrale Vermögens- und Erfolgsrechnung der Gebietskörperschaft. Wie die behördliche Erfolgsrechnung liefert die Erfolgsrechnung der Gebietskörperschaft eine zusammenfassende Übersicht der verschiedenen Aufwands- und Ertragskomponenten. Ihr Saldo gibt die Änderung des Hoheitsvermögens in der Rechnungsperiode an.

IV. Wirtschaftliche Verwaltungs- und Regierungskontrolle

1. Kontrollverfahren und ihre Prioritäten

Funktionsbedingungen wirtschaftlicher Behörden- und Regierungskontrolle

61. Kontrolle kann nur wirksam funktionieren,
– wenn sie sich auf nachprüfbare und personell zurechenbare Kontrollkriterien stützen kann,

- wenn sie über positive und negative Sanktionen verfügt und
- wenn bei Fremdkontrolle die Kontrolleure unabhängig sind.

Gegenstand der Wirtschaftskontrolle sind die Finanz- und Kostenwirtschaft von Verwaltung und Regierung im Planungs- und Vollzugsstadium. Lassen sich Finanz- und Kostenwirtschaft bei Behörden und Ämtern über ein reformiertes Rechnungswesen ohne bedeutsame Einschränkungen überprüfen, so sind bei der kostenwirtschaftlichen Kontrolle von Regierungsmaßnahmen entscheidende Vorbehalte anzubringen.

Natürlich läßt sich feststellen, ob und inwieweit die zentrale Haushalts- und Finanzplanung eingehalten wurde und wo Abweichungseinflüsse zu suchen sind. Jedoch besagen Planabweichungen auf Regierungsniveau deshalb generell wenig, weil anders als bei der Überprüfung behördlicher Kostenwirtschaftlichkeit anhand optimierender Planvorgaben das zentrale Planungsoptimum nur ausnahmsweise zu bestimmen ist und insoweit der positiven und negativen Planabweichung kein zweifelsfreier Urteilswert zukommt: Stimmt der Plan nicht oder stimmt die Realität nicht?

Die Wirtschaftlichkeit von Regierungsmaßnahmen läßt sich partiell durch Nutzen-Kosten-Untersuchungen erhellen, indes nur in jenem Sonderfall eindeutig beurteilen, wo das identische oder annähernd gleiche Ergebnis kostengünstiger hätte erreicht werden können. Ansonsten bleibt die Wertung von Regierungsmaßnahmen den Parlamenten vorbehalten. Schließlich sind sie es und nicht Rechnungshöfe, die das Volk wählt. Gegenstand der Kontrolle kann vorrangig nur sein, ob Haushalts- und Finanzplanung die methodischen Regeln wirtschaftlicher Sorgfalt befolgt haben und ob ihr Vollzug den Ordnungsvorschriften der einschlägigen Gesetze entspricht.

Für mehr Selbstkontrolle

62. Die Empfehlungen zum Rechnungswesen zielen in erster Linie darauf ab, die planenden und ausführenden staatlichen Einrichtungen selbst in die Lage zu versetzen, die Kostenwirtschaftlichkeit ihrer Planung und Leistungserstellung zu überprüfen. Die Kontrolle einer Institution durch Außenstehende wird zwar als Ergänzung zur Eigenkontrolle immer notwendig bleiben. Ihre Wirksamkeit beruht jedoch mehr darauf, daß sie Mängel und Unzulänglichkeiten an die Öffentlichkeit bringt, als darauf, daß sie diese Mängel entdeckt. In den meisten Fällen ist der internen Revision

längst bekannt, was die externe Revision in ihren Berichten zur allgemeinen Kenntnis bringt. Dies ist auch nicht weiter erstaunlich, muß sich doch die externe Revision im allgemeinen mit Stichproben und Prüfungsschwerpunkten begnügen.

Die Zeit- und Informationsvorsprünge der internen Revision beseitigen nicht die Gefahr, daß Eigenkontrolle betriebsblind ist und aufgedeckte Fehler aus internen Rücksichten nicht weiter verfolgt werden. Die Fehlerbereinigung ist allerdings auch bei extern aufgedeckten Mängeln nicht ohne weiteres gewährleistet, da es jeder Institution schwerfällt, Fremdurteile zu akzeptieren und Gesichtsverluste hinzunehmen. So erledigen Behörden bekanntlich die Prüfungsbemerkungen von Rechnungshöfen und übergeordneten Rechnungsprüfungsämtern häufig nur formal, ohne die eigentlichen Mängelursachen zu beheben. Aber auch Privatunternehmen tun sich schwer, etwa die Organisationsvorschläge unabhängiger Unternehmensberater in den eigenen Reihen durchzusetzen.

Ergebniskontrolle statt Verhaltenskontrolle

63. Die Kontrolle der Planung hat dort, wo sie möglich ist, Vorrang vor der Kontrolle des Vollzugs. In der Planung finden im allgemeinen mehr Unwirtschaftlichkeiten ihre Ursache als im Vollzug. Freilich sind hier Kontrollaussagen auch weniger eindeutig, da in sie Wahrscheinlichkeitsurteile einfließen. Die Kontrolle des Vollzugs kann sich auf die Kontrolle expliziter Verhaltensnormen, also der einschlägigen Gesetze und Dienstvorschriften, beziehen (Verhaltenskontrolle) oder auf die Kontrolle von Ergebnissen impliziten Entscheidungsverhaltens abstellen (Ergebniskontrolle). Letztere steht bei der Organisations- und Entscheidungsautonomie der Behörden und Ämter im Vordergrund der Wirtschaftlichkeitsprüfung.

Positive oder negative Kontrollsanktionen setzen die personelle Verantwortlichkeit, also die ursächliche Zuordnung von Erfolgen und Fehlschlägen zu Entscheidungs- und Handlungsbefugten voraus. Diese Funktionsbedingung stellt in weitgehendem Maß das vorgeschlagene Rechnungswesen her.

2. Zur dezentralen Kontrolle der Behördenwirtschaft

Personalerhöhung erst nach Organisationsprüfung

64. Eine wirksamere Kontrolle behördlicher Kostenwirtschaft sichern zunächst die zu ermittelnden Leistungs- und Kostenkennzahlen und ihre Veröffentlichung im Jahresabschluß der Behörde (Ziffern 38, 48-52). Der Expansion des öffentlichen Personalbedarfs würde ein wirksamer Riegel durch einen Regelautomatismus vorgeschoben, der bei Anforderung dauerhafter Personalstellen oder dauerhafter Reduzierung der Aufgaben eine externe amtliche Organisationsprüfung vorsieht.

Mit guten Gründen läßt sich die Verstärkung der überörtlichen kommunalen Rechnungsprüfung rechtfertigen, da die gemeindeeigenen Rechnungsprüfungsämter eher die Funktion einer weisungsgebundenen internen Revision wahrnehmen. Zu Recht wird außerdem sowohl für Prüfungen durch überörtliche Rechnungsprüfungsämter als auch durch Rechnungshöfe eine größere Zeitnähe angemahnt: Die politische und öffentliche Zugkraft von Prüfungsbemerkungen verliert sich im Zeitablauf.

Der Ausbau sachverständiger Beratung durch die Rechnungshöfe zielt in erster Linie auf die Vorbereitung der zentralen Haushaltsplanung. Er ist weniger eine Frage neu einzuführender Beratungsrechte und Beratungspflichten als vielmehr ein Problem ausreichender Personalausstattung der Rechnungshöfe.

Unnütze Verschärfung des Disziplinar- und Haftungsrechts

65. Es ist zu beobachten, daß Behördenleiter und Aufsichtsbehörden aus Rücksicht auf die Betroffenen Disziplinarmaßnahmen bei vorsätzlicher oder grob fahrlässiger Verletzung haushaltsrechtlicher Sparsamkeitsgebote nicht einleiten und Regreßansprüche gegen die verantwortlichen Bediensteten nicht stellen.

Die Forderungen nach Verschärfung des Straf-, Disziplinar- und Haftungsrechts leiten die Gedanken der Verhaltenskontrolle und weniger die der Ergebniskontrolle. Würde man sie verwirklichen, so wäre absehbar, daß sich die aus der Erfahrung bürokratischer Verrechtlichung und Verhaltensregulierung ohnehin wenig entscheidungsfreudigen Staatsdiener noch stärker gegen das zwangsläufige Risiko dispositiver Amtshandlungen absicherten. Wie es Parkinson sarkastisch ausdrückt, würde "die Anzahl der Arbeitsstunden/Mann, die der Anfertigung von Memoranden im internen Büroverkehr dienen", in die Höhe schnellen. Dem Ziel einer ergebnisbezogenen, kostensparenden Delegation von Verantwortung kommt man so nicht näher.

Annehmbar ist deshalb nur der Vorschlag, aus der Pflicht zur Anhörung des Rechnungshofes ein Zustimmungserfordernis zu machen, "wenn die Verwaltung Ansprüche ..., die in Prüfungsmitteilungen erörtert worden sind, nicht verfolgen will" (§ 96 Abs. 3 Bundeshaushaltsordnung). Darüber hinaus genügen die geltenden Straf- und Haftungsregelungen: Zu verfolgen sind Betrug, Untreue, Urkundenfälschung, aktive und passive Bestechung, Rechtsbeugung und die aus ihnen abgeleiteten zivilrechtlichen Ansprüche, nicht aber wirtschaftliche Fehlentscheidungen, die aus der immer klügeren späteren Einsicht leicht Vorwürfe gegen Personen provozieren. Die Gerichte hätten viel zu tun, sollten sie derartige "Delikte"in der Privatwirtschaft ahnden. Ungeachtet der ökonomischen Unzweckmäßigkeit kann nicht mit zweierlei Maß gemessen werden.

3. Wirksamere Kontrolle der zentralen Budgetpolitik

Parlamentarische Wahl der Rechnungshofpräsidialen

66. Eine schärfere Kontrolle der Budgetpolitik der Regierung braucht – anders als strengere Kontrollen der Behördenwirtschaft – unerwünschte Rückwirkungen auf die Entscheidungsfreude nicht zu fürchten. Eher anders herum: Die Rechnungshöfe müssen darum kämpfen, daß die Regierungen die Prüfungsbemerkungen ernsthaft zur Kenntnis nehmen und den aufgedeckten Mängeln mit Entschlossenheit nachgehen. Denn die Entlastung der Regierung beschließt zu Recht nicht ein Rechnungshof, sondern die Parlamentsmehrheit. Sie ist der Regierung durch das gleichgerichtete Interesse verbunden, der Opposition und den Wählern möglichst wenig Angriffsfläche bei der Finanzgebarung zu bieten. Die Kompetenzverteilung zwischen Parlament und Rechnungshof und die Einschränkungen, die Effizienz von ordnungs-, stabilitäts- und verteilungspolitischen Regierungsmaßnahmen zu beurteilen, rechtfertigen indes nicht, die Beanstandungen der Rechnungshöfe zur haushaltsplanerischen Sorgfalt und zur Ordnungsmäßigkeit des Haushaltsvollzugs leicht zu nehmen.

Die wichtigste Vorkehrung, die Position der Rechnungshöfe zu stärken, ist zweifellos, die Präsidenten und Vizepräsidenten der Rechnungshöfe ungeachtet ihrer richterlichen Unabhängigkeit generell nicht durch die Regierungen zu nominieren, sondern sie ähnlich den Bundesverfassungsrichtern mit einer qualifizierten Zwei-Drittel-Mehrheit der zuständigen Parlamente zu wählen. Dies wäre insofern keine neuartige Regelung, als die Länderparlamente bei der Wahl von Präsidialen der Landesrechnungshöfe bereits mitwirken. Durch die Ablösung des bisher beim Bund praktizierten Nominierungsverfahrens würde der Bundesregierung die Möglichkeit entzogen, über die Auswahl des Rechnungshofpräsidiums mittelbar auf die Finanzkontrolle Einfluß zu nehmen. Die demokratische Legitimation des Bundesrechnungshofs würde gefestigt, die Befürchtung der parteipolitischen Ämterpatronage durch das Erfordernis der Zwei-Drittel-Mehrheit weitgehend ausgeräumt.

Verselbständigter Rechnungsprüfungsausschuß

67. Es ist nicht zu verkennen, daß trotz aller richtigen und wichtigen Bemühungen, die Position der Rechnungshöfe zu stärken, das Etikett der Rechnungshöfe als "Ritter ohne Schwert" einen wahren Kern trifft. Deshalb ist es notwendig, die parlamentarischen Finanzkontrollbefugnisse zu aktivieren und institutionell zu festigen.

Es empfiehlt sich, die parlamentarischen Rechnungsprüfungsausschüsse, derzeit regelmäßig Unterausschüsse der Haushaltsausschüsse, zu verselbständigen. So sehr es einerseits von Vorteil ist, daß die Mitglieder der Rechnungsprüfungsausschüsse durch die Mitwirkung an den Haushaltsberatungen bereits sachkundig sind, so widerspricht es andererseits der Lebenserfahrung, daß sie die von ihnen empfohlenen, vor Parlament und Öffentlichkeit vertretenen Planungsbeschlüsse nicht gegen Vorwürfe der Rechnungshöfe verteidigen werden. Da mag es ehrenwerte Ausnahmen geben, aber grundsätzlich ist es ein Konstruktionsfehler, Planungs- und Kontrollinstanzen zur Gänze oder zum Teil mit den gleichen Personen zu besetzen.

Begrenzte Haushaltskontrolle durch Parlamentsminderheiten

68. Auch ein vom Haushaltsausschuß abgenabelter Rechnungsprüfungsausschuß bleibt in erster Linie immer noch ein Ausschuß der zu kontrollierenden Regierungsparteien, selbst wenn man nach britischem Vorbild den

Ausschußvorsitz der Opposition überläßt und den Ausschuß mit den besonderen Kompetenzen eines Untersuchungsausschusses ausstattet. Deshalb sollte als Instrument der haushaltswirtschaftlichen Oppositionskontrolle einer qualifizierten Minderheit von einem Viertel der Parlamentsmitglieder das Recht eingeräumt werden, beim zuständigen Rechnungshof die Prüfung oder Begutachtung einer eingegrenzten Haushaltsfrage anzuregen. Die Ausgestaltung als Anregungsrecht ohne bindende Verpflichtung der Rechnungshöfe, dem parlamentarischen Prüfungs- oder Beratungsbegehren nachzukommen, soll nicht nur verhindern, daß die Opposition den Rechnungshof dazu mißbraucht, die Regierung ständig dem Verdacht finanzieller Unregelmäßigkeiten auszusetzen. Sie soll umgekehrt auch unterbinden, daß die Regierungsparteien den Rechnungshof mit einer Fülle belangloser Anfragen und Beratungsersuchen lahmlegen und ihn so von der Prüfung brisanter Haushaltsprobleme abhalten. Die Einrichtung eines solchen Anregungsrechts folgt im übrigen den gleichen Erwägungen und Verfahrensregeln, die die Minderheitenrechte bei der Einsetzung von Untersuchungsausschüssen und Enquête-Kommissionen gewährleisten (Art. 44 Abs. 1 GG, § 64 Abs. 1, 74 a der Geschäftsordnung des Bundestages).

V. Übergangsprobleme in den neuen Bundesländern

1. Haben die neuen Bundesländer nicht andere Sorgen?

Sorge um Deckungsvermerke anstatt Sorge um Verwaltungsunterkünfte?

69. Betrachtet man die aufgetürmten fundamentalen Hemmnisse und Schwierigkeiten, vor denen die Einrichtung verfassungsgemäßer öffentlicher Verwaltungen und Haushalte in den neuen Bundesländern steht, so könnte man geneigt sein, die vorgetragenen Besorgnisse um administrative Führungs- und Kontrollmethoden als ein zu vertagendes Randproblem der neuen Bundesländer einzustufen.

Wo die einfachsten Voraussetzungen einer funktionsfähigen Verwaltung noch fehlen, Verwaltungsgebäude erst gesucht, Bedienstete eingearbeitet und Kommunikationsnetze erst ausgebaut werden müssen, erscheint es müßig, über Deckungsvermerke bei Haushaltstiteln oder über die Erfolgsrechnung einer Behörde nachzudenken. Und welche Bedeutung kann schon eine Leistungskennzahl zur rechtlichen Qualität des Verwaltungshandelns haben, wo doch die Verwaltungsgerichtsbarkeit in den Anfängen steckt, an Rechtspflegern und Richtern empfindlicher Mangel besteht?

Das Organisationskonzept lenkt, nicht die Organisationsmittel

70. Derartige Fragen und Zweifel gehen aus verschiedenen Gründen am Problem vorbei. Gerade für eine Aufbauphase ist festzuhalten, daß nicht das Organisationskonzept der Anmietung von Bürogebäuden oder der Fachqualifikation von Bediensteten folgt, sondern daß umgekehrt das Organisationskonzept die Raumakquisition und die Fachausbildung der Bediensteten lenkt. Wenn etwa hier aus der Erfahrung der alten Bundesländer für die Einführung ziel- und erfolgsbezogener Methoden der Personalführung in öffentlichen Verwaltungen geworben wird, so hat dies für die Mitarbeiterschulung in den neuen Bundesländern vor dem Erfahrungshintergrund einer völlig bürokratisierten Wirtschafts- und Gesellschaftsordnung erhebliches Gewicht.

71. Gewiß entstehen große Probleme bei der Einführung eines neuartigen Rechnungswesens in den neuen Bundesländern, fehlt es doch an einem praktizierten Vorbild aus den alten Bundesländern, auf das man zurückgreifen könnte. Dagegen stehen die besonderen Chancen, die der Neubeginn eröffnet. Außerdem ist zu bedenken, daß die Organisationsordnung der Verwaltung in den alten Bundesländern schwerfällig und ihre kameralistische Buchführung kompliziert ist, was deren Einführung, auch wenn es eine bloße Übernahme ist, zu einer schwierigen Aufgabe macht.

Der Finanzbedarf verträgt keine Verschwendung

72. Aufbauphasen sind durch große Planungsunsicherheiten gekennzeichnet. Dies hat zur Folge, daß der Verwaltungsauftrag regelmäßig unter Bedingungen vollzogen werden muß, die auch bei sorgfältiger Planung nicht vorhersehbar waren.

Der Behördenleiter muß auf solche Änderungen des Bedingungsumfelds schnell und flexibel durch Variation und Austausch geplanter Organisationsmittel reagieren können. Fehlt der scheinbar nebensächliche Deckungsvermerk der einzeln zugewiesenen Haushaltsmittel, so holt die Behörde ihre planwirtschaftliche Vergangenheit ein: Die Beschaffung benötigter

Einsatzgüter läßt der Plan nicht zu, dafür werden reichlich bewilligte Produktionsmittel vergeudet. Aber gerade diese Vergeudung von Produktivkräften können sich die neuen Bundesländer angesichts ihres enormen Finanzierungsbedarfs noch viel weniger leisten als die alten. Werden hier nicht frühzeitig die Weichen in der Verwaltungs- und Haushaltsorganisation richtig gestellt, so wird die Chance zu einem sparbewußten Neubeginn vertan.

Auch kleine Schritte benötigen Orientierung

73. Es gibt mindestens noch einen weiteren Grund, warum die auf die Verwaltungen und Haushalte der alten Bundesländer gemünzten Überlegungen und Schlußfolgerungen zur Organisation und Wirtschaftskontrolle auch für die neuen Bundesländer Bedeutung haben. Die Folgerungen und Vorschläge begründen nämlich nicht nur einen Katalog mehr oder minder kurzfristiger Maßnahmen, sondern können auch als langfristige Zielvorstellungen aufgefaßt werden. Selbst wer nur kleine Schritte macht, muß immerhin die Richtung wissen.

Hat sich etwa erst einmal die von den alten Bundesländern übernommene Verwaltungskameralistik eingebürgert, so ist der Weg zu einer späteren Verwaltungskostendeckung um so hindernisreicher. Als Ziele behalten deshalb auch solche Empfehlungen Gültigkeit, denen als unmittelbare Maßnahmen in den neuen Bundesländern keine Priorität zukommt.

2. Welche Weichen jetzt zu stellen sind

Unternehmensorientierte Führung gegen alten Planzentralismus

74. Um eine deutliche Trennlinie zur Vergangenheit der allumfassenden Planwirtschaftsbürokratie zu ziehen, ist es in den neuen Bundesländern besonders wichtig, die öffentliche Verwaltung von Anfang an durch ziel- und ergebnisbezogene Methoden der Personalorganisation an die Erfüllung der Verwaltungsaufgaben heranzuführen. Dabei muß in Kauf genommen werden, daß zu einem solche Methoden stützenden Ausbau des kostenwirtschaftlichen Rechnungswesen in naher Zukunft die finanziellen und personellen Voraussetzungen fehlen. Um nicht die Tradition des Verantwortlichkeit und Eigeninitiative erstickenden Planzentralismus in der öffentlichen Verwaltung am Leben zu erhalten, ist es dringlich, die dezentrale Entscheidungs- und Wirtschaftsautonomie der neuen Behörden und

Ämter besonders deutlich auszuprägen und sie die zugewiesenen Haushaltsmittel nach dem Portefeuilleprinzip bewirtschaften zu lassen.

Das besondere Erfordernis ökonomischer Grundausbildung

75. Der Übergang auf unternehmensorientierte Entscheidungs- und Wirtschaftsnormen muß in den neuen Bundesländern durch entsprechende verwaltungseigene Ausbildung sehr sorgfältig vorbereitet werden, wenn es nicht zur Überforderung der Bediensteten kommen soll. In der ohnehin notwendigen Fachausbildung der neu einzustellenden Beamten und öffentlichen Angestellten erlangt die ökonomische Grundausbildung aber nicht nur deshalb Gewicht, weil der Bedienstete selbst ökonomisch handeln soll. Er muß auch das marktwirtschaftlich geprägte Verwaltungsumfeld einschätzen und beurteilen lernen.

Heimische Arbeitsmarktchancen für den öffentlichen Dienst

76. Die im Besoldungs- und Beförderungswesen der alten Bundesländern erwogenen Verbesserungen haben für die neuen Bundesländer zunächst geringe Bedeutung. Verglichen mit den Leistungsanreizen des bisher einschlägigen "Rahmenkollektivvertrags", ist die Leistungsentlohnung des westdeutschen Besoldungs- und Beförderungsgefüges für ostdeutsche Arbeitnehmer auch dann noch attraktiv, wenn das Besoldungs- und Vergütungsniveau in den neuen Bundesländern erheblich unter dem der alten Bundesländer liegt. Dazu trägt auch bei, daß es die bedrückend hohe ostdeutsche Arbeitslosigkeit dem öffentlichen Dienst erleichtert, sein Personal aus leistungswilligen und leistungsfähigen heimischen Bewerbern zu rekrutieren. Der Stellenkegel muß in den neuen Bundesländern nicht revidiert, sondern über eine zunächst grobe Dienstpostenbewertung erst einmal ausgearbeitet werden.

Aufbauerleichterungen durch Westbeamte?

77. Die neuerdings beschlossenen Anreize der Besoldungsordnung, erfahrene Fachbeamte des Bundes und der alten Bundesländer durch Zulagen, verbesserte Beförderungschancen und Reaktivierung für eine zumindest vorübergehende Tätigkeit in der Verwaltung und Gerichtsbarkeit der neuen Bundesländer zu gewinnen, entsprechen Geist und Wortlaut der Vereinbarungen im Einigungsvertrag (Art. 15) und sind einen Versuch wert.

Allerdings steht zu befürchten, daß solche Maßnahmen kaum eine entscheidende Erleichterung der Aufbauprobleme bringen. Auch wenn Westbeamte keine Kolonialmentalität entwickeln, erschweren die Besoldungsunterschiede, der Druck heimischer Arbeitsmärkte und das berechtigte Bekenntnis der ostdeutschen Bediensteten zur eigenen Identität die Integration der entsandten Beamten in die Verwaltung und Justiz der neuen Bundesländer. So führt denn kein Weg an der forcierten Heranbildung heimischer Fachkräfte vorbei.

Auch für die neuen Bundesländer: Kaufmännische Buchhaltung statt Kameralistik

78. Bei der Einrichtung von öffentlichen Rechnungsverfahren in den neuen Bundesländern ist zu bedenken, daß die Methoden der Rechnungslegung dort bisher nicht nur in der Verwaltung, sondern auch in der Produktionswirtschaft schwach entwickelt waren. Auf einschlägige Kenntnisse und Erfahrungen kann deshalb nur begrenzt zurückgegriffen werden. Andererseits darf dieser Umstand nicht den Weg für eine spätere Verbesserung und Verfeinerung von Führungs- und Kontrollmethoden verlegen.

Eine Verwaltungskostenrechnung käme in den neuen Bundesländern ohne Zweifel verfrüht. Da jedoch eine solche später empfehlenswerte Rechnung auf einer vollständigen Aufzeichnung und zweckgerechten Gruppierung aller verwaltungswirtschaftlichen Grundvorgänge aufbaut, ist anzuraten, anstelle der Verwaltungskameralistik gleich die doppelte kaufmännische Buchführung mit der für die Haushaltsüberwachung notwendigen Ergänzung (Ziffer 42) einzuführen.

Um eine sukzessive Bestandsaufnahme und Bilanzierung des Verwaltungs- und Hoheitsvermögens kommt man ohnehin nicht herum, soll der öffentliche Investitionshaushalt der neuen Bundesländer nutzbringend und mittelsparend geplant werden. Gerade in der Aufbauphase der öffentlichen Verwaltung mit ihrem überdurchschnittlichen Volumen an personellen und sachlichen Investitionen ist deshalb auch die für die alten Bundesländer vorgeschlagene, an Buchführungs- und Bilanzdaten anknüpfende Finanz- und Investitionsplanung dringlich (Ziffern 38, 53-54).

79. Nicht zuletzt wäre es ein Gewinn, wenn die neuen Länder für ihre Rechnungshöfe und Parlamente jene institutionellen Vorkehrungen nicht versäumen würden, die eine gewisse Gewähr für eine sorgsame Haushaltswirtschaft der Regierungen bieten: starke Rechnungshöfe mit öffentlicher Wirkung, verselbständigte Rechnungsprüfung der Legislative und das Recht parlamentarischer Minderheiten, der Regierung mit Nachdruck unangenehme Haushaltsfragen zu stellen.

Im Maß der preußischen Reformtradition eines Freiherrn vom Stein sind dies alles eher bedächtige Schritte.

VI. Die Empfehlungen im Überblick

Die Empfehlungen beziehen sich auf die Bundesrepublik insgesamt. Empfehlungen, die für die neuen Bundesländer keine Priorität als kurzfristige Maßnahme haben, sind mit * gekennzeichnet.

I. Zur Organisation

1. *Einführung ziel- und ergebnisbezogener Führungsprinzipien* (management by objectives) in die notwendigerweise bürokratische Rahmenorganisation dort, wo sich Behörden- oder Referatsaufgaben insbesondere der mittleren und unteren Verwaltungsebene hinreichend konkret bestimmen lassen (Ziffern 17-22, 74).

2. *Stärkung dezentraler Entscheidungs- und Wirtschaftsautonomie* über weitgehende Ersetzung der Titelbewirtschaftung durch eine Portefeuillewirtschaft der Behörden und ihrer Abteilungen, wo immer die Zweck- und Periodenbindung der Haushaltstitel nicht eine besondere und ausdrückliche Zielsetzung des Haushaltsgesetzgebers verfolgt (Ziffern 23-25, 72, 74).

3.* *Rückkehr zur leistungsbezogenen Besoldung* durch

a. analytische Dienstpostenbewertung und sukzessive Neubestimmung des Stellenkegels (Ziffern 26-30, 76);
b. Ersetzung der Dienstaltersstufen durch Leistungsstufen der Be-soldung (Ziffer 31).

4.* *Rückkehr zur leistungsbezogenen Beförderung* durch

a. Abschaffung der Regelbeförderung und des turnusmäßigen Bewährungsaufstiegs (Ziffern 26-28, 31);
b. leistungsbezogene Beförderung nach Maßgabe einer durch die Rechnungslegung gestützten Dienstbeurteilung (Ziffern 30, 52);
c. Befugnis des Dienststellenleiters, Besoldungs- oder Vergütungsstufen über oder unter der Dienstpostenbewertung zu verfügen (Ziffer 30).

5.* *Mehr Flexibilität bei den Laufbahnen* durch Erleichterung des Laufbahn-, Ressort- und Dienstherrnwechsels (Ziffern 33-34).

6. *Mehr Teilzeit-Arbeitsplätze* im öffentlichen Dienst (Ziffer 35).

7. *Verbesserte ökonomische Grundausbildung* der Bediensteten (Ziffern 32, 75).

8. *Umwandlung der Vetorechte des Personalrats* in Informations- und Anhörungsrechte in Angelegenheiten, die den kostenwirtschaftlichen Vollzug des Verwaltungsauftrags betreffen (Ziffern 36-37).

II. Zum dezentralen Rechnungswesen der Behörden und Ämter

Das Rechnungswesen von Bund, Ländern und Gemeinden sollte auf allen behördlichen Hierarchieebenen, also Orts-, Mittel- und Oberbehörden oder -ämtern, regelmäßig vorsehen

1. als reine *Planungsrechnung*:

a. eine mindestens zwei Jahre umfassende, halbjährlich fortzuschreibende und verbundene Finanz-(Haushalts-) und Investitionsplanung auf der Basis von Arbeitsprogrammen, Personalplanung, Kostenplanung sowie projektbezogenen Nutzen-Kosten-Analysen (Ziffern 53-54, 78);

2. als mit Planvorgaben verbundene *Kontroll- und Dokumentationsrechnungen*:

b. laufende Buchführung nach den Grundsätzen der Doppik, die jährlich durch veröffentlichungspflichtige Bilanz und Erfolgsrechnung abzuschließen ist und in die die Überwachung des ordnungsgemäßen Haushaltsplanvollzugs (laufende und jährliche Haushaltsplan- und Kassenkontrolle) integriert ist (Ziffern 39-45, 78);

c. *eine soweit wie möglich auf Plankosten basierende Kostenstellen- und Kostenträgerrechnung mit halbjährlicher Kontrolle der Kostenabweichungen sowie Bereitstellung von Leistungs- und Kostenkennzahlen. Die Leistungs- und Kostenkennzahlen und ihre Entwicklung in den letzten drei Jahren sind mit dem Jahresabschluß der Organisationseinheit (Bilanz und Erfolgsrechnung) zu veröffentlichen. Behörden und Ämter, die für ihre Leistungen Gebühren nach dem Kostendeckungsprinzip erheben, sollten die Kostenrechnung mit einer Erlösrechnung verbinden und in Halbjahresabständen eine Verwaltungsergebnisrechnung aufstellen (Ziffern 46-52, 74, 78).

Diese Rechenwerke bilden die Grundlage der zentralen Haushaltsplanung und Haushaltskontrolle, die in ihrem formalen Aufbau und ihrer Rechenmethodik bestehen bleiben.

III. Zum zentralen Rechnungswesen der Gebietskörperschaften

1. *Zentrale Haushaltsplanung* auf der Grundlage der vorgeschlagenen behördlichen Finanz- und Investitionsplanung (Ziffern 60, 78).

2. *Ausdehnung von Investitionskalkülen* oder Nutzen-Kosten-Untersuchungen auf die Einrichtung und Anhebung von Planstellen (Ziffern 53-54, 78).

3. *Vollständigere Erfassung der Kosten* von Gesetzesvorhaben durch Einbeziehung unmittelbarer und greifbarer privatwirtschaftlicher Kosten (Ziffer 58).

4. *Zentrale (vollständige) Vermögensrechnung* durch Konsolidierung der dezentralen Behördenbilanzen (Ziffern 60, 78).

IV. Zur dezentralen Wirtschaftskontrolle von Behörden und Ämtern

1. *Stärkung der Selbstkontrolle* durch die vorgeschlagenen dezentralen Rechenwerke (Ziffern 51-52, 61-62).

2. *Pflicht zur Veröffentlichung* der dezentralen Rechnungsergebnisse (Ziffern 38, 52, 64).

3. *Möglichkeit eines gezielten Vorbehaltsvermerks* bei Mittelbewilligungen im Haushaltsplan (Ziffer 59).

4.* *Stärkung der überörtlichen Rechnungsprüfungsämter* (Ziffer 64) und

5.* *größere Zeitnähe* der externen Prüfungsbemerkungen (Ziffer 64).

6. *Externe amtliche Organisationsprüfung* bei Anforderung dauerhafter Personalstellen oder dauerhafter Reduzierung der Aufgaben (Ziffer 64).

7.* *Zustimmung des Rechnungshofs* bei Verzicht auf dienstliche Regreßansprüche, die in Prüfungsbemerkungen des Rechnungshofs erörtert sind (Ziffer 65).

V. Zur Kontrolle der zentralen Haushaltspolitik

1. *Stärkung der Unabhängigkeit der Rechnungshofpräsidialen* durch Änderung des Wahlverfahrens (Ziffern 66, 79).

2. *Verselbständigung der parlamentarischen Rechnungsprüfungsausschüsse* (Ziffern 67, 79).

3. *Recht einer qualifizierten Parlamentsminderheit,* beim zuständigen Rechnungshof die Prüfung oder Begutachtung einer eingegrenzten Haushaltsfrage anzuregen (Ziffern 67, 78).

Zur Wirtschaftsreform in Osteuropa

Vorbemerkung

Die Bürger Mittel- und Osteuropas wollen eine faire wirtschaftliche Chance haben. Sie wollen Erwerbsmöglichkeiten, die ihnen ein ausreichendes Einkommen und eine berufliche Perspektive bieten. Sie wollen gutes Geld, mit dem sie die Güter kaufen können, die sie sich wünschen. All das erhoffen sie sich von der Marktwirtschaft – und zu Recht. Aber nichts davon kann für bald versprochen werden. Die Reaktion der Enttäuschten steht bevor. Daraus droht ein Teufelskreis zu werden.

Die westliche Welt muß die Phase der Diskussion über den Bedarf an und die Bedingungen für Hilfe hinter sich lassen und sich zu massiver Hilfe entschließen. Denn, bei aller Skepsis über das Gelingen auf dem schwierigen und langen Marsch vom Sozialismus zur Marktwirtschaft, wie die Welt aussehen wird, wenn er nicht zum Erfolg führt, wagt man sich kaum vorzustellen.

Januar 1992

Juergen B. Donges, Wolfram Engels
Walter Hamm, Wernhard Möschel
Olaf Sievert
(KRONBERGER KREIS)

I. Im Angesicht des Chaos

1. Die wirtschaftliche, gesellschaftliche und staatliche Umgestaltung in den Ländern Mittel- und Osteuropas erfordert eigentlich, sollen sich die unvermeidlichen Friktionen auf ein gerade noch erträgliches Maß beschränken, ein hohes Maß an Gleichzeitigkeit in der Veränderung der Wirtschaftsordnung, der Denk- und Verhaltensweisen der Menschen, der staatlichen Ordnung und Verwaltung. Für solche Gleichzeitigkeit gibt es, wenn sie denn nicht überhaupt utopisch ist, keine Anzeichen. Mehr Anzeichen gibt es dafür, daß sich die Umgestaltung in einigen Ländern bald großenteils im Zeichen des Chaos vollzieht, jedenfalls unter der unmittelbaren Bedrohung von Chaos.

Chaos, in dem die alte Ordnung versinkt, während eine neue Ordnung noch nicht gefunden ist, schließt einen letztlich guten Ausgang der Dinge nicht aus. Aber es erhöht die Risiken im ganzen und vor allem für jeden einzelnen.

tua res agitur

2. In ein Chaos oder ein von Chaos bedrohtes Land hinein kann man nicht mit Ratschlägen wirken, die eine funktionstüchtige Ordnung schon voraussetzen – eine Ordnung, die erst entstehen soll. Wer im Chaos, oder von Chaos bedroht, ordnungspolitisch – also regelsetzend – handeln soll, muß zwar eine Vorstellung haben von der neuen Ordnung, auf die er hinauswill. Aber für den notwendigerweise überwiegend spontan ablaufenden Prozeß, in dem aus dem Chaos eine neue Ordnung entsteht, gibt es, wenn es denn eine freiheitliche Ordnung sein soll, wohl keine Regel.

Darunter leidet die Diskussion über Hilfe, namentlich materielle Hilfe, von außen. Ein Hilfsangebot, das unter die Kondition eines Reformprozesses in ganz bestimmter Form gestellt wird, ist wenig mehr als die Verweigerung von Hilfe. Allerdings: Wer helfen soll, darf, auch wenn er sich Vormundschaft im ganzen nicht anmaßt, Sicherungen erwarten dafür, daß seine Hilfe nicht von vornherein in der potentiell grenzenlosen Ineffizienz eines vorläufig ungeordneten Gemeinwesens wirkungslos verpufft. In dieser Bescheidenheit, aber auch Beharrlichkeit, ist das folgende aufgeschrieben.

Ohne Hilfe, auch große materielle Hilfe, geht es nicht. So zutreffend es ist, daß die Länder, die im Umbruch stehen, sich in erster Linie selbst helfen müssen – weil die schwersten Aufgaben ihnen niemand abnehmen kann und deren Erledigung Hilfe von außen erst richtig wertvoll macht –, so zutreffend ist auch, daß kein Land in Europa den Übergang von einer sozialistischen zu einer freiheitlichen Ordnung von Wirtschaft und Gesellschaft ohne Hilfe von außen schaffen kann. Einigkeit herrscht, daß es dabei nicht allein um Hilfe um des anderen willen geht. Jeder weiß: Es ist auch unsere Sache, die dort verhandelt wird.

II. Fundamentale Engpässe

3. Sich in die Probleme des Umbruchs in den ehemals sozialistischen Ländern illusionslos einmischen heißt zuallererst immer wieder, sich die

Engpässe bei den Fundamentalbedingungen für einen erfolgreichen Reformprozeß zu vergegenwärtigen.

Selbstverantwortung

(1) Die Handlungsregeln für den Teilnehmer einer marktwirtschaftlichen Ordnung (die, wie die Erfahrung lehrt, großen Wohlstand für alle zwar nicht sichert, aber ermöglicht) sind im Grunde einfach. Und da unter dieser Ordnung die Menschen (in möglichst weiten Grenzen) frei sind zu tun, was sie selbst vorteilhaft finden, hat sich darauf verbreitet die Erwartung gegründet, es genüge für raschen Wohlstand, die Grundregeln für eine Marktwirtschaft einzuführen, getreu dem Credo: Alles, was freiwillig geschieht, ist vorteilhaft, und alles, was vorteilhaft ist, geschieht freiwillig. Das ist im Prinzip auch richtig. Aber die eigentliche Wurzel des Wohlstands ist dabei doch neben der Kreativität der Menschen ihre Bereitschaft zu arbeiten, zu sparen, Risiken zu übernehmen, Verantwortung zu tragen. In erfolgreichen Marktwirtschaften ist dies eingeübt, jedenfalls als Basis von allem, so sehr auch hier immer wieder Anlaß besteht, der Erosion von Selbstverantwortung entgegenzuwirken und dem Anspruchsdenken Einhalt zu gebieten, demzufolge die Gesellschaft jedem einzelnen den Wohlstand schulde. In den ehemals sozialistischen Staaten haben Jahrzehnte der Umerziehung, Fürsorge und Unmündigkeit die individualistischen Ausprägungen von Arbeitsethos und Selbstverantwortung weitgehend zerstört. Sie können nicht von heute auf morgen wieder vorherrschend werden.

Verläßlichkeit

(2) Daß die Befreiung der Menschen zur selbstbestimmten Wahrnehmung des eigenen Vorteils am Markt, also zum Handeln nach dem austauschwirtschaftlichen Prinzip des "do ut des", rasch und verläßlich eine Wohlstandsmehrung bewirken werde (und nicht erst einmal einen Wohlstandsverlust), war und ist, ein Mindestmaß an Wettbewerb vorausgesetzt, eine solide begründete Erwartung für alle Märkte, auf denen Güter gehandelt werden, die schon vorhanden sind, Leistung und Gegenleistung, Leistungsversprechen und Leistungserfüllung Zug um Zug vor sich gehen. Im Bereich des reinen Handels und sonstiger einfacher Dienstleistungen faßt marktwirtschaftliche Initiative in der Tat verhältnismäßig rasch Fuß. Aber der größte Teil der Transaktionen, die in einer arbeitsteiligen Wirtschaft, wenn sie nicht zentral geleitet ist,

die Benutzung des Marktes erfordern, ist nicht von dieser Art. Leistung und Gegenleistung, Leistungsversprechen und Leistungserfüllung fallen zeitlich auseinander. Man muß warten können. Man muß Unsicherheit ertragen können.

Der geeignete Umgang mit dem Faktor Zeit und dem Problem der Unsicherheit macht das Erfolgsgeheimnis dessen aus, was an der Marktwirtschaft Kapitalismus ist. Sparen und Kredit geben prägen ihn, Kredit geben im weitesten Sinne des Wortes. Es geht nicht nur um das Verleihen von Geld im Glauben, daß man es zurückerhält. Schon wer sich eine künftige Leistung versprechen läßt – etwas per Termin kauft – und seine eigenen in die Zukunft greifenden Dispositionen im Vertrauen auf die Erfüllung dieses Versprechens trifft – investiert –, gibt Kredit. Auch wer im Vertrauen auf ein künftiges Marktangebot, eine künftige Marktnachfrage, im Vertrauen auf einen funktionsfähigen Markt handelt, gibt Kredit. Nicht zuletzt: Die Disziplinierung des kurzfristigen Egoismus – der im Einzelfall eine wucherische Preisforderung, gar eine Vertragsverletzung nahelegen würde – durch die Rücksichtnahme auf das Interesse an langfristigen Geschäftsbeziehungen, auch das ist Kredit. Und der Aufbau von begründetem Vertrauen – von Kredit – in die Verläßlichkeit, in die Berechenbarkeit von Geschäftspartnern, in die Funktionsfähigkeit des Marktsystems ist die mit Abstand wichtigste Möglichkeit der Menschen, in einer arbeitsteiligen Wirtschaft mit dem Problem der Unsicherheit der Zukunft fertigzuwerden.

In einer arbeitsteiligen Wirtschaft sind die Menschen zugleich getrennt und verbunden. Getrennt sind sie im Maß ihrer Spielräume für selbstbestimmtes Handeln. Verbunden sind sie im Maß ihres Aufeinander-angewiesen-seins beim Verfolgen ihrer Ziele. Die effiziente Koordination der wirtschaftlichen Pläne für eine arbeitsteilige Wirtschaft, unter der Berücksichtigung von Zeitbedarf und Unsicherheit, hat das System der zentralen Planung nicht zustandegebracht. In einer Marktwirtschaft hingegen ist diese Koordination möglich. Aber sie erfordert ein Mindestmaß an Verläßlichkeit in den wirtschaftlichen Beziehungen zwischen den dezentral entscheidenden Einheiten – Unternehmen, privaten Haushalten, staatlichen Stellen. Dieses Mindestmaß an Verläßlichkeit unter den Menschen – die vielleicht wichtigste Leistung einer Kultur – gibt es in den Reformländern noch nicht, und es läßt sich auch nicht von heute auf morgen schaffen, ja, im wirtschaftlichen Chaos droht erst noch verlorenzugehen, was es davon immerhin schon oder noch gibt. Technisch gesprochen: Die Kosten der Benutzung des Marktes sind in ihnen sehr hoch.

Privatrechtsordnung

(3) In der Kommandowirtschaft war es die direkte Verfügung über den Menschen mit Hilfe der Staatsgewalt, durch die das Gemeinwesen ein plankonformes Verhalten des einzelnen zu sichern versuchte, wo das postulierte sozialistische Ethos dafür nicht ausreichte. Das war nicht erfolgreich, und wo es erfolgreich war, blieb es unproduktiv, indem es die Kreativität der Menschen unterdrückte. In einer freiheitlichen Wirtschaft ist es die Privatrechtsordnung, mit der die Menschen sich gemeinschaftlich dazu verhelfen – unterstützt durch den Staat als protektiven Staat –, die grundlegenden Verhaltensweisen zu sichern, die ein für jeden einzelnen und für alle gedeihliches Zusammenwirken ermöglichen, vor allem durch die Gewährleistung von Besitzsicherheit und Vertragssicherheit. Die Dekretierung einer geeigneten Privatrechtsordnung mag einfach sein. Die Einübung im Gebrauch ist es nicht. Weder der Aufbau einer staatlichen Gerichtsbarkeit und Verwaltung, die die Einhaltung einer dekretierten Privatrechtsordnung zu sichern haben, noch die Einübung der durch sie postulierten Verhaltensweisen bei den Privaten, die eine Regelverletzung zur Ausnahme statt zur Regel machen muß, ist von heute auf morgen möglich.

Öffentliche Infrastruktur und Verwaltung

(4) Vergleichsweise gering mag man die Unterschiede zwischen einer Kommandowirtschaft und einer freiheitlichen Wirtschaft bei den Aufgaben finden, die der Staat als produktiver Staat zu erfüllen hat. Doch auch das gilt so allgemein nur auf den ersten Blick. Sowohl bei der staatlich bereitzustellenden Infrastruktur als auch bei der staatlichen Leistungsverwaltung sind die Anforderungen einer Wettbewerbswirtschaft, die zur Effizienz verdammt ist, und die einer Kommandowirtschaft, die an ihrer Ineffizienz erst sehr langfristig zerbricht, sehr verschieden. Allenthalben sind in den Reformländern enorme Mängel in der Infrastruktur zu beseitigen. Die Teile der öffentlichen Verwaltung, die der Etablierung einer Privatrechtsordnung dienen oder Koordinationsaufgaben für die private Wirtschaft zu erfüllen haben, sind überwiegend ganz neu zu schaffen. Das gleiche gilt für die Elemente des

Systems der sozialen Sicherung, derer die alte Kommandowirtschaft nicht bedurfte, wie etwa die Arbeitslosenversicherung. All dies ist nicht von heute auf morgen möglich. Nur teilweise ist es ein Problem, wie es der Zeitbedarf fast jeder Produktivitätssteigerung aufwirft. Großenteils geht es um Mängel und Defizite, die Engpaßcharakter haben, also die Entwicklung im ganzen oder in großen Teilen der Wirtschaft aufhalten.

Staatseinnahmen

(5) Auch in einer freiheitlichen Ordnung hat der Staat – als protektiver, als produktiver, als redistributiver Staat – einen hohen Einnahmenbedarf. Er muß befriedigt werden. Und er sollte in einer Weise befriedigt werden, bei der die negativen Rückwirkungen der Beschaffung von Einnahmen des Staates auf das wirtschaftliche Verhalten der Privaten möglichst gering sind. Die zweite Aufgabe ist selbst in hochentwickelten Volkswirtschaften meist nicht gut gelöst. In den ehemals sozialistischen Staaten ist nicht einmal die erste Aufgabe gelöst. In allen diesen Ländern erzielt der Staat weder durch Steuern und sonstige Abgaben noch durch Kreditaufnahme bei Privaten auch nur annähernd soviel Einnahmen, wie seine Ausgaben (einschließlich der Defizitabdeckung bei den maroden Staatsunternehmen) es erfordern. Also läßt er sich Geld drucken und eignet sich so die Kaufkraft an, mit der er dann ausreichend viel Kaufkraft seiner Bürger inflatorisch verdrängt. Oder er stattet die einen Bürger mit Kaufkraft aus, mit der sie die der anderen verdrängen. Die Gründe sind vielfältig und nicht leicht zu beseitigen. Sie liegen auf der Seite der überhöhten Staatsausgaben – Aufrechterhaltung zu vieler obsoleter Staatsaufgaben der alten Zeit, Übernahme eines großen Teils der Anpassungslasten aus dem Systemwechsel –, aber auch auf der Einnahmenseite selbst. Mit der gesamtwirtschaftlichen Produktion sinken die Staatseinnahmen. Keines der ehemals sozialistischen Länder hat überdies ein marktkonformes System von Steuern und Abgaben mitgebracht. Keines hat bis heute eine effiziente Einnahmenverwaltung. Und alle stoßen in doppelter Weise auf den Steuerwiderstand ihrer Bürger: Die Steuermoral ist schlecht. Der politische Widerstand gegen erhöhte Abgaben ist groß. Zu den schwer überwindbaren Gründen für beides gehört der Verfall der realen Masseneinkommen, von den Grenzen einer ökonomisch vernünftigen Abgabenlast ganz zu schweigen.

(6) Unverzichtbarer Bestandteil einer funktionsfähigen marktwirtschaftlichen Ordnung ist eine funktionsfähige Geldordnung, ist Geld, das die elementaren Geldfunktionen – als allgemeines Tauschmittel, als Wertmaßstab (Recheneinheit, Maßstab für Forderungen und Verbindlichkeiten), als Wertaufbewahrungsmittel – erfüllt und daher für diese Zwecke auch benutzt wird. Eine gute Geldverfassung zu schaffen gehört im Prinzip, dürfte man diese Aufgabe für sich sehen, zu den geringsten Problemen der Systemtransformation. Daß die Aufgabe gleichwohl – und trotz ihres hohen Ranges – noch nirgendwo erfüllt ist, hat seine Ursache darin, daß die anderen großen Probleme nicht gelöst sind und dann in der einen oder anderen Form vor der Tür der Geldpolitik auftauchen. Gutes Geld schaffen heißt Geld knapp halten. Ausreichend knapp halten kann man Geld aber nur, wenn man in der Lage ist, das Drängen der Menschen nach mehr Geld, nach höherem Einkommen entweder aus höherer Produktion zu befriedigen – oder zurückzuweisen. Tatsächlich sinkt in den Reformländern die Produktion sogar – und entsprechend die adäquate Geldmenge, das adäquate Einkommen. Wichtigste Einbruchsstelle für eine unangemessene Geldvermehrung ist allemal der Staatssektor; nur für ihn gibt es den Zugang zur Notenpresse. Aber hinter den Staatsdefiziten stehen, nimmt man das Problem der nach wie vor exzessiven Militärausgaben in der ehemaligen Sowjetunion einmal beiseite, nicht zuletzt private Ansprüche. Obwohl sie nicht durch erwirtschaftete Einkommen gedeckt sind, fällt es angesichts der desolaten Versorgungssituation der Menschen nicht leicht, die Unfähigkeit, diese Ansprüche einzudämmen, schlechthin als vorwerfbare Unfähigkeit der Regierungen zu qualifizieren. Nicht anders verhält es sich bei der zweiten wichtigen Einbruchsstelle, der inflatorischen monetären Alimentierung eines stabilitätswidrigen – real nicht fundierten – Lohnauftriebs, die zu verweigern die Kraft fehlt, weil die mit solcher Verweigerung – und dann real zu hohen Löhnen – programmierte zusätzliche Arbeitslosigkeit als nicht hinnehmbar gilt; also werden die Reallöhne durch Inflation herabgesetzt.

Zu erinnern ist an die alte Einsicht: Gutes Geld ist umfassendster Ausdruck dessen, daß ein Land es dauerhaft fertigbringt, die in ihm geltend gemachten wirtschaftlichen Ansprüche einigermaßen widerspruchsfrei aufeinander abzustimmen. Davon sind die Reformländer weit entfernt. In der Not zählt Widerspruchsfreiheit als Verhaltensmaxime wenig. Und so wird der Weg in die Geldvermehrung gewählt, solange die Menschen noch irgendeinen Rest an Illusion im Hinblick auf den künftigen Geldwert haben. Freilich, irgendwann sind sie ohne jede solche Illusion, und dann ist der Zeitpunkt nahe, an dem das offizielle Geld in allen seinen Funktionen abgelehnt wird. Dann ist der Weg zu Ende, durch Inflation die Ansprüche von irgendwem zu entwerten. Aber es könnte sich irren, wer meint, erst dann sei die Zeit für eine Umkehr gekommen, indem man durch eine Währungsreform schlagartig zu gutem Geld übergeht. Vertrauen in den künftigen Geldwert, das für gutes Geld unerläßlich ist, und zwar begründetes Vertrauen, läßt sich nicht durch den Akt einer Währungsreform dekretieren.

Armut durch Geringschätzung der heimischen Produktion

(7) Zum Übergang in die Marktwirtschaft gehört die Öffnung hin zum Weltmarkt (für Güter und Kapital) – um der raschen Gewinnung einer rationalen Preisstruktur willen, um der Vorteile des Wettbewerbs willen (Effizienzdruck, Aufbrechen heimischer Staatsmonopole), um der Sprengung inländischer Angebotsengpässe willen. Alle Reformländer gehen diesen Weg oder haben es vor. Alle erleben dabei als ein Fundamentalproblem, daß ihre Bürger die von ihnen selbst hergestellten Waren für noch schlechter erklären, als es vermutlich gerechtfertigt ist. Ihre enorme Vorliebe für Westwaren macht die Menschen der Reformländer noch ärmer, als sie sein müßten. Diese Vorliebe senkt den Marktwert der heimischen Konsumgüter stark ab. Entsprechend stark sinkt das Realeinkommen, das mit deren Produktion erzielbar ist. Eine so starke Senkung der Reallöhne aber wird von den dort Beschäftigten abgelehnt mit der Folge, daß Produktion, Beschäftigung und Einkommen entfallen, ohne daß zugleich Ersatz an anderer Stelle möglich ist. Letzteres ist der eigentliche Engpaß, und es stellt ein Problem dar, auf das sich auch die westlichen Länder berufen, wenn sie zur außenwirtschaftlichen Protektion greifen. Gegen Ansprüche auf nicht zu erwirtschaftende reale Mindesteinkommen helfen auch keine Abwertungen der Währung, die Auslandswaren verteuern.

Widerstand gegen nötigen Strukturwandel

(8) Marktwirtschaftliche Verheißung ist, daß unter Bedingungen der Wirtschaftsfreiheit die Menschen, sind sie nur willig und findig, allemal eine faire Chance haben, ihren Lebensunterhalt zu sichern, auf wel-

chem Felde auch immer. Daß dies entweder nicht so ist oder auch bloß von vielen so nicht gesehen wird, hat zur Folge, daß so viele Menschen mit so großer Beharrlichkeit auf der Fortdauer ihrer bisherigen Beschäftigungsverhältnisse bestehen, in großer Zahl selbst in Fällen, in denen gar kein Zweifel besteht, daß eine lohnende Fortsetzung der bisherigen Produktion unmöglich ist. In allen Reformländern gibt es einen Stau in der Privatisierung, Umstrukturierung und gegebenenfalls Stillegung unwirtschaftlicher staatlicher Betriebe, der sich nicht zuletzt aus der Angst der Betroffenen erklärt, ins Bodenlose zu fallen. Leitendes Personal und einfache Mitarbeiter unterscheiden sich hier nur in der Form ihres Widerstands, nicht in der Sache selbst. Schlimm ist dies aus doppeltem Grunde. Zum einen deshalb, weil diese Angst zum Teil berechtigt ist. Zum anderen deshalb, weil die von Angst bestimmte Verteidigung von Besitzständen den Strukturwandel auch insoweit behindert, als er erfolgreich – zum Vorteil der Betroffenen – möglich wäre. Der berechtigte Teil der Angst hat wiederum zwei Hauptgründe. Die ehemals sozialistischen Staaten waren in ihrem System der sozialen Sicherung auf Arbeitslosigkeit nicht vorbereitet. Und der Wegfall der RGW-Schutzzäune hat die Industrie der Reformländer einem internationalen Wettbewerb ausgesetzt, dem sie selbst bei den inzwischen stark gesunkenen Reallöhnen vorläufig in keiner Weise gewachsen sind, zumal dort, wo der Wettbewerb vor allem ein Qualitätswettbewerb ist. Bei den Konsumgütern spielt die enorme Vorliebe für Westwaren eine verschärfende Rolle. Aber auch bei Gütern des technischen Bedarfs läßt eine außerordentlich geringe Preiselastizität der Nachfrage einem Angebot unterhalb bestimmter Qualitätsstandards kaum eine Chance. Es mangelt an Märkten, auf denen die Reformländer rasch wettbewerbsfähig sein können.

Leidensbereitschaft hat Grenzen

(9) Allgegenwärtig ist die überragende Bedeutung der Grenzen in der Leidensbereitschaft der Bevölkerung. Außer den breiten Schichten der Bevölkerung gibt es zwar niemanden, dem man die Lasten aus den unvermeidlichen Turbulenzen des Systemwechsels zuweisen kann. Gegen eine Bevölkerung aber, die sich verweigert, kann eine Regierung auch den bestdurchdachten Reformplan nicht durchsetzen. Dies erklärt mit, warum so oft Wege beschritten werden, die von allen Analytikern allenfalls als dritt- oder viertbeste Wege erkannt werden.

Der Mangel an Zeit

Die größte Not ist der Mangel an Zeit. Es werden Jahre verstreichen, bis Erfolge auf breiter Linie eintreten. Doch gerade Zeit ist angesichts der katastrophalen Versorgungslage in Osteuropa das knappste Gut. Die hohen Anpassungskosten bergen die Gefahr, daß das Reformwerk scheitert, bevor es Erfolge zeitigt. Die Menschen haben hohe Erwartungen in die Marktwirtschaft gesetzt. Sie erhoffen sich eine rasche und spürbare Verbesserung ihrer Lebensbedingungen. Es leuchtet ihnen nur schwer ein, daß es ihnen in der Marktwirtschaft erst einmal schlechter gehen soll als in der alten Ordnung. Inzwischen haben sie eine wesentliche Verschlechterung hingenommen. Aber der bittere Kelch ist keineswegs schon bis zur Neige geleert.

Die Ungerechtigkeit der Aufbruchszeit

Die Leidensbereitschaft der Bevölkerung wird auch gebraucht für das Ertragen von Ungerechtigkeit. In der Anfangsphase der marktwirtschaftlichen Ordnung sind die Pioniergewinne besonders hoch, während die Masseneinkommen äußerste wirtschaftliche Not bedeuten. Und es sind oftmals gerade Talente und Fähigkeiten, die auch in der bürgerlichen Moral ganz weit unten rangieren, welche in Zeiten des Umbruchs dazu verhelfen, das schnelle und das große Geld zu machen, oft genug auch außerhalb der Gesetze.

Doch man braucht im Grunde alle Arten von Pioniergewinnen. Man braucht sie um der wirtschaftlichen Anreize willen, die sie schaffen. Man braucht sie um der Kapitalbildung willen, die allein sie ermöglichen. Mangels Sparfähigkeit in der Breite und mangels eines funktionsfähigen Kapitalmarkts gibt es selbst für brutalste Formen der Selbstfinanzierung durch Gewinne von Unternehmen und Selbständigen kaum einen Ersatz. Der langfristig verheißene Wohlstand für alle baut sich nicht auf einer von Anfang an gerechten Verteilung von Einkommen und Vermögen auf.

Not und Ungerechtigkeit werden zu Ansprüchen gegen den Staat. Aber auch er muß die meisten davon brutal abweisen. Läßt er sich zuviel aufladen, muß er der keimenden Privatwirtschaft mit Regulierungen und Abgabenlasten kommen, die ihr von vornherein den Nährboden entziehen. Für das Soziale an der Sozialen Marktwirtschaft ist vorläufig nicht viel Platz.

Scheitert der Versuch eines planvollen Übergangs, so ist die einzige Alternative die Inkaufnahme des Chaos, begleitet von der Hoffnung, daß es in der Gesellschaft genügend gesunde Kräfte gibt, die gerade aus dem Chaos heraus, weil dann keine politischen Rücksichten mehr genommen werden müssen und die schiere Not Selbstverantwortung und Kreativität erzwingt, der angestrebten neuen Ordnung den Weg bahnen. Aber mehr als eine Hoffnung ist es nicht. Auch die Versuche mit der marktwirtschaftlichen Ordnung sind in der Welt nicht notwendigerweise Erfolgsgeschichten (wenn sie auch die einzigen Erfolgsgeschichten geliefert haben).

Unsicherheit entwertet die besten Chancen

(10)Von gleichermaßen überragender und allgegenwärtiger Bedeutung ist die wirtschaftliche Unsicherheit, die jeder, der in den Reformländern etwas unternimmt, ertragen muß und die zugleich einzelwirtschaftliche Unsicherheit (aus den individuellen Marktbeziehungen heraus) und gesamtwirtschaftliche Unsicherheit (die staatlich gesetzten Rahmenbedingungen und den Erfolg des Systemwechsels insgesamt betreffend) ist. Man macht sich meist nicht voll bewußt, daß Unsicherheit hinsichtlich des Ausgangs einer wirtschaftlichen Unternehmung deren kalkulierbaren Erfolgswert oftmals nicht nur ein bißchen mindert (um einen moderaten Risikoabschlag), sondern ihn leicht ganz auf Null bringen oder sogar negativ werden lassen kann. Das gilt selbst für Unternehmungen, mit denen sich sehr hohe Chancen verbinden. Eine Volkswirtschaft mag über große Bodenschätze verfügen, deren Ausbeutung, wenn alles gut geht, enormen Gewinn verspricht. Über den Reichtum dieser Volkswirtschaft sagt das wenig. Unsicherheit der wirtschaftlichen Bedingungen, unter denen die Nutzung der Ausbeutungsrechte steht, kann deren Wert völlig aufzehren. Das gleiche gilt für andere Rechte, des Zugangs zu einem Markt etwa. Der Engpaßfaktor Sicherheit ist der alles entscheidende Grund für das vorläufig kümmerliche Engagement westlicher Investoren in den Reformländern. Aber selbstverständlich gilt dies auch umgekehrt: Immense Vermögenswerte entstehen einfach dadurch, daß man die Nutzung von Investitionsmöglichkeiten sicherer macht. Vermögen und Vertrauen, das ist nicht nur zu einem kleinen Teil, sondern zum größten Teil dasselbe.

4. Botschafter der Marktwirtschaft haben gelegentlich ein Idealbild vor Augen. Sie wünschen sich von den zur Marktwirtschaft aufgebrochenen Ländern Mittel- und Osteuropas den autonomen Menschen mit hohem Arbeitsethos (1), sie wünschen sich Verläßlichkeit im Geschäftsverkehr (2), zu diesem Zweck auch einen wirkungsvollen protektiven Staat, der Rechtssicherheit gewährleistet (3), außerdem einen umsichtigen produktiven Staat, der für eine passende Infrastruktur sorgt und eine funktionierende Verwaltung hat (4), einen Staat mit soliden Finanzen, versteht sich, und mit einem wachstumsfreundlichen Steuersystem (5), eine unter solchen Umständen leicht zu schaffende stabilitätsgerechte Geldordnung (6), sie wünschen sich Menschen, die gerne auch die Güter kaufen, die von ihnen selbst hergestellt werden (7), Menschen, die an ihren wirtschaftlichen Perspektiven nicht zweifeln und daher flexibel den Erfordernissen des Strukturwandels folgen (8) und die ihre Einkommensansprüche einsichtsvoll und ohne Sozialneid auf das beschränken, was ihr Arbeitsergebnis am Markt wert ist (9), und sie versprechen, daß bei Erfüllung all dieser Voraussetzungen westliche Investoren ihre angeborene Risikoscheu überwinden und massenhaft nach Osten ziehen werden, um dort noch einmal ein Goldgräbererlebnis zu haben (10). Der Kontrast ist groß. Nicht weniges, sondern nichts von alledem gibt es. Und nichts davon kann auch für bald versprochen werden. Trotzdem muß es weiter gehen, nach Möglichkeit vorwärts gehen, wenn auch niemand so recht weiß wie. Immerhin, es geht auch mit weniger, und die Ausgangslage ist nicht in jedem Land und in jeder Hinsicht gleich schwierig. Außerdem ist es vielleicht möglich, in die Unwegsamkeit abseits des marktwirtschaftlichen Idealpfades, in der wir uns befinden, radikal einige Schneisen zu schlagen, die aus dem Interdependenzschlamm, der die ungünstigen Fundamentalbedingungen umgibt, wenigstens partiell herausführen und zudem Ansatzpunkte für wirksame Hilfe von außen freilegen.

III. Die Ausgangslage in einzelnen Ländern

5. Es ist gegenwärtig nicht leicht, sich ein zuverlässiges Bild vom Stand der Reformmaßnahmen in den einzelnen Ländern zu machen. Vorreiter im Prozeß der marktwirtschaftlichen Erneuerung sind Ungarn und Polen. Beide Länder haben nicht nur als erste mit der Umgestaltung der Wirtschaftsordnung begonnen. Sie haben sie auch beherzter als andere Länder angepackt. Jugoslawien, das die Weichen in Richtung auf den Weg zur Marktwirtschaft gestellt hatte, steht nach der Unabhängigkeitserklärung Slowe-

niens und Kroatiens und dem daraufhin ausgebrochenen Krieg vor den Trümmern seiner staatlichen Ordnung. Die Tschechoslowakei hat erst 1991 durchgreifende Reformen eingeleitet, in Bulgarien und Rumänien ist der Kurs für den Weg in die Marktwirtschaft noch unscharf. Besonders viele Rätsel gibt die ehemalige Sowjetunion auf. Während sich die drei baltischen Republiken ganz selbständig gemacht haben, ist unklar, welchen Weg die anderen Republiken gehen werden, die sich zu einer "Gemeinschaft Unabhängiger Staaten" zusammengefunden und das Ende der UdSSR formell besiegelt haben. Ungewiß ist auch, ob die von den meisten Republiken (darunter Rußland) noch im Herbst 1991 vereinbarte Wirtschaftsgemeinschaft, vorausgesetzt das Abkommen wird von den Parlamenten ratifiziert, institutionell und funktionell in eine Wirtschaftsunion mit gemeinsamem Binnenmarkt einmündet.

6. Die Friktionen des Übergangs sind sehr groß. Im Jahre 1991 dürfte das reale Bruttosozialprodukt in Osteuropa um mehr als ein Zehntel geschrumpft sein, nachdem es schon 1990 deutlich zurückgegangen war. Allenthalben sinken die Reallöhne. Die Arbeitslosigkeit steigt weiter (jedoch nicht so dramatisch wie in den fünf neuen Bundesländern). Ob 1992 die Talsohle erreicht wird, wie viele hoffen, ist völlig offen. Für die meisten Unternehmen sind die traditionellen Märkte im Inland und im ehemaligen RGW-Bereich weggebrochen, neue Märkte müssen erst noch aufgebaut werden. Überdies haben die meisten Länder die Inflation keineswegs schon unter Kontrolle. Die ehemalige UdSSR sowie Bulgarien und Rumänien verzeichnen sogar dreistellige Preissteigerungsraten. Es gelingt offenbar nicht, die zerrütteten Staatsfinanzen zu sanieren. Die Geldpolitik steht unter dem Druck, immer wieder eine stabilitätswidrige Geldvermehrung betreiben zu müssen.

Ungarns Reformweg

7. In Ungarn sind weitreichende Reformschritte gemacht worden. Die Gewerbefreiheit wurde zugelassen, ein zweistufiges Bankensystem eingeführt. Als erstes Land in Mittel- und Osteuropa hat Ungarn das Steuersystem auf die Bedingungen einer Marktwirtschaft umgestellt; es gibt eine Mehrwertsteuer, eine Einkommensteuer und eine Steuer auf Unternehmensgewinne. Die Privatisierung der volkseigenen Betriebe hat begonnen; verfahren wird nach dem Prinzip "Entschädigung vor Rückgabe". Die meisten Preise sind inzwischen freigegeben. Das ehemalige staatliche Preisamt soll zukünftig die Funktion einer Wettbewerbsbehörde übernehmen.

Das staatliche Außenhandelsmonopol ist abgeschafft, der größte Teil der Einfuhr aus dem Westen liberalisiert. Erste Schritte auf dem Weg zu einer Konvertibilität des Forint für den Warenverkehr wurden gemacht; Inländer dürfen Devisen in eingeschränktem Maße besitzen. Nach Plänen der Regierung ist die volle Konvertibilität allerdings erst ab 1994 vorgesehen.

Trotz dieser vielversprechenden Maßnahmen vollzieht sich der Systemwechsel insgesamt langsamer, als es wünschenswert wäre. Obwohl einig im Ziel, bestehen unter den politischen Parteien Meinungsverschiedenheiten hinsichtlich des Reformtempos. Die Regierung favorisiert ein behutsames Vorgehen, die Oppositionsparteien wollen, daß es schneller geht. Dies zeigt sich besonders bei der Privatisierung der staatlichen Unternehmen. Sogenannte "spontane Privatisierungen", bei denen Manager die Betriebe ohne öffentliche Ausschreibung zu geringen Preisen über Strohmänner an sich selbst oder an Ausländer verkauften, hatten in der Öffentlichkeit Empörung und scharfe Proteste ausgelöst. Jetzt findet die Privatisierung durch freihändigen Verkauf unter der Aufsicht unabhängiger Wirtschaftsprüfungsgesellschaften statt. Soweit Betriebe mehrheitlich im Staatseigentum verbleiben, wird die (Teil-)Privatisierung von einer staatlichen Vermögensagentur besorgt. Obwohl die Regierung 1991 zu dem Jahr erklärt hatte, in dem sich "ein stabiles System der Privatisierungsbedingungen" herausbilden sollte, sind unter der Führung der staatlichen Vermögensagentur bisher nur wenige Staatsunternehmen teilprivatisiert worden.

Stabilisierungs- und Verschuldungsprobleme

8. Ungarn steht noch immer vor einer Reihe ungelöster Probleme. Nach einem Produktionsrückgang von rund 5 Prozent im Jahre 1990 ist das reale Bruttosozialprodukt auch im vergangenen Jahr mit gleicher Rate geschrumpft. Die Inflation hat sich wieder beschleunigt. Die Verbraucherpreise sind 1991 um nahezu 40 Prozent gestiegen, nach 29 Prozent im Jahr zuvor. Eine der entscheidenden Ursachen hierfür ist, daß die ungarische Nationalbank nach wie vor Defizite im Staatshaushalt abdecken muß, die zu einem guten Teil in den Verlusten der Staatsunternehmen wurzeln.

Die hohe Inflationsrate engt die Finanzierungsmöglichkeiten im Ausland ein. Ungarn ist in konvertibler Währung mit rund 20 Mrd Dollar verschuldet, der Schuldendienst nimmt etwa die Hälfte der Exporterlöse in konvertibler Währung in Anspruch. Um die preisliche Wettbewerbsfähigkeit der

Exporte zu verbessern und mehr ausländisches Kapital, auch für die Privatisierung, anzuziehen, mußte der Forint Anfang 1991 um 15 Prozent abgewertet werden. Damit nicht ein neuerlicher Preisschub die Inflationsbekämpfung zusätzlich erschwerte, wollte die Regierung eine weitere Abwertung unter allen Umständen vermeiden. Angesichts der Inflationsunterschiede zu den wichtigsten Partnerländern mußte sie aber im November 1991 den Forint erneut abwerten, diesmal um 5,5 Prozent. So dreht sich die Reformpolitik derzeit im Kreis. Ohne überzeugendes Stabilisierungskonzept bleiben die Reformen Stückwerk. Die Regierung scheut jedoch durchgreifende Maßnahmen. Sie befürchtet, daß sich dann Widerstand in der Breite gegen die Reformpolitik organisiert.

Stabilisierungskrise in Polen

9. Im Gegensatz zu Ungarn hat Polen den Reformprozeß mit einem rigorosen Stabilisierungsprogramm eingeleitet, nachdem in der zweiten Jahreshälfte 1989 eine Inflationsrate von 2000 Prozent zu verzeichnen war. Ein Abbau der Haushaltsdefizite und eine enge Begrenzung der Geldmengenexpansion standen im Mittelpunkt dieses Programms. Tatsächlich wurden zunächst das Haushaltsdefizit beseitigt und die Inflation abgebremst, allerdings unter Inkaufnahme eines scharfen Produktionsrückganges. Im Jahre 1990 schrumpfte das reale Sozialprodukt um 12 Prozent.

Doch die wirtschaftliche Gesundung ist noch nicht gelungen. Die Produktion ist im Jahr 1991 nochmals zurückgegangen (schätzungsweise um 8 Prozent). Ein Großteil der Staatsbetriebe (auf sie entfallen immer noch vier Fünftel der Erzeugung) gilt als akut konkursgefährdet, jedenfalls mußten sie auch 1991 die Produktion stark drosseln. Viele Staatsunternehmen stunden sich gegenseitig ihre uneinbringlichen Forderungen (flüchten also in eine Kreditschöpfung ohne korrespondierende Wertschöpfung), sie kommen ihren Steuerverpflichtungen nicht nach und bedürfen staatlicher Subventionen, damit wenigstens die Löhne gezahlt werden können. Damit ist der öffentliche Haushalt wieder im Defizit (mit steigender Tendenz), was zu einer stabilitätswidrigen Geldvermehrung geführt hat. Die Inflationsrate im Jahre 1991 war besorgniserregend hoch (bei 90 Prozent). Die hohe Inflationsrate wiederum gefährdet die Wettbewerbsfähigkeit der Unternehmen im internationalen Handel und schreckt ausländisches Privatkapital ab. Zwar wurde der Zloty im Mai 1991 abgewertet (um 17 Prozent, nach 46 Prozent Anfang 1990), doch ist der reale Außenwert der polnischen Landeswährung seit Beginn des Reformprogramms merklich gestiegen.

Unter solchen Umständen ist dem Problem der Auslandsverschuldung schwerlich beizukommen (auch wenn die westlichen Regierungen dem Land bis zu einem Drittel der Verbindlichkeiten, die sich auf insgesamt 46 Mrd Dollar beliefen, erlassen haben). Bedenkt man die sozialen Lasten aus der nötigen Sanierung oder Stillegung der Staatsbetriebe, ist die latente Staatsschuld enorm.

Anerkennenswerte Schocktherapie

10. Die politische Führung verdient hohe Anerkennung dafür, daß sie sich zu einer makroökonomischen Schocktherapie entschlossen hatte, deren Umsetzung allerdings viel Kraft kostete. Diese Kraft fehlt nun, die institutionellen Reformen voranzubringen. Zwar ist Polen auf diesem Gebiet weiter als andere Länder (mit Ausnahme Ungarns): Es herrscht Gewerbefreiheit, es wird ein zweistufiges Bankensystem entwickelt, und es gibt rudimentäre Formen eines Kapitalmarktes, die Preise auf Märkten für Güter- und Dienstleistungen bilden sich (von wenigen Ausnahmen abgesehen) nach Angebot und Nachfrage, der Außenhandel ist nahezu vollständig liberalisiert. Doch das Land hat noch große Herausforderungen zu meistern.

11. Neben der Vollendung der Steuerreform (mit der Einführung einer Einkommensteuer und einer Körperschaftsteuer) gilt dies vor allem für die Privatisierung der 8000 Staatsbetriebe. Sie ist bisher kaum vorangekommen. Es gibt einen starken Widerstand bei den Reformkommunisten, die dem Staatseigentum auch in einer Marktwirtschaft eine Schlüsselrolle zuweisen wollen. In kirchlichen Kreisen sorgt man sich um eine Konzentration von Reichtum in wenigen Händen. Die Gewerkschaften sähen am liebsten eine Überführung der Betriebe in das Eigentum der jeweiligen Belegschaften. Jetzt ist vorgesehen, den Arbeitnehmern 20 Prozent der Aktien des jeweiligen Betriebes zu Vorzugskonditionen anzubieten. Ausländer können an der Privatisierung teilnehmen, der Erwerb von mehr als 10 Prozent der Anteile bedarf jedoch der Genehmigung. Anders als Ungarn setzt Polen auf ein Voucher-System zur Zuteilung von Eigentumsrechten. Die Bürger erhalten Gutscheine (Vouchers) zum Erwerb von Beteiligungen an den sogenannten Nationalen Fonds zur Vermögensverwaltung, auf die 60 Prozent des Kapitals ausgewählter Staatsbetriebe übertragen werden. Die Privatisierung soll behutsam betrieben werden und sich innerhalb der kommenden drei Jahre auf etwa die Hälfte der Staatswirtschaft erstrecken. Ob es unter diesen Bedingungen den Gewerkschaften, Unter-

nehmensleitern und Bürokraten leichter fällt, die Privatisierungspolitik der Regierung mitzutragen, ist noch völlig ungewiß.

Die ersten freien Parlamentswahlen in Polen Ende Oktober 1991 haben keine klaren Mehrheiten geschaffen. Es ist unsicher, ob der bisher verfolgte Reformkurs durchgehalten werden kann. Schon 1990 sind die Realeinkommen kräftig gefallen. Dieser Einkommensrückgang hat sich 1991, wenn auch verlangsamt, fortgesetzt. Unter diesen Umständen ist die Gefahr groß, daß populistisch eingestellte Politiker die Oberhand gewinnen und damit Finanzpolitik und Geldpolitik vollends aus dem Ruder laufen.

Schwieriger Balanceakt in der Tschechoslowakei

12. Über das grundsätzliche Ziel des Übergangs zur Marktwirtschaft herrscht auch in der Tschechoslowakei inzwischen weitgehend Übereinstimmung. Streit besteht hingegen über die Geschwindigkeit. Die Radikalreformer möchten angesichts der schwierigen Wirtschaftslage – die Produktion dürfte 1991 um 10 Prozent geschrumpft sein, nach 3 Prozent im Vorjahr – ein höheres Tempo bei den Strukturreformen einschlagen. Sie wollen den Transformationsprozeß vor allem durch eine strenge Budget- und Geldmengenpolitik absichern. Die Radikalreformer befürchten, daß ohne eine Bekämpfung der Inflation – die Verbraucherpreise stiegen im vergangenen Jahr um 35 Prozent, nach 10 Prozent 1990 – der Reformkurs in eine Sackgasse geraten könnte. Andere politisch einflußreiche Gruppen sehen das gesamte Reformwerk hingegen durch ein hohes Reformtempo gefährdet. Sie befürchten, daß die Betriebe nach vier Jahrzehnten Planwirtschaft einem raschen Systemwechsel nicht gewachsen sind und es zu Konkursen in großer Zahl und zu Massenarbeitslosigkeit kommt; durch die Entwicklung in der ehemaligen DDR sehen sie sich bestätigt.

Erschwert wird die Situation zudem dadurch, daß die Zentralregierung auf die unterschiedlichen Interessen der beiden Teilrepubliken, der Tschechen und der Slowaken, Rücksicht nehmen muß. Die Föderation steht politisch auf zerbrechlichen Füßen. Soziale Konflikte können leicht in nationalistische Unruhen umschlagen, unter denen das Land auseinanderbricht.

Kernelemente der Reformpolitik

13. Bisher hat die Regierung in Prag drei Kernelemente der Transformation in den Mittelpunkt ihrer Wirtschaftspolitik gestellt: die Preisreform, die

Privatisierung sowie die Budgetkonsolidierung. Anfang 1991 wurden die meisten Preise freigegeben. Dies hat erwartungsgemäß zu einer Anpassungsinflation geführt, wobei die voraufgegangene zweimalige kräftige Abwertung der Krone (um zusammen rund 65 Prozent) dem Preisauftrieb zusätzliche Nahrung gab. Zur Preisreform kam hinzu die Inländerkonvertibilität der Währung für geschäftliche Transaktionen. Der Inflationsschub wäre sicherlich noch stärker geworden, hätte die Finanzpolitik keinen so konsequenten Konsolidierungskurs eingeschlagen. Der Staatshaushalt ist ausgeglichen; die ausländische Verschuldung (rund 8 Mrd Dollar) hält sich in Grenzen. Bedenklich ist freilich auch hier die verborgene Staatsverschuldung, die sich daraus ergibt, daß die unter dem Schutz der Staatshaftung stehenden öffentlichen Unternehmen, die den größten Teil der Wirtschaft ausmachen, überwiegend stark defizitär sind.

14. Bei der Privatisierung zeigen sich Anlaufschwierigkeiten. Zunächst wurde nur die "kleine" Privatisierung in Angriff genommen, bei der kleine Gewerbe- und Gastronomiebetriebe über Versteigerungen an die Bevölkerung verkauft wurden. Die "große" Privatisierung, die vor allem auf die staatlichen Industriebetriebe zielt, ist erst Ende 1991 in Gang gekommen. Dabei soll auch hier ein Voucher-System in Kombination mit Investitionsfonds angewandt werden; es ist vorgesehen, den Beschäftigten in den zu privatisierenden Unternehmen Gratisaktien zuzuteilen.

Unklarheit über die Gemeinschaft Unabhängiger Staaten

15. Der Abschied von den Zeiten staatlicher Planung war der Sowjetunion als dem Mutterland des Sozialismus besonders schwergefallen. Die Perestroika, von Gorbatschow zunächst nur als technokratisches Konzept zur Modernisierung von Wirtschaft und Gesellschaft entworfen, hat die von ihr geweckten Erwartungen nicht erfüllt. Das Sowjetreich ist in eine tiefe ökonomische Krise gestürzt und politisch auseinandergebrochen. Die Industrieproduktion und die Agrarproduktion sind kräftig gesunken, das reale Sozialprodukt lag 1991 – ersten Schätzungen zufolge – um 15 Prozent unter dem Vorjahreswert (nachdem es bereits 1990 merklich gefallen war). Gleichzeitig beschleunigt sich die Inflation immer mehr, die Gefahr einer Hyperinflation ist akut. Dies liegt zu einem großen Teil an der Finanzierung der steigenden Budgetdefizite durch die Zentralbank. Das Haushaltsdefizit der Union im Jahre 1991 wird auf 200 Mrd Rubel geschätzt, das Defizit der Republikhaushalte auf 120 Mrd Rubel; insgesamt entspricht dies etwa einem Viertel des Sozialprodukts. Die Anfang dieses

Jahres in Rußland und anderen GUS-Republiken verfügte Freigabe der Preise verstärkt den Inflationsdruck. Die Auslandsverschuldung (überwiegend gegenüber westlichen Banken) beläuft sich auf 60 bis 80 Mrd Dollar, der Schuldendienst bereitet zunehmend Schwierigkeiten. Zuletzt war der Zentralregierung die Entwicklung immer mehr aus der Hand geglitten. Es ist nicht zu sehen, wie die in der Gemeinschaft Unabhängiger Staaten zusammengeschlossenen Rechtsnachfolger der UdSSR die Krise aus eigener Kraft meistern können, zumal die einzelnen Republiken immer stärker auf Autonomie bestehen, ihre Vorstellungen über Tempo und Abfolge der Wirtschaftsreformen stark auseinanderklaffen und jede Republik einen möglichst hohen Anteil an den Aktiva des einstigen Imperiums (Devisen, Edelmetallvorräte, Rohstoffvorkommen) anstrebt. Eine Stabilisierung der Lage ist wohl nicht möglich, wenn die Wirtschaftsbeziehungen zwischen den bislang eng verflochtenen Republiken zusammenbrechen. Es bleibt abzuwarten, ob die Einigung über eine Wirtschaftsunion diese Gefahr abwendet.

16. Nach dem endgültigen Verfall der Sowjetunion ist ein schneller und konsequenter Übergang zur Marktwirtschaft dringender denn je. Freilich, die sich immer mehr zuspitzende Wirtschaftskrise treibt zwar Reformen, sie sichert sie aber nicht. Angesichts der fortschreitenden Verarmung breiter Bevölkerungsschichten und wachsender sozialer Spannungen besteht die Gefahr, daß punktuelles Krisenmanagement die Oberhand gewinnt, ohne das Chaos abwenden zu können.

IV. Strategieüberlegungen

Konzentration der Reformschritte

17. Es ist zwar unmöglich, die fundamentalen Engpässe bei den Funktionsbedingungen einer marktwirtschaftlichen Ordnung in den Reformländern rasch und vollständig zu überwinden. Deshalb sind weiterhin große Friktionen und Turbulenzen unvermeidlich. Anstrengungen an allen Fronten sind gefordert. Aber es ist doch zugleich nötig und möglich, bestimmte wechselseitige Abhängigkeiten ganz besonders ernst zu nehmen und auf sie zeitweise alle Kräfte zu konzentrieren.

(1) Wo dies nicht schon geschehen ist, müssen die marktwirtschaftlichen Grundfreiheiten – Eigentumsfreiheit, Gewerbefreiheit, freie Preisbildung als Ausprägung wirtschaftlicher Handlungsfreiheit – umgehend

gewährt werden. Die Marktwirtschaft ist keine staatliche Veranstaltung. Ohne diese Grundrechte kann sie sich nicht entfalten. Mit ihnen hat man selbst im Chaos noch eine Chance.

(2) Aller Wohlstand erfordert Investitionen. Gute Investitionsbedingungen im umfassenden Sinn lassen sich zwar nicht schnell herstellen. Aber die Hemmnisse für ausländische Direktinvestitionen müssen gezielt verringert werden. Wo immer aussichtsreich sind auch besonders energische, nötigenfalls unkonventionelle Anstrengungen zugunsten bestimmter Wirtschaftsbereiche oder Regionen geboten. Es gilt die Chance zu nutzen, daß sich in überschaubaren Teilgebieten der Volkswirtschaft die wichtigsten Funktionsbedingungen für Marktprozesse – vor allem das Mindestmaß an Verläßlichkeit unter den Teilnehmern – rascher erfüllen lassen als allgemein. Diese Gebiete mögen dann Wachstumspole der neuen Ordnung werden, die sich durch Knospung und Nachahmung rasch ausweiten und vermehren. Ohne enorme ausländische Investitionen ist ein Erfolg unmöglich. Ohne sie gibt es nicht den nötigen Import an finanziellen Mitteln, den der für lange Zeit unvermeidliche Überschuß bei der Einfuhr von Investitionsgütern und Konsumgütern erfordert. Überfremdungsgefahren lassen sich dabei durchaus bannen.

(3) Die zügige Privatisierung eines erheblichen Teils der staatswirtschaftlichen Betriebe ist unumgänglich und nicht einfach ein Optimierungsproblem, für dessen Lösung man sich notfalls gehörig Zeit lassen muß. Ohne zügige Privatisierung bleibt die zügige Umstrukturierung eine Illusion, die Aufgabe einer Sanierung der Staatsfinanzen unlösbar. Die Möglichkeit zu prinzipiell grenzenloser Subventionierung ineffizienter Staatsbetriebe zersetzt alle Anstrengungen sowohl der mikroökonomischen als auch der makroökonomischen Stabilisierung. Die Auffassung, Betriebe in Staatshand böten, zu privatwirtschaftlichem Verhalten aufgefordert, im Prinzip die gleichen Chancen einzelwirtschaftlicher Rationalität wie Unternehmen in Privathand, ist irrig.

(4) Die Erreichung monetärer Stabilität, die Schaffung einer guten Währung, in raschen Schritten möglichst konvertibel auszugestalten, hat den hohen Rang, den alle internationalen Berater den Reformländern dargelegt haben. Der vorläufige Mißerfolg der mutigen Anstrengungen Polens in dieser Richtung ist kein Gegenbeispiel. Er belegt nur, daß der Versuch der monetären Stabilisierung allein nicht ausreicht.

(5) Es ist unverzichtbar, daß die reichen Industrieländer sich zu den Anstrengungen der Reformländer komplementär verhalten, und zwar im Sinne einer Jahrhundertaufgabe, wie es dem gesamten Vorhaben gemäß ist. Die Reformländer dürfen von den reichen Industrieländern erwarten

- Öffnung der Märkte,
- humanitäre Hilfe zur Milderung der schlimmsten sozialen Probleme des Umbruchs,
- Liquiditätshilfen oder Liquiditätszusagen zur Abdeckung der Anfangsrisiken einer möglichst weltoffenen währungspolitischen Neuordnung,
- diskriminierungsfreien Zugang zur modernen Technik,
- technische, betriebswirtschaftliche und administrative Hilfe beim Neuaufbau von Wirtschaft und Verwaltung,
- Übernahme eines Teils der gesamtwirtschaftlichen Risiken, die private ausländische Investoren stark belasten und ihnen aus der Natur der Sache heraus von den Reformländern selbst nur teilweise abgenommen werden können, soweit sie gerade in der Unsicherheit der staatlichen Ordnung dieser Länder wurzeln. Die Legitimation solcher Hilfen würde sich erhöhen, wenn sie sich auf Bereiche konzentrieren, die fundamentale Engpässe betreffen. Ernährungssicherung, Transport, Logistik, devisenträchtige Erschließung von Rohstoffquellen, Umstellung der Produktion von militärischen Gütern auf zivile Güter sind Beispiele hierfür.

Keiner dieser Ansprüche versteht sich von selbst. Und es gibt auch keine Garantie, daß es entscheidend viel nützt, sie zu erfüllen, zumal wenn es nicht einmal gelingt, die Stabilität der staatlichen Ordnung zu erhalten beziehungsweise sie – in den Republiken der ehemaligen Sowjetunion und Jugoslawiens – zurückzugewinnen. Aber ohne die Bereitschaft der westlichen Länder, ihren Part zu übernehmen – und in die Chancen, die auch gemeinsame Chancen sind, zu investieren – hat das Projekt wohl gar keine Aussicht auf Erfolg. Auch die Reformländer können dann im Grunde den Weg nicht gehen, den wir von ihnen erwarten. Vorsicht ist legitim. Aber Sicherheit des Erfolgs kann es nicht geben. Nicht auf der Höhe des Problems ist, wer sie zur Vorbedingung seiner Hilfen machen will.

Systemtransformation in der ehemaligen DDR ein Vorbild?

18. Die Integration der ehemaligen DDR in die Bundesrepublik kommt nur beschränkt als Vorbild in Betracht.

Das Modell DDR in Sachen Systemtransformation ist – im positiven Sinne – geprägt durch

- die Sofortübernahme eines bewährten marktwirtschaftlichen Regelwerks (Eigentumsrecht, Vertragsrecht, Unternehmensrecht, Gewerberecht);
- die Sofortübernahme eines bewährten Systems für den Aufbau von Staat, Staatsverwaltung und Staatsfinanzierung;
- die Sofortteilhabe an einer guten Währung durch die deutsche Währungsunion;
- die Sofortintegration in die freie Weltwirtschaft durch die deutsche Wirtschaftsunion und die damit einhergehende Eingliederung in die Europäische Gemeinschaft;
- ein einigermaßen erfolgreiches Konzept für die Privatisierung der Wirtschaft über die Treuhandanstalt;
- die Direkteinfuhr von Management- und Verwaltungswissen;
- die prinzipiell grenzenlose finanzielle Solidarität im gemeinsamen Bundesstaat (als produktiver und redistributiver Staat).

Die beiden letztlich entscheidenden Engpaßfaktoren einer Systemtransformation wurden so im Falle der ehemaligen DDR nicht oder nur stark eingeschränkt wirksam. Alle Verdrückungen, die sich aus der Ungleichzeitigkeit bei der Herstellung der fundamentalen Funktionsbedingungen einer marktwirtschaftlichen Ordnung ergeben und am Ende zu einer Frage der Grenzen in der Leidensbereitschaft der Bevölkerung beim Tragen der Anpassungslasten werden, konnten in den neuen Bundesländern durch die nahezu allgegenwärtige finanzielle Solidarität der alten Bundesrepublik abgepuffert werden. Alle gesamtwirtschaftlichen Risiken der Systemtransformation – Risiken des internen und externen Gleichgewichts zumal (die immer auch Investitionsrisiken sind) – wurden durch die rasche Verschmelzung mit einer konstitutionell dafür hinreichend stabilen Volkswirtschaft beseitigt.

Auf die übrigen Reformländer nicht übertragbar sind

- die prinzipiell grenzenlose finanzielle Solidarität eines Dritten – hier der alten Bundesrepublik – beim Ertragen der Anpassungslasten des Systemwechsels,
- die sofortige Teilhabe an einer guten Währung,
- die Öffnung der Europäischen Gemeinschaft für eine volle Sofortintegration.

Trotz der einzigartigen Bedingungen für das Modell der DDR-Integration waren und sind die Turbulenzen in den neuen Bundesländern groß. Auch hier hielten und halten fundamentale Engpässe bei den Funktionsbedingungen einer marktwirtschaftlichen Ordnung die Entwicklung auf. Doch auch die Schwierigkeiten bei der Integration der DDR sind zum Teil einzigartig und also nicht übertragbar.

- Die rasante Aufholjagd bei den Einkommensansprüchen der Bevölkerung der ehemaligen DDR, die die Umstellungsfähigkeit der Wirtschaft beispiellos überfordert, ist Beiprodukt des institutionell und tatsächlich sofort wirksamen Arbeitsmarktverbunds und der finanziellen Solidarität im gemeinsamen Sozialstaat. Den anderen Reformländern hingegen bleibt für längere Zeit als entscheidender Problempuffer und Standortvorteil die Opferbereitschaft der Bevölkerung in der Form eines sehr niedrigen Lohnniveaus.

- Die Regelung der Ansprüche von Alteigentümern an Grund und Boden hat in der ehemaligen DDR bei einem Produktionsfaktor, der zwar quantitativ nicht besonders bedeutsam ist, ohne den aber nichts geht, Engpässe entstehen lassen, die in weiten Bereichen den Neuaufbau behindern, teilweise grotesk behindern. Diese Engpässe gibt es in den übrigen Reformländern nicht in vergleichbarem Maße.

- Das gleiche gilt für die vielfältigen negativen Folgen der Übernahme einer Wirtschafts- und Sozialordnung, deren wohlstandsabhängige Ausprägungen einer hochentwickelten Wirtschaft (möglicherweise) angemessen sind, von ihr jedenfalls ertragen werden können, nicht aber von einer Marktwirtschaft, die erst am Anfang steht.

Kurz, ohne Chance, im Wettbewerb zu bestehen, sind die östlichen Reformländer nicht.

Wirtschaftlicher Desintegration entgegenwirken

19. Im Angesicht des Chaos ist der Rückzug auf mehr Eigenwirtschaft, mehr Autarkie eine verständliche Reaktion.

Dieser Rückzug findet statt

- auf der Ebene der Unternehmen und der privaten Haushalte durch die Mobilisierung von Möglichkeiten der Eigenproduktion, durch den Verzicht auf eine eigentlich vorteilhafte Arbeitsteilung zwischen selbständigen wirtschaftlichen Einheiten, als Antwort auf eine von Engpässen geprägte, zu unsichere und zu teure Güterversorgung über den Markt, kurz: aus Gründen zu hoher Kosten der Marktbenutzung;

- auf der Ebene der Nationalstaaten und der Gliedstaaten von Bundesstaaten darüber hinaus durch staatliche Einschränkungen und Behinderungen des internationalen beziehungsweise interregionalen Wirtschaftsverkehrs aus Gründen nationaler oder regionaler Gruppeninteressen oder aus Gründen außerökonomischer Ziele im Zeichen erstrebter nationaler Autonomie.

Dieser Rückzug ist verständlich, weil eine rasche allgemeine Senkung – Normalisierung – der Kosten der Marktbenutzung nicht möglich erscheint. Insoweit ist er auch gerechtfertigt, stellt aber selbstverständlich einen Rückschritt dar. Zwar war die kommandowirtschaftlich dekretierte weitreichende Arbeitsteilung im Raum der ehemals sozialistischen Länder großenteils nicht sachgerecht und daher revisionsbedürftig. Unter guten marktwirtschaftlichen Bedingungen würde diese Revision aber nicht vor allem auf dem Umweg über den Rückfall in mehr Eigenwirtschaftlichkeit, nationalen Egoismus und nationale Autarkie vollbracht; die Arbeitsteilung würde vielmehr revidiert und weiter ausgebaut. Vor allem die rechtliche Verfestigung eines nationalen Partikularismus bereitet Sorgen, soweit er auch den ökonomischen Bereich betrifft. Er könnte sich als dauerhafter erweisen als durch die Chance gerechtfertigt erscheint, daß sich in der gegenwärtigen allgemeinen Unordnung und Unsicherheit mehr Ordnung und mehr Sicherheit am ehesten im überschaubaren Rahmen kleinerer Einheiten schaffen läßt (und dadurch, daß sich soziale Solidarität in einem multinationalen Staat, der in Not ist, kaum noch effektiv machen läßt).

Man bedenke: Die Entstehung erfolgreicher freiheitlich geordneter Großgesellschaften – bis hin zur Weltwirtschaft, soweit sie durch freien Wirtschaftsverkehr verbunden ist – gehört zu den staunenswerten Vorgängen in der Geschichte. In den durch Arbeitsteilung und freien wirtschaftlichen Austausch integrierten Großgesellschaften haben sich Freiheit und Effizienz als vereinbar erwiesen. Auch die Bewahrung nationaler Eigenart und kultureller Vielfalt war nicht im Widerspruch dazu, sondern ein Stimulus wettbewerblicher Kreativität. Die Länder Westeuropas sind gerade dabei, weitere Elemente einer gemeinsamen Verfasssung zu finden, die diesen Erfahrungen angemessenen Ausdruck geben. Ihre Erfahrungen lassen sich gewiß nicht ohne weiteres übertragen. Aber es wäre aus ökonomischer Sicht beklagenswert – und allemal nicht im Interesse Westeuropas –, wenn sich in Mittel- und Osteuropa erst einmal Tendenzen der wirtschaftlichen Desintegration durchsetzten. Die wirtschaftliche Triebkraft solcher Tendenzen ist die Versuchung, die jeweils eigenen oder als eigen reklamierten Ressourcen – Rohstoffe und industrielles Potential – stärker den partikularen Interessen vorzubehalten und die wirtschaftliche Abhängigkeit von Partnern in der Arbeitsteilung opportunistisch zu nutzen. Die Erfahrung ist jedoch, daß durch kurzsichtigen Egoismus im allgemeinen weniger gewonnen wird, als man durch Teilhabe an den gemeinschaftlichen Schäden der Desintegration schließlich verliert.

20. Unter den Aufgaben, die man sich vornehmen muß, wenn man einer wirtschaftlichen Desintegration in Mittel- und Osteuropa entgegenwirken will, stehen zwei im Vordergrund:

- Bewahrung und Fortentwicklung der Arbeitsteilung zwischen den Gliedstaaten der ehemaligen Sowjetunion, der CSFR und Jugoslawiens,
- Wiederaufrichtung des Handelsaustauschs zwischen den ehemaligen RGW-Ländern.

An beiden hat auch Deutschland ein hohes Interesse, an der zweiten sogar ein herausragendes Interesse. Die industrielle Zukunft der neuen Bundesländer liegt nicht zuletzt in der Teilhabe an der Arbeitsteilung in diesem Wirtschaftsraum und an der Wachstumsdynamik, die von dorther in ganz Europa erhofft wird. Man kann sich auf absehbare Zeit nur schwer eine ausreichend breite industrielle Basis für die Wirtschaft der östlichen Bundesländer vorstellen, wenn diese im wesentlichen durch die Gewinnung von Anteilen an schon besetzten und nur normal wachsenden Märkten des Westens gefunden werden müßte.

Den für sie richtigen Weg müssen die Menschen in Mittel- und Osteuropa letztlich allein finden. Aber Westeuropa kann durch Öffnung seiner Märkte und womöglich – zu gehöriger Zeit – seiner Institutionen dazu beitragen, daß der bedrohliche Rückzug ins Partikulare begrenzt bleibt, daß die berechtigte Betonung nationaler und regionaler Eigenart, Selbstbestimmung und Selbstverantwortung von vornherein balanciert wird durch die Bereitschaft, sich auf die Chancen und also die Grundsätze großräumiger marktbestimmter Arbeitsteilung einzulassen. Die heute von allen gewünschte Teilhabe an der marktwirtschaftlichen Kultur des Westens, die eine wettbewerbliche und inzwischen gottlob friedliche Kultur ist, wird dazu nötigen, diese auch im Innenverhältnis des Ostens zu entwickeln, wenn der Westen solche Teilhabe so großzügig wie möglich fördert.

V. Verbesserung der Investitionsbedingungen und Privatisierung

Wachstumsschub mit ausländischem Kapital verstärken

21. Aller Wohlstand erfordert Investitionen. Die notwendige Investitionsdynamik wird, ja muß von innen kommen. Dies ist so in allen Ländern, auch in den wirtschaftlich rasch aufholenden Entwicklungsländern. Aber wie anderswo auch würden in Osteuropa der Zufluß von ausländischem Privatkapital, insbesondere in der Form von Direktinvestitionen, und der damit einhergehende Transfer von technischem Wissen und Unternehmerleistung den Wachstumsschub verstärken. Die Internationalisierung der Produktion und die Globalisierung der Märkte, die seit einigen Jahren die Arbeitsteilung über die nationalen Grenzen hinweg immer enger macht, würde nun auch Osteuropa einbeziehen.

Auch der Kapitalbedarf der inländischen Investoren wird teilweise nur mit Hilfe ausländischen Kapitals gedeckt werden können. Was die heimischen Sparer dem Kapitalmarkt zur Verfügung stellen können, steht in scharfem Kontrast zu dem, was an Investitionen zu leisten ist, zumal der enorme Nachholbedarf an Modernisierung der Wirtschaft auf einen wohl kaum geringeren Nachholbedarf an Konsum trifft. Selbst gute Selbstfinanzierungsmöglichkeiten (aus hohen Gewinnen) werden weithin die Lücke nicht schließen können. Anders gesagt: Die Entwicklungschancen der Länder

Mittel- und Osteuropas können nur dann in vollem Umfang umgesetzt werden, wenn sich die neuen Demokratien für westliches Kapital öffnen, und zwar nicht nur ein bißchen, sondern weit.

Manche haben die Besorgnis, ein großer Teil solcher von außen zufließenden Mittel könnte für die Konsumgütereinfuhr verwendet werden – Konsum auf Pump. Diese Besorgnis darf man nicht übertreiben. Sie ist begründet, soweit die Bevölkerung der Reformländer eine überzogene Vorliebe für Westwaren hat. Sie ist nicht allgemein begründet. Beträchtliche Konsumgütereinfuhr ist durchaus unumgänglich. Sie ist auch unbedenklich, soweit sie Produktionsfaktoren, die andernfalls in der Herstellung von Konsumgütern gebunden blieben – vor allem Arbeitskräfte –, für investive Zwecke freimacht. Diese wirken dann wie die importierten Kapitalgüter – und komplementär zu ihnen – daran mit, in der Zukunft einen höheren aus eigener Produktion gespeisten Konsum zu ermöglichen. Konsumgüterimporte haben insoweit keine geringere Bedeutung für die wirtschaftliche Entwicklung der Reformstaaten als Investitionsgüterimporte.

Möglichkeiten rentierlicher Kapitalanlagen für Ausländer

22. In dem Bestreben, ausländisches Privatkapital zu attrahieren, konkurriert Osteuropa mit anderen Standorten, vor allem solchen in Südeuropa und in der Dritten Welt. Auf sehr kurze Sicht betrachtet haben die osteuropäischen Länder die schlechteren Karten: Die wirtschaftliche Lage ist eher entmutigend, die Infrastruktur ist unzulänglich, eine wirtschaftsnahe Verwaltung muß erst aufgebaut werden, das Vertrauen in den Schutz von Eigentumsrechten ist noch nicht überall hergestellt. Dies ist eine Konstellation, bei der ausländische Investoren abgeschreckt werden. Resignation wäre freilich fehl am Platze. Die mittel- und osteuropäischen Länder haben es in der Hand, die Investitionsbedingungen zu verbessern und sie allmählich den Verhältnissen anzugleichen, die konkurrierende Investitionsstandorte auszeichnen. Die wirtschaftlichen Reformen, entschlossen angepackt und konsequent verwirklicht, werden Osteuropa als Investitionsstandort aufwerten. Sobald die international tätigen Unternehmen mehr Klarheit über den Reformkurs haben, kommen auch die wirtschaftlichen Potentiale dieser Region zum Tragen. Es sind dies vor allem die reichhaltigen Rohstoffvorkommen, der Modernisierungsbedarf in der Industrie und in den Dienstleistungsbereichen und der Nachholbedarf einer großen Anzahl von Verbrauchern.

Daß ausländische Investoren sich überhaupt in Osteuropa engagieren, könnte je nach Branche unterschiedliche Gründe haben. Ein Investitionsmotiv sind Kostenüberlegungen, sprich die Nutzung billiger Arbeitskräfte. Sie schlagen bei arbeitsintensiv herzustellenden Gütern, die in der Bundesrepublik und anderen westlichen Industrieländern nicht mehr wettbewerbsfähig gefertigt werden können, stark zu Buche. Ein Beispiel ist die Bekleidungsindustrie. Zur passiven Lohnveredelung, die es schon jetzt in einigen osteuropäischen Ländern gibt, käme die Auslandsproduktion in einer hierfür gegründeten Tochtergesellschaft hinzu, also eine Verlagerung von Produktionsstätten von Westen nach Osten, um dann von dort aus die Weltmärkte zu beliefern. Dominant werden solche kostenorientierten Verlagerungsinvestitionen freilich nicht sein. Denn zum einen haben die mittel- und osteuropäischen Länder gerade in diesen Bereichen die Industrialisierung bereits weit vorangebracht und eröffnen daher potentiellen Neuinvestoren (ausländischen wie inländischen) wenig neue Möglichkeiten einer rentierlichen Kapitalanlage. Und zum anderen herrscht unter den Anbietern von Produkten einfacher Arbeit bereits heute ein weltweit scharfer Wettbewerb (vor allem aus Entwicklungsländern) bei gleichzeitig begrenzter Aufnahmebereitschaft der Märkte in den Industrieländern.

Von viel größerem Gewicht sind absatzorientierte Auslandsinvestitionen. Über die Errichtung von Produktions- und Vertriebsstätten würden westliche Unternehmen versuchen, am erwarteten Wachstum der mittel- und osteuropäischen Märkte zu partizipieren und neue Märkte zu erschließen. Durch Exportieren allein lassen sich häufig, wie die Erfahrung im Westen zeigt, bestehende Marktanteile nicht halten oder ausweiten. Marktnahe Produktion hat spezifische Vorteile; es können Transport- und Kommunikationskosten eingespart, die potentiellen Abnehmer intensiver betreut, die Chancen im lokalen öffentlichen Beschaffungswesen besser genutzt und der Absatz im Falle von Importbeschränkungen gesichert werden. Gestützt wird letztlich auch das reine Exportgeschäft; der Aufbau von eigenen Vertriebs- und Servicenetzen erleichtert den Absatz heimischer Güter, und erfahrungsgemäß beziehen die ausländischen Produktionsniederlassungen Vorleistungen von der Muttergesellschaft (firmeninterner Handel). Gute Investitionsmöglichkeiten gibt es über die gesamte Branchenlandschaft hinweg. Westliche Unternehmen werden ins Kalkül ziehen, daß den mittel- und osteuropäischen Ländern besonders günstige Perspektiven in der Rohstoffverarbeitung und bei der Produktion von dauerhaften Konsumgütern, von technisch standardisierten Investitionsgütern, von chemischen Erzeugnissen und von Halbfabrikaten und Zwischenprodukten winken. Die von den Bürgern der Reformländer so stark bevorzugten Westwaren können Tochtergesellschaften westlicher Unternehmen auch vor Ort, und vor allem billiger, herstellen. Die zur gewerblichen Produktion komplementären Dienstleistungsbereiche (besonders Banken und Versicherungen) und die Infrastruktur (besonders Telekommunikation) werden ebenfalls umfangreiche Investitionen binden. Einige mittel- und osteuropäische Länder könnten dank der Gunst der Natur zu einem bevorzugten Ziel des Ausländertourismus werden (Ungarn ist es in Maßen schon). Für westliche Investoren eröffnen sich damit aussichtsreiche Betätigungsmöglichkeiten in der Hotellerie und im Gaststättengewerbe.

Standortwettbewerb

23. Sich für Kapital attraktiv zu machen, dem ein breites Spektrum internationaler Anlagemöglichkeiten offensteht, ist eine komplexe wirtschaftspolitische Aufgabe. Sie kann nur dann gelöst werden, wenn die Länder, die als Investitionsstandort um internationales Kapital werben, das Kalkül potentieller Investoren verstehen und respektieren: Anleger erwarten eine Rendite, die dem nicht nachsteht, was bei alternativen Anlagen erzielbar ist; ebenso erwarten sie, daß mit besonderen Unwägbarkeiten behaftete Investitionen eine überdurchschnittliche Rendite versprechen, neben dem Risiko des totalen Kapitalverlustes auch die Chance des großen Gewinns einschließen.

Im Wettbewerb um internationales Kapital geht es für die reformwilligen Länder darum, Rahmenbedingungen zu schaffen, die die vom Markt geforderten Renditechancen ermöglichen. Die Wünsche der Investoren sind bekannt: Die Wirtschaftspolitik soll dazu beitragen, die mit Investition und Produktion verbundenen Kosten und Risiken zu senken und dafür zu sorgen, daß die erzielte Brutto-Rendite möglichst wenig beschnitten wird. Die Gewährleistung von Rechtssicherheit, der Ausbau der Verkehrswege und der Kommunikationsinfrastruktur, Verzicht auf marktwidrige Regulierungen und Abbau hypertropher Bürokratien sind Beispiele für die eine, maßvolle steuerliche Zugriffe auf den Kapitaleinsatz und auf die Unternehmenserträge Beispiele für die andere Gruppe von Maßnahmen.

Keine Angst vor Überfremdung

24. In den Ländern Mittel- und Osteuropas, deren Bevölkerung über Jahrzehnte hinweg einer antikapitalistischen Indoktrination ausgesetzt war,

erzeugt das Werben der Regierungen um ausländische Investoren und Finanzmittel die Besorgnis, man solle sich dem westlichen "Kapital" ausliefern. Freilich, der Import von Kapital verheißt zuallererst eine Erweiterung der inländischen Produktionsmöglichkeiten und in der Folge einen Zuwachs an Arbeitsplätzen und an inländischen Einkommen, letztlich also wachsenden Lebensstandard. Richtig ist, daß ein Teil der zusätzlich erzielbaren Einkommen als Ertrag des investierten Kapitals Ausländern zusteht, aber eben nur ein Teil. Der größere wird als Arbeitseinkommen im Inland verbleiben. Diese Arbeitseinkommen würden ohne Kapitalzufuhr von außen nicht entstehen. Die aus dem Import von Kapital resultierenden finanziellen Pflichten gehen also keineswegs von vornherein mit einer Beschränkung des Handlungsraums der Inländer einher, sie erweitern ihn vielmehr. Und wer den Mißbrauch der von Auslandskapital ausgehenden Macht fürchtet, sollte bedenken, daß man auch beim Inlandskapital vor Machtmißbrauch nicht gefeit ist.

Gewiß: Persönliche, wirtschaftliche und politische Freiheit können gefährdet sein von der Macht, die vom Eigentum ausgehen kann. Für die persönliche und wirtschaftliche Freiheit des einzelnen kommt es darauf an, diese Macht zu begrenzen. Der Schlüssel dazu liegt aber nicht in erster Linie in der Gesellschaftsordnung oder der Eigentumsordnung, er liegt im Wettbewerb. Wo Wettbewerb herrscht, zumindest möglich ist, begrenzt er wirtschaftliche Macht, auch die Macht, Kapital ausbeuterisch einzusetzen. Umgekehrt sind Monopole, deren Macht nicht in Frage gestellt ist, auch dann ausbeuterisch und freiheitsberaubend, wenn sie zu 51 Prozent staatliche oder wenigstens heimische Eigentümer haben. Entscheidend ist also der Wettbewerb.

Investitionskalkül nicht verfälschen

25. In jedem Fall auszuschließen sind schmerzliche Konsequenzen eines starken Imports von Kapital freilich nicht. Das gilt vor allem dann, wenn der Kapitalimport nicht die Form der Direktinvestition hat, bei der Kapitaleinkommen ans Ausland nur zu zahlen sind, wenn entsprechende Kapitalerträge entstanden sind, sondern die Form des Finanzkredits. Dann nämlich ist der Kapitaldienst unabhängig davon zu leisten, ob das Kapital hinreichend produktive Verwendung gefunden hat. Die Gefahr eines Fehleinsatzes von Auslandskrediten der Geschäftsbanken ist, wie die Erfahrungen mit Lateinamerika gezeigt haben, besonders groß, wenn die Kredite von den Regierungen aufgenommen oder von diesen garantiert werden.

Dann wiegen sich die Banken in Sicherheit, Bonitätsprüfungen vor der Kreditvergabe sind weniger streng als sonst üblich, Kontrollen über die Verwendung der Mittel werden kaum vorgenommen. Mit ähnlichen Fehlentwicklungen ist zu rechnen, wenn westliche Regierungen versprechen, im Falle notleidend gewordener Kredite einzuspringen.

Es genügt also nicht, den Ländern Mittel- und Osteuropas die westlichen Kapitalmärkte zu öffnen. Zugleich ist Sorge dafür zu tragen, daß die damit finanzierten Investitionen mehr abwerfen, als für Zins und Tilgung aufgewandt werden muß. Zu den entscheidenden Aspekten jeder Reform gehört deshalb, ein Umfeld zu schaffen, das wirtschaftlich rationale unternehmerische Entscheidungen erlaubt, ja erzwingt. Diese Rationalität kann nur bei freier Preisbildung und offenem internationalem Wettbewerb erwartet werden und nur dann, wenn Gläubiger und Schuldner nicht damit rechnen können, Verluste auf die Staatskasse abzuwälzen. Jede vermeintlich günstige Kondition, die dazu verführt, falsch zu rechnen, fügt den reformwilligen Ländern überflüssige Nachteile zu.

Das soll zwar nicht heißen, daß eine Förderung privater Investitionen überhaupt nicht in Betracht kommt oder auch nur entbehrlich wäre. Aber ihrem Instrumentarium sind Grenzen gezogen. Wie schon erwähnt, sollten die westlichen Länder vor allem die makroökonomischen Risiken privater Investitionen, die von den Reformländern erst allmählich begrenzt werden können, mittragen (siehe auch Ziffer 55f.) Grundsätzlich verfehlt wäre jedoch eine Politik, die sich darüber hinaus am normalen unternehmerischen Risiko beteiligt: Die Verantwortung für die Produktpolitik, die Personalpolitik etc. muß beim investierenden Unternehmen bleiben, wenn sich marktorientierte Wirtschaftsstrukturen entwickeln sollen.

Fortschritte bei vertrauenschaffenden Maßnahmen

26. Zu den grundlegenden Voraussetzungen für Investitionen im Ausland gehört das Vertrauen in die Verläßlichkeit der Eigentumsrechte.

– Das investierte Kapital muß gegen Enteignung abgesichert sein. Über die bloße Anerkennung privaten Eigentums an den Produktionsmitteln hinaus bedarf es dazu der Sicherstellung einer ausreichenden Entschädigung, falls der Enteignungsfall doch eintritt.

- Der Investor muß selbst entscheiden können, in welchem Umfang er anderen das Recht einräumt, über den Einsatz seines Kapitals (mit-)zubestimmen; eine Begrenzung des ausländischen Kapitals auf Minderheitsbeteiligungen stünde dem entgegen.

- Die nach Abzug der regulären Steuern und Abgaben verbleibenden Erträge der Auslandsinvestitionen dürfen keiner Verwendungsbeschränkung unterworfen werden, der Transfer ins Ausland muß uneingeschränkt möglich sein.

- Im Falle des Verkaufs oder der Liquidation muß der Erlös frei transferierbar sein.

Gemessen daran sind die Bedingungen für ausländische Direktinvestoren in den meisten Staaten Osteuropas inzwischen als befriedigend zu bezeichnen. Mit allen ehemaligen RGW-Staaten hat die Bundesrepublik Abkommen abgeschlossen, die Kapitalanlagen deutscher Investoren und deren Erträge absichern. Diese Investitionsschutzabkommen enthalten neben der allgemeinen Gewähr, Kapitalanlagen und Erträge von Investoren des Partnerlandes nicht weniger günstig zu behandeln als Kapitalanlagen und Erträge von Investoren dritter Länder, die ausdrückliche Garantie des freien Transfers von Zahlungen im Zusammenhang mit Kapitalanlagen – insbesondere der Erträge – und, im Falle der Liquidation oder des Verkaufs, des Liquidations- beziehungsweise Verkaufserlöses. Enteignungen sind nur auf Grund von Gesetzen im öffentlichen Interesse und gegen Entschädigung zulässig, die dem Wert der Kapitalanlage vor Bekanntwerden der Enteignung entspricht, tatsächlich verwertbar ist und frei transferiert werden darf.

Auch was die Direktionsrechte angeht sind die Bedingungen zumindest in den fortgeschrittenen Reformländern gut. So gibt es seit 1990 keine Genehmigungspflicht für Mehrheitsbeteiligungen an ungarischen Unternehmen mehr; in Polen ist die Gründung von oder die Beteiligung an Unternehmen durch Ausländer weitgehend liberalisiert; in der Tschechoslowakei gehört die Förderung von Direktinvestitionen zum Reformprogramm. Zumindest in diesen Ländern kann von einem umfassenden Schutz der Eigentumsrechte ausgegangen werden.

Selbstverständlich schafft die (völkerrechtlich abgestützte) Gewährleistung der Eigentumsrechte noch keine umfassende Sicherheit gegen Willkür.

Der Staat kann auf vielfältige Weise den privaten Investitionserfolg nicht nur begünstigen, sondern auch gefährden oder auf direkte oder indirekte Weise an sich bringen. Hier erwirbt sich ein Land Ansehen als Investitionsstandort erst allmählich. Viel kommt aber auf den energischen Einstieg in einen investitionsfreundlichen Kurs und die Vermeidung von Irritationen in der ersten Phase an.

Westliche Geschäftsbanken vor Ort

27. Die Finanzierung des enormen Investitionsbedarfs erfordert nicht nur Freizügigkeit für Auslandskapital, sondern setzt ein funktionstüchtiges System von Finanzdienstleistungen voraus. Hierfür reicht es nicht aus, die rechtlichen Voraussetzungen für freien Kapitalverkehr zu schaffen; auch die Schaffung eines zweistufigen Bankensystems wird nicht genügen. Entscheidend dürfte vielmehr sein, daß westliche Banken ihre Leistungen vor Ort anbieten.

Für den Investor aus dem Westen ist die Präsenz "seiner" Bank von Bedeutung, weil sie Vertrauen in den neuen Standort schafft und geringere Kosten verspricht: Er kann sich darauf verlassen, sein gewohntes Paket an Bankdienstleistungen in Anspruch nehmen zu können; er darf erwarten, ebenso kompetent beraten zu werden wie zu Hause; der Zahlungsverkehr wird vereinfacht und beschleunigt. Hinzu kommt das psychologische Moment der Präsenz eines vertrauten "Partners", selbst wenn die heimischen Banken de facto die gleichen Leistungen anbieten. Die heimischen Banken gehen wohl mit einem spezifischen Wettbewerbsvorteil ins Rennen: mit der intimen Kenntnis des heimischen Rechts, des Steuersystems, der öffentlichen Verwaltung – einem Wissen, das sich ausländische Geschäftsbanken erst aneignen müssen. Doch diesen Wettbewerbsnachteil werden die Westbanken rasch wettmachen können, während ihre Vorteile – banktechnisches Know-how, Einbindung in das internationale Finanzgeschäft etc. – dauerhafter sind.

Ein zweites kommt hinzu. Ein operatives Engagement von Banken aus dem westlichen Ausland dient nicht allein den westlichen Investoren. Es ist vielmehr geeignet, den in Gang kommenden Prozeß inländischer Investitionen zu beschleunigen, weil es investitionsbereiten osteuropäischen Unternehmen Zugang zum Welt-Kapitalmarkt verschafft. Damit wird ein weit größeres Investitionsvolumen realisierbar, als es der Fall ist, wenn das Inländern verfügbar gemachte Auslandskapital in erster Linie durch Staatsverschuldung beschafft werden muß. Im übrigen wird die Gefahr von Fehlinvestitionen geringer, wo die Banken die Investitionsvorhaben auf ihre Rentabilität hin prüfen (was besonders dann der Fall sein wird, wenn die vom Kreditnehmer geforderte Sicherheit nicht in Realvermögen, sondern in Humankapital oder in der Geschäftsidee liegt). Dann nämlich werden sie, jedenfalls solange sie ihr Risiko nicht bei Dritten abliefern können, solche Vorhaben zurückweisen, die die erforderliche Rendite nicht erwarten lassen.

Geschäftsbanken sind keine Wohlfahrtsinstitute. Sie prüfen zu Recht sehr genau, ob sich ein Engagement in den Ländern Mittel- und Osteuropas lohnt. Im Moment scheint das Ergebnis dieser Prüfung überwiegend darin zu bestehen, daß die Banken zwar Repräsentanzen vorhalten, auch potentiellen westlichen Investoren für unverbindliche Beratung zur Verfügung stehen, sich im operativen Geschäft aber bislang nicht engagieren. Es ist keine Frage, daß sie nachziehen werden, wenn erst eine gewisse Anzahl westlicher Firmen sich etabliert hat und insoweit ausreichende Nachfrage nach Finanzdienstleistungen entstanden ist. Aber wann die Banken ihre abwartende Haltung aufgeben und in das operative Geschäft einsteigen werden, ist noch nicht abzusehen. Zu den Elementen einer Strategie der osteuropäischen Staaten zur Förderung von Investitionen könnte deshalb durchaus gehören, westliche Banken nicht nur uneingeschränkt zuzulassen, sondern aktiv um ihre Ansiedlung zu werben. Ein Argument, das schon heute Gewicht hat, ist der Wettbewerbsvorteil des Pioniers in einem noch kaum erschlossenen Markt, den die westlichen Banken genießen, solange sich auch das heimische Bankensystem erst im Aufbau befindet.

Privatisierung hat Schlüsselfunktion

28. Die neuen Demokratien Mittel- und Osteuropas haben der Privatisierung von Unternehmen, die sich ganz oder zum Teil in staatlichem oder kollektivem Eigentum befinden, im Prinzip hohe Priorität eingeräumt. Die Kunst besteht freilich darin, die Privatisierungsvorhaben in angemessener Zeit abzuwickeln. Ohne kreatives, marktorientiertes Management keine wirtschaftliche Dynamik, ohne Privateigentum kein Zwang zur Effizienz. Wo sich Privatisierung mit ausländischer Direktinvestition verbindet, bedeutet sie zudem (erwünschten) Kapitalimport und Zufluß von Know how, der die Entwicklung der eingesessenen Unternehmen entscheidend fördern kann.

Die Eile, mit der die Privatisierungsaufgabe angegangen werden sollte, bedeutet allerdings keine Aufforderung zum "Ausverkauf". Es kann keine vernünftige Strategie sein, etwa der akuten Devisennot wegen öffentliches Eigentum zu extrem niedrigen Preisen zu veräußern. Zumindest wo allgemeine Unsicherheit die Vermögenswerte radikal gemindert hat, kann es vernünftig sein, erst einmal diese Unsicherheit zu reduzieren, bevor man alles, was eines Tages privatisiert werden sollte, an den Markt gibt. Im einzelnen wird es auf differenzierte Strategien und Privatisierungstechniken ankommen.

Kein Königsweg zur Privatisierung

29. Die drei fortgeschrittenen Reformstaaten haben sich Privatisierungsgesetze gegeben, die widerspiegeln, daß es den Königsweg zur Privatisierung nicht gibt. Entsprechend heterogen sind die Ergebnisse. In der Praxis hat sich erwiesen, daß die sogenannte kleine Privatisierung, die sich auf die Handwerksbetriebe und die kleinen Einzelhandels- und Dienstleistungsunternehmen bezieht und ohne staatliche Zwischenholding abgewickelt wird, fast überall in Gang gekommen ist, sogar in der ehemaligen Sowjetunion. Sie wird auch kritisiert, weil sie Schwarzhändlern Chancen der Geldanlage und Mitgliedern der Nomenklatura neue Aufstiegsmöglichkeiten bietet. Doch hier ist wohl eine gewisse Robustheit nötig. Immerhin hat sich zum Beispiel in Polen der private Anteil an der Industrieproduktion zwischen 1989 und dem dritten Quartal 1991 von 7 auf 22 Prozent erhöht.

Die Privatisierung großer Unternehmen ist indessen überall ins Stocken geraten, noch bevor sie recht in Gang gekommen ist. Hier erschien zunächst die Angst vor einem Ausverkauf an Ausländer häufig als ein wesentliches Privatisierungshemmnis; aber auch eine mittlerweile ausländerfreundlichere Handhabung der Privatisierung etwa in Polen und Ungarn konnte den Prozeß nicht beschleunigen.

Komplizierte Privatisierungsverfahren

30. Es ist wohl die Kompliziertheit der Privatisierungsverfahren selbst, die eine Beschleunigung erschwert. Das tschechoslowakische Beispiel macht dies deutlich. Das Privatisierungsverfahren ist zweistufig. Für jeden Einzelfall hat zunächst die bislang für das Unternehmen zuständige Gebietskörperschaft ein "Privatisierungsprojekt" im Detail zu entwickeln; auf

dieser Stufe wird auch entschieden, in welcher Rechtsform das Unternehmen in das Eigentum eines öffentlichen Fonds übergeht. Dieser Fonds wickelt dann in einem zweiten Schritt den Übergang in Privateigentum gemäß dem zuvor festgelegten Privatisierungsprojekt ab. Für einen Großteil der Unternehmen ist die Umwandlung in Publikumsgesellschaften mit breit gestreutem (aber weitgehend auf Inländer beschränktem) Aktienbesitz vorgesehen. Das Recht, Aktien zu erwerben, verleihen Kupons, die vom Finanzministerium angeboten werden.

Das Privatisierungsverfahren in zwei Stufen aufzutrennen ist im Grunde sachgerecht. Schon der schnell vollziehbare erste Schritt, die Herausnahme der Unternehmen aus dem Staatshaushalt, ist von großer Bedeutung, entzieht er doch die Unternehmen dem direkten Zugriff der Ministerialbürokratie. Damit wird eine wichtige Voraussetzung für die Entwicklung einer der Marktwirtschaft angemessenen Staatsverwaltung geschaffen; denn solange die zu privatisierenden Unternehmen Teil des Staatshaushalts bleiben, ist eine saubere Trennung von unternehmerischen und hoheitlichen Tätigkeiten unmöglich. (Die erste Stufe kann zugleich dazu genutzt werden, in den Unternehmen Managementstrukturen einzuführen oder zumindest vorzubereiten, die der für später vorgesehenen Rechtsform entsprechen.)

Die Schwächen des Verfahrens zeigen sich in der zweiten Stufe. Zu bemängeln ist vor allem, daß hier eine kreative und situationsgerechte Privatisierungspolitik nicht mehr möglich ist. Die Fonds sind grundsätzlich an die Privatisierungsprojekte gebunden, wie sie vor der ersten Stufe von der zuständigen Behörde festgelegt worden sind. Was nach dem Willen dieser Behörde eine Aktiengesellschaft werden soll, kann keine andere Rechtsform mehr bekommen, egal wie vernünftig dies auch wäre. Zudem erweist sich das Kupon-Verfahren (es betrifft 1.000 der 1.700 für die erste Welle der "großen" Privatisierung vorgesehenen tschechoslowakischen Unternehmen) als umständlich und langwierig. Auch einzelwirtschaftlich gesehen hat die breite Streuung der Anteile und die (weitgehende) Beschränkung auf inländische Eigentümer erhebliche Nachteile. Die Vielzahl der Anteilseigner erschwert die Aufgabe, das alte, meist noch der sozialistischen Wirtschaftsvorstellung verhaftete Management durch eine der Marktwirtschaft aufgeschlossene Unternehmensleitung zu ersetzen. Die Erschwerung ausländischer Beteiligungen bedeutet den Verzicht auf eine meist höchst erwünschte Zufuhr frischen Kapitals. Beides erschwert den Unternehmen den Start in die Marktwirtschaft.

31. Anzuraten wäre eine Privatisierungsstrategie, die dem gleicht, was die Privatisierung der ehemals Volkseigenen Betriebe im Osten Deutschlands kennzeichnet: eine rasch umgesetzte erste Stufe mit dem Ziel, die Unternehmen aus dem Staatshaushalt herauszunehmen und von staatlichen Planvorgaben unabhängig zu machen, ohne aber den weiteren Gang der Privatisierung zu präjudizieren; und eine zweite Stufe, in der eine Privatisierungsagentur die Veräußerung an Private vornimmt. In der Bundesrepublik wurde der Treuhandanstalt die Hauptlast der Privatisierung der ehemals Volkseigenen Unternehmen übertragen. Sie wurde per Gesetz Eigentümerin von mehr als 8.000 Unternehmen; ihr Auftrag besteht darin, geeignete Unternehmen möglichst rasch (und ohne Begrenzung auf inländische Übernahmewillige) zu privatisieren, sanierungsfähige Unternehmen durch wirtschaftlich vertretbare Maßnahmen auf die Privatisierung vorzubereiten und nicht sanierungsfähige Unternehmen stillzulegen. Welche Maßnahmen im Einzelfall zu ergreifen sind, liegt im Ermessen der Treuhandanstalt. Bei ihrer Arbeit bedient sich die Treuhandanstalt in großem Umfang externen Sachverstandes, um auf den Einzelfall zugeschnittene Lösungen zu erarbeiten. Ende Oktober 1991 waren mehr als 4.300 Betriebe privatisiert.

Im Grunde ist die Erfolgsformel einfach. Je weniger der Gesetzgeber in die konkrete Privatisierungsarbeit eingreift, je mehr Möglichkeiten der Privatisierungsbehörde zu Gebote stehen, desto größer ist die Wahrscheinlichkeit, daß die Aufgabe gelingt. Und gelingen muß sie. Denn ohne die mit privatem Eigentum an den Produktionsmitteln verbundene unternehmerische Initiative, ohne den durch Eigenverantwortung erzwungenen ökonomischen Umgang mit den knappen Ressourcen wird keine noch so gut gemeinte Wirtschaftsreform erfolgreich werden.

VI. Der monetäre Rahmen für den Transformationsprozeß

Funktionsfähige Geldordnung unerläßlich

32. Für die Leistungsfähigkeit einer Marktwirtschaft ist eine funktionsfähige Geldordnung unverzichtbar. Nur Geld, das die elementaren Geldfunktionen – als allgemeines Tauschmittel, als Wertmaßstab (Recheneinheit, Maßstab für Forderungen und Verbindlichkeiten), als Wertaufbewahrungsmittel – erfüllt, ist gutes Geld. Durch die weitgehende Freigabe der Preise in den fortgeschrittenen Reformländern erfüllt das Geld dort bereits seine

Funktion als Tauschmittel. Dagegen ist es nicht gelungen, ein Geld zu schaffen, das sich auch als Wertmaßstab und Wertaufbewahrungsmittel eignet. Es kam – über die unvermeidliche Anpassungsinflation hinaus – zu hohen und stark schwankenden Inflationsraten. Das bedeutet unerträglich hohe Risiken für alle intertemporalen Dispositionen unter Benutzung von Geld. Das Geld ist deshalb zu einem entscheidenden Engpaßfaktor geworden. Nur wenn es gelingt, frühzeitig das Geldwesen verläßlich zu ordnen, kann die Transformation von der Zentralverwaltungswirtschaft zur Marktwirtschaft ein Erfolg werden.

Stabilisierung des Geldwertes

33. Die einzelwirtschaftlichen Grundlagen für die Stabilisierung des Geldwerts sind in allen Ländern Osteuropas ungünstiger als in alten Marktwirtschaften. Privatunternehmen im Westen haben ein starkes Interesse daran, Lohnforderungen zu widerstehen; die Gewerkschaften wissen, daß zu hohe Lohnsteigerungen Arbeitsplätze gefährden, die Betriebe können nicht überleben, wenn sie ihre Kosten nicht aus eigenen Erlösen decken können. Weil das so ist, reagiert die Wirtschaft im Westen auf geldpolitische Maßnahmen; wo diese einzelwirtschaftlichen Strukturen fehlen, da bleibt die Reaktion aus, oder sie ist nur schwach und verzögert. Es dauert jedoch lange Zeit, bis solche einzelwirtschaftlichen Bedingungen geschaffen sind, mehr Zeit jedenfalls, als bis zur Schaffung guten Geldes verstreichen darf. Daher müssen einstweilen, also bevor die Staatsindustrie privatisiert wird, Interessenlagen geschaffen werden, die denen von Privatbetrieben ähnlich sind. Das Management muß am Gewinn interessiert werden, und der Staat muß es fertigbringen, glaubhaft anzukündigen, daß Betriebe mit anhaltendem Defizit nicht weiter subventioniert, sondern liquidiert werden. In den Staaten des Westens erschienen diese Forderungen als politisch nahezu undurchsetzbar. In den Staaten Mittel- und Osteuropas braucht man so pessimistisch nicht zu sein. Dort wurde schon vieles realisiert, was im Westen als ganz undenkbar gilt.

"Österreichische Lösung"

34. Selbst unter der Voraussetzung, daß die Probleme der Lohnpolitik, der Defizitfinanzierung der Betriebe und der öffentlichen Haushalte gelöst wären, stünde die Geldpolitik bei der Stabilisierung des Geldwerts vor einer überaus schwierigen Aufgabe. Effiziente Geldpolitik setzt stets voraus, daß es zwischen Größen, die eine Zentralbank dominant beeinflussen

kann (insbesondere der Geldmenge), und der volkswirtschaftlichen Gesamtnachfrage eine einigermaßen feste und vorhersehbare Beziehung gibt. Andernfalls könnte eine Zentralbank nicht wissen, was ihre Maßnahmen bewirken. In den jungen Marktwirtschaften des Ostens gibt es nicht nur keine Erfahrungen, auf die man zurückgreifen könnte, es fehlt vermutlich auch die Stetigkeit der Beziehungen zwischen Geldmenge einerseits und Nachfrage andererseits, die die Wirkung der Geldpolitik vorhersehbar macht. Deshalb bleibt zur Erreichung des Ziels der Geldwertstabilität eigentlich nur die Möglichkeit, die Inlandswährung durch einen festen – nicht notwendigerweise formal gebundenen – Wechselkurs bei einer stabilen Auslandswährung wie dem Dollar oder der D-Mark zu verankern. Das ist die Politik, die Österreich – freilich auch aus Gründen der Disziplinierung von Lohnpolitik und Haushaltspolitik – seit langem mit der festen Anbindung des Schillings an die D-Mark verfolgt.

Konvertibilität der Währung

35. Das Ziel wird freilich nur erreicht, wenn weitgehende Konvertibilität der betreffenden Währung schnell hergestellt wird. Mit der Konvertibilität sind für die Staaten des ehemaligen Ostblocks zudem Vorteile verbunden, die über die Möglichkeit der Teilnahme am freien Welthandel hinausgehen:

- Alle Länder des ehemaligen Ostblocks haben eine stark verzerrte Produktionsstruktur. Eine international konvertible Währung sorgt dafür, daß das auf den Weltmärkten herrschende Preissystem auf das Inland übertragen wird (vorbehaltlich allfälliger Zölle). Je früher die Konvertibilität erreicht wird, um so eher wird der realwirtschaftliche Anpassungsprozeß in die Richtung gelenkt, die die Preissignale des Weltmarkts angeben.

- In den Zentralverwaltungswirtschaften wurde die Produktion bestimmter Produkte und Produktgruppen organisatorisch in Kombinaten zusammengefaßt. Beim Übergang zur Marktwirtschaft entstehen dadurch Monopole, so daß der Wettbewerb und der damit verbundene Anreiz zur Verbesserung der Leistung gewissermaßen importiert werden muß.

- Die ehemaligen zentral gelenkten Wirtschaften werden beträchtliche Auslandsinvestitionen brauchen. Private Investoren werden jedoch zögern, ihr Kapital in Ländern festzulegen, aus denen sie die Erträge oder auch das Kapital selbst nicht mehr zurückziehen können ("Mausefallenwährung"). Partielle Konvertibilitätsversprechen in Investitionsschutzabkommen sind immer nur ein Notbehelf.

Die Konvertibilität sollte schon in einem frühen Stadium des Transformationsprozesses angestrebt werden ("Bausteintheorie"), nicht erst als krönender Abschluß ("Krönungstheorie"). Ungarn, Polen und die CSFR sind schon in diese Richtung gegangen. Ihre Währungen sind von voller Konvertibilität gar nicht mehr weit entfernt. Dagegen ist der Weg der Länder der ehemaligen Sowjetunion wie auch der der Staaten des Balkans noch unklar.

Einwände gegen eine zu rasche Konvertibilität

36. Es wird befürchtet, ein Großteil der Warenproduktion könne bei Aufhebung der Devisenbewirtschaftung schlagartig zusammenbrechen, weil sie der Konkurrenz mit dem Ausland nicht gewachsen ist. Dabei wird auf das Beispiel der ehemaligen DDR verwiesen. Der weitgehende Zusammenbruch der Industrieproduktion in den neuen Bundesländern wurde jedoch, sofern er überhaupt eine Frage des Preiswettbewerbs war, nicht dadurch verursacht, daß die D-Mark, also eine konvertible Währung, eingeführt wurde, sondern dadurch, daß man die Löhne im Verhältnis 1:1 auf D-Mark umgestellt und überdies schnell erhöht hat. Zu diesen Lohnkosten waren die Betriebe bei gegebener Maschinenausstattung und Produktpalette nicht konkurrenzfähig.

Im Modell läßt sich das Problem des außenwirtschaftlichen Gleichgewichts von Importen und Exporten durch die Wahl eines geeigneten Wechselkurses regeln, und dieser Kurs läßt sich auch – bei voller Konvertibilität – mit dem Mittel der Zinspolitik durchhalten. Solange freilich die Voraussetzungen solcher Modelle nicht gegeben sind (und dazu zählt die Akzeptanz marktkonformer Reallöhne), solange sich die Einflußfaktoren schnell ändern können, wird man sowohl Wechselkursänderungen als auch Beschränkungen der Konvertibilität nicht ausschließen können. Nur sollte man sich bewußt machen, daß Devisenbewirtschaftung und Instabilität des Wechselkurses Mängel sind, die es zu überwinden gilt, keineswegs aber dauerhaft empfehlenswerte Wege der Außenwirtschaftspolitik.

Alle RGW-Staaten haben Produktionsstrukturen entwickelt, die dazu führen, daß ein großer Teil der Unternehmen selbst bei gleichgewichtigen

Wechselkursen der Konkurrenz mit dem Ausland nicht standhalten könnte. Deren Produktion müßte dann zusammenbrechen, zumal die extreme Präferenz für Westwaren einen übermäßig starken Einfuhrsog und Druck auf die Preise für Inlandswaren erzeugt. Es käme also zu Friktionen und Schocks, die weder den betreffenden Industrien noch den Beschäftigten und Regionen zugemutet werden können. Freilich ist in diesem Fall die Zollpolitik ein besseres Werkzeug als die Devisenbewirtschaftung. Dort wo ganze Industriezweige der Auslandskonkurrenz nicht gewachsen wären, sollte man sie vorübergehend durch Zölle abschirmen, um einen Zeitraum für eine geordnete Anpassung zu schaffen. Der Abbau dieser Zölle und der Zeitraum dafür sollte in diesem Falle allerdings von vornherein angekündigt werden. Entlastung bringen auch hohe Verbrauchsteuersätze für typische Westwaren. (Sie haben den Vorteil, internationale Wettbewerbsverzerrungen zu vermeiden.)

Keine Osteuropäische Zahlungsunion

37. Die sogenannte österreichische Lösung, also die Anbindung an eine stabile Auslandswährung mit de facto festem Wechselkurs bei Konvertierbarkeit der Inlandswährung kommt auch gegenüber anderen Formen wechselkursorientierter Geldpolitik am ehesten in Betracht. Eine formelle Aufnahme der osteuropäischen Währungen in das Europäische Währungssystem scheidet derzeit schon deshalb aus, weil sie im Westen nicht zustimmungsfähig wäre. Die österreichische Lösung dagegen kann einseitig, also ohne irgendeine Einigung mit anderen Ländern, verwirklicht werden. Auch der Vorschlag, zwischen den ehemaligen RGW-Ländern eine osteuropäische Zahlungsunion nach dem Vorbild der Europäischen Zahlungsunion aus den 50er Jahren zu schaffen, also regionale Konvertibilität, ist mit Skepsis zu sehen. Zum einen wären die politischen Widerstände kaum geringer als beim Anschluß an das Europäische Währungssystem, zum anderen wäre in Osteuropa Rußland als Rohstofflieferant zu Weltmarktpreisen mit großer Wahrscheinlichkeit in einer ständigen Überschußposition. Diese Position wäre für Rußland wenig erstrebenswert, da es seine Rohstoffe auch gegen westliche Währungen exportieren und in entsprechendem Maße Fertigwaren aus westlichen Ländern importieren kann.

Der Engpaß: Glaubwürdigkeit

38. Im Prinzip erscheint einfach, was eine Geldordnung und Stabilitätspolitik der hier favorisierten Art erfordert: Wahl eines situationsgerechten

und verteidigungsfähigen Wechselkurses, konsequente Geldpolitik, technisch einfach durch die strenge Orientierung am Wechselkursziel, nötigenfalls unter Inkaufnahme hoher Zinsen, Einhaltung eines von Anfang an wenig, bald gar nicht mehr eingeschränkten Konvertibilitätsversprechens, Unterordnung von Lohnpolitik und Finanzpolitik unter diese Vorgaben.

Tatsächlich geht es allerdings um das Kunststück, unter schwierigsten Bedingungen einen circulus vitiosus zu einem circulus virtuosus zu machen, also einen Teufelskreis, in dem Mißerfolg den Mißerfolg antreibt, in einen Prozeß umzukehren, in dem Erfolg den Erfolg erzeugt. Dreh- und Angelpunkt einer guten Geldordnung und Stabilitätspolitik ist ihre Glaubwürdigkeit. Von ihr muß Vertrauen ausgehen, damit die Wirtschaft in der erwünschten Weise auf sie reagiert. Und sie muß selbst auf dieses Vertrauen vertrauen können, damit sie mit begründetem Mut vorgehen kann. Die wichtigsten Reaktionen sind die der Kapitalanleger. Die Länder Mittel- und Osteuropas werden noch für lange Zeit Leistungsbilanzdefizite haben, brauchen also das Vertrauen des internationalen Kapitals. Und nicht nur das. Sie sind auch von Devisenverlusten durch Kapitalflucht bedroht. Viele sehen das als Grund gegen baldige volle Konvertibilität. Aber erfahrungsgemäß sind auch Konvertibilitätsbeschränkungen kein wirksames Mittel gegen Kapitalflucht. Gelingt es nicht, das Vertrauen der Kapitalanleger zu gewinnen, so muß man – immer im Rahmen des Konzepts – Zinsen herbeiführen, die alle wirtschaftliche Dynamik schon im Ansatz ersticken können und möglicherweise die politische Akzeptanz der gesamten Politik zerstören.

Glaubwürdigkeit der Geldordnung und Stabilitätspolitik läßt sich nicht durch Dekrete schaffen. Man muß sie erwerben. Dabei gehört, es sei wiederholt, im Grunde dreierlei zusammen:

(1) Mikroökonomische Stabilisierung – das ist die Etablierung funktionsfähiger, möglichst wettbewerblicher Märkte (einschließlich der Arbeitsmärkte); das ist vor allem die Umstellung der Produktionsstruktur auf das, was der Markt verlangt; das ist nicht zuletzt die Generierung von Exportfähigkeit, die nach und nach zum Importbedarf und zu den Kapitaldienstverpflichtungen paßt.

(2) Makroökonomische Stabilisierung – das ist die Beschränkung der volkswirtschaftlichen Gesamtnachfrage auf ein realwirtschaftlich zuträgliches Maß, was außer einer stabilitätsorientierten Geldpolitik eine

Finanzpolitik erfordert, welche die Staatsausgaben auf ein solide finanzierbares Maß beschränkt.

(3) Die Vorführung von Konzepttreue der Geldpolitik in schwieriger Zeit.

Im Lehrbuch der Stabilitätspolitik steht das dritte obenan – zu Recht. Man muß zwar dessen Gefährdung durch ungelöste Probleme bei (1) und (2) ständig im Auge haben. Aber auch umgekehrt gilt, daß weder die mikroökonomische noch die makroökonomische Stabilisierung ohne verläßliche Geldordnung und Geldpolitik möglich ist.

Da überdies nicht alles gleichzeitig zu schaffen ist und in jedem Fall der Aufbau von Vertrauen Zeit kostet, aber eigentlich nicht kosten darf, muß man zweierlei versuchen:

- Abschirmung der Geldpolitik durch strenge institutionelle Separation;

- Abdeckung der Zahlungsbilanzrisiken, die mit dem Konzept unvermeidlich verbunden sind, statt durch Kapitalmarktvertrauen (das langfristig diese Aufgabe zu übernehmen hat) vorläufig durch internationale Liquiditätshilfen.

Normalerweise sollte man gegenüber einer radikalen Lösung eher skeptisch sein. In diesem Fall erscheint sie aber als der am ehesten erfolgversprechende Weg. Was noch nicht viele Staaten auf der Welt sich abverlangt haben, sollten die Reformländer Mittel- und Osteuropas sich von Anfang an verordnen (wie seinerzeit die Bundesrepublik): eine von den Weisungen der Regierung unabhängige Zentralbank mit strengem stabilitätspolitischem Auftrag. Der Staat schließt damit gleichsam den Tresor zu und wirft den Schlüssel weg. Er wäre gezwungen, seine Defizite entweder durch Kreditaufnahme bei Privaten oder durch Privatisierung von Staatsvermögen zu decken. Er stünde auch unter starkem Druck, zuschußbedürftige Betriebe zu schließen. Nicht weniger wichtig: Wenn die Zentralbank über die Mittel verfügt, den Geldwert stabil zu halten, dann führen überhöhte Lohnabschlüsse nicht mehr zu Inflation, sondern zu Arbeitslosigkeit. Damit stünden auch die Gewerkschaften unter erheblichem Druck, ihre Lohnforderungen den wirtschaftlichen Möglichkeiten anzupassen. Sicher ist dies keine Patentlösung aller stabilitätspolitischen Probleme. Schwerste Belastungen in revolutionärer Zeit hält auch ein solches Regelwerk wahrscheinlich nicht aus. Aber man wäre doch frei von dem täglichen politischen Plebiszit über den Geldwert, wie er den vorherrschenden Geldordnungen eigen ist.

Die Konsequenzen aus der Unabhängigkeit der Zentralbank müssen den politischen Kräften bewußt sein, und sie müssen sie im Grundsatz tragen. Andernfalls wäre der Unabhängigkeit nur ein kurzes Leben beschieden. Man kann die politischen Kräfte nicht gewissermaßen ökonomisch überlisten. Allerdings ist es politisch viel leichter, sich auf Grundsätze und Prinzipien zu einigen, bevor man weiß, wer in einem zukünftigen konkreten Fall davon betroffen ist, als erst dann zu einer Einigung zu kommen, wenn der konkrete Fall schon eingetreten ist und sich jeder das Maß seiner Betroffenheit ausrechnen kann. Über das Prinzip der Unabhängigkeit der Zentralbank läßt sich also leichter Konsens erzielen als über die Stabilitätspolitik einer weisungsgebundenen Zentralbank, wenn diese Politik mit Opfern verbunden ist.

Selbst wenn es den Reformländern gelingt, die mikroökonomischen und makroökonomischen Bedingungen für konvertibles und stabiles Geld politisch zu schaffen, können sie doch die alles entscheidende Glaubwürdigkeit, daß sie eine Politik stabilen Geldes nicht nur durchhalten wollen, sondern auch durchhalten können, vorläufig nicht ohne Hilfe von außen erreichen. Zumal bei einem geldpolitischen Konzept, das die Glaubwürdigkeit der Politik mit der Einhaltung eines bestimmten Wechselkursziels verbindet, muß man vor allem die Gefahr unvorhersehbarer Zahlungsbilanzkrisen sehr ernst nehmen. Daß hier der erste Sturm alles umbläst, was man zu bauen begonnen hat, muß unbedingt vermieden werden. Denn bei der Neuordnung der monetären Dinge zählt, daß jeder Fehlversuch die Erfolgsbedingungen für weitere Versuche radikal verschlechtert. Wenn Versprechungen gebrochen werden, dann ist die Lage anschließend noch viel schlimmer, als sie vorher war. In Argentinien und Brasilien wurden neue Währungen eingeführt, denen die Bevölkerung zunächst einen großen Vertrauensvorschuß entgegenbrachte. Da aber die Ursachen der Inflation nicht beseitigt wurden, entwerteten sich Austral und Cruzado bald ebenso wie vorher Peso und Cruzeiro. Im Ergebnis wurde nichts gewonnen; es wurde aber jegliches Vertrauen der Bevölkerung zerstört, daß das Land zu einem soliden Geld kommen könne. Vor Versagen im Innern müssen die Reformländer sich selbst bewahren. Unvermeidliche Zahlungsbilanzrisiken, denen sie noch nicht gewachsen sein können, zählen zu den Gründen, die internationale Hilfe nötig machen.

VII. Hilfen von außen

Eigene Anstrengungen reichen nicht aus

39. Einigkeit herrscht, daß die Menschen der Reformländer, soweit sie durch die Turbulenzen des Systemwechsels in schwere wirtschaftliche Not geraten sind, Anspruch auf humanitäre Hilfe haben. Viele sind der Meinung, daß es darüber hinaus genügt, diesen Ländern großzügige technische Hilfe angedeihen zu lassen und ihnen liberale Handelsmöglichkeiten anzubieten, wie sie der üblichen handelspolitischen Praxis entsprechen. Im übrigen müßten sie sich auf dieser Basis vor allem selbst helfen. Letzteres ist zwar richtig. Aber es ist nicht mehr als eine Trivialität, und es reicht nicht aus.

Es geht in den Reformländern nicht nur um eine normale entwicklungspolitische Aufgabe. Diese Länder sind durch den Systembruch aus einer zwar keineswegs erfolgreichen, jedoch kontinuierlichen Entwicklung herausgerissen worden. Soll die Eingliederung in den marktwirtschaftlich geprägten Teil der Weltwirtschaft gelingen, so muß man schon handelspolitisch dieser Diskontinuität Rechnung tragen. Sie eröffnet dem Westen große, unerwartete Lieferchancen, vor allem auf längere Sicht. Man kann sie nur wahrnehmen, wenn man akzeptiert, auch selbst in unerwarteter Weise beliefert zu werden, also Absatzmöglichkeiten zuhause an die neuen Wettbewerber zu verlieren. Enormer Strukturwandel ist von den Reformländern gefordert. Etwas mehr Strukturwandel als bisher auch von uns.

Aus dem Mißerfolg in der Vergangenheit, aus der Diskontinuität der Entwicklung, aus dem revolutionären Charakter des Systemwechsels ergibt sich zudem, daß die Investitionsaufgaben gigantisch sind und daß sie mit hohen Risiken verbunden sind. Diese Risiken vor allem sind es – und viele im Westen haben das lange Zeit verdrängt –, die das Investitionsproblem nicht allein als ein Problem der privaten Finanzierung privat wahrzunehmender Chancen erscheinen lassen. Massive finanzielle Hilfe der westlichen Staaten – vor allem in der Form geeigneter Beteiligung an den gesamtwirtschaftlichen Risiken – ist unumgänglich. Gerechtfertigt ist sie, weil auch die Chancen, auf die hin investiert wird, nicht nur private Gewinnchancen sind. Jeder weiß, im Erfolgsfalle werden alle Beteiligten große Vorteile daraus ziehen, von der Vermeidung der schlimmen Folgen andauernder Instabilität im Osten, die weit über den ökonomischen Bereich hinausgehen würden, ganz zu schweigen.

Öffnung der Märkte

40. Die Basis von allem ist die Öffnung der Märkte. Und schon hier ist, wie bereits betont, mehr nötig, als die Zaghaftigkeit konventioneller Handelspolitik an Zugeständnissen erlaubt. Zwar haben die westlichen Regierungen in letzter Zeit wiederholt erklärt, die Wiedereingliederung Mittel- und Osteuropas in die weltwirtschaftliche Arbeitsteilung handelspolitisch besonders unterstützen zu wollen. Sie haben mehrjährige Handelsabkommen geschlossen, die im ganzen gesehen den Marktzugang erleichtern. Sie haben aber bislang kaum konkrete Schritte unternommen, auch in jenen Bereichen den Handel zu liberalisieren, in denen Marktzugangsbeschränkungen aus der Sicht der Reformländer besonders ins Gewicht fallen – bei Kohle, Agrargütern, Massenstahlerzeugnissen, Textilien und Bekleidung beispielsweise. Die Anbieter aus Mittel- und Osteuropa werden außer durch Zölle vor allem durch mengenmäßige Importbeschränkungen behindert, und ihre Erweiterungs- und Rationalisierungsinvestitionen sind mit unkalkulierbaren Risiken belastet, weil die westlichen Regierungen sich das Recht vorbehalten, in Fällen eines zu starken Importdruckes, der heimische Produktion und Arbeitsplätze gefährdet, selektiv Protektionsmaßnahmen wieder einzuführen ("Marktzerrüttungsprinzip").

Aufgabe der Europäischen Gemeinschaft

41. Beim Abbau noch bestehender Handelshemmnisse gegenüber Mittel- und Osteuropa hat die Europäische Gemeinschaft eine besondere Verantwortung und wohlverstanden ein starkes Eigeninteresse. Eine besondere Verantwortung hat sie wegen ihres großen Gewichts im Welthandel. Was immer die Gemeinschaft handelspolitisch tut, hat Signalwirkung für die anderen Industriestaaten – im Negativen (Protektionismus) wie im Positiven (Importliberalisierung). Wenn die Gemeinschaft bei der Marktöffnung gegenüber Mittel- und Osteuropa auch in den "sensiblen Bereichen" mit gutem Beispiel vorangeht, wird sie die weitere Entwicklung der Welthandelsordnung hin zur Sicherung der Grundsätze der Meistbegünstigung und Multilateralität in der Breite entscheidend mitprägen und auf diese Weise den Weg für eine raschere Integration der Reformländer in die internationale Arbeitsteilung bereiten. Ein starkes Eigeninteresse hieran hat die Europäische Gemeinschaft, weil sie große Wohlfahrtsvorteile aus der vertieften Arbeitsteilung mit dem Osten ziehen kann. Der Verweis auf regionalpolitische, beschäftigungspolitische und sozialpolitische Aufgaben, die bei einer Öffnung der Agrarmärkte, der Kohlemärkte und der Textilmärkte

vernachlässigt werden müßten, überzeugt nicht; Importbeschränkungen sind für solche Zwecke ein teures und untaugliches Mittel, es gibt regelmäßig bessere wirtschaftspolitische Instrumente.

Was handelspolitisch wünschenswert ist (der Abbau noch bestehender Handelsbarrieren gegenüber Mittel- und Osteuropa), geschieht deshalb nicht schon von selbst. Es gibt massive partikulare Interessen, die Liberalisierungsmaßnahmen entgegenstehen. Sie sorgen dafür, daß in der öffentlichen Debatte die volkswirtschaftlichen Kosten der Protektion unterbewertet und die Protektionsgründe überbewertet werden; die inländischen Verbraucher, die benachteiligt sind, wehren sich kaum, und die ausländischen Anbieter, gegen die die protektionistischen Maßnahmen gerichtet sind, haben nicht die Macht, den freien Marktzugang zu erzwingen; mitunter verzichten sie freiwillig darauf, den größtmöglichen Druck auszuüben, aus Furcht, die Gemeinschaft könnte dann zu noch schärferen Einfuhrrestriktionen greifen. So setzt sich fürs erste gegenüber Mittel- und Osteuropa fort, was in der Europäischen Gemeinschaft schon Tradition hat: scharfe Beschränkung beim Import von Agrargütern, Kohle, Stahlprodukten, Textil- und Bekleidungserzeugnissen. Trotz des gebrochenen Verhältnisses verschiedener Mitgliedstaaten zur Idee einer offenen Weltwirtschaft müssen die Wirtschaftsreformen in Mittel- und Osteuropa für die Gemeinschaft Anlaß sein, gegen protektionistische Interessen vorzugehen. Viel steht auf dem Spiel. Für die Reformländer ist die Marktöffnung Westeuropas für ihre Produkte Prüfstein der Hilfsbereitschaft des Westens. Der Westen kann diese Hilfe auch gewähren. Eine Lösung für die Probleme in den strukturschwachen Branchen muß ohnehin gefunden werden, unabhängig von den Integrationsinteressen der östlichen Reformländer. Schon jetzt stehen die europäische Agrarpolitik, die deutsche Kohlepolitik und das Welttextilabkommen international unter unabweisbarem Reformdruck; die Suche nach tragfähigen marktorientierten Lösungen ist in vollem Gange. Dies ist der Rahmen, in dem man die Protektionsinteressen zurückdrängen und die Interessen an der Handelsliberalisierung besser zur Geltung kommen lassen muß. Zudem verheißt die Integration Mittel- und Osteuropas in die internationale Arbeitsteilung verstärkte wirtschaftliche Dynamik für ganz Europa (und darüber hinaus). Im Vertrauen darauf, daß der Strukturwandel unter den Bedingungen wirtschaftlicher Dynamik leichter fällt, kann die Gemeinschaft beim Abbau der noch bestehenden Protektionsmaßnahmen mutiger sein. Anpassungshilfen, die den Strukturwandel in den betroffenen Branchen und Regionen sozial abfedern, sind prinzipiell möglich.

42. Dem Streben der mittel- und osteuropäischen Länder nach einer stärkeren institutionellen Integration mit Westeuropa ist über Assoziierungsabkommen mit der Gemeinschaft bereits Rechnung getragen worden. Die mit Polen, Ungarn und der Tschechoslowakei Ende 1991 vereinbarte Assoziierung (die sogenannten Europa-Verträge) öffnet den Reformstaaten die westeuropäischen Märkte – demnächst den gemeinsamen Binnenmarkt – in durchaus großzügiger Weise, freilich noch mit Ausnahme von Kohle, Stahl, Textilien, Agrarerzeugnissen. Auch eine weitgehende Freizügigkeit im Dienstleistungsverkehr ist vorgesehen, und die wissenschaftliche und technische Zusammenarbeit soll vertieft, die Kooperation beim Umweltschutz verbessert werden. Bei der Handelsliberalisierung wird die Europäische Gemeinschaft vorauseilen, so daß die Reformländer länger Zeit für die Umstrukturierung ihrer Wirtschaft haben, die möglichst vielen Unternehmen zu internationaler Wettbewerbsfähigkeit verhelfen soll. Seitens der Gemeinschaft nicht auf Reziprozität bei der handelspolitischen Liberalisierung gepocht zu haben war richtig, bedenkt man die unterschiedlichen Ausgangsbedingungen. In Mittel- und Osteuropa stehen praktisch alle Unternehmen und Arbeitnehmer unter einem bisher nicht gekannten Anpassungsdruck, in Westeuropa wird sich der zusätzliche Importwettbewerb im Rahmen des für offene Volkswirtschaften Normalen halten.

Teilhabe am Europäischen Wirtschaftsraum

43. Mit der EG-Assoziierung ist keine direkte Partizipation an dem kürzlich zwischen den EFTA-Staaten und der Europäischen Gemeinschaft ausgehandelten Europäischen Wirtschaftsraum (EWR) verbunden. Der EWR-Vertrag sieht nicht vor, daß EG-assoziierte Staaten EWR-Mitglieder werden können, auch wenn sie noch so große Freihandelsverpflichtungen übernehmen. Um Teil des großen Marktes mit rund 400 Millionen Verbrauchern zu werden, müßten sie zunächst Vollmitglied bei der EFTA werden. Die vor dem Abschluß stehenden Freihandelsabkommen zwischen der EFTA einerseits und der Tschechoslowakei, Polen und Ungarn andererseits sind allerdings, gemessen an den dort niedergelegten Verpflichtungen, so gestaltet, als ob die genannten Länder praktisch EFTA-Mitglieder sind. Für sie dürfte es daher relativ leicht sein, die Bedingungen für eine EFTA-Mitgliedschaft zu erfüllen und auf mittlere Sicht – über die dann allerdings noch erforderliche Zustimmung aller EWR-Gründungsmitglieder – Mitglied des EWR zu werden.

44. Wenn die Reformländer darauf setzen können, daß sich ihre Volkswirtschaften mit Westeuropa verflechten werden, wenn für sie also Verlaß ist auf eine umfassende Marktöffnung, wird den Versuchungen, in mehr Eigenwirtschaftlichkeit und nationale Autarkie zurückzufallen, ein Riegel vorgeschoben. Dies betrifft nicht zuletzt die Gefahr einer Abschottung zwischen den ehemaligen RGW-Staaten, die nicht gebannt ist, solange die institutionelle Verknüpfung mit der EG und EFTA nicht bindend ist. Wird sie bindend, so haben die Unternehmen einen starken Anreiz, Strategien und Verhaltensweisen einzuüben, die zu den Bedingungen des internationalen Wettbewerbs passen. Dies begründet die Hoffnung, daß die Reformländer darauf verzichten, unter dem Regime der Präferenzregeln der Übergangszeit der Westverträge erst einmal neue Zollmauern untereinander aufzubauen. Letzteres wäre außerordentlich fatal, kommt doch viel darauf an, daß die überkommene Arbeitsteilung innerhalb Mittel- und Osteuropas auf marktwirtschaftlicher Grundlage erneuert wird, und zwar möglichst rasch. Hierin liegt die Chance, den mit der Auflösung des RGW zusammengebrochenen Güteraustausch wieder zu beleben. Protektion aus Gründen des Erziehungszollarguments brauchen diese Länder untereinander nicht.

Beseitigung von Exportrestriktionen bei strategischen Gütern

45. Eine Offerte umfassender Liberalisierungsmaßnahmen gegenüber den mittel- und osteuropäischen Ländern muß die Lockerung von Exportrestriktionen bei den sogenannten strategischen Gütern (COCOM-Listen) einschließen. Der Handel mit diesen Gütern verkörpert ein großes Potential für den internationalen Technologietransfer. Erweiterte Möglichkeiten der Reformstaaten, Güter der Spitzentechnik zu kaufen, würden die Modernisierung der Wirtschaft erleichtern. Angesichts des Wegfalls des Ost/West-Gegensatzes läßt sich eine durchgreifende Reform des COCOM-Systems rechtfertigen. Die Exportverbotslisten sollten auf wirklich "kritische Fälle" (militärstrategisch betrachtet) eingegrenzt und laufend überprüft werden. Die bestehenden Ausnahmeregelungen bei Gütern mit militärischer und ziviler Verwendungsmöglichkeit ("dual-use goods") sollten abgeschafft werden. Mit Rücksicht auf die übrigen NATO-Partnerländer und Japan kann die Gemeinschaft hier nur im engeren Rahmen liberalisieren. Sie kann aber bei den bereits laufenden Beratungen über eine Neuordnung der COCOM darauf drängen, daß möglichst viele Hemmnisse, bei Wahrung der berechtigten Sicherheitsinteressen, abgebaut werden.

Schwieriges Schuldenmanagment

46. Wenn der Transformationsprozeß in Mittel- und Osteuropa gelingen soll, muß der Westen nicht nur durch Handelsliberalisierung helfen, sondern auch finanziell. Für besonders dringlich halten es die reformwilligen Staaten, daß sie von den Altschulden weitmöglichst entlastet werden. Sie argumentieren, daß Zinszahlungen und Tilgung einen zu großen Teil der im Exportgeschäft erwirtschafteten Devisen verschlingen und zu einem Nettokapitalabfluß führten, was die wirtschaftlichen Reformen erschwere. Überdies bremsten die aus der Vergangenheit geerbte hohe Auslandsverschuldung und die bereits aufgetretenen Schuldendienstprobleme die Bereitschaft westlicher Regierungen und Geschäftsbanken, neue Kredite zu gewähren.

Das Drängen der Reformländer auf einen allgemeinen Schuldenerlaß ist verständlich. Es ist deshalb aber noch nicht vernünftig. Eine Entschuldung zu Lasten privater Gläubiger könnte ihnen künftig den Weg zu den internationalen Kapitalmärkten verbauen (sie bekämen von den Banken überhaupt keine Kredite mehr) beziehungsweise erschweren (sie müßten fortan höhere Zinsen bezahlen). Eine Entschuldung zu Lasten der Steuerzahler, wie sie Polen oder die ehemalige Sowjetunion teilweise erwirkt haben, ist nur scheinbar weniger problematisch. Wenn Schuldner ihre Schulden nicht bedienen und zurückzahlen wollen, schwächt dies ihre internationale Kreditwürdigkeit ganz allgemein. Gute Bonität ist ohne ordnungsgemäßen Schuldendienst nicht zu haben. Auf die Vergeßlichkeit der Kapitalmärkte zu vertrauen könnte sich als schwerwiegender Trugschluß erweisen. Hinzu kommt, daß das Streichen von öffentlichen Altschulden die Regierungen in den Reformländern aus Gründen der innenpolitischen Opportunität dazu verleiten könnte, Maßnahmen, die zur Sicherung ihrer internationalen Zahlungsfähigkeit und damit ihrer Verschuldungsfähigkeit nötig wären, hinauszuschieben. Dann verlangsamt sich der Transformationsprozeß, und das jeweilige Land findet aus dem Teufelskreis von wirtschaftlichem Chaos und Schuldenkrise nicht heraus.

47. Es gibt kein Patentrezept zur Lösung des Schuldenproblems. Unterstützungsmaßnahmen des Westens sind gleichwohl unentbehrlich. Der Transformationsprozeß darf nicht im Schuldenüberhang ersticken. Wie bisher ist Fall-zu-Fall-Regelungen der Vorrang einzuräumen gegenüber generellen, auf alle Länder bezogenen Maßnahmen, so daß der jeweiligen Problemlage bestmöglich Rechnung getragen werden kann. Neben den bislang übli-

chen Schuldenmoratorien sollten die Beteiligten in jedem Einzelfall prüfen, ob nicht andere Varianten sinnvoller wären. Zu denken ist an die Umwandlung von Kreditforderungen in Kapitalbeteiligungen ("debt-equity swaps") oder in handelbare Forderungen mit einem, je nach der Bonität des Landes, mehr oder weniger großen Abschlag vom Nominalwert ("exit bonds") oder daran, daß westliche Regierungen die Umwandlung von ausstehenden Verbindlichkeiten in handelbare Anleihen verbriefen ("zero bonds"). Erwägenswert ist auch, in stärkerem Maße multilaterale Institutionen wie die Weltbank oder die Osteuropabank einzuschalten, sei es beim Aufkauf von Schuldtiteln mit marktmäßigem Abschlag, sei es bei der Stellung von Sicherheiten bei Schulden-Swaps. Die Erfahrungen, die in den achtziger Jahren mit dem Verschuldungsproblem vieler Entwicklungsländer gemacht wurden, können jetzt bei der Anwendung geeigneter Umschuldungsmodelle in Mittel- und Osteuropa hilfreich sein. Die Ursachen für die Schuldenkrise werden auch noch so ausgeklügelte Umschuldungsmaßnahmen natürlich nicht beseitigen. Es bleibt immer das Risiko, daß selbst nach einer Umschuldung (alte und neue) Kredite nicht zurückgezahlt werden können. Dieses Risiko müssen die westlichen Länder beziehungsweise die multilateralen Finanzinstitutionen in Kauf nehmen; es ist tragbar im Vergleich zu dem Risiko, daß der Transformationsprozeß im Osten scheitert.

Abwehr von Zahlungsbilanzkrisen

48. Zur Abwehr von Zahlungsbilanzproblemen und zur Beseitigung fundamentaler Engpässe bedürfen die reformwilligen Staaten finanzieller Hilfen in großem Umfang. Dies wissen die westlichen Länder, und sie haben auch bereits erste Schritte in diese Richtung getan. Sie werden noch viel mehr geben müssen, unter Umständen jahrelang. Bei der Gestaltung der Finanzhilfen kommen drei Varianten in Betracht: die Einräumung von Kreditlinien, die Bereitstellung von ungebundenen Devisenkrediten und die Zusage von Devisenkrediten in Verbindung mit Verwendungsauflagen.

49. Die erstgenannte Variante stellt auf den Mechanismus des Internationalen Währungsfonds (dem bis auf die ehemalige Sowjetunion alle Reformländer als Vollmitglied angehören) ab, nach dem vorsorglich Kredite für den Bedarfsfall zugesagt werden. Durch diese Bereitschaftskredite fließen den Ländern keine zusätzlichen Mittel zu; sie haben nur, aber immerhin, die Sicherheit, daß sie zur Überwindung einer Liquiditätskrise im Rahmen ihrer ordentlichen Ziehungsrechte konvertible Devisen verhältnismäßig

schnell abrufen können. Nach den Regeln des Internationalen Währungsfonds (IMF) sind diese Kreditmöglichkeiten eng begrenzt (der Höhe und der Laufzeit nach), und sie werden mit wirtschaftspolitischen Auflagen verbunden (vor allem in bezug auf die Verfolgung einer energischen Stabilitätspolitik). Angesichts des ungedeckten Liquiditätsbedarfs, den die Reformländer haben, reicht dies nicht aus. Sonderprogramme des IMF für Osteuropa kommen aber kaum in Betracht. Außerdem brauchen die Reformländer nicht nur mehr finanzielle Hilfen, als sie über Bereitschaftskredite beim Internationalen Währungsfonds erhalten können, sie brauchen diese Hilfen auch, bevor Zahlungsbilanzprobleme auftreten.

Marshall-Plan für Osteuropa?

50. Bei der Gewährung von Devisenkrediten kann man die Erfahrungen nutzen, die mit dem Marshall-Plan für Westeuropa (1948-52) gemacht wurden. Auch damals ging es im Kern um eine Zahlungsbilanzhilfe, verbunden freilich mit Kapitalhilfe. Fast alle europäischen Staaten verfügten kaum über Devisen, waren also in ihrer Importfähigkeit stark beschränkt. Der Marshall-Plan erlaubte es den begünstigten Ländern, aus dem Dollarraum zu importieren, ohne in Dollar zahlen zu müssen. Die importierenden Käufer zahlten vielmehr in heimischer Währung an einen Gegenwertfonds. Aus diesem Fonds, der in Deutschland von der Kreditanstalt für Wiederaufbau (KfW) verwaltet wurde und noch heute verwaltet wird, konnten vergünstigte Kredite zum Aufbau der heimischen Wirtschaft gegeben werden. Die Probleme Mittel- und Osteuropas heute unterscheiden sich allerdings von denen Westeuropas nach dem Kriege. Gemeinsam ist beiden der Devisenmangel. In Westeuropa bestanden aber damals die Institutionen einer Marktwirtschaft, in Osteuropa werden sie gerade erst geschaffen, so daß es große Unterschiede hinsichtlich der Absorptionsfähigkeit für rational einzusetzende Kredite gibt (sie war sehr hoch in Westeuropa, sie ist noch niedrig in Mittel- und Osteuropa). Die öffentlichen Haushalte Westeuropas waren angespannt, wurden aber im wesentlichen regulär aus Steuern und Krediten finanziert; die zweckgerichtete Weiterleitung der Marshall-Plan-Mittel durch Organisationen wie die KfW funktionierte. Die Länder Mittel- und Osteuropas finanzieren sich teilweise durch Geldschöpfung; weder auf eine effiziente marktbestimmte Lenkung von Kapital hin zum besten Wirt noch auf vernünftige staatliche Verwendungsentscheidungen ist Verlaß. Solchen Unterschieden muß man Rechnung tragen. Die Gefahr, daß die Devisenkredite ausschließlich zum Stopfen von Haushaltslöchern und für konsumtive Zwecke verwendet werden, somit in

ihrer Wirkung verpuffen, namentlich keinen Investitionsschub bewirken, ist groß.

51. Daher ist es wünschenswert, daß bei der Gewährung von Devisenkrediten die Reformländer sich verpflichten, sie investiv zu verwenden. Festzulegen wäre, was darunter fallen soll. Zu erwägen sind auch wirtschaftspolitische Prüfungen und Auflagen nach dem Muster von IMF und Weltbank. Die Reformländer sollten im übrigen selbst die Investitionsprojekte definieren und darüber entscheiden, in welcher Reihenfolge sie verwirklicht werden; die westlichen Regierungen sollten darauf vertrauen, daß die Mittel schwerpunktmäßig in Bereiche fließen werden, wo große Engpässe den erfolgreichen Transformationsprozeß behindern. Unbeschadet der Engpässe im Detail (sie sind von Land zu Land unterschiedlich) besteht ein immenser Investitionsbedarf bei der Modernisierung und Erweiterung der Infrastruktur (besonders im Verkehrswesen und in der Telekommunikation), bei der eigenständigen Ernährungssicherung (Produktion, Lagerung, Transport), bei der Schaffung eines sicheren und leistungsfähigen Energieversorgungssystems (unter bestmöglicher Nutzung eigener Energiequellen), bei der Umstellung der Produktion von militärischen Gütern auf zivile Güter und bei der Beseitigung schwerster ökologischer Altlasten. Der Vorteil der mit einer generellen Verwendungsauflage verknüpften Auslandshilfe liegt darin, daß die Reformländer rascher die für die eigene wirtschaftliche Dynamik so wichtigen Investitionsprojekte in Angriff nehmen können und sie nicht aus Mangel an Devisen oder angesichts einer übersteigerten Nachfrage nach Konsumgütern aus dem Westen zurückstellen müssen. Damit der Vorteil voll zum Tragen kommt, müssen die Reformländer projektspezifische Waren und Dienstleistungen aus Ländern ihrer Wahl importieren können, also dort kaufen können, wo sie am preisgünstigsten sind. Eine Lieferbindung der westlichen Finanzhilfen, die erfahrungsgemäß die Gefahr in sich birgt, den Realwert der Hilfe zu mindern, sollte daher nicht in Betracht kommen.

52. Es ist wiederholt versucht worden, den Umfang der westlichen Finanzhilfen, die für Mittel- und Osteuropa bereitgestellt werden müßten, zu quantifizieren. Solche Schätzungen sind notgedrungen spekulativ. Um dennoch eine Größenordnungsvorstellung zu geben: Wenn die Finanzhilfen für Mittel- und Osteuropa relativ zum Sozialprodukt dieser Länder in etwa so hoch wären, wie es in der Nachkriegszeit die Hilfen der Vereinigten Staaten für Westeuropa unter dem Marshall-Plan waren (2 Prozent), so müßte das Volumen bei rund 50 Mrd Dollar ohne die Gemeinschaft Unab-

hängiger Staaten beziehungsweise 175 Mrd Dollar einschließlich der GUS-Republiken liegen, verteilt über einen Zeitraum von vier Jahren. Dies entspräche 0,4 Prozent bzw. 1,3 Prozent des Sozialprodukts der sieben führenden Industrienationen (G-7) insgesamt. Bedenkt man die großen Unterschiede in der Ausgangssituation, markieren diese Beträge eher die Untergrenze dessen, was Mittel- und Osteuropa an finanzieller Hilfe eigentlich benötigt; bedenkt man jedoch die enormen Engpässe in der staatlichen Verwaltung dieser Länder, die Verzögerungen bei der Planung und Umsetzung von Investitionsprojekten unvermeidlich machen, muß ohnehin mit einem eher schleppenden Mittelabfluß gerechnet werden.

Technische Hilfen

53. In vielen Fällen ist eine vernünftige Verwendung finanzieller Hilfen nur möglich, wenn diese mit technischen Hilfen einhergehen. Technische Hilfe zielt darauf, Wissen an die Menschen in Mittel- und Osteuropa zu übertragen und dort zu mehren. Es sollen Eigeninitiative geweckt und Fähigkeiten mobilisiert werden, es sollen die Organisationsstrukturen in den Betrieben und der Verwaltung verbessert werden, es sollen im Bereich der staatlichen Wirtschafts- und Währungspolitik konzeptionelle Fragen und Implementierungsprobleme gelöst werden. Dies kann mit einem breiten Spektrum von Unterstützungsmaßnahmen geschehen. Es reicht von der Entsendung von Experten auf allen möglichen Gebieten über Programme für die Ausbildung von einheimischen Facharbeitern und Führungskräften bis hin zu Ingenieurleistungen bei der Planung und Durchführung von Investitionsprojekten und zur Beratung beim Aufbau von Verwaltungseinrichtungen und bei der Neuausrichtung beziehungsweise Neugründung von Fachschulen und Universitäten (mit Schwerpunkt auf den ingenieurwissenschaftlichen und wirtschaftswissenschaftlichen Disziplinen). Auch Sachleistungen für die Ausstattung der geförderten Einrichtungen kommen in Betracht. Und Studenten aus Mittel- und Osteuropa brauchen weit mehr Studienangebote und Stipendien an westlichen Hochschulen, als sie schon zur Verfügung gestellt werden.

54. Im Bereich der technischen Hilfe leisten deutsche Unternehmen und Geschäftsbanken bereits Beachtliches. Dieses privatwirtschaftliche Engagement muß wohl noch für mehrere Jahre fortgesetzt werden, damit möglichst viele Betriebe in die Lage versetzt werden, mit ihren Produkten und Vertriebssystemen im internationalen Wettbewerb bestehen zu können. Die Bundesregierung und die Bundesländer können ebenfalls wertvolle

Beiträge leisten, sei es über eigene Programme der technischen Hilfe, sei es durch die Mitfinanzierung von Programmen, die von nicht-staatlichen Organisationen (Kammern, Wirtschaftsverbänden, Stiftungen) durchgeführt werden. Die Länder Mittel- und Osteuropas brauchen dringend eine leistungsfähige Verwaltung (die Finanzverwaltung eingeschlossen), funktionstüchtige Gerichte, arbeitsfähige statistische Ämter und dergleichen mehr. Einen Beratungsbedarf, den sie hier geltend machen, sollte der Westen befriedigen. Es sollen freilich die Reformländer selbst sein, die angeben, wo technische Hilfe gebraucht wird. Zu den Erfolgschancen dieser Hilfe gehört, daß die Geberländer die gesamtwirtschaftlichen, institutionellen und gesellschaftlichen Gegebenheiten und Problemlagen der einzelnen Reformländer weitestmöglich berücksichtigen und nicht versuchen, nur die eigenen Vorstellungen durchzusetzen.

Beteiligung an den gesamtwirtschaftlichen Risiken

55. Trotz der Investitionsschutzabkommen empfinden viele potentielle Investoren als hohes Risiko, daß die künftige staatliche Ordnung der mittel- und osteuropäischen Länder unsicher ist. Es fehlt an Vertrauen in die Funktionsfähigkeit der jungen Demokratien und an Vertrauen darauf, daß innenpolitische Konflikte (Nationalitätenkonflikte eingeschlossen) friedlich ausgetragen und letztlich beigelegt werden; das Vertrauen auf Rechtssicherheit ist noch nicht ausreichend gefestigt. Viele halten es für nicht unwahrscheinlich, daß sich zum wirtschaftlichen Chaos das politische Chaos gesellt. Angesichts solcher Unsicherheiten ist Zurückhaltung der Investoren verständlich. Dies betrifft auch Risiken, die im Verhalten des Staates im Gastland wurzeln und durch bilaterale Investitionsschutzabkommen nicht abgedeckt werden, wie zum Beispiel die Möglichkeit einer Hinwendung zu konfiskatorischer Besteuerung, die Verfügung von Preisstopps oder administrative Willkür. Diese Risiken sind im einzelnen nicht zu versichern. Eine Investitionsrechnung, die im Unternehmenskalkül zunächst vorteilhaft ausfiel, kann sich daher im nachhinein plötzlich als unsolide entpuppen. Solange Unsicherheit über die gesamtwirtschaftlichen Rahmenbedingungen besteht, wird weniger Privatkapital nach Mittel- und Osteuropa fließen als erwünscht ist und angesichts der vielen im übrigen hochrentierlichen Projekte eigentlich zu erwarten wäre. Öffentliche Appelle an die Unternehmen, verstärkt im Osten zu investieren, fruchten da wenig, ebensowenig die Bemühungen der Reformländer, für ausländische Investitionen im einzelnen kulante Bedingungen zu schaffen.

56. Die Bundesrepublik und andere Industrieländer sollten sich an diesen unwägbaren gesamtwirtschaftlichen Risiken von Staats wegen beteiligen. Es geht insoweit nicht darum, Investitionsförderung mit Maßnahmen zu betreiben, die die Rentabilität von Investitionen in Mittel- und Osteuropa verbessern. Dies ist gar nicht nötig, weil sich, wie gesagt, lukrative Investitionschancen an allen Ecken und Enden bieten und überdies die Regierungen der Gastländer mit Förderangeboten winken, diese auch differenziert gestalten können, um Investitionen vorzugsweise in Engpaßbereiche zu locken. Was von westlicher Seite nottut, sind Maßnahmen, die primär auf die erwähnte gesamtwirtschaftliche Riskanz zielen, im übrigen aber das unternehmerische Investitionskalkül unberührt lassen. Verschiedene Varianten kommen in Betracht.

- So könnten die Weltbank und die Osteuropabank Darlehen anbieten, deren Verzinsung und Rückzahlung bedingt ist, dahingehend nämlich, daß der private ausländische Investor von Kreditverpflichtungen entbunden ist, wenn entgegen allen Zusicherungen im Investitionsschutzabkommen doch Enteignungen stattfinden oder die Entscheidungsbefugnis der Kapitaleigner beschränkt wird; tritt dieser Risikofall ein, gerät die jeweilige internationale Organisation ins Obligo. Sie ist ein potenterer Partner staatlicher Stellen als der einzelne Investor. Für die Weltbank gibt es für eine derartige Risikobeteiligung freilich Grenzen, weil sie, zu Recht, ihre Verpflichtungen gegenüber den Entwicklungsländern nicht vernachlässigen kann. Die Osteuropabank ist hier freier.

- Die Bundesrepublik kann direkt tätig werden, etwa durch eine allgemeine steuerliche Regelung, die es privaten deutschen Unternehmen, die sich in Mittel- und Osteuropa mit Direktinvestitionen engagieren, gestattet, in ihrer inländischen Steuerbilanz Steuerstundungen zu erzielen. Eine Steuerstundung läßt sich zum Beispiel dadurch herbeiführen, daß der Investor einen bestimmten Bewertungsabschlag von den Anschaffungs- oder Herstellungskosten vornehmen (und insoweit eine stille Reserve in der Steuerbilanz legen) darf und außerdem eine gewinnmindernde Rücklage (nach Berücksichtigung des Bewertungsabschlags) bilden kann, die später sukzessive wieder aufgelöst wird. Als Orientierung könnte das frühere Entwicklungshilfe-Steuergesetz (aus dem Jahre 1963) dienen. Hier ist allerdings die Risikobeteiligung des Fiskus nur Beiprodukt einer Rentabilitätsförderung.

– Eine reine Risikobeteiligung des Staates erhält man durch eine Regelung, derzufolge Unternehmen, die in einem der Reformländer investieren, sofort den vollen Barwert der künftigen Abschreibungen steuerlich geltend machen können (statt die Absetzungen für Abnutzung periodengerecht vorzunehmen). Sie müßten in den Folgejahren den erzielten Einnahmeüberschuß voll versteuern, doch wenn das befürchtete Risiko eintritt und deshalb der Cash-flow negativ ist, gibt es auch keine Steuerpflicht. Besonders wirkungsvoll ist solche Risikobeteiligung des Steuerfiskus im Falle kleiner und mittelgroßer Unternehmen; denn deren Möglichkeiten des unternehmensinternen Risikoausgleichs sind eng begrenzt.

Die Grenzen zwischen Maßnahmen, die allgemeine, nicht versicherbare und nicht durch völkerrechtliche Abkommen effektiv ausgeschlossene Risiken für ausländische Privatinvestitionen in Mittel- und Osteuropa zu mindern versuchen, und den konventionellen Maßnahmen der Investitionsförderung sind fließend. Unser Vorschlag geht dahin, daß Maßnahmen getroffen werden, die vor allem auf eine Minderung des erwähnten gesamtwirtschaftlichen Risikos zielen. Im Prinzip haben aber alle Maßnahmen unerwünschte Nebenwirkungen, und insoweit tut man gut daran, die Schwächen der staatlichen Förderung von Auslandsinvestitionen zu beherzigen. Gleichwohl halten wir die primär risikopolitischen Maßnahmen für weniger bedenklich, als es überwiegend rentabilitätspolitische Maßnahmen wären. Überdies ist es allemal besser, privates Kapital zur Mitwirkung an der gewaltigen Aufgabe des Wiederaufbaus im Osten zu mobilisieren, als in Kauf zu nehmen, daß solche Investitionen wegen unkalkulierbarer Risiken unterbleiben und es daraufhin immer wieder zu einem politischen Drängen auf direkte staatliche Nothilfen kommt.

Massive Hilfe ist unerläßlich

57. Der in der Geschichte beispiellose Transformationsprozeß in Mittel- und Osteuropa bietet der westlichen Welt so große Chancen, daß sie nicht abwarten, sondern massiv Hilfen anbieten sollte – im Bereich des Außenhandels und des Kapitalverkehrs, bei der technischen Zusammenarbeit und bei der Linderung menschlicher Not (Bereitstellung von Nahrungsmitteln und Medikamenten). Die westlichen Regierungen sollten sich nicht dadurch entmutigen lassen, daß früher, unter der alten Ordnung, keine allzu guten Erfahrungen mit finanziellen Hilfen an diese Länder (die ehemalige DDR eingeschlossen) gemacht wurden und daß, statt die Voraussetzungen

für die wirtschaftliche Dynamik zu verbessern, überwiegend das alte sozialistische System stabilisiert worden war. Die Situation ist jetzt völlig anders. Die mittel- und osteuropäischen Länder haben das alte System abgeschüttelt, und die meisten haben sich auf den Weg zur Marktwirtschaft und zur Eingliederung in die internationale Arbeitsteilung gemacht. Sie tragen mittlerweile der vom Westen immer wieder gestellten Bedingung Rechnung, daß es wirtschaftliche Hilfen nur geben könne, wenn Reformen glaubwürdig eingeleitet würden. Man mag skeptisch bleiben hinsichtlich dessen, was auf dem schwierigen und langen Marsch vom Sozialismus zur Marktwirtschaft gelingen wird. Aber wie die Welt aussehen wird, wenn dort nichts gelingt, wagt man sich kaum vorzustellen.

Einhalt und Vielfalt in Europa – Für weniger Harmonisierung und Zentralisierung

Vorbemerkung

In Maastricht haben die Regierungschefs der Mitgliedsländer der Europäischen Gemeinschaft mit dem Vertrag über die Europäische Union einen weiteren Schritt zur wirtschaftlichen und politischen Integration Europas getan. Die Ambition dieses Vertrages reicht weit. Bedeutende Souveränitätsrechte werden auf die Gemeinschaft übertragen. Viele Länder müssen ihre Verfassung ändern, um ihn ratifizieren zu können. Und fast alle Regierungen haben mit dem Abschluß des Vertrages das Versprechen verbunden, schon bald weitere Schritte zu tun.

Mehr und mehr soll zentral in Brüssel entschieden oder unter Harmonisierungspflicht gestellt werden. Es verwundert daher nicht, daß die Menschen in Europa mit dem Vertragswerk teilweise auch Furcht verbinden. Es ist die Furcht, daß sich Europa mit dem Maastrichter Vertrag auf einen Weg begibt, auf dem die europäischen Völker ihre nationale Individualität, den fruchtbaren Reichtum an solcher Individualität verlieren könnten an ein Europa der Bürokratie und der Einförmigkeit. Es ist diese Furcht, die in Dänemark die Bürger mehrheitlich gegen den Vertrag hat stimmen lassen.

Getragen wird der Vertrag aber von einer großen Hoffnung. Es ist die Hoffnung, daß Europa den in den fünfziger Jahren eingeschlagenen Weg konsequent weitergehen werde zur Einheit in Vielfalt, einen Weg, auf dem die Menschen eine europäische Identität finden, die fruchtloses Gegeneinander für alle Zukunft zu überwinden erlaubt und damit eine verläßliche Basis schafft dafür, daß alle Völker sich in friedlichem Wettbewerb entfalten, ihre nationale Individualität bewahren, aber gemeinsame Probleme aus gemeinsamem Interesse, gravierende partikulare Probleme in allseitiger Solidarität lösen können. In der Tat, daß man nicht vor der Alternative steht "europäische Einheit oder nationale Individualität", sondern daß Einheit und Individualität zusammengehören, darauf kommt es an, und in diesem Geist ist diese Studie geschrieben worden.

September 1992

Juergen B. Donges, Wolfram Engels
Walter Hamm, Wernhard Möschel
Manfred J. M. Neumann, Olaf Sievert
(KRONBERGER KREIS)

I. Der Vertrag von Maastricht

1. Kern des in Maastricht unterzeichneten Vertrages sind die Beschlüsse zur Europäischen Wirtschafts- und Währungsunion.In einem separaten Vertragsteil werden sodann Schritte in Richtung einer Politischen Union getan, die über die ersten Ansätze der Gemeinsamen Europäischen Akte des Jahres 1985 hinausführen.

1. Die Währungsunion

Kriterien für den Beitritt

2. Bereits auf seiner Tagung in Madrid im Juni 1989 hatte der Europäische Rat vereinbart, die Währungsunion gemäß dem im Delors-Bericht vorgeschlagenen Drei-Stufen-Plan zu verwirklichen, und den Beginn der ersten Stufe, in der vor allem eine stärkere Abstimmung der Wirtschafts- und Währungspolitik in der Gemeinschaft angestrebt wird, auf den 1. Januar 1990 festgelegt.

Nach dem Vertrag von Maastricht wird die zweite Stufe der Währungsunion am 1. Januar 1994 – ein Jahr nach der geplanten Vollendung des Binnenmarkts – beginnen. In der zweiten Stufe soll die wirtschaftliche Konvergenz insbesondere hinsichtlich der Preisstabilität und "gesunder öffentlicher Finanzen" verstärkt und die Unabhängigkeit der Notenbanken in allen Mitgliedsländern herbeigeführt werden. Außerdem wird 1994 das Europäische Währungsinstitut gegründet, das als Vorläufer der Europäischen Zentralbank u.a. die Aufgabe hat, Instrumente und Verfahren für eine einheitlichen Geld- und Währungspolitik zu entwickeln. Mit dem Eintritt in die dritte Stufe wird dann der endgültige Übergang in die Währungsunion vollzogen. Dies kann frühestens drei Jahre nach Beginn der zweiten Stufe (1997) und soll spätestens am 1. Januar 1999 stattfinden. Der Europäische Rat wird zu diesem letzten Termin mit qualifizierter Mehrheit bestimmen, welche Länder die Bedingungen für den Beitritt zur Währungsunion erfüllen. Er wird sich auf Berichte der Kommission und des Europäischen Währungsinstituts über den Stand der Konvergenz stützen. Dabei geht es um die Einhaltung von Kriterien, die die Inflationsrate, die langfristigen Zinsen, die Finanzlage der öffentlichen Hand und die Wechselkursentwicklung betreffen (siehe Tabelle). Die Erfüllung der Kriterien soll sicherstellen, daß keine Länder zur Union gehören, die wegen einer anhaltend stabilitätswidrigen Finanzpolitik Belastungen in die Union

Konvergenzindikatoren[1] für die Europäische Währungsunion
(Stand 1991)

Land	Inflations-rate[2]	Langfrist. Zins[3]	Finanzlage der öffentlichen Hand: Haushalts-defizit[4]	Finanzlage der öffentlichen Hand: Staatsver-schuldung[5]	Wechsel-kurs[6]
Konvergenz-kriterium	4,3	11,4	3,0	60,0	stabil
Belgien	3,2	9,3	6,4*	129,4*	ja
Dänemark	2,4	10,1	1,7	66,7*	ja
Deutschland	3,5	8,6	3,2*	46,2	ja
Frankreich	3,0	9,0	1,5	47,2	ja
Griechenland	18,3*	20,8*	17,9*	96,4*	nein
Großbritannien	6,5*	9,9	1,9	43,8	nein
Irland	3,0	9,2	4,1*	102,8*	ja
Italien	6,4*	12,9*	9,9*	101,2*	ja
Luxemburg	3,4	8,1	-1,9	6,9	ja
Niederlande	3,2	8,9	4,4*	78,4*	ja
Portugal	11,7*	17,1*	5,4*	64,7*	nein
Spanien	5,8*	12,4*	3,9*	45,6	nein

1) Ein * bedeutet Nichterfüllung des Konvergenzkriteriums.
2) Der Anstieg eines vergleichbaren Verbraucherpreisindexes darf im Durchschnitt des letzten Jahres vor der Prüfung um nicht mehr als 1,5 Prozentpunkte über der durchschnittlichen Inflationsrate der drei Länder mit dem niedrigsten Preisanstieg liegen. (Für Deutschland nur Westdeutschland.)
3) Der langfristige Nominalzins darf im Verlauf des letzten Jahres vor der Prüfung um nicht mehr als zwei Prozentpunkte höher sein als der entsprechende Satz der drei Länder mit dem niedrigsten Preisanstieg.
4) Das tatsächliche oder geplante öffentliche Defizit darf im Verhältnis zum Bruttoinlandsprodukt nicht höher als 3 Prozent sein.
5) Das Verhältnis des öffentlichen Schuldenstands zum Bruttoinlands-produkt darf 60 Prozent nicht überschreiten.
6) Die Währung muß innerhalb der letzten zwei Jahre ohne starke Spannungen die normalen Bandbreiten des Europäischen Währungssystems eingehalten haben.

Quelle: Kommission der Europäischen Gemeinschaften, Europäische Wirtschaft, Beiheft A, lfd. Jgg. – Eigene Berechnungen

einbrächten und aus diesem Grunde oder auch wegen einer aus anderen Gründen noch zu hohen heimischen Inflationsrate womöglich ein unzureichendes Interesse an einer von vornherein stabilitätsbewußten Geldpolitik der Europäischen Zentralbank haben, über die das von jedem Land zu entsendende Mitglied des Zentralbankrates mitzubestimmen hätte. Die Kriterien bedeuten, daß sich die Geldpolitik wie die Finanzpolitik in den für einen Beitritt qualifizierten Ländern einander beträchtlich angenähert haben müssen.

3. Die Währungsunion wird häufig als logische Folge einer Vollendung des Binnenmarktes betrachtet. Tatsächlich hilft sie, die Vorteile des Binnenmarktes besser zu nutzen. Denn durch die Einführung eines einheitlichen Geldes werden die Transaktionskosten beseitigt, die beim Umtausch der Währungen entstehen. Die Kurssicherungskosten bei Transaktionen zwischen den Mitgliedsländern entfallen. Außerdem gibt es keine Kapitalbewegungen mehr, die von erwarteten Wechselkursänderungen ausgelöst werden. Da es keine Beschränkungen für grenzüberschreitende finanzielle Transaktionen gibt, kann das Kapital ungehindert in die Verwendung mit der höchsten Rentabilität fließen. Wenngleich die Währungsunion dazu beiträgt, die Effizienzgewinne, die sich aus der Vollendung des Binnenmarktes ergeben, zu vergrößern, so ist sie doch für den Binnenmarkt nicht zwingend erforderlich.

Unabhängigkeit der Zentralbank

4. Mit dem Beginn der Währungsunion verlieren die Mitgliedsländer ihre geldpolitische Souveränität; die Verantwortung für die Formulierung und Ausführung der gemeinsamen Geldpolitik wird der Europäischen Zentralbank übertragen. Sie hat nach dem Vertrag über die Europäische Union vorrangig die Geldwertstabilität zu gewährleisten. Die Europäische Zentralbank ist dabei unabhängig von Weisungen der Mitgliedsregierungen und der Kommission und darf den Mitgliedsländern oder der Gemeinschaft keine Kredite einräumen oder unmittelbar Schuldtitel von ihnen erwerben. Dieselben Bestimmungen gelten in der Währungsunion für die nationalen Zentralbanken. Damit sind die formalen Kriterien für eine Unabhängigkeit der Europäischen Zentralbank erfüllt und wichtige Voraussetzungen für die Chance auf eine gute europäische Währung gegeben.

Wechselkurspolitische Risiken

5. Geldpolitik kann Preisstabilität dauerhaft nur sichern, sofern diesem Ziel der Primat vor dem konkurrierenden Ziel der Wechselkursstabilität gegeben wird. Dazu bedarf es in bestimmten Fällen eines entsprechenden Konsenses zwischen der Europäischen Zentralbank und dem Europäischen Rat, weil der Rat für die gemeinsame Währung die Wechselkurskompetenz erhält, die bisher für die nationalen Währungen von den jeweiligen Regierungen wahrgenommen wird. Der Rat kann – einstimmig – Vereinbarungen über ein Wechselkurssystem für die ECU gegenüber Drittwährungen treffen und – mit qualifizierter Mehrheit – entsprechende ECU-Leitkurse festlegen, ändern oder aufgeben. Zwar sollen solche Beschlüsse mit dem Ziel der Preisstabilität in Einklang stehen und setzen eine Empfehlung seitens der Europäischen Zentralbank oder seitens der Kommission voraus. Es läßt sich aber nicht ausschließen, daß in einer konkreten Situation die Auffassungen zwischen Rat und Europäischer Zentralbank darüber auseinandergehen werden, ob ein bestimmtes Wechselkurssystem oder – in diesem Rahmen – ein bestimmter ECU-Leitkurs mit der Sicherung von Preisstabilität zu vereinbaren ist. So könnte der Rat, gestützt auf eine Empfehlung der Kommission, Entscheidungen gegen die Auffassung der Zentralbank treffen und sie dazu verpflichten, Wechselkursziele zu verfolgen, die mit dem Ziel der Preisstabilität auf Dauer nicht im Einklang stehen. Die Zuständigkeit des Rates für Entscheidungen über die Teilnahme der Gemeinschaft an einem internationalen Wechselkurssystem war anscheinend unvermeidlich, weil solche internationalen Abkommen von Staaten und Staatengemeinschaften geschlossen werden und nicht von Zentralbanken. Aber die Entscheidungen über Leitkurse wären besser vom Einvernehmen mit der Zentralbank uneingeschränkt abhängig gemacht worden. Man kann dies womöglich nachholen, wenn die einstimmig zu beschließende Teilhabe an einem Wechselkurssystem anstehen sollte. Besteht keine Bindung an ein solches System, kann der Rat lediglich allgemeine Orientierungen für die Wechselkurspolitik gegenüber Drittlandswährungen geben. Hier sollte klar sein, daß die Europäische Notenbank solchen Orientierungen folgen kann, aber nicht folgen muß.

Stabilitätsgerechte Finanzpolitik gefordert

6. Geldpolitik bedarf der ständigen Flankierung durch eine solide Haushaltspolitik, die eine monetäre Finanzierung von Defiziten nicht in Betracht zieht und die öffentliche Neuverschuldung im Rahmen der staatli-

chen Investitionsausgaben hält (goldene Regel). Der Vertrag von Maastricht verschafft diesem Grundsatz insofern Anerkennung, als eine direkte Staatsfinanzierung durch das Europäische Zentralbanksystem ausgeschlossen wird und die Mitgliedstaaten darauf verpflichtet werden, übermäßige öffentliche Defizite zu vermeiden. Überdies ist vorgesehen, daß die Kommission die Einhaltung der Konvergenzkriterien für die Finanzpolitik, die auch nach dem Beginn der Währungsunion zu beachten sind, überwacht. Im Falle der Nichtbefolgung dieser Pflicht kann der Europäische Rat einem Mitgliedstaat Empfehlungen zur Haushaltskonsolidierung geben und schließlich sogar Sanktionen ergreifen. Allerdings sind die genannten Referenzwerte für Defizit und Schuldenstand nicht Teil des Vertrages, sondern eines Protokolls, das später durch "geeignete Bestimmungen" ersetzt werden soll.

Viel kommt darauf an, daß bei der Entscheidung darüber, welche Länder in die Währungsunion eintreten, auf einer strikten Anwendung der genannten Kriterien, insbesondere des Defizitkriteriums, bestanden wird. Nur so ist zu erreichen, daß rechtzeitig grundlegende finanzpolitische Reformen in jenen Ländern eingeleitet werden, die derzeit noch weit von einer dauerhaften Konsolidierung ihrer Staatsfinanzen entfernt sind. Würden diese Länder, deren Haushalte durchweg eine hohe Zinslastquote aufweisen, ohne den Nachweis einer erfolgreichen Konsolidierung in die Währungsunion eintreten dürfen, so besteht die Gefahr, daß sie die gewohnte Budgetpolitik fortführen und sich zugleich für eine Politik des leichten Geldes einsetzen werden, um ihre Zinslast künstlich zu vermindern.

Amtszeit der Mitglieder des Zentralbankrats sollte länger sein

7. Fraglich mag erscheinen, ob die personelle Unabhängigkeit der Mitglieder des Rates der Europäischen Zentralbank so gesichert ist, daß die Bank eine starke Stabilitätsorientierung entwickeln kann. Nach der Satzung des Europäischen Systems der Zentralbanken und der Europäischen Zentralbank, die dem Vertrag als Protokoll beigefügt ist, sind die Mitglieder des im Zentralbankrat vertretenen Direktoriums der Europäischen Zentralbank zwar nicht wiederwählbar, und ihre Amtszeit ist mit acht Jahren nicht allzu kurz. Die Frage ist, ob sie ausreichend lang ist, wenn man bedenkt, daß für die Präsidenten der nationalen Zentralbanken – die übrigen Mitglieder im Rat der Europäischen Zentralbank – eine Amtszeit von nur mindestens fünf Jahren vorgeschrieben ist, deren Wiederwahl zulässig ist und bei deren Ernennung die Mitgliedsländer weitgehend frei sind. Es ist also nicht

ausgeschlossen, daß politische Interessen in die Europäische Zentralbank hineinwirken. Um dem vorzubeugen, wäre eine merklich längere Amtszeit der Mitglieder des Direktoriums der Europäischen Zentralbank und insbesondere die der Präsidenten der nationalen Zentralbanken vorzuziehen. Bei letzteren bedürfte es dazu keiner Änderung des Vertrages über die Europäische Union.

8. Alles in allem sind die Vorkehrungen des Vertrages zur Währungsunion und zur Geldpolitik trotz der genannten Einschränkungen weitreichend, so daß man nicht annehmen muß, die künftige europäische Währung werde wahrscheinlich instabil sein. In diesem Zusammenhang sollte auch gesehen werden, daß die Länder, die zur Währungsunion gehören werden, bei ihrem Eintritt schon eine beachtliche Einübung in stabilitätspolitischer Disziplin hinter sich haben müssen, vorausgesetzt man achtet streng auf die Einhaltung der Konvergenzkriterien. Sie haben in die Gewöhnung ihrer Volkswirtschaft an solche Disziplin investieren müssen. Sie erleben nicht nur die Lasten, sondern auch die Vorteile einer solchen Gewöhnung. Das würde auch für Länder gelten, die bisher eher zu denen gehörten, die immer wieder der Versuchung erlagen, wirtschaftspolitische Probleme kurzfristig durch Inkaufnahme von Inflation zu mildern (und damit nicht eigentlich zu lösen, sondern meist sogar zu verschlimmern). Zum Grundgedanken des Vertragswerks gehört, daß das Interesse auch dieser Länder an einer stabilitätsgerechten Geldpolitik größer sein wird als früher. Aber eine Garantie dafür, daß die europäische Währung stabil sein wird, gibt es selbstverständlich nicht. Das macht für Länder, die wie die Bundesrepublik in der Vergangenheit eine relativ geringe Geldentwertung hatten, die eigentliche Sorge aus. Denn wenn das neue Geld weniger gut ist als ihr altes, können die Vorteile der währungspolitischen Integration leicht durch die Kosten von mehr Inflation aufgezehrt werden. (Siehe auch Ziffern 89 ff.)

9. Vielfach besteht die Vorstellung, man könne die Risiken für die Geldwertstabilität verringern, wenn man die Währungsunion und die gemeinsame Geldpolitik in ein Geflecht möglichst vieler Politikbereiche einbindet, möglichst viele von ihnen harmonisiert und den Mitgliedsländern auf diese Weise den Spielraum für eventuell stabilitätswidrige Alleingänge entzieht. Eine solche Vergemeinschaftung und Harmonisierung wird von vielen zugleich deshalb für erforderlich gehalten, weil nur dann gewährleistet sei, daß die Mitgliedsländer die Erfordernisse des Gemeinsamen Binnenmarktes und der Währungsunion nicht ignorieren, nicht unterlaufen können und daß die innergemeinschaftliche Solidarität allmählich tragfähig genug wird,

partikulare Probleme einzelner Länder (dann im Grunde: Regionen), die in der Union zu gemeinschaftlichen Problemen werden, auch gemeinschaftlich anzugehen oder, besser noch, ihnen gemeinschaftlich vorzubeugen. Tatsächlich ist ein Mindestmaß an gemeinsamer Politik und an Harmonisierung unumgänglich. Offen ist freilich, wie weit die Gemeinsamkeit und die Harmonisierung gehen müssen, wie weit sie gehen sollten.

2. Die politische Union

Aufgaben auf Gemeinschaftsebene

10. Der Vertrag über die Europäische Union, in den die Vereinbarungen über die Wirtschafts- und Währungsunion eingebettet sind, enthält viele Ansatzpunkte für eine verstärkte Harmonisierung von Regulierungen und für eine gemeinsame Politik. Es soll gewährleistet sein, daß Fortschritte bei der wirtschaftlichen Integration mit Fortschritten auf anderen Gebieten einhergehen (Präambel). Die europäische Union hat die Aufgabe, die Beziehungen zwischen den Mitgliedstaaten sowie zwischen ihren Völkern kohärent und solidarisch zu gestalten (Art. A). Durch die Errichtung der Wirtschafts- und Währungsunion sollen ein ausgewogener und dauerhafter wirtschaftlicher und sozialer Fortschritt gefördert sowie der wirtschaftliche und soziale Zusammenhalt gestärkt werden (Art. B).

Im einzelnen werden als Aufgaben, die durch die Verwirklichung der Wirtschafts- und Währungsunion sowie durch Maßnahmen in anderen Politikbereichen zu erfüllen sind, genannt (Art. 2):

- eine harmonische und ausgewogene Entwicklung des Wirtschaftslebens innerhalb der Gemeinschaft,
- ein beständiges, nichtinflationäres Wachstum,
- ein umweltverträgliches Wachstum,
- ein hoher Grad an Konvergenz der Wirtschaftsleistungen,
- ein hohes Beschäftigungsniveau,
- ein hohes Maß an sozialem Schutz,
- die Hebung der Lebenshaltung und der Lebensqualität,
- der wirtschaftliche und soziale Zusammenhalt und
- die Solidarität zwischen den Mitgliedstaaten.

Zu diesem Zweck haben die Mitgliedstaaten vereinbart, ihre Wirtschaftspolitik als eine Angelegenheit von gemeinsamem Interesse zu betrachten und sie zu koordinieren.

11. Die genannten Ziele und Aufgaben der Union reichen aber weit über das im engeren Sinne Wirtschaftliche hinaus. Und die Einbeziehung eines breiten Spektrums weiterer Politikbereiche – von der Landwirtschaft und dem Verkehr, dem Wettbewerb und der Wettbewerbsfähigkeit der Industrie, der Sozialpolitik und dem Umweltschutz über die Förderung von Forschung und Entwicklung sowie den Gesundheitsschutz, die Bildung und Kultur sowie den Fremdenverkehr bis zum Verbraucherschutz und Katastrophenschutz – scheinen ein großes Maß an Gemeinsamkeit, einen enormen Bedarf an Abstimmung auf nahezu allen Gebieten zu bedingen. Ist das aber wirklich so?

12. Der Vertrag selbst ist ambivalent. Er betont die Europäische Union und hebt viele Politikfelder auf die Gemeinschaftsebene. Aber er enthält – mit Ausnahme der Gründung der Europäischen Zentralbank – keine Elemente, die die Institutionen auf der europäischen Ebene wesentlich stärken. Insofern ist der Vertrag über die Europäische Union (noch) kein Schritt in Richtung auf einen Bundesstaat Europa, sondern eine Vereinbarung über stärkere Zusammenarbeit zwischen souveränen Staaten. Für den Binnenmarkt und die Währungsunion muß daraus kein Schaden entstehen; denn deren Gelingen setzt eine politische Union nicht voraus. Die Hervorhebung der Koordinationserfordernisse an vielen Stellen des Vertrages ist mithin Ausdruck der weiterhin bestehenden nationalen Verantwortung auch in der Wirtschaftspolitik, nicht Vorstufe einer vergemeinschafteten Wirtschaftspolitik.

Die Rolle der Mitgliedsländer bleibt stark

13. Die Wirtschaftspolitik der Mitgliedstaaten soll auf der Festlegung gemeinsamer Ziele und Grundsätze beruhen. Sie soll aber – anders als die Geld- und Währungspolitik – nicht vergemeinschaftet werden. Auch ist bestimmt, daß die Gemeinschaft in den Bereichen, die nicht in ihre ausschließliche Zuständigkeit fallen, nach dem Subsidiaritätsprinzip tätig wird. Das heißt, sie wird tätig, sofern und soweit die Ziele auf der Ebene der Mitgliedstaaten nicht erreicht werden können. Institutionell wird die Rolle der Mitgliedsländer eher verstärkt. So wird der Europäische Rat der Staats- und Regierungschefs im Vertrag institutionalisiert. Er gibt der Union (ge-

mäß Titel I Artikel D) die für die Entwicklung erforderlichen Impulse und legt die allgemeinen politischen Zielvorstellungen fest. Damit werden die Präsenz und die Zuständigkeit der nationalen Regierungen auf Gemeinschaftsebene erhöht. Für die Abstimmung der Politik in den Bereichen Justiz und Inneres wird ein aus hohen Beamten bestehender Koordinierungsausschuß etabliert. Auch darin kommt ein Vorrang der nationalen Ebene gegenüber der gemeinschaftlichen zum Ausdruck.

14. Der Vertrag legt die Koordination der Wirtschaftspolitik und die Abstimmung der Politik in anderen Bereichen vielfach nicht fest, sondern er fordert die Regierungen auf, selbst zu bestimmen, in welchem Ausmaß eine Harmonisierung notwendig ist, wenn die im Vertrag genannten Ziele erreicht werden sollen. Damit ist die Harmonisierung kein allgemeines Prinzip, sondern es ist in jedem Einzelfall zu prüfen, in welchem Maße sie ökonomisch und politisch sinnvoll ist.

Furcht und Hoffnung

15. Zugegeben, dies ist eine konservative Sicht des Maastrichter Vertrages, und sie ist geprägt von der Hervorhebung der Möglichkeiten, ihn im Sinne einer solchen Interpretation anzuwenden und auszufüllen. Es gibt auch eine andere Sicht, und mit ihr verbinden die einen große Furcht, die anderen große Hoffnung. Es ist die Furcht, daß sich Europa mit dem Maastrichter Vertrag auf einen Weg begibt, auf dem die europäischen Völker ihre nationale Individualität, den fruchtbaren Reichtum an solcher Individualität, verlieren würden an ein Europa der Bürokratie, an eine Rationalität uninspirierter Einförmigkeit. Es ist die Hoffnung, daß Europa den in den fünfziger Jahren eingeschlagenen Weg konsequent weitergeht zur Einheit in Vielfalt, einen Weg, auf dem die Menschen eine europäische Identität finden, die fruchtloses Gegeneinander für alle Zukunft zu überwinden erlaubt und damit eine verläßliche Basis schafft dafür, daß alle Völker sich in friedlichem Wettbewerb entfalten, ihre nationale Individualität bewahren, aber gemeinsame Probleme aus gemeinsamem Interesse, gravierende partikulare Probleme in allseitiger Solidarität lösen können.

Auf der Ebene, auf der über die Visionen vom künftigen Europa gestritten wird, gibt es anscheinend noch keinen breiten Konsens. Von daher ist Europa wohl auch noch nicht reif für den großen Entwurf einer Verfassung, die solchen Konsens festschriebe, zwar nicht völlig unabänderbar, doch mit großer Unnachgiebigkeit für lange Zeit. Alles spricht mithin für ein schrittweises Vorgehen. Und man hat Anlaß, dabei die Weisheit der Briten nicht leichthin zu übergehen, die damit so viel mehr Erfahrung haben als alle anderen. Vorsichtig und umsichtig gehe man jeden Schritt, eingedenk dessen, daß es ein Zurück nicht geben soll, aber auch eingedenk dessen, daß es Stunden gibt in der Geschichte, in denen wir eine Wahl haben, und daß danach dann wieder lange Perioden kommen, in der wir eine Wahl nicht haben.

16. Die Stunde, in der die Staaten der Europäischen Gemeinschaft die Wahl haben, die Europäische Währungsunion anzunehmen oder abzulehnen, ist vielleicht von dieser Art. Doch ob die Entscheidung für die Währungsunion zwangsläufig auch die Entscheidung für eine politische Union im Sinne des allmählichen Aufbaus eines europäischen Bundesstaates nach sich ziehen müsse, ist nicht nur auf der Ebene der Argumente, für die sich die Ökonomen zuständig fühlen, fraglich.

Föderalistisch gesonnene Menschen fasziniert inzwischen die Erinnerung an das alte deutsche Reich, das über Jahrhunderte hinweg außer einem wenig mächtigen Kaiser, einem ebenso wenig mächtigen Reichstag, dem Reichskammergericht und einem im Kern einheitlichen Münzwesen wenig Gemeinsames hatte. Ob seiner Kleinteiligkeit viel gescholten, war es doch kein erfolgloses Gemeinwesen, und vergleichsweise friedlich dazu. Von seinem Erbe zehren wir auch ökonomisch noch heute. Daß die Bundesrepublik eine im internationalen Vergleich kerngesunde Regionalstruktur aufweist, hat hier seine Wurzeln.

Daß ein verklärendes Geschichtsbewußtsein kein Leitbild für eine europäische Staatenordnung hergibt, ist selbstverständlich. Daß aber auch die scheinbare Rationalität moderner Bundesstaaten mit ihrer inhärenten Neigung, immer zentralstaatlicher zu werden, dies nicht tut, sollte ebenso selbstverständlich sein. Jedenfalls ist eine zentralistische Geldverfassung für Europa, wie sie der Maastrichter Vertrag vorsieht, per se keine Begründung für irgendwelche zentralistischen Elemente weiterer Art. Auch das internationale System der Goldwährung, das lange Zeit eine Vielzahl uneingeschränkt souveräner Staaten verband, hat relativ gut funktioniert und ist nicht daran gescheitert, daß es in diesem System keine nationale Autonomie der Geldversorgung gab. Kurz: Jedes bundesstaatliche, jedes zentralstaatliche Element einer europäischen Ordnung muß in erster Linie aus sich heraus begründet werden.

Verbindliche Klarstellungen erforderlich

17. In Deutschland hat vor allem der Bewußtseinsschock, daß es künftig keine D-Mark mehr geben soll, die Akzeptanz der europäischen Idee gefährdet. Zentralismus bei der Geldverfassung läßt sich ordnungstheoretisch verhältnismäßig leicht rechtfertigen. Die übrigen Elemente des Maastrichter Vertrages verlangen daher eigentlich die strengere Prüfung. Doch auch die Aufmerksamkeit dafür wächst.

Beklagt wird:

- Im Vertrag fehlt Klarheit darüber, welche Kompetenzen die Gemeinschaftsorgane letztlich haben oder im einfachen Gesetzgebungsverfahren an sich ziehen können. Das Subsidiaritätsprinzip ist Teil des Vertrages; aber es ist nicht substantiiert worden.

- Die Kontrolle der Exekutive durch die Mitgliedstaaten und durch die übrigen Organe der Gemeinschaft ist unzureichend.

- Wettbewerbswirtschaft über die Grenzen hinweg war die freiheitliche Botschaft der Römischen Verträge gewesen. Der Maastrichter Vertrag hat diese Botschaft zugleich ausdrücklich bekräftigt und verdunkelt durch die Eröffnung interventionistischer Aufgaben und Zuständigkeiten, die es bisher nicht gab.

Diese Defekte sind schwerwiegend. Und man fragt sich, inwieweit sie Ausdruck einer ordnungstheoretisch nicht zu Ende gedachten Gesetzgebung – hier durch Vertrag – sind, inwieweit gewollt, gleichsam Frucht der Suche nach Kompromißlösungen in den Vertragsverhandlungen. Die Erarbeitung der Entwürfe zum Maastrichter Vertrag war, soweit sie nicht die Währungsunion betraf, der öffentlichen Diskussion weitgehend entzogen. Bedenkt man, daß es bei dem Vertrag letztlich um Verfassungsgesetzgebung geht, so erscheint selbst der schärfste Tadel noch als schwache Reaktion. Hier wurde über die Köpfe der Bürger hinweg verhandelt, als hätte der Abschluß eines Regierungsabkommens über den Luftverkehr angestanden und nicht die kaum reversible Festlegung von Grundregeln für das wirtschaftliche Zusammenleben der Völker in Europa. Bedenklich ist vor allem die Möglichkeit einer unaufhaltsamen Dynamik in der Vertragsanwendung, sprich der Verfassungswirklichkeit, die trotz aller wohlfeilen Grundsatzbekenntnisse des Vertrages letztlich zu unnötigem Zentralismus, willkürlichem Konformitätsdruck und gefährlicher Beschränkung des Wettbewerbsprinzips führen kann.

Entscheidungen über die Vertragsanwendung werden ordnungspolitische Weichenstellungen nach sich ziehen, die im Vertrag offen gehalten sind. So ist die Wirtschaftspolitik nach dem Vertrag zwar "dem Grundsatz einer offenen Marktwirtschaft mit freiem Wettbewerb verpflichtet", die an anderer Stelle geforderte Politik zur Stärkung der Wettbewerbsfähigkeit der Industrie der Gemeinschaft ist aber mit Maßnahmen vereinbar, die dem ordnungspolitischen Grundsatz zuwiderlaufen.

Es sind daher verbindliche Klarstellungen des Gewollten und Zulässigen erforderlich.

Zur Rolle des Europäischen Parlaments

18. Für eher weniger zentral halten wir die Streitpunkte, ob nicht um der demokratischen Legitimation gemeinschaftlicher Entscheidungen willen die Zuständigkeiten des Europäischen Parlaments rascher und umfassender ausgeweitet werden müssen.

Die Vereinbarungen von Maastricht stärken die Rolle des Europäischen Parlaments. Innerhalb der Gesetzgebung tritt zu den bisherigen Verfahren der Anhörung, der Zusammenarbeit und der (selten erforderlichen) Zustimmung jetzt ein Mitentscheidungsverfahren (Art. 189b). Die unverändert nach dem Einvernehmen der nationalen Regierungen zu bestellende Kommission muß sich als "Kollegium einem Zustimmungsvotum" des Parlaments unterstellen (Art. 159 Abs. 2). Auch kann das Parlament jetzt Untersuchungsausschüsse einsetzen, um Verstöße gegen das Gemeinschaftsrecht oder Mißstände bei der Anwendung desselben zu prüfen (Art. 138c). Die institutionelle Balance zwischen den Organen der Gemeinschaft ist dadurch allerdings nicht wirklich verschoben worden. Unverändert sind die Ministerräte, also die Summe der nationalen Regierungen, das ausschlaggebende Gesetzgebungsorgan. Unverändert verfügt die Kommission über ein Initiativmonopol bei der Rechtsetzung. Unverändert orientiert sich die Anzahl der Abgeordneten im Europäischen Parlament weniger an der Bevölkerungszahl der jeweiligen Mitgliedstaaten als an einer Gewichtung zwischen größeren Mitgliedstaaten einerseits und kleineren Mitgliedstaaten andererseits. Unverändert sind aktives wie passives Wahlrecht auf die Staatsangehörigkeit ausgerichtet. Das Europäische Parlament bleibt damit eher eine Versammlung von Vertretern gleichberechtigter Mitgliedstaaten. Darin schlägt sich der völkerrechtliche Grundsatz der gleichen Teilhabe der Mitgliedstaaten an der Ausübung der Gemeinschaftshoheit nieder, nicht ein staatsrechtlicher Grundsatz der gleichen Teilhabe von Stimmbürgern an der Ausübung von Hoheitsgewalt.

Im Unterschied zu Bekundungen seitens der amtlichen deutschen Politik halten wir diese eingeschränkte Rolle des Europäischen Parlaments jedoch für sachgerecht. Absichten, dem Parlament volle legislative Gewalt zuzuerkennen, etwa nach dem Muster des bundesstaatlichen Parlamentarismus wie in Deutschland oder auch in den USA, sind womöglich vorschnell und zu wenig phantasievoll. Zu den gegenwärtigen und noch auf lange Zeit bestehenden Strukturen Europas paßt eine parlamentarische Zwischenform sui generis, wie sie das Europäische Parlament darstellt, besser. Dieses Parlament ist keine Arena, in der verschiedene, sich grenzüberschreitend definierende soziale Gruppen einen wechselseitigen Interessenausgleich verwirklichen. Dort getroffene Gesetzesentscheidungen lassen sich schwerlich als Ausdruck einer "volonté générale" begreifen. Ein Demokratieprinzip in diesem Sinne stößt in einem sprachlich wie im Identitätsbewußtsein pluralistischen Europa auf Grenzen. Es gibt auch keine übergreifende öffentliche Meinung in Europa, welche die Richtigkeitsgewähr einer legislativen Entscheidung stützen, sie der "Wahrheit näher bringen könnte", wie dies John Stuart Mill vor mehr als hundert Jahren klassisch formuliert hat. Unverändert ist eine in zahlreiche Mitgliedstaaten fraktionierte öffentliche Meinung vorherrschend. Eine völlige Neudefinition der Funktionen des Europäischen Parlaments würde nicht nur das institutionelle Gefüge auf der Gemeinschaftsebene obsolet werden lassen. Sie hätte unvermeidlicherweise auch Konsequenzen für das sozusagen vertikale Kompetenzverhältnis von Mitgliedstaaten einerseits und Europäischer Gemeinschaft andererseits. Wir halten es für möglich und für die eigentümliche Staatsverbindung Europäische Gemeinschaft auch für sinnvoll, einen Ausgleich zwischen Demokratieprinzip (gleiches Stimmengewicht für jeden Bürger) und föderalem Prinzip (Zuständigkeit und Verantwortlichkeit der Mitgliedstaaten) in differenzierter, gegebenenfalls prozeßhaft sich fortentwickelnder Weise zu finden. Unberührt bleibt, daß um der Transparenz der legislativen wie exekutiven Entscheidungsprozesse auf Gemeinschaftsebene willen das Europäische Parlament in seinen Kontrollbefugnissen gestärkt werden sollte.

II. Wovon auszugehen ist: Vielfalt nationaler staatlicher Regeln

19. Auch wenn die Frage nach dem umfassenden Entwurf einer Verfassung für Europa nicht gestellt ist, muß man sich bei jedem Schritt auf dem Wege dahin immer wieder darauf besinnen, was des Staates ist und was des Bürgers ist, und was die fortdauernde Zugehörigkeit des einzelnen zu einem mehr oder auch weniger separaten nationalen Gemeinwesen künftig bedeuten soll.

Die Territorialität von Herrschaft sowie die Territorialität des Rechts und deren Veränderung in der Zeit, ja, deren partielle Überwindung sind Ausdruck der sich entfaltenden Fähigkeit der Menschen, erfolgreiche Großgesellschaften zu bilden, Ausdruck des elementaren Willens zur Macht und des partikularen Strebens nach Verbesserung der Lebenssituation im Wettbewerb mit und auf Kosten von anderen ebenso wie des zugleich gemeinsamen und des je partikularen innovativen Strebens nach effizienterer Ordnung, des Strebens aber auch nach Verwirklichung der je partikularen Vorstellungen von der richtigen Art zu leben. Individualität, Freiheit und Wettbewerb haben sich dabei als die Elemente der conditio humana erwiesen, die dem Willen zum Leben zugleich entsprechen und ihm am meisten Erfolg versprechen, Solidarität als das Element, das dem – im Willen zum Leben, in Individualität, Freiheit und Wettbewerb auch angelegten – potentiellen Leid aller (und über den Menschen hinaus) am ehesten Grenzen setzt.

Wirtschaftliche Integration: Nicht in erster Linie eine staatliche Veranstaltung

20. Wirtschaftliche Integration von Ländern vollzieht sich unter den von daher gesetzten Rahmenbedingungen. Sie ist aber nicht in erster Linie eine staatliche Veranstaltung.

Wirtschaftliche Integration ergibt sich spontan, wenn es die Menschen für vorteilhaft halten, den Handel über die Grenzen hinweg auszuweiten, eine Beschäftigung im Ausland zu suchen, ein Unternehmen dort zu gründen oder ihr Kapital in einem anderen Land anzulegen. Unterschiede in der Ausstattung mit Ressourcen, in den komparativen Kostenvorteilen, in den Ideen zur Spezialisierung lassen erwarten, daß sich die Wirtschaftsräume im Zuge des Handels und der Wanderungen von Arbeit und Kapital gegenseitig durchdringen.

Zu den Bedingungen, die jemand, der in diesem Integrationsprozeß agiert, im fremden Land antrifft, gehören auch die staatlich gesetzten Bedingungen. Deren Besonderheiten unterscheiden sich aber zunächst einmal nicht von den Besonderheiten bei anderen Bedingungen, wie Klima, Landschaftsgestalt, Sprache, privat geschaffenen Konventionen und dergleichen mehr. Das Besondere an den staatlich gesetzten Bedingungen ist ein doppeltes:

(1) Sie stehen zur Disposition staatlicher Entscheidungen.

(2) Sie lassen sich nutzen für den Versuch, im internationalen Wirtschaftsverkehr nationale Vorteile (meist nur: Vorteile für partikulare nationale Interessen) zu erlangen oder zu bewahren.

Mit letzterem sollte man aber nicht beginnen, sondern mit der Tatsache, daß aus zufälligen oder wohlerwogenen, oftmals nur historisch zu verstehenden Gründen die Staaten für die ihnen gestellten Aufgaben ganz unterschiedliche Lösungen gefunden haben. Unterschiedlichkeit der Aufgaben spielt auch eine Rolle. Aber deren Grundmuster ist eher gleichartig. Unterschiedliches staatliches Tun kann in vielfacher Weise Hemmnisse für die Integration bewirken, auch wenn die Motive nicht egoistischer Art sind. Aber es muß nicht so sein. Und nicht alle Hemmnisse sind per se beanstandenswert.

Unterschiedliche Staatsaufgaben in den Ländern der Gemeinschaft

21. In allen Staaten erwarten die Menschen, daß der Staat bestimmte Aufgaben erfüllt: als schützender Staat, indem er durch konstitutive Regulierungen im Rahmen der Privatrechtsordnung und durch spezielle Marktregulierungen bei Marktversagen oder Wettbewerbsversagen die Funktionstüchtigkeit einer modernen, arbeitsteiligen Wirtschaft sichert; als produzierender Staat, indem er Infrastruktur und Verwaltungsleistungen anbietet sowie Ausbildungskapazität vorhält; als umverteilender Staat, indem er durch die Errichtung von Systemen der sozialen Sicherung, durch die Gewährung von Transferleistungen und Steuervergünstigungen Einkommen umverteilt. Der Umfang der solchermaßen erfüllten Aufgaben und die Art, wie sie erfüllt werden, sind von Land zu Land verschieden – ganz im

Einklang mit den unterschiedlichen Traditionen und Werthaltungen der Bürger, im Einklang auch damit, wie in den Einzelstaaten die Bedeutung von Wettbewerb, Privatinitiative und Eigenverantwortung, letztendlich von individueller wirtschaftlicher Freiheit eingeschätzt wird und wie sich Gruppeninteressen organisieren und wie wirksam sie gegenüber den staatlichen Stellen agieren. Einige Länder haben strengere Regulierungen als andere, von Unterschieden bei deren Befolgung ganz abgesehen. In einigen Ländern hält der Staat Infrastruktur vor, die in anderen privatwirtschaftlich bereitgestellt wird, oder er bietet selbst Dienstleistungen an, die andernorts durch private Unternehmen erbracht werden. In der Redistributionspolitik gehen die Mitgliedstaaten, bei aller im Grundsatz gemeinsam geteilten Überzeugung über die Wünschbarkeit des Sozialstaates, in vielen Bereichen eigene Wege. Das gleiche gilt für die Steuer- und Abgabenregelungen, durch die der Staat sich die Einnahmen beschafft, die er zur Erfüllung seiner Aufgaben benötigt. Der Einnahmebedarf ist – je nach Aufgabenumfang – unterschiedlich hoch, und er wird – je nach den historischen Erfahrungen und sonstigen nationalen Gegebenheiten – hier mehr, dort weniger aus Steuern, Gebühren oder sonstigen Abgaben befriedigt. Und bei den Steuern spielen im einen Land die direkten Steuern, im anderem die indirekten Steuern die Hauptrolle.

22. Für die Herstellung einer effizienten Ordnung ist entscheidend, daß der Marktzugang und Marktaustritt in allen Wirtschaftsbereichen leicht ist. Wo immer ein funktionstüchtiger Wettbewerb möglich ist, soll er auch stattfinden. Nur bei Marktoffenheit und Wettbewerb lassen sich die Erwartungen der Bürger über die Vermehrung von Wohlstand erfüllen. Marktoffenheit und Wettbewerb als ordnungspolitisches Prinzip wird freilich nicht in allen Mitgliedstaaten im gleichen Maße beherzigt. Dies zeigt sich besonders in der Regulierungspolitik des "schützenden" Staates.

23. Noch am geringsten, wenn auch nicht klein, sind die Unterschiede bei den konstitutiven Regulierungen. Die privaten Eigentumsrechte, die Gewerbe- und Vertragsfreiheit und die Konsumentensouveränität sind überall von Verfassung wegen verbrieft. Und doch gehen bereits hier die Vorstellungen über staatliche Prärogativen auseinander. In manchen Mitgliedsländern gehen die Möglichkeiten des Staates, die Rechte Privater einzuschränken, wenn er dazu eine übergeordnete Notwendigkeit sieht (man denke an Infrastrukturvorhaben), recht weit. In einigen Ländern beansprucht der Staat prinzipiell das Recht zur Investitionslenkung und toleriert wirtschaftliche Marktmacht in einem Ausmaß, wie es in anderen Ländern kaum

vorstellbar wäre. In einigen Mitgliedsländern gibt der Staat Lohnleitlinien vor oder nimmt direkt an den Tariflohnverhandlungen zwischen Gewerkschaften und Arbeitgeberverbänden teil, in anderen respektiert er die Tarifautonomie; die Mitbestimmungsrechte der Arbeitnehmer in den Unternehmen weichen ebenfalls voneinander ab.

Krasse Unterschiede bei den speziellen Marktregulierungen

24. Kraß sind die Unterschiede zwischen den Mitgliedstaaten bei den speziellen Marktregulierungen, sprich den Vorschriften über die Bedingungen für die wirtschaftliche Betätigung einzelner, über Angebotsmengen und Preise, über die Gestaltung und Auflösung von Verträgen und über vieles mehr. Zum Teil sind diese Regulierungen ökonomisch wohlbegründet, zum Teil sind sie es nicht. Zu den gut begründbaren Marktregulierungen gehören jene, die Funktionsmängel der Marktwirtschaft beseitigen und Fehlentwicklungen bei Wettbewerb vermeiden. Hierbei geht es in allen Mitgliedsländern fast durchgängig um die gleichen Fälle: die externen Wirkungen wirtschaftlicher Betätigung, negative (Umweltbelastung) wie positive (Ausbreitung von Forschungsergebnissen); die Gefahr des Machtmißbrauchs bei natürlichen Monopolen; das Problem der ruinösen Konkurrenz in bestimmten Wirtschaftszweigen (wenngleich selten wohlbegründet); das Problem der ungleichen Verteilung von Information zwischen Anbietern und Nachfragern, das Verbraucherschutz nötig macht; die Gefahr des opportunistischen Verhaltens in den Fällen wirtschaftlicher Abhängigkeit aus langfristigen Geschäftsbeziehungen. Dennoch wird die Bedeutung solch immanenten Markt- oder Wettbewerbsversagens von Land zu Land recht unterschiedlich eingeschätzt, und es werden für die jeweiligen Problemlösungen unterschiedliche Maßnahmen für am besten geeignet gehalten.

(1) Daß Umweltgüter zu den besonders knappen Gütern zählen, weiß man in allen Mitgliedsländern. Doch die Vorstellungen darüber, wie weit der Umweltschutz, sprich die verursachungsgerechte Anrechnung der externen Kosten der Umweltnutzung, gehen muß, sind in den einzelnen Ländern sehr verschieden. Auch die Prioritäten werden unterschiedlich gesetzt. Soweit Umweltpolitik mit den Mitteln des Ordnungsrechts betrieben wird (Auflagen, Gebote, Verbote), wie es üblich ist, weichen diese gewöhnlich deutlich voneinander ab. Soweit in der Umweltpolitik der Preismechanismus genutzt wird (Steuern, Abgaben), was noch nicht sehr verbreitet ist, gibt es erhebliche Unterschiede in der Wahl,

der Bemessungsgrundlage und der Dosierung der Abgabenpflicht. Spontane Verhaltenskontrolle der Bürger untereinander spielt in diesem Bereich in einigen Ländern schon eine große Rolle, in den meisten noch keine nennenswerte.

(2) Daß Forschung und das damit generierte Wissen für Innovationen die gesamtwirtschaftliche Dynamik stärken, ist Konsens. Konsens ist auch, daß dabei der Nutzen für die Allgemeinheit größer sein kann als für die Forscher oder Erfinder, letztere also vom Staat kompensiert werden müssen, damit sie ihre Kraft im erwünschten Ausmaß der Hervorbringung von technischem Wissen widmen. Was freilich die einzelnen EG-Länder in diesem Bereich tun, ist alles andere als gleich. In manchen Ländern wird die Grundlagenforschung vom Staat stark gefördert, in anderen eher vernachlässigt. Letztere vertrauen auf die Teilhabe an den Ergebnissen der Grundlagenforschung im Ausland. Ähnlich ist es in der marktnahen, industriellen Zweckforschung, wobei hier zudem im einen Land die direkte Projektförderung, im anderen die indirekte, nicht an bestimmte Vorhaben, Branchen oder Unternehmen gebundene Förderung Vorrang hat. Die Patentpolitik variiert ebenfalls von Land zu Land, besonders hinsichtlich der dem Patentinhaber gewährten Schutzfrist, der Patentgebühren und der Vorkehrungen gegen Mißbrauch der Schutzrechte.

(3) Divergierend ist auch die Einstellung zum Problem des natürlichen Monopols. Schon die Auffassungen darüber, wo die Bedingungen für ein natürliches Monopol als gegeben anzusehen sind, gehen auseinander. In manchen Ländern hält man sie beispielsweise in der leitungsgebundenen Energieversorgung, im Schienennetz und im Telefonnetz ausnahmslos für gegeben, in anderen Ländern nur auf Teilmärkten dieser Wirtschaftszweige. Häufig werden Monopole vom Staat selbst wahrgenommen, verbreitet aber auch private Monopolunternehmen unter staatlicher Aufsicht in Verbindung mit Preis- oder Gewinnregulierung zugelassen. Mitunter werden ihnen vom Staat zeitlich befristete Konzessionen für die Bedienung des jeweiligen Marktes erteilt.

(4) Eigenwilligkeiten spielen traditionell eine große Rolle im Umgang mit dem Problem der ruinösen Konkurrenz. Dies betrifft schon die Frage nach den Bereichen, die man für anfällig hält. Der Straßengüterfernverkehr und die Binnenschiffahrt gehören in mehreren Ländern dazu, nicht so das Handwerk und die Freien Berufe. Es betrifft auch die Form der

Regulierung. Marktzutrittsbeschränkungen für neue Anbieter werden am häufigsten verordnet, und soweit Preisregulierung betrieben wird, werden hier verbindliche Mindestpreise, dort verbindliche Margentarife, anderswo bloß unverbindliche Referenzpreise festgesetzt.

(5) In allen Mitgliedsländern ist der Verbraucherschutz als Staatsaufgabe anerkannt. Es soll damit dem Umstand Rechnung getragen werden, daß auf bestimmten Märkten (man denke an die Versicherungsmärkte) die Verbraucher sich Informationen nur zu hohen Kosten verschaffen können und deshalb für sie nachteilige Verträge schließen oder vorteilhafte ausschlagen. Verbraucherschutz geht freilich nicht überall gleich weit, und die Regulierungen (Produktvorschriften, Informationspflichten, Solvenzkontrollen, staatliche Aufklärung) folgen keinem zwischen den Mitgliedsländern gleichartigen Muster. In manchen Ländern wird dem Markt bei der Lösung von Informationsproblemen (zum Beispiel durch den Reputationswettbewerb der Unternehmen) mehr zugetraut als in anderen.

(6) Die Gefahr opportunistischen Verhaltens nehmen alle Regierungen ernst, vor allem in bezug auf den Arbeitsmarkt, das Kreditwesen, das Versicherungswesen und die Wohnungsvermietung. Intensität und Form der Regulierung sind aber wiederum von Land zu Land sehr verschieden.

Wildwuchs marktwidriger Regulierungen

25. Ist schon die Vielfalt spezieller Marktregulierungen groß, für die es solide Gründe gibt, so wird das Bild erst richtig farbig, wenn man darüber hinaus den Einfallsreichtum berücksichtigt, mit dem in den einzelnen Ländern marktwidrige Regulierungen eingeführt und selbst dann noch beibehalten oder gar perfektioniert werden, wenn die durch sie verursachten gesamtwirtschaftlichen Fehlentwicklungen offensichtlich sind (mangelnde Vielfalt im Angebot, überhöhte Preise und verzerrte Preisrelationen, Verschwendung von Ressourcen, Fehlinvestitionen, Schattenwirtschaft, unübersehbare Verteilungswirkungen und dergleichen mehr). Marktversagen wird behauptet, wo ausländische Erfahrungen das Gegenteil lehren. Gemeinwohl wird vorgeschoben, wo es lediglich um Partikularinteressen geht. Es werden Kartelle und Monopole erlaubt oder sogar vom Staat eingerichtet, wo Wettbewerb möglich und nützlich wäre. Sozialpolitische und regionalpolitische Aufgaben werden mehr schlecht als recht

erfüllt, wo es doch wirksamere und jedenfalls den Wettbewerb weniger beeinträchtigende Instrumente gibt.

III. Strategien der Integration

1. Integration – Einheit gegen Vielfalt?

26. Die Förderung einer möglichst weitreichenden wirtschaftlichen Integration Europas, die mit der Gründung der Europäischen Gemeinschaft begonnen wurde und nun durch die konsequente Beseitigung fortdauernder staatlicher Integrationshemmnisse vorangetrieben werden soll, folgt der Botschaft,

– daß freier Marktzugang und unverfälschter Wettbewerb von Vorteil ist für alle (wenn auch nicht für jeden einzelnen),

– daß dieser Vorteil regelmäßig stärker zu Buche schlägt als die Wahrung der speziellen oder partikularen Ziele, denen (ausdrücklich oder verdeckt) Regelungen dienen, die (gewollt oder ungewollt) den Marktzugang erschweren und den Wettbewerb beeinträchtigen oder verfälschen.

Die Basis: Nicht-Diskriminierung auswärtiger Anbieter, ...

27. Angesichts der Vielfalt an Regulierungen, die es in den Mitgliedsländern der Gemeinschaft gibt, schien es naheliegend, ja fast zwingend, daß zur Verwirklichung des Gemeinsamen Marktes erst einmal ein umfassendes Programm zur Harmonisierung unterschiedlicher nationaler Bestimmungen aufgestellt wird. Sinnfällige Basis eines solchen Programms ist die Feststellung: Das Wesen einer Spielregel ist, daß sie für alle Spieler gilt. Doch sie beantwortet nicht alle Fragen. Wer sind alle? Müssen alle Europäer überall dasselbe Spiel spielen? Was müßte vorrangig harmonisiert werden, wo hat die Harmonisierung Zeit? Wo wäre die Harmonisierung nützlich, aber nicht unumgänglich? Kann nicht manches auch so bleiben, wie es ist, ohne daß dies der Vollendung des Binnenmarktes entgegenstehen müßte? Und ist die Harmonisierung nicht zuweilen sogar schädlich?

... Marktprinzip und Wettbewerbsprinzip

28. Leitvorstellung, ja konstituierendes Prinzip für einen gemeinsamen Markt ist die Nicht-Diskriminierung der auswärtigen Anbieter von Waren und Dienstleistungen: In jedem der Mitgliedsländer des Gemeinsamen Marktes werden die in einem der anderen Mitgliedsländer erzeugten Güter wie die im Inland hergestellten behandelt. Unternehmen, Arbeitnehmer oder Kapitalanleger unterliegen denselben Verpflichtungen und haben dieselben Rechte wie jene des Landes, das diese Verpflichtungen und Rechte regelt. In den Verträgen zur Gründung der Europäischen Gemeinschaft findet sich das Prinzip der Nicht-Diskriminierung in den vier Freiheiten wieder: Im gemeinsamen europäischen Markt sollen der Verkehr von Waren und Dienstleistungen und von Kapital frei sowie die Freizügigkeit und die Niederlassungsfreiheit für Arbeitnehmer und Unternehmen gewährleistet sein. Anders ausgedrückt: Mit diesen Bestimmungen des Vertrages wird die in jedem der einzelnen Mitgliedsländer prinzipiell gewährte Verfügungs- und Vertragsfreiheit auf die Individuen aus dem gesamten Gemeinschaftsgebiet ausgeweitet. Die Durchsetzung des Prinzips der Nicht-Diskriminierung ist im allgemeinen zwingend und hat Vorrang vor allem anderen.

Konstituierend für den Binnenmarkt nach den Verträgen zur Gründung und Fortentwicklung der EWG und den Vorstellungen, wie sie den Verträgen von Maastricht zugrunde liegen, sind im übrigen die beiden weiteren ordnungspolitischen Prinzipien der Gemeinschaft, nämlich das Marktprinzip und das Wettbewerbsprinzip. Zwingend; ja vordringlich sind daher Maßnahmen, die für die Durchsetzung von Markt und Wettbewerb noch erforderlich sind.

Der Grundsatz, daß der Beste gewinnen soll, klingt trivial und ist es doch nicht. Für etliche Wirtschaftsbereiche war er revolutionär, für manche wird er es erst noch sein. Vor allem der Grundsatz, daß es nicht länger der Beste aus dem eigenen Land sein muß.

2. Strategiewandel in der Gemeinschaft

29. Das Integrationskonzept der Gemeinschaft hatte ursprünglich auf eine weitgehende Harmonisierung der Regulierungen in den Mitgliedsländern abgestellt, um die Freiheit des Warenverkehrs, des Dienstleistungsverkehrs und des Kapitalverkehrs sowie Freizügigkeit und Niederlassungs-

freiheit voll zu verwirklichen. Leitgedanke war es, die nationalen Regulierungen so weit durch einheitliche Regulierungen zu ersetzen, daß es im wesentlichen überall dieselben Vorschriften gäbe – Produktnormen ebenso wie Prüfungsordnungen oder rechtliche Voraussetzungen für die Errichtung von Unternehmen, Ladenschlußregelungen und vieles andere mehr. Während die in einigen Etappen geschaffene Zollunion und der weitgehende Abbau der mengenmäßigen Handelsbeschränkungen im Vertrag selbst geregelt waren, sollten die Regierungen innerhalb der Übergangszeit Beschlüsse fassen, um die sonstigen Regulierungen zu harmonisieren. In der Tat war das Konzept prinzipiell geeignet, die vier Freiheiten des Vertrages zu realisieren. Die Integrationsstrategie bedeutete auch Wettbewerb, der überdies durch spezielle Vertragsbestimmungen, unter anderem das Verbot von Beihilfen (Subventionen), flankierend gesichert werden sollte. Alles in allem war das Integrationskonzept in seinen Anfängen durchaus freihändlerisch und an Effizienz, Wachstum und Wohlfahrt orientiert und somit geeignet, gute Chancen für die wirtschaftliche Entwicklung aller Regionen zu eröffnen.

Integration durch Harmonisierung unendlich mühsam

30. Das Konzept überfrachtete das Handlungsprogramm jedoch. Es stellte die Harmonisierung in den Mittelpunkt und sah sie als unabdingbare Voraussetzung für die Integration. Gewähr für die verschiedenen Freiheiten, vor allem die der Niederlassung und der Dienstleistungen, und für die Verwirklichung von Markt und unverfälschtem Wettbewerb wurde allein für den Fall einer Vereinheitlichung der Regulierungen versprochen. Die Integration durch Harmonisierung erwies sich aber als unendlich mühsam. Die Menge der nationalen Regulierungen, der Rechts- und Verwaltungsvorschriften, war schon bei Gründung der Gemeinschaft kaum überschaubar, und sie schwoll im Zeitablauf weiter an. Die Regulierungsdichte nahm mit dem allgemein sich verstärkenden Hang zu, möglichst vielen und allen einzelnen Umständen Rechnung zu tragen – so im Verbraucherschutz, im Gesundheitsschutz und im Umweltschutz. Die Harmonisierung der Regulierungen durch die Gemeinschaft konnte weder dem Tempo folgen, mit dem die Anzahl der Regulierungen der Mitgliedsländer stieg, noch war es in vielen Fällen möglich, die unterschiedlichen Bestimmungen auf einen gemeinsamen Nenner zu bringen. Hinzu kam, daß die harmonisierten Regulierungen für die betroffenen Verbraucher, Unternehmen und Arbeitnehmer nicht selten weniger transparent und einsichtig und mit höheren Kosten verbunden waren als die nationalen Bestimmungen bei all ihren

Unterschiedlichkeiten. Die Harmonisierung verfehlte damit ihren Zweck. Nicht zuletzt erlaubte sie den nationalen Regierungen, mit dem Verweis auf noch ausstehende gemeinsame Bestimmungen Integrationshemmnisse aufrechtzuhalten.

31. In diesem Zusammenhang muß auch bedacht werden, daß die Harmonisierungsstrategie es zunächst einmal dem Belieben der Regierungen überläßt, sich auf die Harmonisierung zu einigen: Sie können, sie müssen nicht tätig werden. Ein besonders markantes Beispiel für Untätigkeit war die gemeinsame Verkehrspolitik, die schon der EWG-Vertrag vorschrieb. Der Verkehr war in jedem der Mitgliedsländer ein sehr hoch regulierter Bereich, in dem Markt- und Wettbewerbskräfte weitgehend ausgeschaltet waren. Die gemeinsame Verkehrspolitik sollte auch diesen Sektor für die innergemeinschaftliche Integration öffnen. Tatsächlich wurden entsprechende Beschlüsse der Regierungen nicht gefaßt, woraufhin im Jahre 1985 der Rat auf Klage des Europäischen Parlamentes vom Europäischen Gerichtshof wegen Verstoßes gegen den Vertrag verurteilt worden ist, tätig zu werden.

Wesentliche und unwesentliche Integrationshemmnisse

32. Die Harmonisierungsstrategie unterschied lange Zeit nicht zwischen wesentlichen und unwesentlichen Hemmnissen für die Integration. Wesentliche Hemmnisse bilden

(1) Regulierungen, die gezielt gegen den Zugang von Waren, Dienstleistungen, Unternehmen oder Arbeitnehmer aus anderen Mitgliedsländern gerichtet sind, wie Zölle, mengenmäßige Handelsbeschränkungen oder Betätigungsverbote;

(2) Regulierungen, die, obwohl sie keine direkte Ausländerdiskriminierung bedeuten, den innergemeinschaftlichen Wirtschaftsverkehr beeinträchtigen (wie etwa nationale Berufsordnungen) und deren möglicherweise legitimer Zweck auch ohne oder mit geringerer unerwünschter Nebenwirkung dieser Art erreicht werden könnte;

(3) Regulierungen, die Waren oder Dienstleistungen aus einen anderen Mitgliedsland so verteuern oder Unternehmen und Arbeitnehmer bei der Niederlassung mit so hohen Kosten belasten, daß sie faktisch die drei Prinzipien durchbrechen, der Regulierungszweck aber auch anders

erreicht werden könnte; dies trifft für manche technischen Normen zu, auch solche zum Schutze der Gesundheit und der Verbraucher, oder für Befähigungsnachweise, die nur im Inland erworben werden können.

(4) Regulierungen gemäß (2) und (3), deren Zweck jedoch nicht auf andere Weise mit erheblich geringeren unerwünschten Nebenwirkungen erreicht werden könnte.

Von unwesentlichen Hemmnissen sprechen wir dann, wenn nationale Regulierungen zwar ein Hemmnis bedeuten, aber eines, das den Ausländer nicht offen diskriminiert und von ihm leicht übersprungen werden kann.

33. Wesentliche Hemmnisse der Integration sind im allgemeinen nicht hinzunehmen; unwesentliche Hemmnisse sind regelmäßig zu tolerieren. Freilich, hinzunehmen sind auch wesentliche Hemmnisse, wenn sie Zwekken dienen, die zu definieren durch gemeinschaftliche Entscheidung, etwa im EWG-Vertrag, oder durch Nichtwahrnehmung einer gemeinschaftlichen Regelungskompetenz der Souveränität der Mitgliedsländer anheimgegeben ist, und wenn sie zur Klasse (4) gehören. Die nationalen Bestimmungen mögen dann je nach der nationalen Einschätzung in Bezug auf Rang und zweckmäßige Verwirklichung des jeweiligen Regulierungszieles unterschiedlich sein. In diesen Fällen ist die Unterbindung auch internationaler Transaktionen nicht zu mißbilligen, sondern gehört zu dem, was gewollt ist. Hiervon eingeschlossen sind bis heute der Gesundheitsschutz, der Verbraucherschutz (teilweise) oder auch der Umweltschutz. Eindämmen kann man diese Hemmnisse am besten durch gemeinschaftliche Mindestregulierung. So ist es geltendes Recht, daß Beschränkungen im innergemeinschaftlichen Handel unter Berufung auf nationale Bestimmungen zum Schutze der Verbraucher oder der Gesundheit (Artikel 36) nicht zulässig sind, sofern es gemeinsame Mindestnormen gibt und die Waren ihnen genügen.

34. Bei den unwesentlichen Hemmnissen für die Integration besteht keinerlei Handlungsbedarf, im Gegenteil, die Harmonisierung wäre sogar schädlich. Die Regulierungsvielfalt in Europa spiegelt eben auch die Präferenzvielfalt wider, und was niemanden diskriminiert, jedenfalls nicht fühlbar und in der Breite, muß nicht harmonisiert werden. Überdies gilt, daß die Regulierungsvielfalt im Gemeinsamen Markt auch Regulierungswettbewerb bedeutet und damit ein Verfahren zur Entdeckung der Bestimmungen, die den gewünschten Zweck mit den geringsten Kosten erfüllen. Die

Harmonisierung der unwesentlichen Hemmnisse würde diesen Wettbewerb unterbinden und deshalb verhindern, daß Transaktionskosten gesenkt werden. Die Marktintegration würde also gehemmt.

Auflockerung der Harmonisierungsstrategie

35. Zur Nutzung der strategischen Möglichkeiten, die in der Mindestregulierung liegen, ist es schließlich auch gekommen. Nachdem die Integration ins Stocken geraten war, gab es, veranlaßt insbesondere durch die Rechtsprechung des Europäischen Gerichtshofs, in den achtziger Jahren einen deutlichen Schwenk in der Integrationsstrategie der Gemeinschaft (Weißbuch der Kommission der Europäischen Gemeinschaft, 1985). Aufgrund der neuen Strategie gibt es einen wesentlich geringeren Harmonisierungsbedarf, der ex ante zu befriedigen ist. Danach sollen nur noch ganz besonders wichtige Regulierungen angeglichen werden. Im übrigen sollen gemeinsam Mindesterfordernisse – sogar zum Gesundheitsschutz – festgelegt werden. Nationale Regulierungen sollen allgemein als gleichwertig anerkannt werden, soweit sie den Mindesterfordernissen genügen, auch wenn sie in den Details unterschiedlich sind. Wird dieser Ansatz mit Konsequenz verfolgt, so kann er die Verwirklichung eines umfassenden Binnenmarktes ein gutes Stück näher rücken. Die Zulassung nicht nur von Waren, sondern auch von Dienstleistungen für den EG-weiten Handel richtet sich dann nach Regulierungen des Ursprungslandes, und für die Niederlassungsfreiheit von Unternehmen und Arbeitnehmern in jedem der Mitgliedsländer ist maßgeblich, daß sie den entsprechenden Voraussetzungen in einem der Länder genügen (Ursprungslandprinzip). Betroffen von der Änderung der Strategie sind vor allem Dienstleistungssektoren, in denen die Markt- und die Wettbewerbsmechanismen herkömmlicherweise durch Regulierungen weitgehend außer Kraft gesetzt sind.

Die Gemeinschaft als Motor der Deregulierung

36. Die Gemeinschaft hat sich mit der Auflockerung der Harmonisierungsstrategie in der Tat schon jetzt vielfach als Motor der Deregulierung erwiesen, indem sie vielen Begründungen für nationale Regelungen den Boden entzogen und den Spielraum für Hemmnisse eingeschränkt hat. Wesentliche Hindernisse für die Integration sind verringert worden, weil gemeinsame Mindestnormen erlassen wurden. Manche nationalen Regelungen mußten sogar gänzlich aufgegeben werden, weil sie dem Gemeinschaftsrecht widersprachen. Im Verkehr, bei der Telekommunikation, im Versiche-

rungswesen oder bei den Banken hat sich die Deregulierung mit einem Tempo und in einem Umfang vollzogen, die angesichts des Widerstandes der etablierten nationalen Interessengruppen vor wenigen Jahren kaum vorstellbar erschienen.

Das Subsidiaritätsprinzip

37. Damit hat die Gemeinschaft die Voraussetzungen für die Verwirklichung des Binnenmarktes entscheidend verbessert. Umstritten ist, wo die Gemeinschaft noch tätig werden muß, um dieses Ziel zu erreichen und auch die Währungsunion zum Erfolg werden zu lassen. Der Vertrag von Maastricht legt dazu an verschiedenen Stellen fest, daß die Gemeinschaft über die ihr im EWG-Vertrag ausschließlich zugeordneten Zuständigkeiten hinaus – wie die für die gemeinsame Außenhandelspolitik, die Agrarpolitik und die Verkehrspolitik – nur nach dem Subsidiaritätsprinzip tätig werden darf. Das heißt, sie darf nur tätig werden, insoweit die Vertragsziele und die Ziele einzelner Maßnahmen "auf der Ebene der Mitgliedstaaten nicht ausreichend erreicht werden können und daher wegen ihres Umfangs oder ihrer Wirkungen besser auf Gemeinschaftsebene erreicht werden können" (Art. 3b). Am Subsidiaritätsprinzip müssen sich auch alle Maßnahmen prüfen lassen, die die Gemeinschaft – über ihre ausschließliche Zuständigkeit hinaus – auf Gebieten ergreifen will, die nach dem Vertrag von Maastricht (nach Art. 3) mit in ihren Tätigkeitsbereich fallen. Gemessen am Subsidiaritätsprinzip erscheint es zweifelhaft, ob man überhaupt für alle im Artikel 3 genannten Aufgaben eine Zuständigkeit der Gemeinschaft begründen kann. Für die Verwirklichung des Binnenmarktes ist vieles aus dem Aufgabenkatalog nicht erforderlich und nicht weniges sogar schädlich. Um so dringender ist die Forderung zu wiederholen, Artikel 3b möge in verbindlicher Weise so ausgelegt werden, daß das Subsidiaritätsprinzip eine echte Schranke gegen Kompetenzanmaßung der Gemeinschaftsorgane wird. Die unter der Beschränkung durch das Subsidiaritätsprinzip der Gemeinschaft zugewiesenen Aufgaben dürfen keinesfalls nach dem Muster der konkurrienden Gesetzgebung des deutschen Grundgesetzes (Art. 72 GG) wahrgenommen werden.

Zurückhaltung der EG-Kommission gefordert

38. Die EG-Kommission selbst sollte nicht darauf drängen, künftig verstärkt in das Wirtschaftsgeschehen eingreifen zu können. Zu groß ist die Gefahr neuer Wettbewerbsstörungen im Binnenmarkt und neuer Handels-

hürden für Anbieter aus Drittländern, zu groß die Versuchung, sich wegen ehrgeiziger industrie- und technologiepolitischer Ziele auf einen internationalen Subventionswettlauf einzulassen, von der lähmenden Wirkung einer aufgeblähten Bürokratie ganz zu schweigen. Zentrale EG-weite Regelungen sind nur nötig, wo ohne sie die Marktintegration behindert, grenzüberschreitende externe Wirkungen nicht verursachungsgerecht zugerechnet und öffentliche Güter nicht ausreichend und preiswürdig angeboten würden. Auch hieraus resultiert weit weniger Harmonisierungsbedarf bei Regulierungen, Steuern und anderen Maßnahmen als vielfach behauptet wird. Im übrigen sollte die EG-Kommission darauf hinwirken, daß in allen geeigneten Fällen auf Gemeinschaftsebene nur die Ziele formuliert werden, am besten einvernehmlich. Dann könnte und sollte, wo immer möglich und mit den grundlegenden Ordnungsprinzipien der Marktoffenheit und des freien Wettbewerbs vereinbar, die Wahl der Maßnahmen den Mitgliedsländern überlassen bleiben, also dezentral auf nationaler, regionaler oder lokaler Ebene getroffen werden. Die länderspezifischen wirtschaftspolitischen Aktivitäten weitestmöglichst gegeneinander konkurrieren zu lassen, schadet dem Integrationsprozeß nicht, es nützt ihm.

3. Leitvorstellung und Mahnung für die Zukunft

Grundsätze für die Aufgabenteilung

39. Im ganzen sähen die Grundsätze für die Aufgabenteilung im Bereich der Regulierungen künftig dann so aus:

(a) Die Gemeinschaft unterbindet nationale Regulierungen, die wesentliche Integrationshemmnisse darstellen, und zwar prinzipiell unzulässige (Diskriminierungsverbot) und vermeidbare Hemmnisse. Die Mitgliedstaaten werden verwiesen auf Möglichkeiten der nationalen Regulierung ohne wesentliche desintegrative Wirkungen. Inländerdiskriminierung bleibt zugelassen. (Regulierungsfreiheit, eingeschränkt durch erweitertes Diskriminierungsverbot; keine Gefährdung der Regulierungsziele; Mindestschutz der Integrationsziele.)

(b) Die Gemeinschaft toleriert nationale Regulierungen – auch solche, die wesentliche Integrationshemmnisse bilden, wenn diese angesichts der Regulierungsaufgabe unvermeidlich und nicht prinzipiell unzulässig sind – in den Fällen, in denen die nationale Souveränität bei der Festlegung der Regulierungsziele Vorrang hat. Das Ursprungslandprinzip gilt nicht. (Regulierungsfreiheit aufgrund eines nationalen Souveränitätsvorbehalts in bestimmten Bereichen; hoher Schutz der Regulierungsziele; Mindestschutz der Integrationsziele.).

(c) Die Gemeinschaft erläßt oder sorgt für eine Mindestregulierung in den Fällen, in denen eine unbeschränkte nationale Regulierungsfreiheit wesentliche unvermeidliche Integrationshemmnisse oder andere Allokationsfehler schafft und die nationale Souveränität bei der Festlegung der Regulierungsziele keinen Vorrang hat, aber einen Mindestschutz verlangt. Wo möglich beschränkt sie sich auf die Vorgabe der Ziele der Mindestregulierung und läßt die Frage der Mittel offen. Die Mitgliedstaaten sind im übrigen frei, höhere Ziele zu verfolgen, schärfere Regulierungen beizubehalten oder zu schaffen, also auch solche, die Inländerdiskriminierung mit sich bringen. Das Ursprungslandprinzip gilt – in Verbindung mit der Mindestregulierung. Es begrenzt die potentiell desintegrativen Wirkungen unterschiedlicher nationaler Regelungen auf das Maß, das mit dem Gemeinschaftsinteresse zu vereinbaren ist; Ausländerdiskriminierung auch in verdeckter Form unterbleibt. Dies sei der Regelfall der Gemeinschaft. (Regulierungsfreiheit, eingeschränkt durch Mindestregelungen oder die Pflicht dazu; moderiertes Ursprungslandprinzip; Mindestschutz der Regulierungsziele; hoher Schutz der Integrationsziele.)

(d) Die Gemeinschaft verzichtet auf die Wahrnehmung einer etwa bestehenden konkurrierenden Regulierungskompetenz, auch auf eine Mindestregulierung, und verschafft doch – um der Eindämmung der desintegrativen Folgen nationaler Regulierungen willen – dem Ursprungslandprinzip Geltung in den Fällen, in denen selbst unter solchen Bedingungen ein nationales Regulierungsinteresse ausreichend gewahrt werden kann oder gegenüber dem abweichenden Interesse anderer Mitgliedstaaten nicht als gemeinschaftlich schützenswert gilt. (Entschärfte Regulierungsfreiheit; aggressives Ursprungslandprinzip; kein Schutz der Regulierungsziele; hoher Schutz der Integrationsziele.)

(e) Die Gemeinschaft erläßt oder sorgt für eine allenthalben verbindliche Regulierung in den Fällen, in denen sie für die Festlegung der Regulierungsziele allein oder konkurrierend zuständig ist und eine Mindestregulierung den Regulierungszweck nicht erfüllt. (Aufhebung der Regulierungsfreiheit – durch Pflicht zur Vollharmonisierung oder zentrale

Regelung – im Ausnahmefall; ausschließlich gemeinschaftliche Sicherung der Regulierungsziele; Integrationsziele in der Führungsrolle.)

(f) Die Mitgliedstaaten sind frei zur nationalen Regulierung nach eigenem Ermessen, soweit dieses keine oder nur unwesentliche Integrationshemmnisse zeitigt. Dies gilt auch in Zweifelsfällen. (Uneingeschränkte Regulierungsfreiheit im Zweifelsfall; hoher Schutz der Regulierungsziele; keine – wesentliche – Gefährdung der Integrationsziele.)

Aspekte gemeinschaftlicher Politik

40. Nach dem Vertrag von Maastricht zielt die Tätigkeit der Gemeinschaft vorrangig darauf ab, den wirtschaftlichen und sozialen Zusammenhalt zu stärken, den Wettbewerb innerhalb des Binnenmarktes vor Verfälschungen zu schützen und die Wettbewerbsfähigkeit der Industrie der Gemeinschaft zu fördern. Die im Vertrag dazu genannten Instrumente lassen sich grob in drei Gruppen einteilen.

Die erste Gruppe umfaßt Maßnahmen zur Angleichung der Rechts- und Verwaltungsvorschriften der Mitgliedstaaten im Rahmen der Handelspolitik, im Rahmen des Verbraucherschutzes. Der Vertrag gibt nicht vor, wie und was für solche Zwecke harmonisiert werden soll, die Entscheidung darüber steht dem Rat zu, und damit liegt es in seiner Hand, die Harmonisierung auf ein Minimum zu beschränken.

Die zweite Gruppe betrifft die Koordinierung der Politik der Mitgliedsländer in den meisten Tätigkeitsbereichen der Gemeinschaft. Die Kommission kann Initiativen ergreifen und Vorschläge machen, sie hat aber keine eigenständige Gestaltungsmöglichkeit, sondern ist auf die Bereitschaft der Mitgliedsländer angewiesen.

Die dritte Gruppe steht der Europäischen Kommission zur Verfügung, die – unter Beachtung des Subsidiaritätsprinzips – in einigen Aufgabenbereichen im Rahmen der ihr zugebilligten autonomen Finanzmittel tätig werden kann. Hier sind vor allem die Agrarpolitik, die Verwendung der Mittel der Regional- und Sozialfonds und die Aktivitäten zur Unterstützung von Forschung und technischer Entwicklung zu nennen.

41. Zu bedenken ist, daß sich die Regierungen durch die Verabschiedung gemeinsamer Regulierungen im Ministerrat meist unwiderruflich binden,

jedenfalls de facto. Der Prozeß der Vergemeinschaftung der Politik muß daher sorgfältig geprüft werden. Seit der Einheitlichen Europäischen Akte können Ratsbeschlüsse – die Bereiche Freizügigkeit, Rechte und Interessen der Arbeitnehmer sowie Steuern ausgenommen – mit qualifizierter Mehrheit gefaßt werden.

Noch einmal: Gegen zu viel Zentralisierung

42. Erneut zu sprechen ist von der Sorge, daß sich die in vielen Ländern nach dem Zweiten Weltkrieg zu beobachtende Tendenz, Aufgaben verstärkt von den unteren Ebenen auf die oberste zu verlagern, in der Gemeinschaft wiederholt – trotz des beschriebenen Strategiewechsels. In allen Mitgliedsländern hat der Zentralstaat in den vergangenen Jahrzehnten nicht nur Aufgaben an sich gezogen, sondern auch das Angebot an staatlichen Leistungen – dabei handelte es sich zumeist nicht um öffentliche Güter im Sinne der ökonomischen Theorie – stark ausgeweitet, so daß die Staatsquote sich beträchtlich erhöhte. Die verringerten Gestaltungsmöglichkeiten der unteren politischen Ebenen bedeuten ein Weniger an Politikwettbewerb, gleichzeitig verdrängte der Staat private Anbieter durch die Ausweitung seiner Leistungen. Die Folge ist in der Regel ein Weniger an Effizienz bei der Erstellung staatlicher Güter und ein Verlust an Preis-Qualitäts-Vielfalt. Als Reaktion hierauf haben die Bemühungen um Dezentralisierung auf nationaler Ebene in den letzten Jahren vielfach zugenommen. Allerdings erweist es sich als politisch schwierig, Zuständigkeiten von der Zentralregierung auf untere Ebenen zurückzuverlagern. Die europäische Integration hat hier nun erst einmal eine große Chance eröffnet: Vieles läßt sich nicht halten, was wider die Vernunft auf der nationalen Ebene als zentralstaatliche Regulierung eingeführt wurde und aus politischen Gründen von der gewohnten Zählebigkeit ist. Wenn jetzt auf europäischer Ebene gemeinsam Mindestnormen beschlossen werden, in denen nur das tatsächlich Erforderliche festgelegt wird, und im übrigen das Ursprungslandprinzip gilt, dann gibt es Reformdruck auf nationaler Ebene.

4. Ursprungslandprinzip: Strategie zur Einheit und Vielfalt

43. Seiner außerordentlichen strategischen Bedeutung wegen ist das Ursprungslandprinzip noch einmal und vollständiger zu beleuchten Es ist ein vernünftiger allgemeiner Grundsatz. Niemand weiß ja im vorhinein, welche Regulierungen, Steuern und staatlichen Leistungen die jeweils besten

sind – für die Marktteilnehmer im innergemeinschaftlichen Waren-, Dienstleistungs- und Kapitalverkehr, für die Stellung der EG als Ganzes in der weltweiten Arbeitsteilung. Bei konsequenter Verwirklichung des Ursprungslandprinzips kann sich das jeweils Beste durchsetzen. Es käme in dem Maße zu einer Harmonisierung – durch Wettbewerb, nicht durch Dekrete einer Zentrale –, wie diese Harmonisierung von den Anbietern und Nachfragern auf den Märkten für wünschenswert gehalten wird, nicht mehr, aber auch nicht weniger. Ein solches Verfahren des Probierens und Korrigierens, bei dem am Anfang die Mindestharmonisierung statt einer Vollharmonisierung steht, entspräche auch dem im Vertrag von Maastricht postulierten Subsidiaritätsprinzip.

Schutz gegen Übermacht der Zentrale

44. Die konsequente Anwendung des Ursprungslandprinzips bedeutete einen wirksamen Schutz gegen eine Ausweitung der wirtschaftspolitischen Rolle und der Macht der Zentralinstitutionen. Deren Aufgabe wäre es dann, vollständige Freiheit für den Verkehr von Waren, Dienstleistungen und Produktionsfaktoren herbeizuführen. Jedes Mitgliedsland entschiede selbst über seine Arbeitsmarktpolitik, Sozialpolitik, Umweltpolitik und sonstige Regulierungen unter Einhaltung der allgemein akzeptierten Mindestnormen für Gesundheitsschutz, Verbraucherschutz und Umweltschutz. Die gegenseitige Anerkennung der jeweiligen nationalen Regelungen verschafft den Produzenten freien Marktzugang in den Partnerländern. Die nationale Wirtschaftspolitik wird entsprechend den nationalen Gegebenheiten gestaltet und nicht durch europäische Richtlinien in ein Korsett von Absprachen gezwängt, das ihr Gestaltungsmöglichkeiten nimmt. Das Ursprungslandprinzip im Verbund mit Mindestnormen ist nicht nur das die Integration der Mitgliedsländer, die Errichtung des Binnenmarktes und den Wettbewerb am besten fördernde Konzept, sondern es hält die Gemeinschaft auch nach außen offen. Es erleichtert die Erweiterung um neue Mitglieder und die Liberalisierung durch großzügige Assoziierungsabkommen mit Drittländern. In einem solchen Konzept widersprechen sich Vertiefung und Erweiterung der Gemeinschaft nicht.

Wettbewerb der nationalen Politik

45. Im Wettbewerb der Güter und der Produktionsstandorte in der Gemeinschaft zeigt sich, ob die Unternehmen bei den gewählten nationalen Standards und dem gegebenen Angebot an öffentlichen Gütern konkurrenzfä-

hig sind. Unterschiede in den Einkommen und in den Präferenzen lassen erwarten, daß auch deutliche Politikdifferenzen zu beobachten sein werden. Gleichzeitig werden die nationalen Regierungen versuchen, das Angebot an öffentlichen Gütern zu verbessern und zu möglichst geringen "Preisen" (in Form von Steuern oder, besser, Nutzungsgebühren) bereitzustellen, um der inländischen Wirtschaft vorteilhafte Bedingungen zu verschaffen (Standortwettbewerb).

Schwächung des protektionistischen Interesses

46. Da inländische Regulierungen keinen Wettbewerbsschutz mehr bieten, wird das protektionistische Interesse an deren Beibehaltung geschwächt. Sie könnten sich, da sie weiterhin für die inländischen Unternehmen gelten, als Wettbewerbsnachteil erweisen mit der Folge, daß die inländischen Unternehmen verstärkt eine Deregulierung fordern. Damit wird der politische Einfluß der nationalen Verbände und Interessengruppen, der vorher darauf gerichtet war, den Wettbewerb durch Absprachen und Handelsbarrieren zu blockieren, nun in Richtung von deren Beseitigung umgelenkt. Das trägt letztlich dazu bei, die Macht dieser Gruppierungen zu verringern. Alles in allem erklärt sich so, warum das Tempo der Deregulierung in den traditionell hoch regulierten Bereichen sich stark beschleunigt hat, nachdem man begonnen hatte, mit den gemeinsamen Mindestnormen und dem Ursprungslandprinzip in der Gemeinschaft ernst zu machen. Beispielhaft sei auf den deutschen Verkehrsmarkt verwiesen. Aufgrund der Entscheidung des Ministerrats von 1988, die Verkehrsmärkte in den Binnenmarkt zu integrieren, müssen die bestehenden Wettbewerbsbeschränkungen beseitigt werden. Der Versuch der deutschen Interessenverbände, die Liberalisierung von einer Harmonisierung der Wettbewerbsbedingungen abhängig zu machen, ist fehlgeschlagen. Dies hat verstärkte Anpassungsbemühungen der betroffenen inländischen Verkehrsunternehmer bewirkt. Im Zuge des Wettbewerbs kann es durchaus zu einer Vereinheitlichung der Politik in den Mitgliedsländern kommen. Diese Harmonisierung als Ergebnis eines Prozesses dürfte sich aber deutlich von der Harmonisierung durch vorgreifendes Handeln eines Politikkartells unterscheiden.

Wettbewerb der Systeme

47. Auch im Bereich des Kapitalverkehrs und des Dienstleistungsverkehrs sowie der Freizügigkeit und Niederlassungsfreiheit stellt die EG-Gesetzgebung neuerdings in hohem Maße auf den Wettbewerb der Systeme als

Koordinationsmechanismus ab. Für die Finanzinstitute sind gemeinsame Richtlinien über die Aufstellung des Jahresabschlusses erlassen worden, die Aufsicht über die Institute wird gegenseitig anerkannt, Mindesterfordernisse für die Eigenkapitalausstattung wurden festgelegt, und die Gültigkeit von nationalen Lizenzen zur Betreibung von Bankgeschäften ist auf den gesamten Wirtschaftsraum ausgedehnt worden. Im Versicherungsbereich ist 1988 in den meisten Schadensversicherungszweigen für die Versicherung von Großrisiken Dienstleistungsfreiheit auf der Grundlage des Prinzips der gegenseitigen Anerkennung der Rechtssysteme eingeführt worden. Die nationalen Märkte für Lebens- und Schadensversicherungen sollen noch weiter geöffnet werden. Vorgesehen ist, daß die Lebensversicherer die Freiheit der Produkt- und Preisgestaltung erhalten und die Dienstleistungsfreiheit bei sogenannten Massenrisiken auf der Grundlage der Sitzlandkontrolle gewährt wird. Mit einer Richtlinie aus dem Jahre 1988 erkennen die Mitgliedsländer Hochschul- und Fachhochschuldiplome für bestimmte Berufe wie Rechtsanwälte, Wirtschaftsprüfer, Steuerberater und Lehrer gegenseitig an und erlauben den Angehörigen anderer Mitgliedsländer den Zugang zu diesen Berufen. Die Kommission hat angeregt, die gegenseitige Anerkennung beruflicher Befähigungsnachweise auf alle Berufe auszudehnen, für die sie bisher noch nicht gilt, um auf diese Weise dem Prinzip der Niederlassungsfreiheit voll Rechnung zu tragen. Damit ist das im Weißbuch vorgeschlagene Ursprungslandprinzip in diesen Bereichen weitgehend als Integrationsstrategie übernommen worden, und für viele andere wurden entsprechende Beschlüsse gefaßt, oder es liegen Vorschläge dazu vor. Für einzelne Befähigungsnachweise wie beispielsweise im Handwerk wurden freilich auch Vereinbarungen getroffen, die nationale Regulierungen unnötig stark respektieren und damit die Kräfte schwächen, die inzwischen auf nationaler Ebene auf Deregulierung hinwirken. Für die Gegner der wettbewerbsfeindlichen deutschen Handwerksordnung waren die EG-Aktivitäten bisher keine große Hilfe.

IV. Gemeinschaftliche Wirtschafts- und Sozialpolitik?

1. Handelspolitik

48. Die Wirtschaftspolitik in der Gemeinschaft ist dem Grundsatz einer offenen Marktwirtschaft mit freiem Wettbewerb verpflichtet. Mit dem Binnenmarktprogramm sollen die materiellen, technischen und steuerlichen Grenzen in der Gemeinschaft beseitigt werden. Die Realisierung

eines einheitlichen Marktes erfordert eine gemeinsame Handelspolitik gegenüber Drittländern, die dem Erfordernis der Offenheit gerecht wird. Die Gefahr ist allerdings groß, daß das wohlstandsfördernde Potential des Binnenmarktes durch die wohlstandsmindernde Wirkung einer durch Protektionsmaßnahmen herbeigeführten Behinderung der Arbeitsteilung mit Drittstaaten geschwächt wird.

Kein freihändlerisches Ziel festgelegt

49. Die Regeln des Vertrags besagen zwar, daß die gemeinsame Handelspolitik nach einheitlichen Grundsätzen gestaltet werden und die Zollunion, wie schon im Gründungsvertrag der EWG niedergelegt, zur Liberalisierung des internationalen Handels beitragen soll. Es fehlt aber der ausdrückliche Hinweis, daß das Ziel der gesamten gemeinsamen Handelspolitik letztendlich der Abbau aller Hemmnisse im internationalen Handel ist, insbesondere auch der mengenmäßigen Beschränkungen, die zunehmend bedeutsam geworden sind. Auch im Vertrag von Maastricht ist kein freihändlerisches Ziel für den Drittlandhandel festgelegt worden. Das verwundert nicht. Denn in wichtigen Bereichen des Handels, z.B. bei Automobilen und Fernsehprodruktionen, sollen quantitative Einfuhrbeschränkungen gelten, teilweise sogar erst eingeführt werden.

50. In der Übergangszeit bis zum Eintritt in die dritte Stufe der Wirtschafts- und Währungsunion sind die Mitgliedsländer (nach Artikel 109i) ermächtigt, im Falle von "plötzlichen Zahlungsbilanzkrisen" handelsbeschränkende Maßnahmen gegenüber Drittländern und im innergemeinschaftlichen Handel zu ergreifen. Von erheblicher Bedeutung ist Artikel 115 des Vertrages, der es den Mitgliedstaaten erlaubt, im Einvernehmen mit der Kommission auch ohne vorherige Unterrichtung der anderen Mitgliedstaaten bei Verlagerung von Handelsströmen Schutzmaßnahmen zu ergreifen. Solche Eingriffe in den Handel sind auch zulässig, wenn handelspolitische Maßnahmen anderer Mitgliedsländer zu "wirtschaftlichen Schwierigkeiten" führen. Sowohl die Bestimmungen des Artikel 109i als auch die des Artikel 115 hätten eigentlich schon mit dem Beginn des Binnenmarktes ersatzlos entfallen müssen, da nach Beseitigung der Grenzkontrollen die Einfuhr von Waren aus Drittländern über andere Mitgliedsländer ohnehin nicht mehr überprüft werden kann. Tatsächlich sind diese Bestimmungen jedoch nicht gestrichen worden, was nur bedeuten kann, daß die Mitgliedsländer bei Maßnahmen zur Abwehr von Importen auf andere Arten von Kontrollen zurückgreifen werden. Ersatzweise werden die Mitgliedsländer

wohl gemeinsame Handelsbeschränkungen verlangen, wenn sie für eigene Schutzmaßnahmen auf die erforderlichen Kontrollen verzichten sollen.

Gefahr von Handelsschranken gegenüber Drittländern

51. Besonders gravierend ist, daß Artikel 115 Abs. 2 (eigene Maßnahmen der Mitgliedstaaten im Dringlichkeitsfall), der ursprünglich auf die Übergangsphase bis zur Verwirklichung des Gemeinsamen Marktes (also bis 1970) befristet war, nach der Errichtung der Wirtschafts- und Währungsunion auf Dauer gelten soll. Damit wird nicht nur die Offenheit des Binnenmarktes und der Wirtschafts- und Währungsunion, sondern es werden auch deren erklärte Ziele selbst in Frage gestellt. So wie nach dem weltweiten Zollabbau in den 60er und 70er Jahren vermehrt nicht-tarifäre Handelshemmnisse entstanden sind, zeichnet sich hier die Gefahr ab, daß es nach dem Wegfall der innergemeinschaftlichen Grenzen in zunehmenden Maße Handelsbarrieren gegenüber Drittländern geben wird. Der Artikel 115 sollte ersatzlos gestrichen werden.

2. Industriepolitik

52. Als vorrangiges Ziel der Wirtschaftspolitik wird in dem Vertrag über die Europäische Union die Stärkung der Wettbewerbsfähigkeit der Industrie genannt. Dazu sollen die Gemeinschaft und die Mitgliedsländer die Anpassung der Unternehmen an strukturelle Veränderungen erleichtern, die Unternehmen bei der Nutzung des industriellen Potentials der Bereiche Innovation, Forschung und technische Entwicklung unterstützen und vor allem die Zusammenarbeit zwischen den Unternehmen fördern. Der Titel XIII "Industrie" des Vertrags enthält keine konkreten Maßnahmen, doch kann er als Begründungsbasis dienen für Anpassungssubventionen, die in der Regel die Qualität von Erhaltungssubventionen haben, und für eine Förderung der Unternehmenskonzentration. Eine solche Gefahr liegt jedenfalls nahe; denn die diesbezüglichen Bestimmungen des Vertrages wären überflüssig, wenn sie nicht zu eben diesem Zweck gedacht sind. Die den Bestimmungen zur Industriepolitik wie auch zur Forschungs- und Technologiepolitik zugrundeliegende Idee ist, daß Wettbewerbsfähigkeit nur durch eine Bündelung der Ressourcen zu erreichen sei. Nur wenn die Länder gemeinsam bestimmte Forschungs- und Technologieziele verfolgen und die Unternehmen gemeinsam an Projekten arbeiten, sei ein Erfolg zu erwarten; deshalb seien solche Kooperationen zu fördern.

53. Die gemeinsame Industriepolitik ebenso wie die Forschungs- und Technologiepolitik stehen in einem besonderen Spannungsverhältnis zu anderen Bestimmungen des Vertrages. Der Vertrag postuliert den Wettbewerb innerhalb der Gemeinschaft, er sieht dazu eigens die gemeinsame Wettbewerbspolitik vor, und er verbietet Beihilfen. Zwar darf auf der Grundlage der Bestimmungen über die Industriepolitik keine Maßnahme ergriffen werden, die zu Wettbewerbsverzerrungen führen könnte. Schon jede nationale Industriepolitik ist angesichts der Wettbewerbsbestimmungen des Vertrages eigentlich anstößig, dem Vertrag nach jedoch zulässig. Für die gemeinsame Industriepolitik kommt hinzu, daß sie außer den Wettbewerbsbestimmungen auch noch dem Subsidiaritätsprinzip genügen muß.

Bedenklich ist, daß die Industriepolitik überhaupt Eingang in den Vertrag gefunden hat: Industriepolitik, die hinausgeht über das, was vorher schon zulässig oder gefordert war, kann nur hinauslaufen auf einen Verstoß gegen unverfälschten Wettbewerb, und Konflikte mit der Wettbewerbspolitik sind angesagt, sobald es zu industriepolitischen Maßnahmen kommt.

54. Die gemeinsame Politik zur Förderung von Forschung und technischer Entwicklung nach Titel XV des Vertrages von Maastricht öffnet ein Einfallstor für Industriepolitik unter anderem Namen. Es liegt im ureigenen Interesse der Unternehmen, Forschung zu treiben und neue technische Problemlösungen voranzubringen. Insofern haftet der staatlichen Forschungs- und Technologiepolitik der Makel des Eingriffs in den Wettbewerb an, es sei denn, Forschung und Technologie würden in allgemeiner Weise gefördert, und es ginge nur um die Grundlagenforschung. Solche allgemeine Förderung durch die Mitgliedsländer ist Element des Standortwettbewerbs der Regionen und damit für die Gemeinschaft insgesamt nützlich.

55. Die Grenzen zwischen der Grundlagenforschung und der angewandten Forschung sind allerdings fließend, und insofern ist es nicht einfach, einen Unterschied zu machen zwischen dem, was der Staat noch begünstigen darf, und dem, was gegen die Wettbewerbsregeln verstößt. Unzweifelhaft nicht mit dem Vertrag zu vereinbaren sind direkte Subventionen für die Produktion. Die Gemeinschaft ist gefordert, solche Verstöße zu verhindern oder zu ahnden. Einer gemeinschaftlichen Förderung setzt das Subsidiari-

tätsprinzip sehr hohe Schranken. Denkbar sind eigentlich nur Fälle, in denen die Gemeinschaft strategischem Verhalten anderer Staaten begegnen müßte, also einem Verhalten, das immer wieder für bestimmte Bereiche wie den Flugzeugbau, die Informationstechniken oder die Biotechniken behauptet wird, in denen angeblich im Ausland monopolistische Praktiken betrieben werden, denen die Unternehmen der Gemeinschaft ausgesetzt wären. Gibt es solche Praktiken, so kann es begründet sein, daß die Gemeinschaft durch Bündelung ihrer Kräfte die Forschung und die technische Entwicklung fördert. Die Evidenz für solche Fälle ist allerdings im allgemeinen äußerst schwach und bietet dann keine überzeugende Grundlage für Forschungs- und Technologiepolitik. Eine solche Politik muß sich zwar nicht, sie kann sich aber sehr leicht zum Dirigismus ausweiten.

Statt Industriepolitik Schaffung günstiger Rahmenbedingungen

56. Wichtiger als gemeinschaftliche oder einzelstaatliche Anstrengungen zum Aufbau von Schlüsselindustrien durch Förderung der Spitzentechnik ist die Gewährleistung allgemeiner, für die Unternehmen günstiger Rahmenbedingungen. Dazu gehört eine produktivitätssteigernde Infrastruktur, eine wachstumsfreundliche, insbesondere risikofreundlichere Unternehmensbesteuerung und eine marktkonforme Forschungsförderung. Die hierfür notwendigen Mittel sollten nicht durch die Subventionierung technischer Prestigeprojekte verschwendet werden.

3. Sozialpolitik

Bedarf an gemeinsamer Sozialpolitik gering

57. Verbreitet ist die Auffassung, um des wirtschaftlichen und sozialen Zusammenhalts und der Angleichung der Lebensverhältnisse sowie der Funktionsfähigkeit der Europäischen Wirtschafts- und Währungsunion willen sei deren Ergänzung durch eine gemeinsame Sozialpolitik unumgänglich. Diese soll sicherstellen, daß Mindeststandards des sozialen Schutzes in allen Mitgliedsländern gelten. Ziel der Politik ist die Verbesserung dieses Schutzes in den wirtschaftlich weniger fortgeschrittenen Mitgliedsländern. Zu bedenken ist jedoch, daß die Schutzregeln in diesen Ländern auch durch die wirtschaftliche Leistungskraft bestimmt sind. Eine Verbesserung könnte die Belastungsfähigkeit der Wirtschaft überfordern. Sie würde die Arbeitskosten erhöhen oder die Gewinne schmälern und ginge letztendlich zu Lasten der Beschäftigung. Selbst wenn die zusätzlichen

Belastungen durch Zuschüsse der Gemeinschaft finanziert würden, ergäben sich schwerwiegende Konsequenzen. Denn hohe Mindestnormen für den sozialen Schutz wären wohl nicht mit der Differenzierung der Leistungseinkommen vereinbar, die für einen hohen Beschäftigungsstand in diesen Mitgliedsländern erforderlich ist. Ein solcher Effekt läßt sich schon bisher in den peripheren Regionen der bestehenden nationalen Volkswirtschaften beobachten; er wäre noch stärker in der Europäischen Gemeinschaft, wo die Unterschiede in der wirtschaftlichen Leistungsfähigkeit zwischen den Regionen ausgeprägter sind.

58. Die Konsequenz aus einer zentralen Wahrnehmung von sozialpolitischen Funktionen wäre wohl auch, daß die Gemeinschaft sich in Richtung auf eine Festung Europa entwickelte. Außenwirtschaftliche Protektion wird nicht selten als Substitut für sozialpolitische Maßnahmen geschätzt; dies gilt um so mehr, als sie die staatlichen Budgets, anders als die Sozialpolitik, nicht belastet, sondern in der Tendenz eher entlastet (zumindest in der ersten Runde). Umverteilungskonflikte innerhalb der Gemeinschaft dürften zu erwarten sein, wenn über das Budget der Gemeinschaft Transfers größeren Ausmaßes für andere Länder zu leisten sind; um Forderungen nach Transfers abzuwehren, könnte es zu Konzessionen bei der Protektion nach außen kommen.

Gegen forcierte Einkommensangleichung

59. Die Sozialpolitik der Gemeinschaft sollte daher keinesfalls auf eine Forcierung von Prozessen der Einkommensangleichung abzielen und schon gar nicht die Absicherung gegenüber den Folgen marktwidriger Lohnfestsetzung verheißen. Andere Maßnahmen zur Angleichung der Lebensverhältnisse, die nicht unmittelbar in Wirtschaftsprozesse eingreifen, sind weniger problematisch. So könnten sich die Mitgliedsländer aus Solidarität dazu entschließen, die Infrastruktur im Ausbildungswesen in weniger entwickelten Regionen zu fördern. Dies würde direkt, auf mittlere Sicht indirekt, auch den Produktivitätsanstieg in diesen Ländern erhöhen. Falsch wäre es allerdings, und das kann nicht deutlich genug gesagt werden, zu behaupten, daß eine Wirtschafts- und Währungsunion nur funktionieren könne, wenn solche Transfermechanismen installiert werden.

Der "Kohäsionsfonds" ist anders als ökonomisch begründet

60. Eben mit dieser Begründung soll nach dem "Protokoll über den wirtschaftlichen und sozialen Zusammenhalt", das dem Vertrag von Maastricht beigefügt wurde, vor dem 31. Dezember 1993 ein Kohäsionsfonds errichtet werden, dessen Mittel einzelnen ärmeren Ländern der Gemeinschaft zufließen sollen. Der Kohäsionsfonds soll eine weitere Quelle an Mitteln für die Regionalpolitik der Gemeinschaft erschließen, die gegenwärtig aus dem Strukturfonds gespeist wird, zu dem der Regionalfonds, der Sozialfonds und der Agrarfonds (Abteilung Ausrichtung) zusammengefaßt sind. Eine eigenständige regionalpolitische Konzeption gibt es freilich nicht. Mit der Errichtung des Kohäsionsfonds steigt das Maß an Umverteilung in der Gemeinschaft nochmals, nachdem für die Jahre von 1987 bis 1993 schon eine reale Verdoppelung der Dotierung der Strukturfonds auf rund 15 Mrd. ECU beschlossen worden war.

Es ist hier nicht zu kommentieren, inwieweit es immer wieder unvermeidlich ist, in Fällen wichtiger Reformvorhaben der Gemeinschaft die Zustimmung einzelner Mitgliedstaaten auch dadurch zu erwirken, daß ihnen finanziell bedeutsame Zugeständnisse gemacht werden, für die es eine sachliche Begründung nur scheinbar gibt. Wahrscheinlich ist es unvermeidlich. Äußerst wichtig ist aber, daß die Argumente solcher scheinbaren Begründungen sich nicht verfestigen und für die Zukunft eine Politik präjudizieren, die ihnen dann immer aufs neue zu folgen hätte. Der Preis, der für die Union zu zahlen wäre, könnte sonst für die reichen Länder der Gemeinschaft sehr hoch werden.

Finanzausgleich, auch einer in Gestalt solcher Strukturfonds der Gemeinschaft, stört selbstverständlich die Funktionsfähigkeit der Wirtschafts- und Währungsunion nicht – wenn man falsche Anreize gering hält. Aber geboten ist er nicht. Selbstverantwortung und Solidarität in einer Staatengemeinschaft müssen daher immer wieder neu austariert werden – im Einklang mit der Bereitschaft der Bevölkerung in den Geberstaaten, dafür die finanzielle Deckung zu geben.

4. Sozialpolitik, Umweltpolitik, Lohnpolitik im Verbund

61. Die Forderung nach Harmonisierung der Regulierungen für den Arbeitsmarkt – ebenso den Umweltschutz – wird meist auch damit begründet,

daß Länder mit niedrigen Standards sonst Wettbewerbsvorteile gewönnen (Sozialdumping, Umweltdumping). Hinter dem Wettbewerbsargument steht inbesondere die Furcht der Länder mit relativ hohen Standards, im europäischen Binnenmarkt als Produktionsstandort unattraktiv zu werden und Arbeitsplätze zu verlieren.

62. Die Harmonisierung von Regulierungen führt tendenziell zur Einigung auf solche Regulierungen, die einen möglichst umfassenden Schutz der Arbeitnehmer EG-weit festschreiben. Damit wird die Wahlfreiheit unzulässig eingeschränkt. Arbeits- und sozialrechtliche Standards für Arbeitnehmer müssen nicht harmonisiert werden. Werden solche Standards durch zentrale Harmonisierung in Niedriglohnländern angehoben, so werden die dortigen Arbeitnehmer praktisch gezwungen, einen größeren Teil des erwirtschafteten Arbeitsertrages für die Verbesserung der Arbeitsbedingungen abzugeben, als sie selbst aufzuwenden bereit wären. Würden sie tatsächlich eine Verbesserung wünschen, könnten sie dies selbst in (Kollektiv-)Verträgen vereinbaren. Käme es zu einer forcierten Angleichung der Arbeitsbedingungen, der eine äquivalent verlangsamte Lohnsteigerung nicht gegenüberstünde, so wäre sogar ein Anstieg der Arbeitslosigkeit in den Niedriglohnländern unvermeidlich.

Keine Bedrohung durch niedrige Standards und Löhne

63. Dies alles besagt weder, daß der Schutz von Arbeitnehmern in den ärmeren Ländern nicht zunehmen kann, noch, daß er in den reicheren abnehmen muß. Die Wirtschafts- und Währungsunion bietet die Chance, daß alle Beteiligten durch die verstärkte Arbeitsteilung ihre Einkommen verbessern können. Die ärmeren Länder können gegenüber den reicheren aufholen, vorausgesetzt freilich, die Wirtschafts- und die Lohnpolitik bleiben vernunftorientiert und beseitigen nicht im Vorgriff auf diesen Erfolg die Wettbewerbsvorteile, die in niedrigeren Löhnen oder niedrigeren Kosten des Arbeitsschutzes liegen. Entsprechendes gilt wiederum für den Umweltschutz, soweit er nicht grenzüberschreitende Immissionen betrifft. Mit dem Aufholen in der Leistungskraft vergrößert sich der Spielraum für die Länder, den Schutz zu verstärken, ohne die Wettbewerbsfähigkeit zu gefährden, und mit der Zunahme der Einkommen steigt die Bereitschaft, einen größeren Teil des Ertrages auf einen umfassenderen Schutz zu verwenden. Die von vielen in den reicheren Ländern heute als so bedrohlich empfundenen niedrigen Standards der ärmeren Länder werden sich also nach oben bewegen.

64. Bedrohlich sind diese niedrigen Standards und diese Löhne ohnehin nicht, besagen sie im Grunde doch lediglich, daß den ärmeren Ländern weniger als tragbar erscheint. Wenn sie im Wettbewerb mit den fortgeschrittenen Ländern bestehen wollen, müssen sie vorläufig Abstriche machen. Die Wirtschafts- und Währungsunion verheißt auch den reicheren Ländern die Vorzüge zusätzlicher Arbeitsteilung. Das Aufholen der ärmeren Länder weitet zugleich gerade ihre Absatzmärkte aus. In der Wirtschafts- und Währungsunion wird es also keine Angleichung nach unten geben, weder bei den verschiedenen Schutzvorschriften noch bei den Löhnen. Eine allmähliche Angleichung wird aber überall dort eintreten, wo die Ziele ähnlich sind; der Wettbewerb wird sie hervorbringen. Eine solche Harmonisierung liegt im Interesse aller.

Erfahrungen der deutschen Wirtschafts- und Währungsunion nicht übertragbar

65. Zuweilen wird die europäische Wirtschafts- und Währungsunion in Analogie zur deutschen Wirtschafts- und Währungsunion gesehen. Diese Analogie ist falsch, und es wäre verhängnisvoll, das deutsche Vorgehen auf Europa zu übertragen. Falsch ist die Analogie, weil es bei der europäischen Währungsunion, anders als bei der deutschen, um den Zusammenschluß von Währungsräumen geht, die alle eine voll funktionsfähige Marktwirtschaft haben, mit Unternehmen, die sich als international wettbewerbsfähig erwiesen haben und die ihre Wettbewerbsfähigkeit auch nicht verlieren, wenn – wie es vorgesehen ist – mit Beginn der Währungsunion genau die Wechselkurse festgeschrieben werden, bei denen sie bis dahin erfolgreich waren. Hinzu kommt, daß in der Europäischen Gemeinschaft zwar Freizügigkeit der Arbeitskräfte gewährleistet ist, der insoweit gemeinsame europäische Arbeitsmarkt jedoch bei weitem nicht zu vergleichen ist mit dem (gesamt)deutschen Arbeitsmarkt, was die tatsächliche Mobilität der Menschen anbelangt. Selbst große internationale Lohnunterschiede und Unterschiede in den Beschäftigungschancen lösen daher keine vergleichbaren Wanderungen aus. Verhängnisvoll wäre es, wenn die Angleichung der Verhältnisse so wie in Deutschland betrieben würde. Die Transfers, die dafür zwischen den einzelnen Ländern erforderlich wären, überstiegen die Finanzkraft mit Sicherheit.

66. Von der regionalen Festlegung marktgerechter Lohn- und Arbeitsbedingungen gehen keine nachteiligen Wirkungen auf andere Regionen aus. Es besteht daher aus ökonomischer Sicht kein Bedarf an harmonisierten

Regelungen. Umgekehrt ist aber eine Subventionierung von arbeitsintensiven Branchen in Hochlohnregionen mit negativen Wirkungen für die peripheren Regionen verbunden. Die Gemeinschaft sollte daher alle Beihilfen, die die Abwanderung solcher Unternehmen in Niedriglohngebiete behindern, rasch abschaffen. Dies und Maßnahmen zur beruflichen Aus- und Fortbildung wären wirksame Schritte zur Verbesserung der Beschäftigungs- und Wachstumsbedingungen.

V. Zur Harmonisierung der Finanzpolitik

67. Zur Erfüllung seiner Aufgaben braucht der schützende, produzierende und umverteilende Staat Einnahmen. Er erhebt daher Steuern und nimmt Kredite auf. Die Rahmenbedingungen ändern sich für die Steuerpolitik und für die staatliche Kreditaufnahme durch die Vollendung des Binnenmarktes und die Errichtung der europäischen Währungsunion erheblich. Die Effektivität der Steuerpolitik wird durch den Wegfall der Binnengrenzen und die größere Mobilität von Arbeit und Kapital beeinflußt. In vielen Ländern steht der Staat bei der Kreditaufnahme vor einer neuen Situation, da der Kapitalverkehr liberalisiert worden ist und ein Rückgriff auf die eigene Notenbank künftig nicht mehr möglich sein wird. Außerdem entsteht durch die Verlagerung einzelner Aufgaben von der nationalen Ebene auf die Gemeinschaftsebene dort zusätzlicher Finanzbedarf. Für die Finanzpolitik stellen sich damit vor allem drei Fragen:

- In welchem Maße müssen die Steuern in den Mitgliedsländern der Gemeinschaft harmonisiert werden?
- Sind bindende Regeln für die Budgetdefizite erforderlich?
- Welche Einnahmen soll die Gemeinschaft erhalten?

68. Das Recht, Steuern zu erheben, gehört zu den Prärogativen der Politik. Die Steuern zählen nach der Einheitlichen Europäischen Akte zu den drei Themenkreisen, in denen Beschlüsse nicht mit qualifizierter Mehrheit, sondern nur einstimmig gefaßt werden können. Die Beseitigung der Grenzen innerhalb der Gemeinschaft hat gleichwohl tiefgreifende Konsequenzen für die nationale Steuerpolitik. Am deutlichsten wird dies bei der Mehrwertsteuer und bei den Verbrauchsteuern. Bei diesen Steuern weichen die Sätze zwischen den Mitgliedsländern stark voneinander ab (siehe Tabelle Seite 298). Mit den Grenzkontrollen wird bisher sichergestellt, daß

bei grenzüberschreitenden Lieferungen nach dem Bestimmungslandprinzip besteuert wird. Bei den direkten Steuern, die regelmäßig nach dem Wohnsitzlandprinzip erhoben werden (wenngleich mit vielen Durchbrechungen) gibt es ebenfalls beträchtliche Unterschiede. Der völlige Abbau von Hemmnissen für den Kapitalverkehr und die Verwirklichung der Niederlassungsfreiheit im Binnenmarkt bieten deshalb Anreize, den Wohnsitz in Regionen mit niedrigen direkten Steuern zu verlegen.

Mehrwertsteuer in den Ländern der Europäischen Gemeinschaft

Land	Ermäßigte Sätze	Normalsatz	Erhöhte Sätze	Nullsatz
Belgien	1; 6; 17	19	25 und 33	ja
Dänemark	–	25	–	ja
Deutschland	7	14	–	–
Frankreich	2,1; 5,5; 13	18,6	22	–
Griechenland	4 und 8	18	36	–
Großbritannien	–	17,5	–	ja
Irland	2,3; 10; 12,5	21	–	ja
Italien	4; 9; 12	19	38	–
Luxemburg	3 und 6	15	–	–
Niederlande	6	18,5	–	–
Portugal	8	17	30	ja
Spanien	6	15	28	–

Quelle: BMF (1991); Aktualisierung aufgrund von Presseberichten

1. Harmonisierung der Steuern?

69. Aus der Einsicht, daß es erheblichen Anpassungsbedarf für die nationale Steuerpolitik gibt, erwächst vielfach die Forderung, die Steuern in den Mitgliedsländern durch gemeinsame Entscheidung so weit wie möglich zu harmonisieren mit dem Ziel, Wettbewerbsneutralität herzustellen und dabei gleichzeitig die angebotsdämpfenden Wirkungen der Steuern möglichst gering zu halten.

Ein optimales Steuersystem für die Gemeinschaft ist Illusion

70. Freilich, schon der Grundgedanke, für einen hochdifferenzierten Wirtschaftsraum wie die Europäische Gemeinschaft ein optimales Steuersystem am Reißbrett zu entwerfen, ist illusorisch. Zudem ist das Ausmaß der überkommenen Unterschiede im Besteuerungsniveau und in der Struktur der Besteuerung, sprich die Größe der Harmonisierungsaufgabe, zu bedenken. So war der Anteil der indirekten Steuern an den gesamten Einnahmen des Staates (einschließlich Sozialversicherung) im Vereinigten Königreich 1989 um rund 40 Prozent höher als im Durchschnitt der Gemeinschaft. Entsprechend niedrig war dort der Anteil der Einnahmen aus direkten Steuern und Sozialversicherungsabgaben. Umgekehrt liegen die Verhältnisse in Belgien. Die vorgegebenen Steuersysteme basieren zumeist nicht auf Effizienzüberlegungen, sondern haben tiefe historische Wurzeln, und es gibt starke Partikularinteressen in den einzelnen Ländern, deren Anwälte sich wegen tatsächlicher oder vermeintlicher Nachteile gegen eine Änderung des Steuersystems wehren. Zweifelhaft wäre es in manchen Ländern auch, ob die Steuerverwaltung eine radikale Verschiebung der Steuerstruktur – etwa hin zu mehr direkten und weniger indirekten Steuern – überhaupt ohne nachhaltige Einnahmeausfälle bewerkstelligen könnte. Dies alles läßt die vollständige Harmonisierung der Steuern als eine Aufgabe erscheinen, die schon ihrer Größe wegen nicht lösbar ist.

Berücksichtigung der staatlichen Leistungen erforderlich

71. Die Steuern dürfen zudem nicht isoliert betrachtet werden. Auch die Gegenseite, die der staatlichen Leistungen, ist zu berücksichtigen. Zwischen den Mitgliedsländern gibt es erhebliche Unterschiede in den Auffassungen darüber, welche Leistungen der Staat im einzelnen anbieten soll und wie umfangreich die Staatstätigkeit insgesamt zu sein hat. In manchen Ländern bietet der Staat den Bürgern in großem Umfang Leistungen an, die in anderen von Privaten erbracht werden. In Ländern, in denen sich der Staat zurückhält, der staatliche Sektor also klein ist, kommt es aber gleichwohl vor, daß ihm als selbstverständliche Staatsaufgabe zugewiesen ist, was anderwärts, wo der Staatssektor viel größer ist, privat erledigt wird. Vor allem in der Bereitstellung öffentlicher Infrastruktureinrichtungen – von den Straßen über die Telekommunikationsnetze bis hin zu Theatern, Museen und Sportstätten – sind die Unterschiede erheblich. Aber nicht nur dort. Kurz: In den Mitgliedsländern differieren Größe und Struktur des Staatssektors beträchtlich. Die Staatsquote, das Verhältnis der Staatsausga-

ben zum Bruttosozialprodukt, war 1991 im Vereinigten Königreich mit 40 Prozent am niedrigsten. Am höchsten war sie in Dänemark mit fast 58 Prozent. In Belgien entfällt etwa ein Fünftel der Staatsausgaben auf Zinsaufwendungen, im Vereinigten Königreich nur ein Zwanzigstel.

72. Eine Harmonisierung der Steuern in der Gemeinschaft hätte zur Folge, daß sich auch das Niveau der Staatstätigkeit annähern müßte. Einige Länder müßten die staatlichen Aktivitäten einschränken, andere hätten wegen zusätzlicher Einnahmen Spielraum für eine Ausdehnung. Die Verringerung der Angebotsbreite der staatlichen Leistungen würde von den Bürgern der betroffenen Länder möglicherweise als Verlust empfunden, die Ausweitung, zu der es käme, wo die Mittel reichlicher werden, nicht notwendigerweise als Gewinn. Die Steuerharmonisierung verstößt also gegen das Gebot, daß sich der Umfang der Staatstätigkeit nach den Präferenzen der Staatsbürger zu richten hat. Im übrigen würde die Harmonisierung der Steuern nicht bedeuten, daß es keine Anreize gäbe, den Wohnsitz an einen anderen Ort der Besteuerung zu verlegen. Die staatlichen Leistungen dürften sich nämlich auch dann noch in der Struktur deutlich unterscheiden, wenn das Niveau überall gleich hoch ist, das heißt, Menschen werden dazu veranlaßt, in Regionen abzuwandern, deren Angebot für sie eine höhere Qualität hat.

Beseitigung der Steuergrenzen

73. Bereits in den Römischen Verträgen wurden die Mitgliedsländer beauftragt, zur Verwirklichung des Gemeinsamen Marktes Steuergrenzen und steuerliche Wettbewerbsverfälschungen durch geeignete Maßnahmen zu beseitigen.

Ein wesentlicher Schritt in diese Richtung war das einheitliche System einer Mehrwertsteuer, das 1977 durch eine Richtlinie vorgeschrieben wurde. Damals entschied man sich, in Anlehnung an die Länder, die schon eine Mehrwertsteuer hatten, für eine Ausgestaltung nach dem Bestimmungslandprinzip, das heißt für eine Mehrwertsteuer mit Vorsteuerabzug und mit Grenzausgleich. Deren Vorteil ist die Wettbewerbsneutralität für alle Liefer- und Leistungsbeziehungen zwischen Unternehmen der Gemeinschaft selbst bei beliebig unterschiedlichen Steuersätzen.

Bei den speziellen Verbrauchsteuern und bei den direkten Steuern wurde trotz vielfacher Ansätze keine Einigung über eine Angleichung erzielt.

74. Ein wichtiger Teil des Programms zur Vollendung des Europäischen Binnenmarktes ist nun die Beseitigung der Steuergrenzen zwischen den Mitgliedsländern. Sie aber läßt alle Steuern, die nach dem Bestimmungslandprinzip erhoben werden, zumindest erhebungstechnisch zum Problem werden. Denn es ist regelmäßig der Grenzübergang, der hier Austritt und Eintritt in die Steuerpflicht markiert und fiskalisch die Ansprüche auf die Steuerquelle, auf das Steueraufkommen, voneinander trennt. Die Bemühungen der Kommission haben sich daher in den letzten Jahren vordringlich auf eine Angleichung derjenigen Steuern konzentriert, deretwegen Ausgleichsmaßnahmen und Kontrollen an den Grenzen nötig waren. Dies sind die Mehrwertsteuer und die speziellen Verbrauchsteuern.

Eine gemeinschaftliche Mehrwertsteuerregelung wird vor allem aus zwei Gründen angestrebt. Kann jeder Anbieter in der Gemeinschaft ohne Grenzausgleich direkt an die privaten Haushalte in jedem Mitgliedsland liefern (Direktverkäufe), dann hätten wegen der großen Unterschiede bei den Mehrwertsteuersätzen die Anbieter aus Ländern mit niedrigen Mehrwertsteuersätzen gegenüber denen aus Ländern mit hohen Mehrwertsteuersätzen (bei unveränderten Wechselkursen) einen erheblichen Wettbewerbsvorteil. Außerdem würden für die Länder mit niedrigen Steuersätzen erhebliche Einnahmeausfälle entstehen, wenn der Grenzausgleich entfällt, also die Steuerbefreiung der (innergemeinschaftlichen) Exporte aufgehoben und die gebietsfremde Steuer auf Importe zum Vorsteuerabzug im Bestimmungsland zugelassen wird. Den gleichen Effekt gibt es in Ländern mit negativen innergemeinschaftlichen Handelsbilanzsalden. Sie verlieren aufgrund des Wegfalls der Importbesteuerung mehr, als sie aufgrund des Wegfalls der Steuerbefreiung bei den Exporten gewinnen.

75. Die Regierungen haben sich auf eine völlige Angleichung der Mehrwertsteuersätze nicht verständigen können, freilich auch nicht auf die materielle Hinnahme eines Wegfalls der Steuergrenzen. Sie haben eine Übergangsregelung beschlossen, die Anfang 1993 in Kraft treten soll und zunächst bis Ende 1996 befristet ist. Danach ist eine Annäherung der Steuersätze bei gleichzeitiger Vereinheitlichung der Gütergruppen, für die ein ermäßigter Satz angewandt werden darf, vereinbart. Für den Normalsatz ist künftig ein Mindestsatz von 15 Prozent, für den ermäßigten Satz 5 Prozent vorgesehen. Die Kontrollen an den innergemeinschaftlichen Grenzen entfallen. Für den privaten Einkauf gilt das Ursprungslandprinzip. Gewerbliche Käufe werden weiter nach dem Bestimmungslandprinzip besteuert, und zwar sowohl was den letztlich wirksamen Steuersatz, als auch

was den fiskalischen Anspruch der beteiligten Länder auf das Steueraufkommen anbelangt. Der Grenzausgleich wird hier materiell beibehalten. Die bisherigen Grenzkontrollen werden aber durch Kontrollen abseits des Grenzübertritts ersetzt. Sonderregelungen gelten für den Versandhandel und für den Erwerb von neuen Kraftfahrzeugen. Später, frühestens also ab 1997, soll die Erhebungstechnik noch einmal geändert werden – durch echten Wegfall des vorläufig bloß verlagerten Grenzausgleichs, freilich verbunden mit einer Rückverteilung des Steueraufkommens entsprechend den fiskalischen Verteilungseffekten der Reform. Dies ist zumindest die deutsche Vorstellung. Kommt es dazu, würde sich auch aufgrund des zweiten Reformschritts im Bereich des gewerblichen Güterhandels materiell an der Fortgeltung des Bestimmungslandprinzips (in beiderlei Hinsicht) nichts ändern. In der Sprache der Bürokratie ist hinsichtlich des zweiten Reformschritts zwar vom Übergang zum Ursprungslandprinzip die Rede. Materiell ist das aber irreführend. Hier orientiert sich die Sprechweise an oberflächlichen Aspekten der Erhebungstechnik. Materiell zählt allein, daß, vom Reiseverkehr abgesehen, der Endnachfrager ein Gut erhält, das mit Mehrwertsteuer belastet ist entsprechend dem Satz, der im Land des Käufers gilt, und daß das Steueraufkommen aus dieser Belastung am Ende dem Land des Käufers zustehen soll.

76. Spezielle Verbrauchsteuern soll es nach den Plänen der Kommission künftig nur noch für Mineralölprodukte, Tabakwaren und Alkohol geben. Nach wie vor gibt es in den Mitgliedsländern aber eine Vielzahl anderer Verbrauchsteuern. In Deutschland ist 1991 sogar eine Erdgassteuer neu eingeführt worden. Ebenso wie bei der Mehrwertsteuer sind auch für Mineralölprodukte, Tabakwaren und Alkohol keine einheitlichen Steuersätze festgelegt worden. Bandbreiten für die zulässigen Sätze oder Mindestsätze werden für ausreichend gehalten. Es ist vorgesehen, Steuerlager einzurichten. Werden Waren vom einen in ein anderes Mitgliedsland geliefert, so müssen sie dort zunächst in ein Steuerlager gebracht werden. Dem Lager dürfen sie erst entnommen werden, nachdem sie entsprechend den im Bestimmungsland geltenden Sätzen besteuert worden sind.

77. Hinsichtlich der direkten Steuern wurde die Notwendigkeit einer Kooperation zwar regelmäßig angesprochen, etwa im Zusammenhang mit der Liberalisierung der Geld- und Kapitalmärkte; sie ist aber nicht weiter verfolgt worden. Hier wird deutlich: Die Initiativen der Gemeinschaft beschränken sich im Grunde auf den Abbau dessen, was in einem ganz und gar äußerlichen Sinne als Steuergrenze angesehen wird.

Bestimmungslandprinzip für die Mineralölsteuer und für die speziellen Verbrauchsteuern

78. Die Entscheidung für die Fortgeltung des Bestimmungslandprinzips ist bei der Mineralölsteuer und bei den speziellen Verbrauchsteuern vollkommen sachgerecht.

Die speziellen Verbrauchsteuern gehen fast vollständig auf die Tatsache zurück, daß der Staat hier ergiebige Steuerquellen sieht. Lenkungswirkungen sind nicht angestrebt. Soweit sie gleichwohl eintreten – Minderung des Verbrauchs von Tabak und Alkohol –, werden sie fiskalisch bedauert, gesundheitspolitisch begrüßt; nur ausnahmsweise spielen sie eine zentrale Rolle als Besteuerungsmotiv, wie im Falle der extremen Alkoholbesteuerung in Ländern mit besonders alkoholfreundlicher Bevölkerung, die sich auf diese Weise kollektiv Selbstdisziplin verordnet. Immer aber hängt ein etwa bestehendes Lenkungsinteresse mit dem Verbrauch der betreffenden Güter zusammen, nie mit deren Produktion. Selbst in größerer Distanz wäre die Vorstellung abwegig, diese speziellen Steuern wären irgendwie Ausdruck einer speziellen Äquivalenz von (produktionsfördernden) Staatsleistungen und Steuerpflicht. Es gibt auch kein Interesse an der Angleichung der Steuersätze im Wettbewerb, die im Falle der Anwendung des Ursprungslandprinzips zu erwarten wäre, und zwar – wegen der Homogenität der meisten hier besteuerten Produkte – eine sehr starke Angleichung. Im Gegenteil. Es gibt ein legitimes Interesse an effektiver nationaler Autonomie. Die begrenzte Angleichung durch gemeinschaftliche Festlegung von Mindeststeuersätzen oder von Bandbreiten für die zulässigen Sätze reicht aus. Sie trägt dem Problem von Wettbewerbsverzerrungen durch die Möglichkeit des privaten Direkteinkaufs im innergemeinschaftlichen Ausland, insbesondere im kleinen Grenzverkehr, Rechnung. Schließlich: Daß das Steueraufkommen dem Bestimmungsland zustehen muß, erscheint angesichts all dessen selbstverständlich.

Zum gleichen Schluß kommt man bei der Mineralölsteuer. Hier spielt zwar der Äquivalenzgedanke traditionell eine besonders große Rolle, auch in der Ausgestaltung – die Mineralölsteuer als Wegekostenabgabe im Straßenverkehr, heute zudem als ökologisch begründete Abgabe–, doch ohne Einschränkung ist es stets eine am Verbrauch von Mineralölprodukten (und nicht an deren Produktion) anknüpfende Äquivalenzvorstellung. Die Anlastung der Steuer und die Zuweisung des Steueraufkommens müssen dem folgen. Noch ungelöst ist das Problem der hinreichenden Einbeziehung des grenzüberschreitenden Verkehrs in die Steuerpflicht des Landes, dessen Straßen benutzt werden.

Eine sehr komplexe Frage: Ursprungslandprinzip für die Mehrwertsteuer?

79. Bei der Mehrwertsteuer ist das Entscheidungsproblem angesichts der Alternative Bestimmungslandprinzip oder Ursprungslandprinzip differenzierter zu sehen.

Für das Bestimmungslandprinzip spricht zunächst weiterhin das bekannt gute Argument, daß eine danach ausgestaltete Mehrwertsteuer (mit Vorsteuerabzug und mit Grenzausgleich) vollkommen neutral ist in Sachen internationaler Arbeitsteilung und Spezialisierung, und zwar selbst bei beliebig unterschiedlichen Steuersätzen. Hinzu kommt, daß eine solche Steuer die konsequenteste Form einer (allgemeinen) Steuer vom Konsum darstellt. Nur der Konsum wird besteuert, und der ganze Konsum wird besteuert (von den Ausnahmetatbeständen abgesehen).

80. Aber auch für eine Mehrwertsteuer, die nach dem Ursprungslandprinzip ausgestaltet ist, läßt sich Gewichtiges vorbringen. Sie wäre gekennzeichnet dadurch, daß der Grenzausgleich in jedem Falle entfällt und daß der Vorsteuerabzug durch den Vorumsatzabzug ersetzt wird. Das machte aus einer (allgemeinen) Steuer auf den Konsum eine (allgemeine) Steuer auf die Produktion, genauer: zu einer Steuer auf die Wertschöpfung, abzüglich der Investitionen (oder, was gesamtwirtschaftlich dasselbe ist, auf die Summe aller Arbeitseinkommen – im weitesten Sinne –, zuzüglich des sogenannten Pure Profit, also der Kapitaleinkommen, soweit diese über eine Normalverzinsung des Kapitals hinausgehen).

Für eine solche Regelung spricht zunächst einmal, daß der – voraussichtlich beträchtliche – Verwaltungsaufwand entfiele, den der bloß äußerliche Wegfall der innergemeinschaftlichen Steuergrenzen bedingt, ohne daß die Scheidung der Besteuerungsräume wirklich aufgehoben werden soll. Das gilt sowohl für die vereinbarte Übergangszeit als auch danach (wenn eine ständige Rückverteilung eines Teils des Steueraufkommens ansteht).

Außerdem entfiele das ungute Nebeneinander von Bestimmungslandprinzip im gewerblichen Waren- und Dienstleistungsverkehr und Ursprungslandprinzip bei privaten Käufen im (innergemeinschaftlichen) Ausland.

Hier kommt es zu Wettbewerbsverzerrungen, ohne daß zugleich ausreichend starke Heilungskräfte mobilisiert werden, weder in Form einer Korrektur der Wechselkurse (die hier das Problem auch nicht beseitigen könnte) noch in Form des politischen Drucks in Richtung Ausgleichung der Steuersätze.

Vor allem ist auch von der Besteuerungsidee her eine Entscheidung für das Ursprungslandprinzip durchaus gut begründbar. Ein großer Teil der Staatsleistungen begünstigt direkt oder indirekt die Produktionsstandorte. Dazu paßt eine allgemeine Produktionssteuer. Selbstverständlich hängen nicht alle Staatsleistungen mit dem Produzieren zusammen. Doch dafür gibt es ja neben der Mehrwertsteuer die Einkommensteuer als zweite Säule des Steuersystems. Und sie wird nach dem Wohnsitzprinzip erhoben. Aus diesen Gründen hat der Kronberger Kreis schon mehrfach geworben für ein Gemeindesteuersystem mit einer Netto-Umsatzsteuer – das ist eine Mehrwertsteuer mit Vorumsatzabzug und ohne Freistellung der Exporte – als idealer Gemeindesteuer zur "Abgeltung" gewerbeorientierter Gemeindeleistungen, ergänzt um das gemeindliche Recht zum Zugriff auf die örtliche Bemessungsgrundlage der Einkommensteuer. Was für das Gemeindesteuersystem in besonderem Maße gilt, läßt sich im Prinzip auch für die Struktur des allgemeinen Steuersystems geltend machen: Es sollte eine große Steuer enthalten, die letztlich eine allgemeine Produktionssteuer ist – um des Äquivalenzgedankens willen, um des Anreizes für Regierung und Parlament willen, über Steuersätze und Staatsleistungen im Bewußtsein des Standortwettbewerbs zu entscheiden. Auch die Einkommensteuer steht selbstverständlich mit in dieser Funktion; aber sie ist doch nicht rundum als allgemeine Produktionssteuer zu sehen (Ziffer 84 ff.).

Zur Produktionsbesteuerung gehört wesentlich auch die Zuweisung des Steueraufkommens an das Land des Produktionsstandorts. Bei der Mehrwertsteuer nach dem Ursprungslandprinzip ist das der Fall. Besteuerungsidee und örtlicher Anfall des Steueraufkommens entsprechen einander. Hingegen ist es ein Mangel der Mehrwertsteuer nach dem Bestimmungslandprinzip, daß das örtliche Aufkommen keinen Kontakt hat mit der zugehörigen Besteuerungsidee. (Sie ist von daher der Musterfall einer Steuer für den Zentralstaat.) Die konsequente Besteuerung des persönlichen Konsums, des konsumtiv verwendeten Teils des Einkommens, um die es bei dieser Steuer geht, ist sicherlich eine der besten Ideen für eine große allgemeine Steuer als Alternative zur Einkommensteuer. Aber damit ist nicht gemeint, daß es auf den Ort des Konsums ankommen sollte, welcher Steuersatz gilt und wem das Steueraufkommen zusteht. Das jedoch ist hier der Fall. Auslandskonsum wird von der Steuer des Landes, zu dem der Tourist gehört, nicht erfaßt. (Die Volkswirtschaftlichen Gesamtrechnungen erfassen ihn als Teil des Privaten Verbrauchs der Inländer, aber nicht die Mehrwertsteuer.) Das Steueraufkommen steht dem Ausland zu. Von der Besteuerungsidee her gibt es dafür keine Legitimation. Zum Beispiel: Der deutsche Tourist zahlt an Spanien Mehrwertsteuer für in Deutschland oder sonstwo hergestellte Güter, die er in Spanien kauft. Das ist illegitim. Es ist Folge der unvollkommenen Realisierung einer Besteuerungsidee. Legitim wäre die spanische Besteuerung des Nettoumsatzes – von der Idee der Produktionsbesteuerung her. Legitim wäre die Besteuerung des privaten Verbrauchs aller Spanier, wo auch immer sie ihr Geld ausgeben – von der Idee der Konsumbesteuerung her. Die Besteuerung des Bruttoumsatzes an Konsumgütern (Inlandsverkäufe an Endnachfrager) – hierauf läuft es letztlich hinaus – ist weder von der einen noch von der anderen Besteuerungsidee her gerechtfertigt. Die Unvollkommenheit in der Realisierung einer Besteuerungsidee mag unvermeidlich sein. Ins Absurde gesteigert wird sie aber, wenn Spanien, wie es tatsächlich geschieht, neuerdings eine Entlastung begehrt bei den Abgaben, die es nach Maßgabe der gesamtwirtschaftlichen Bemessungsgrundlage der Mehrwertsteuer nach Brüssel abzuführen hat. Begründung: In Spanien gebe es aus strukturellen Gründen, wegen des starken Tourismus nämlich, untypisch hohe mehrwertsteuerpflichtige Ausgaben im Verhältnis zum Sozialprodukt. Man bedenke das Substrat des ganzen: Das Land beklagt sich, daß es auch von dem Teil seiner Mehrwertsteuereinnahmen etwas in den gemeinschaftlichen Topf tun soll, der ihm von der Idee der in der Gemeinschaft allgemein geltenden Mehrwertsteuer her eigentlich gar nicht zusteht, der ihm überhaupt nur zufließt, weil eine Besteuerungsidee unvollkommen realisiert ist. Und – verrückte Welt – die Europäische Kommission hat auch noch vor, diesem Begehren zu entsprechen (durch die Begrenzung der abgabepflichtigen Bemessungsgrundlage der Mehrwertsteuer auf 50 Prozent des Bruttosozialprodukts; vgl. Ziffer 97).

81. Schließt man sich diesen Überlegungen an, so wäre gegen einen Übergang zum Ursprungslandprinzip bei der Mehrwertbesteuerung nicht länger einzuwenden, daß damit die hochgeschätzte Wettbewerbsneutralität der alten Mehrwertsteuer verloren ginge. Unter Beachtung von Mindestsätzen und enger Grenzen hinsichtlich der Differenzierung nach Gütergruppen entschiede jedes Land für sich, mit welchen Steuersätzen es seine Wirtschaft in den internationalen Wettbewerb schickt, welchem Angleichungs-

druck es sich dabei fügt oder nicht. Es würde aus eigenem Interesse mit dieser Entscheidung Rücksicht nehmen auf alle übrigen Faktoren, die im Standortwettbewerb eine Rolle spielen, nicht zuletzt das eigene Angebot an Staatsleistungen und die sonstigen selbst gesetzten steuerlichen Regelungen, vor allem im Bereich der Einkommensteuer – alles im Vergleich zu dem, was die Wettbewerber zu bieten haben. Die Beachtung von Mindestsätzen ist nötig, um im Wettbewerb der Steuerpolitik einer Erosion der Steuerquellen vorzubeugen. Enge Grenzen für die Differenzierung der Steuersätze nach Gütergruppen sind nötig, um Wettbewerbsverzerrungen zu vermeiden, die auch durch keine Wechselkursanpassung beseitigt werden könnten.

82. Gegen einen solchen reformerischen Kurs bleiben zwei Einwände, Einwände freilich, über deren Gewicht man unterschiedlicher Meinung sein kann. Es geht um einen prinzipiellen Einwand und einen pragmatischen.

Der prinzipielle Einwand gegen eine allgemeine Netto-Umsatzsteuer knüpft an die Idee der Konsumbesteuerung an. Mit dem Übergang zum Ursprungslandprinzip bei der Mehrwertsteuer verließe man – mit guten Gründen zwar, aber eben doch nicht von vornherein mit einem Übergewicht der guten Gründe – den Pfad der reinen Konsumbesteuerung. Konsumbesteuerung ist in der Theorie der optimalen Besteuerung das große Gegenkonzept zur nicht-neutralen Einkommensbesteuerung. Jene ist nicht schädlich für Sparen und Investieren, wie diese es allemal ist. Die Abkehr von der reinen Konsumsteuer im Falle des Übergangs zur Netto-Umsatzsteuer wäre zwar keine vollständige Abkehr, ja, nicht einmal eine Abkehr in der Hauptsache. Eine Mehrwertsteuer im Sinne der Netto-Umsatzsteuer ist ebenfalls wachstumsunschädlich, da auch bei ihr die Investitionen steuerfrei gestellt wären. Vollständig neutral in bezug auf Sparen und Investieren wäre sie jedoch nicht. Die Mehrwertsteuer nach dem Bestimmungslandprinzip ist vollständig neutral in bezug auf Sparen und Investieren, indem sie nicht nur die Investitionen, sondern auch die Exporte steuerfrei stellt, die Importe hingegen in die Belastung einbezieht. Eine Ersparnis, die ins Ausland geht – entsprechend einem Überschuß der Exporte über die Importe –, unterliegt also nicht der Besteuerung, ebenso wie eine im Inland angelegte Ersparnis. Eine Ersparnis hingegen, die aus dem Ausland hereinkommt – entsprechend einem Überschuß der Importe über die Exporte –, unterliegt der Besteuerung, zu Recht, denn in diesem Maße ist der inländische Konsum höher als das, was vom Sozialprodukt nicht investiert wird. Anders bei einer Mehrwertsteuer nach dem Ursprungslandprinzip, die auch auf den Exporten liegt, nicht aber auf den Importen: Sie stellt Ersparnisse, die im Ausland angelegt werden, nicht steuerfrei, wohl aber einen Konsum, der nicht durch inländische Einkommen, sondern durch ausländische Ersparnisse gedeckt ist. Weil dies zugleich zu bedeuten scheint, daß die inländischen Investitionen begünstigt werden (durch Steuerfreiheit über das von inländischen Ersparnissen gedeckte Maß hinaus sowie durch Steuerpflicht für Ersparnisse, die Investitionen im Ausland dienen), mag man meinen, dies sei aus inländischer wachstums- und beschäftigungspolitischer Sicht zu begrüßen, da ja die volkswirtschaftliche Rendite aus Investitionen höher zu veranschlagen sei als die einzelwirtschaftliche. Das kann, muß aber nicht zutreffen. Im übrigen: In der Gesamtheit der Länder der Europäischen Gemeinschaft bedeutet Begünstigung hier regelmäßig Benachteiligung dort, von Drittlandbeziehungen einmal abgesehen.

In der Tat können nur Länder mit hohen Mehrwertsteuersätzen aus dem Ursprungslandprinzip einen wachstumspolitischen Vorteil der genannten Art ziehen. Länder mit niedrigen Mehrwertsteuersätzen hätten den negativen Gegenposten. Nur wenn erstere aus anderen Gründen typischerweise Kapitalimportländer sind, letztere Kapitalexportländer, profitiert das Wachstum der Gemeinschaft im ganzen. Denn dann werden exportierte Ersparnisse im Exportland im Durchschnitt weniger belastet, als sie im Importland entlastet werden. Verhält es sich umgekehrt, trifft das Gegenteil zu. Da beides im Prinzip gleich wahrscheinlich ist, gewinnt man daraus freilich kein zusätzliches Argument. Soweit der prinzipielle Einwand.

83. Der pragmatische Einwand gegen den Übergang zu einer allgemeinen Nettoumsatzsteuer ist seinerseits ein doppelter: Der Systemwechsel dürfte keinesfalls konsensfähig sein, und er käme in der Phase der Annäherung an den Beginn der Europäischen Währungsunion zu spät.

Die konsequente Einführung des Ursprungslandprinzips bei der Umsatzbesteuerung bescherte einigen Mitgliedstaaten der Gemeinschaft hohe Gewinne an Steueraufkommen, anderen hohe Verluste. Gewinnen würde (dauerhaft), wer (strukturelle) Handelsbilanzüberschüsse hat, und zwar um so mehr, je höher seine Steuersätze sind. Umgekehrt würde (dauerhaft) verlieren, wer (strukturelle) Handelsbilanzdefizite hat, und zwar ebenfalls um so mehr, je höher seine Steuersätze sind. Änderungen auf diesem Feld müssen einstimmig beschlossen werden. Unter den genannten Umständen ist kaum vorstellbar, daß es dazu kommt. Um so weniger, als die Verlierer beim Steueraufkommen nicht etwa zum Ausgleich einen Vorteil an anderer Stelle gewönnen, etwa bei der Wettbewerbsfähigkeit ihrer Unternehmen.

Die Einführung des Ursprungslandprinzips, das heißt, der Übergang zum Vorumsatzabzug und der effektive Wegfall des Grenzausgleichs, wäre unabweisbar verbunden bzw. zu verbinden mit Wechselkursänderungen. Diese müßten zumindest im Durchschnitt einen Ausgleich schaffen dafür, daß die europäischen Unternehmen, die bis dahin im Wettbewerb standen auf der Basis von Preisen ohne Mehrwertsteuer, plötzlich konkurrieren müssen mit Preisen einschließlich Mehrwertsteuer. Notabene, im internationalen Handel heißt dies, sie müssen konkurrieren mit Preisen einschließlich unterschiedlich hoher Mehrwertsteuer. Gegenüber Drittländern wären die nötigen Wechselkursänderungen gravierend. Sie müßten tendenziell der durchschnittlichen Mehrwertsteuerbelastung jedes Landes entsprechen. Mit zunehmender Annäherung an den Beginn der europäischen Währungsunion werden innergemeinschaftliche Wechselkursänderungen immer schwieriger. Das mag auch für den in Rede stehenden Fall gelten, da hier Wechselkursänderungen güterwirtschaftlich unproblematisch, ja dringend geboten wären. Dies ist jedoch nicht das Ganze der Geschichte. Eine reale Wechselkursänderung – und um sie ginge es – hat zugleich Auswirkungen auf den Geldwert ausländischer Vermögensanlagen (Gewinne hier, Verluste dort).

Dem doppelten pragmatischen Einwand gegen die Einführung des Ursprungslandprinzips bei der Mehrwertsteuer zu begegnen, gibt es anscheinend nur zwei Möglichkeiten:

– Entweder: Man muß sich beeilen, den Reformplan zu verwirklichen, bevor der Vertrauensschutz im Hinblick auf die nahe Währungsunion ein umfassendes Realignment der Wechselkurse praktisch völlig ausschließt. Außerdem müßten während einer langen Übergangszeit die Umverteilungswirkungen der Reform beim Umsatzsteueraufkommen durch eine gemeinschaftliche Clearing-Stelle kompensiert werden, womöglich degressiv, wenn dies konsensfähig wäre. Nach der Übergangszeit könnte die Kompensation unterbleiben, weil alle genug Zeit gehabt hätten, sich anzupassen. Der Abbau des Grenzausgleichs gegenüber Drittländer müßte in etlichen Stufen vorgenommen werden, um vorgezogene Wechselkursreaktionen im Außenverhältnis der Gemeinschaft in Grenzen zu halten.

- Oder: Die Mitgliedstaaten verabreden fest für einen künftigen, hinreichend fernen Termin den konsequenten Übergang zum Ursprungslandprinzip bei der Umsatzbesteuerung ohne gleichzeitige innergemeinschaftliche Wechselkursänderung und ohne einen auch bloß temporären Ausgleich für Verteilungswirkungen beim Steueraufkommen. Die bindende Regelung per Termin würde dann schon lange vorher eine Tendenz zur spontanen Angleichung der Mehrwertsteuersätze auslösen oder zu terminlich abgestimmten Kompensationsmaßnahmen im Bereich der Ertragsteuern Anlaß geben. Die List der Idee wäre, daß es am Ende einen Bedarf an innergemeinschaftlichen Wechselkursänderungen so wenig gäbe wie einen Bedarf an Clearing. Freilich: Unberührt bliebe die Notwendigkeit einer gravierenden Abwertung der EG-Währungen gegenüber Drittwährungen und also die Aufgabe, für Allmählichkeit im Abbau des Grenzausgleichs gegenüber Drittländern zu sorgen.

Direkte Steuern: Wettbewerb der Steuerpolitik

84. Bei den direkten Steuern wird es gerade ohne gemeinschaftliche Systemreform zu verstärktem Wettbewerb der Steuerpolitik kommen. Mit zunehmender Mobilität von Kapital und Unternehmenssitz werden die Anreize immer bedeutsamer, aus Gründen der Steuerersparnis in ein Land mit niedrigeren Steuersätzen zu flüchten. So drohen den Ländern mit hohen Sätzen bei den direkten Steuern Aufkommensverluste. Der Wettbewerb um die Steuerzahler wird sie dazu veranlassen, die Steuersätze zu senken.

85. Dieser Wettbewerb ist nicht uneingeschränkt positiv zu sehen. Hohe Steuersätze müssen nämlich nicht bedeuten, daß die Besteuerung unangemessen hoch ist. Vielmehr kann ihnen ein Angebot an staatlichen Leistungen entsprechen, in dem die Unternehmen und die sonstigen Steuerzahler einen Gegenwert sehen, der die Höhe der Steuern rechtfertigt. Auch jene, die ihren Sitz in ein Land mit niedrigeren Steuersätzen verlegen, mögen diese Einschätzung teilen und das Verhältnis zwischen Steuerzahlung und staatlichen Leistungen in dem Land ihrer Besteuerung sogar für ungünstiger halten. Aber es bleibt ihnen unbenommen, in dem Land zu investieren und zu produzieren, in dem das Angebot an öffentlichen Leistungen besser ist. Die Verlegung des Sitzes besagt also nicht, daß keine Bereitschaft bestünde, im Gegenzug zur Bereitstellung der staatlichen Güter und Dienstleistungen die festgesetzten Steuern zu tragen, sondern lediglich, daß Mög-

lichkeiten genutzt werden, Steuern zu sparen. Der Rückgang des Steueraufkommens infolge der Verlegung der Steuerbasis könnte nun dazu führen, daß einzelne Länder ein an sich richtig dimensioniertes Angebot an staatlichen Leistungen einschränken, und im Wettbewerb um die Steuerzahler könnte es in der Gemeinschaft insgesamt zu einer Unterversorgung mit öffentlichen Gütern kommen. Daraus ist der Schluß zu ziehen, daß es ein Mindestmaß an gemeinsamen Regeln über die Besteuerung geben sollte, die darauf abzielen, daß Steuern dort gezahlt werden, wo staatliche Leistungen beansprucht werden. Hier ist auch erneut auf das Für und Wider einer Reform der Steuern vom Umsatz zu verweisen (Ziffer 79 ff.). Die äquivalenztheoretischen Argumente für eine Anhebung des Gewichts der Umsatzsteuer im Steuersystem (zu Lasten der Einkommensteuer) wären nach einer Reform der Umsatzsteuer (Übergang zum Ursprungslandprinzip) noch stärker.

86. Sind solche Regeln vorgegeben, so kann man darauf setzen, daß mit der schrittweisen Vollendung des Binnenmarktes und der Verstärkung des Standortwettbewerbs auch der Wettbewerb bei den staatlichen Leistungen und den Staatsausgaben zunehmen wird. Auf der Abgabenseite werden die Regierungen bestrebt sein, die Wettbewerbsfähigkeit inländischer Anbieter zu verbessern. So sind in Antizipation des Binnenmarktes in vielen Mitgliedsländern die Unternehmensteuern beträchtlich gesenkt worden. Das Bemühen der Mitgliedsländer, als Produktionsstandort attraktiv zu sein, wird sich dämpfend auf den Anstieg der Ausgaben auswirken und die Struktur der Ausgaben zugunsten der produktiven Leistungen verändern. Die Marktreaktionen auf Unterschiede beim Niveau und bei der Struktur der Staatsleistungen sowie bei den Abgabenregelungen werden darauf hinwirken, daß das Angebot staatlicher Leistungen stärker den Präferenzen der Mobilen entspricht und daß es kostengünstiger erstellt wird, was das gesamtwirtschaftliche Wachstum fördert.

87. Bei der spontanen Angleichung der verschiedenen Steuern der Mitgliedsländer unter dem Druck der Marktkräfte besteht ein Anreiz, das Niveau der Besteuerung niedrig zu halten. In der Tendenz würde eine solche Strategie wohl auf eine allmähliche Annäherung der nationalen Steuerstrukturen und der Steuersätze hinauslaufen. Die Annäherung wäre um so stärker, je größer die Mobilität ist und je geringer die Unterschiede in den Präferenzen für staatliche Güter in den einzelnen Regionen sind. Gewisse Unterschiede in der Steuerstruktur wird es auch in Zukunft geben. Die Erfahrung in den Vereinigten Staaten zeigt, daß ein Spielraum dafür

durchaus vorhanden ist. Selbst nennenswerte Unterschiede in der Besteuerung führen nicht zu massiven Wanderungen der Produktionsfaktoren, wenn entsprechende Unterschiede in den übrigen regionalen Gegebenheiten vorhanden sind.

88. Bei einer Harmonisierung ex ante wäre es nicht möglich, dem Differenzierungsbedarf Rechnung zu tragen, der in der Europäischen Gemeinschaft wegen der ausgeprägten Unterschiede bei Präferenzen, Entwicklungsniveau und sonstigen Faktoren weiterhin besteht. Falls eine Harmonisierung bei den Sätzen der direkten Steuern überhaupt ins Auge gefaßt wird, sollte sie keinesfalls über die Festlegung von erheblichen Bandbreiten hinausgehen. Der eigentliche Harmonisierungsbedarf liegt hier bei den Regeln, die das Wohnsitzlandprinzip, das bei den direkten Steuern in der Basis wohl fortgelten muß, mit den notwendigen Elementen einer Besteuerung am Ursprung der Einkommen versöhnen. Was das konkret bedeutet, muß einer späteren Studie vorbehalten bleiben.

2. Harmonisierung der Budgetpolitik?

Noch einmal: Währungsunion verlangt stabilitätsbewußte Finanzpolitik ...

89. Die Errichtung einer Währungsunion stellt erhebliche Anforderungen an die Finanzpolitik in den Mitgliedsländern. Insbesondere jene Länder, in denen die Zentralbank bislang nicht unabhängig, sondern dem Finanzministerium untergeordnet war, und in denen Budgetdefizite bisher direkt oder indirekt auch mit Notenbankkrediten finanziert werden konnten, müssen sich umstellen. Die Tatsache, daß die Bedienung der Staatsschulden in der Währungsunion in einem Geld zu leisten ist, das man nicht selbst herstellen kann, dürfte eine disziplinierende Wirkung auf das Verhalten in der Finanzpolitik ausüben. Es gibt allerdings auch Faktoren, die befürchten lassen, daß die Konvergenz zu finanzpolitischer Disziplin nicht stark genug ist, Fehlentwicklungen zu verhindern.

90. Die im Vertrag für die Währungsunion vorgesehenen Beschränkungen der Finanzpolitik in den Mitgliedsländern zielen darauf ab, den Grundsatz einer soliden Finanzierung der öffentlichen Ausgaben durchzusetzen, und nicht darauf, eine Angleichung von Art und Umfang des staatlichen Leistungsangebots zu erreichen. In der Tat würde es den Prinzipien der Eigenverantwortung und der Subsidiarität widersprechen, die öffentlichen Aus-

gaben auf der Ebene der Mitgliedstaaten oder den nachgeordneten Ebenen zu harmonisieren. Welche Leistungen der Staat im einzelnen anbieten soll, in welcher Qualität und in welchem Umfang, ist von den Bürgern dieser Gebietskörperschaften zu entscheiden (siehe Ziffer 71).

... vor allem zur Sicherung des Konsenses in der Geldpolitik, ...

91. Für die Funktionsfähigkeit der Währungsunion kommt es auch nicht darauf an, wie stark sich die Staatsquoten zwischen den Mitgliedsländern unterscheiden, sondern nur darauf, ob die Ausgaben solide finanziert werden. Sofern das der Fall ist, muß nicht damit gerechnet werden, daß Mitgliedsregierungen auf einen zu expansiven Kurs der gemeinsamen Geldpolitik dringen werden, um die Zinslast einer überhöhten Staatsverschuldung künstlich zu senken. Im Unterschied zu Infrastrukturinvestitionen sind staatliche Konsum- und Transferausgaben nicht durch Verschuldung zu finanzieren, sondern durch Steuereinnahmen und Abgaben. Diesen Grundsatz disziplinierter Haushaltsführung haben eine Reihe von Mitgliedstaaten nicht befolgt, sondern sind seit Mitte der siebziger Jahre den vermeintlich leichteren Weg des Ausweichens auf Verschuldung gegangen. Anhaltend hohe Defizite wurden zur Regel und haben inzwischen zu Schuldenständen geführt, die in Ländern wie Belgien, Irland oder Italien bereits die Höhe des Bruttoinlandsprodukts übertreffen. Daher sind in diesen Ländern die staatlichen Zinsaufwendungen auf rund 20 Prozent der Gesamtausgaben angestiegen und sind damit weit höher als das Finanzierungsaufkommen aus der laufenden Neuverschuldung. Aber auch in Mitgliedsländern wie Dänemark, den Niederlanden oder Portugal wird der budgetpolitische Spielraum durch Zinslastquoten von mehr als 10 Prozent inzwischen erheblich beeinträchtigt.

... aber auch aus Fairneß-Gründen

92. Angesichts dieser Ausgangslage sind Befürchtungen nicht von der Hand zu weisen, daß die für eine Währungsunion in Stabilität erforderliche Konvergenz zu finanzpolitischer Disziplin in einer Reihe von Mitgliedsländern nicht zu erreichen sein wird, weil sie tiefgreifende Einschnitte in Besitzstände gesellschaftlicher Gruppen erfordern würde.

Politische Parteien und Gruppierungen mögen sich leiten lassen von der Faszination, daß nun eine Staatsverschuldung zu so viel niedrigeren Zinsen möglich ist, als sie es von früher her gewohnt waren, und zudem unterschätzen, daß ECU-Schulden sich nicht teilweise von selbst tilgen werden, durch inflatorische Entwertung nämlich, wie sie es von früher her gewohnt waren. Man mag sagen, früher oder später werden sie es merken und die Konsequenzen ziehen. Aber vielleicht eher später. Und bevor sie selbst die Konsequenzen ziehen, werden sie zu denen gehören, die zur Vermeidung einer schmerzhaften Konsolidierungspolitik allemal zuerst der Notenbank mit dem Drängen auf eine Politik des leichten Geldes kommen. Das ist der Grund, es sei wiederholt, warum am Tisch der europäischen Zentralbank, an dem über die Geldpolitik für Europa entschieden wird, niemand sitzen soll, der in einem ständigen Loyalitätskonflikt zwischen seinen europäischen Pflichten und den partikularen Interessen seines Landes steht, das in der Finanzpolitik immer wieder stabilitätswidrige Sonderwege geht. Vor allem in der ersten Phase der Währungsunion ist es wichtig, daß möglichst alle Notenbankgouverneure, die dem europäischen Zentralbankrat angehören, an einem Strang ziehen. Später, wenn eine konsequent stabilitätsbewußte Politik für die europäische Währung eingeübt ist, mag es selbstverständlich werden, daß man über stabilitätswidrige Wünsche jedes einzelnen Landes, und sei es auch ein großes, rigoros hinweg geht.

Im übrigen: Das Ansehen der neuen europäischen Währung, das ihre Qualität ausmacht, muß von allen, die die Europäische Währungsunion bilden werden, gemeinsam geschaffen werden. Dazu gehört eine verläßlich stabilitätsbewußte Finanzpolitik, namentlich eine Politik zurückhaltender Staatsverschuldung. Die Erfolgsprämie in Gestalt relativ niedriger Realzinsen, die der Kapitalmarkt dafür verheißt, kommt gegebenenfalls allen zugute. Es ginge schon aus Fairneß-Gründen nicht an, daß einzelne Länder ständig eine Trittbrettfahrer-Rolle wählen, indem sie voller Verschuldungslust von den niedrigen Zinsen für ECU-Kredite profitieren, ihren eigenen Beitrag zur Gewinnung von Kapitalmarktvertrauen in die neue Währung aber verweigern. Nicht universalierbares Verhalten einzelner kann auf diesem Felde nicht toleriert werden, jedenfalls nicht dauerhaft, und zu Beginn der Währungsunion noch weniger als später.

93. Weil nicht mit Sicherheit darauf zu rechnen ist, daß die Regierungen der Mitgliedstaaten aus eigener Kraft und dauerhaft für eine solide Staatsfinanzierung sorgen werden, stellt die Vereinbarung bindender Kriterien durch die Mitgliedstaaten eine bedeutsame Vorsichtsmaßnahme dar. Aus der Sicht des einzelnen Landes bilden die vereinbarten Obergrenzen für Defizit und Schuldenstand eine gewisse Sicherung gegen eine unsolide Finanzpolitik anderer Unionsmitglieder. Aber zugleich handelt es sich um

eine Selbstbindung der Mitgliedsregierungen gegenüber ihren Bürgern. Die Tatsache, daß die EG-Kommission beauftragt wurde, die Einhaltung der Kriterien zu überwachen, verstärkt die Selbstbindung und bedeutet noch keine EG-Vormundschaft über nationale Finanzpolitik.

Defizitkriterium von besonderer Bedeutung

94. Dem Defizitkriterium wird bei der Beurteilung der Finanzpolitik der Mitgliedsländer eine herausgehobene Bedeutung zukommen. Dabei sollte klar sein, daß auch die Schattenhaushalte zu berücksichtigen sind. Weiterhin muß ganz eindeutig sein, daß der Referenzwert von 3 Prozent als Obergrenze und nicht als ein tolerierbarer Mittelwert verstanden wird. Bei normaler Konjunkturlage müßte dieser Wert deutlich unterschritten werden, um Spielraum für den Fall eines Konjunkturrückgangs zu lassen. Zudem gilt für Mitgliedsländer, deren Schuldenquote 60 Prozent übersteigt, daß zusätzlich Spielraum für einen allmählichen Abbau der Schuldenquote zu schaffen ist. Schließlich wird darauf zu achten sein, daß die für später vorgesehene Ablösung des in Maastricht vereinbarten Protokolls über das Verfahren bei einem übermäßigen Defizit nicht zu einer Aufweichung der jetzt vereinbarten Standards genutzt wird.

Schuldenstandkriterium nicht überall realistisch

95. Für die stabilitätspolitische Beurteilung der Finanzpolitik – für die direkte Gefährdung der Stabilität, die indirekte Gefährdung in Gestalt der Versuchung zur stabilitätswidrigen Geldpolitik – kommt es vor allem auf die Neuverschuldung an. Im Vertrag über die Europäische Währungsunion wird zusätzlich gefordert, die Staatsschulden auf 60 Prozent des Bruttoinlandsprodukts zu begrenzen. Auch dies hat seinen guten Grund. Die Relation Schuldenstand zu Bruttoinlandsprodukt ist eine allseits brauchbare Approximation der Zinslastquote im Staatshaushalt. Die Zinslastquote wiederum bestimmt wesentlich mit über den Handlungsspielraum eines Staates. Wird dieser zu eng, wächst die Versuchung, sich durch inflatorische Entwertung der Staatsschulden Luft zu verschaffen – das heißt, die Europäische Zentralbank in die falsche Richtung zu drängen.

Das Problem des für den Schuldenstand festgesetzten Referenzwertes ist, daß er einige Länder überfordert. Es wäre unrealistisch zu erwarten, daß Länder wie Belgien, Irland oder Italien ihre Verschuldung innerhalb eines Jahrzehnts hinreichend abbauen könnten, um eine Schuldenquote in der

Schuldenstand, Defizit und erforderlicher Primärüberschuß (Stand 1991)

Land	Schulden-quote[1]	Defizit-quote[2]	Primärüberschuß[3][4]		
			Tatsächlich	Erforderlich zur Sicherung	
				einer 3 vH Defizitquote	der erreichten Schuldenquote
Referenzwerte	60,0	3,0		2,0[5]	2,5[5]
Belgien	129,4	6,4	4,5	7,9	6,2
Dänemark	66,7	1,7	5,7	4,4	3,9
Deutschland[6]	46,2	3,2	-0,5	-0,3	0,8
Frankreich	47,2	1,5	1,7	0,2	2,2
Griechenland	96,4	17,9	-4,7	10,2	n.v.
Großbritannien	43,8	1,9	1,3	0,2	2,3
Irland	102,8	4,1	4,2	5,3	5,0
Italien	101,2	9,9	0,3	7,2	5,6
Luxemburg	6,9	-1,9	2,5	-2,4	0,1
Niederlande	78,4	4,4	1,5	2,9	2,7
Portugal	64,7	5,4	3,1	5,5	2,2
Spanien	45,6	3,9	-0,3	0,6	1,9

1) Staatsverschuldung in Prozent des nominalen Bruttoinlandsprodukts.
2) Netto-Neuverschuldung in Prozent des nominalen Bruttoinlandsprodukts.
3) Staatseinnahmen abzüglich der um Zinsausgaben bereinigten Staatsausgaben in Prozent des nominalen Bruttoinlandsprodukts.
4) Die Berechnungen beruhen auf den Daten des Jahres 1991.
5) Berechnet anhand der EG-Daten für EUR12.
6) Westdeutschland.

Quelle: Kommission der Europäischen Gemeinschaften, Europäische Wirtschaft: Jahresbericht 1991-92, Nr.50, Dezember1991. - Eigene Berechnungen.

Nähe des Referenzwertes von 60 Prozent zu erreichen. Diese Länder müssen für sehr erhebliche Primärüberschüsse (Überschüsse der Steuereinnahmen über die Ausgaben ohne Zinsausgaben) sorgen, wenn sie die Defizitobergrenze von 3 Prozent einhalten oder auch nur einen weiteren Anstieg der Schuldenquote verhindern wollen (siehe Tabelle).

96. Eine weitergehende Bindung der Finanzpolitik ist nicht notwendig. Die Mitgliedsländer sollten autonom über die Höhe und Struktur der Ausgaben und über ihr Abgabensystem bestimmen. Eine gegenseitige Information über geplante Maßnahmen ist sicher nützlich, eine strikte Vormundschaft für die nationale Finanzpolitik hingegen nicht. Das schließt eine ständige Konsultation hinsichtlich der gemeinsamen Interessen sowie eine Koordinationspflicht im Falle gravierender konjunktureller Probleme nicht aus.

3. Eigene Steuern für die Gemeinschaft?

97. Bisher hat die Gemeinschaft Einnahmen aus vier Quellen bezogen: Zolleinnahmen, Abgaben auf Agrarimporte, Mehrwertsteuereinnahmen bis zu einer Höhe von 1,4 Prozent einer für alle Länder einheitlich definierten Mehrwertsteuerbasis und eine Abgabe der Mitgliedsländer in Relation zum Bruttosozialprodukt. Die am Bruttosozialprodukt bemessene Abgabe entspricht näherungsweise einer proportionalen Einkommensteuer. Der Satz wird so festgelegt, daß das Aufkommen gerade der Differenz zwischen den übrigen Einnahmen und dem jeweils bewilligten Budget entspricht, unter Beachtung einer Höchstgrenze. Für 1992 ist der Gesamtumfang des Gemeinschaftsbudgets auf 1,2 Prozent des Bruttosozialprodukts der Gemeinschaft begrenzt. Nach den Beschlüssen von Maastricht sollen die Strukturfonds erheblich aufgestockt, ein zusätzlicher Kohäsionsfonds zugunsten der vier Mitgliedsländer mit dem niedrigsten Pro-Kopf-Einkommen (Griechenland, Irland, Protugal, Spanien) eingerichtet und weitere Politikbereiche auf die Gemeinschaftsebene verlagert werden. Dazu braucht die Gemeinschaft zusätzliche Einnahmen. Die Kommission hat in dem sogenannten Delors II-Paket dazu eine Reihe von Vorschlägen gemacht. Danach soll das Gewicht der Mehrwertsteuereinnahmen durch eine Senkung des Hebesatzes von 1,4 auf 1 Prozent und eine Begrenzung der einheitlichen Mehrwertsteuer-Bemessungsgrundlage auf 50 Prozent des Bruttosozialprodukts auf ein Drittel der Gesamteinnahmen verringert werden. Die an das Bruttosozialprodukt gebundene vierte Abgabe soll dagegen kräftig erhöht werden. Darüber hinaus wird die Einführung einer eigenen EG-Steuer diskutiert. Welche Einnahmequellen dem Zugriff der Gemeinschaft offenstehen sollen und in welchem Maße, ist von kaum zu überschätzender Bedeutung.

Auf keinen Fall eine progressive Steuer

98. Vielen Überlegungen zu den künftigen Einnahmen der Gemeinschaft liegt offenbar die Vorstellung zugrunde, diese sei die höchste Ebene eines föderativen Systems. So gesehen liegt es dann nahe, der Gemeinschaft eigene und möglicherweise sogar progressive Steuern zuzuweisen. In den meisten Ländern mit mehrstufigem Staatsaufbau sind nämlich die ausgeprägt progressiven Steuern der obersten Ebene vorbehalten. Doch die ist nicht auf die Gemeinschaft zu übertragen. Außerdem ist weder die Aufgabenzuweisung noch die Aufteilung der Steuerquellen in auch nur einem Mitgliedsland der Gemeinschaft in einem föderativen Sinne effizient gelöst. Die Harmonisierung und Zentralisierung geht überall erheblich weiter, als es aufgrund ökonomischer Kriterien gerechtfertigt wäre. Nirgendwo sind Steuerquellen und Steuerkraft auch nur einigermaßen befriedigend zugeordnet.

99. Die Einnahmen aus progressiven Steuern steigen im Zuge des Wirtschaftswachstums in der Regel überproportional. Aller Erfahrung nach wird die günstige Entwicklung der Einnahmen nicht für Steuersenkungen, sondern zur Finanzierung zusätzlicher, nicht zuletzt redistributiver Ausgaben verwendet. Und wenn vermehrter Aufgabenbedarf gesehen wird, wird er zumeist durch Steuererhöhungen finanziert. Das alles führt dazu, daß die zentrale Instanz zunehmend die allokativen Kompetenzen der unteren Instanzen aushöhlt, sei es, daß sie die Aufgaben direkt an sich zieht, sei es, daß sie durch Mitfinanzierung und Mittelzuweisung in die Aufgabenwahrnehmung unterer Ebenen hineinregiert, diese am goldenen Zügel führt (wie auch die Erfahrung mit der Mischfinanzierung in Deutschland zeigt). Auf diese Weise geht die Kostenkontrollfunktion verloren, die man bei dezentraler Aufgabenwahrnehmung und der Finanzierung aus eigenen Mitteln erwarten kann.

Am besten bleibt es bei der Finanzierung durch Beiträge

100. Außerdem ist die Gemeinschaft nicht die oberste Ebene in einem föderativen System. Sie hat selbst in der künftigen Wirtschafts- und Währungsunion hauptsächlich Koordinierungsfunktionen. Die Kommission kann nur Aufgaben wahrnehmen, die ihr auch zugewiesen sind. Der Rat, genauer: die Mitgliedstaaten treffen gemeinsam die Entscheidungen, die ihnen für das Funktionieren der Gemeinschaft wichtig erscheinen. Korrelat des Fehlens einer echten staatlichen Qualität der Gemeinschaft im Sinne

einer obersten Ebene in einem föderativen System ist das Fehlen auch einer eigenen Steuererhebungskompetenz. Noch weniger hat sie den Zugriff auf progressive Steuern. Die Einführung einer Steuer, gar einer progressiven Steuer für die Gemeinschaft, oder auch die bloße Teilhabe an einer nationalen progressiven Steuer, würde deren politische Stellung gegenüber den Mitgliedsländern erheblich stärken. Das ist mit dem Vertrag von Maastricht nicht beabsichtigt.

101. Der Vertrag hat die Gemeinschaft auf das Subsidiaritätsprinzip verpflichtet. Dem entspricht es, daß die Mitgliedsländer darüber entscheiden, welche Finanzmittel sie der Gemeinschaft zur Verfügung stellen wollen. Sie behalten damit die Kontrolle darüber, was in der Gemeinschaft gewollt ist. Erhielte die Gemeinschaft eigene Steuerquellen, so wäre der europäische Bundesstaat mit der für moderne Bundesstaaten typischen Zentralisierungstendenz wohl nicht aufzuhalten.

102. Richtig ist, daß der Wettbewerb der Steuerpolitik in der Gemeinschaft zu einer Erosion der Umverteilungsfunktion der progressiven Steuern führen kann. Teilweise ist das durchaus billigenswert. Auch Progressionswillkür ist eine Gefahr. Wo es nicht billigenswert ist, wäre ihm anders zu begegnen als durch die Verlagerung von redistributiven Aufgaben auf die Gemeinschaftsebene. Solche Aufgaben gehören dorthin erst, wenn gewachsene innergemeinschaftliche Solidarität sie legitimiert. Vorläufig erscheint schon die Idee einer progressiven Ausgestaltung der am Sozialprodukt bemessenen Abgabe der Mitgliedstaaten an die Gemeinschaft eher als eine Überanstrengung, von dem Unsinn einer Kappungsgrenze bei der am Konsumumsatz bemessenen Abgabe ganz abgesehen.

Register